时空社会科学
——理论与方法

顾佳峰◎著

Spatiotemporal Social Science:
Theory and Method

经济日报出版社
北　京

图书在版编目（CIP）数据
时空社会科学：理论与方法 / 顾佳峰著. -- 北京：经济日报出版社，2024. 12（2025. 8 重印）
ISBN 978-7-5196-1360-0
Ⅰ. C
中国国家版本馆 CIP 数据核字第 20242T4N89 号

时空社会科学——理论与方法
SHIKONG SHEHUI KEXUE——LILUN YU FANGFA
顾佳峰　著

出版发行：经济日报出版社
地　　址：北京市西城区白纸坊东街 2 号院 6 号楼
邮　　编：100054
经　　销：全国各地新华书店
印　　刷：北京文昌阁彩色印刷有限责任公司
开　　本：710mm × 1000mm　1/16
印　　张：26
字　　数：451 千字
版　　次：2024 年 12 月第 1 版
印　　次：2025 年 8 月第 2 次印刷
定　　价：98.00 元

本社网址：www. edpbook. com. cn，微信公众号：经济日报出版社

作者简介

顾佳峰：北京大学中国社会科学调查中心科研部主任、研究员，北京大学光华管理学院博士，哈佛大学访问学者；讲授“空间计量与时空模型”“理解中国：问题、方法与实践”等课程；在 Journal of Innovation and Knowledge、Corporate Social Responsibility and Environmental Management、Energy Policy、Journal of Environmental Management、Journal of Knowledge Management、Transport Policy、Environment, Development and Sustainability、Energy and Environment、Scientometrics、Science Technology and Society 等国际 SSCI、SCI 期刊发表英文论文 51 篇（独立发表 42 篇，一作兼通讯 7 篇，二作兼通讯 2 篇），出版《时空社会科学：理论与方法（第一版）》、*Wealth Management Report for Mid-High Net Worth Families*（Springer 出版社）等 6 部中英文学术专著，在《经济研究》《社会学研究》《北京大学学报（哲学社会科学版）》《中国财政报》等中文期刊和报纸上发表论文 80 多篇；主持经济合作与发展组织（OECD）、MIT 研究基金（中方 PI）、国家社会科学基金、横向重大课题《银行中高净值客户资产配置白皮书》（保险保障）等项目近 10 项。

序 言

本书的第一版在2020年出版后，受到了广大读者的欢迎。我在北京大学讲授这门课时，不少同学表示希望能够进一步学习这门学问。近些年时空社会科学发展很快，笔者关于这一领域的研究所发表的SSCI/SCI索引的国际论文已超过了50篇。因此，有必要把一些最新的研究吸收进来，及时与读者进行分享。于是，在第一版的基础上就形成了本书。与第一版内容相比，本书从之前的八章，增加到了现在的十三章，篇幅翻了一番。新增的内容如下。

其一，新增了时空社会科学的总体理论架构。在第一版中，已提出了时空社会科学的概念，并且初步阐述了时空社会科学的理论架构。在此基础上，本书从社会空间到社会时空、从静态到动态的视角系统地阐述了时空社会科学的理论架构，使时空社会科学从抽象走向具体。这部分内容就是本书的第四章。

其二，新增了空间双重差分模型的介绍和演示。随着因果推断技术的不断发展，双重差分法（Differences-in-Differences，DiD）的应用也越来越广泛。但是，社会时空系统中普遍存在着空间溢出现象，采用传统DiD模型容易产生有偏估计。因此，需要把空间溢出也纳入模型中进行综合分析，即空间双重差分法（Spatial Differences-in-Differences，SDiD）。这部分内容就是本书的第九章。

其三，新增了空间联立方程模型（spatial simultaneous equation model）的相关内容。社会时空系统的运行是复杂的，往往不是单向影响，而是双向互相影响的。在这种情况下，就需要通过空间联立方程模型来进行模拟和预测。与传统的联立方程模型相比，空间联立方程模型能够有效考察空间溢出以及交互空间溢出的影响。这部分内容就是本书的第十章。

其四，新增了空间分类变量模型的相关内容。在社会时空系统运行的过程中，研究对象可能以分类变量的形式出现和存在着，因此需要采用合适的空间分类变量模型。本书新增了空间 Logit 模型、空间 Probit 模型以及空间 Tobit 模型。这些模型在分析和模拟受限的因变量数据时，具有很好的适用性。这部分内容就是本书的第十一章。

其五，新增了一些前沿方法的相关内容。包括空间分位数模型、空间随机前沿模型和地理加权回归模型等。这些模型在时空社会科学研究中的应用比较广泛，应用的场景也越来越多。因此，有必要对这些方法进行介绍和实例演示。这就是本书的第十二章的内容。

上述为本书新增的章节内容。此外，在原有内容的基础上，有些地方也作了一些增补。比如，在第一章，新增了第一节的内容；在第三章的第一节，新增了齐美尔的社会空间研究、芝加哥学派的发展以及批判地理学的相关内容；在第五章，新增了第四节社会时空数据的空间权重和第五节空间自相关性及其检验的内容。

与第一版相比，本书还有一个重大完善，就是提供了相关的数据和 Stata 的 do 文件，这样，读者就可以自行复刻本书的实例。这些数据和 do 文件，读者可以通过关注“时空社会科学”的微信公众号免费获得。读者只要在 Stata15 及以上版本的软件中，就可以运行这些 do 文件学习本书的内容，这大大便利了读者学习本书和掌握书中的相关实证方法。

此外，为了便于读者查找相关文献，在参考文献的格式上，从之前的书末参考文献改为现在的每章章末参考文献，这样，读者在研读和学习每一章的内容时，都可以及时查到相关的文献。

最后，由衷地希望本书的出版，能够为读者全面深入地学习和掌握相关研究方法提供有效的参考和帮助，也希望更多的研究者为推进时空社会科学的发展作出贡献，获得更好的成绩。

顾佳峰

2024 年 10 月

目 录

第一章

导　论

时间和空间会对社会产生深远的影响。随着越来越多的社会学科研究出现了时空转向，时空社会科学的出现也逐渐成为一种共识。时空社会科学不是一个单纯的社会学科，而是一个跨学科研究的范畴，是一门综合性社会研究的新范式。从现代社会的发展来看，现代信息技术的飞速发展及广泛应用，推动了时间和空间从社会的外部环境要素转化为内在因素，成为了推动社会发展的重要内在力量中不可分割的一部分。信息化社会的深入发展使得时空数据更易获得，这对社会科学理论研究提出了新的要求，社会研究需要能够整合时空因素。在这种社会背景下，时空社会科学的出现和发展成为了必然。时空社会科学强调社会与时空的不可分割与互相依赖，时空因素会影响社会现象和社会系统的运行，时空并不独立于社会之外，而是与社会系统具有内在的联系。也就是说，在时空社会科学中，时空具有社会性，是社会时空。从社会运动的角度来看，所谓的社会时空特性，其实是社会系统运行的规律性在时空关系上的体现。时空社会科学是把社会现象和社会实践活动的研究置于时空框架，从而可以有效解释现代社会在时空压缩和时空延伸过程中的运行规律，有助于揭示社会运动的发展规律。

第一节 为什么是时空社会科学

为什么是时空社会科学？这是本书所要回答的一个关键问题，因此在开篇时就把这个问题提出来。在本节，从时空的不可缺失性、时空的实证价值及时空的邻近律这三个方面来阐述这个问题。当然，这仅是抛砖引玉。最终的答案，需要读者在学习完这整部书之后自己领悟才能得到。可以预见的是，答案很有可能不是唯一的，而是仁者见仁、智者见智。诚如苏东坡所言，“横看成岭侧成峰，远近高低各不同”，不同读者所处的社会时空各不相同，因此对于这个问题的感知和回答也往往是不同的。但是，这种争鸣与思想上的碰撞，显然对于时空社会科学的建设与发展是大有裨益的。

时空的不可缺失性

关于时空在社会研究中的重要性，北欧的两位哲学家奎纳尔·希尔贝克（Gunnar Skirbekk）和尼尔斯·吉列尔（Nils Gilje）曾经在其所著的《西方哲学史：从古希腊到当下》一书中举过如下例子。一个交通巡警走进警察局报告一起撞车事故。但对于撞车发生于何时的问题，他回答说："撞车不发生于任何特定时刻。"对于撞车发生于何处的问题，他回答说："它不发生于任何特定地点，它只是发生了。"最后，对于是什么造成撞车的问题，该巡警回答说："没有任何事物造成撞车，即没有汽车开得太快或太不小心。"（Skirbekk, Gilje, 2001）面对这位一问三不知的巡警，读者的困惑和当时警局中的警长以及这部书的两位哲学家的困惑其实是一样。书中这两位哲学家感叹道："一起不发生在任何特定时刻或地点的撞车，一起不作为某个原因和结果的撞车，是完全无法理解的。"（Skirbekk, Gilje, 2001）其实不仅是撞车，人类社会中的任何现象，若没有时间和空间，都是令人无法理解的。因为在人类的知识和经验中，任何现象的存在都是与特定的时间和空间关联在一起的。对此，这两位哲学家在书中进一步强调："换句话说，空间、时间和因果性之所以是必然的、普遍有效的形式，是因为我们的知识如果是可以理解的话——也就是说，如果是知识的话——就必定带上时间、空间和因果性的印记。空间、时间和因果性是知识可能性的条件。"（Skirbekk, Gilje, 2001）

哲学家喜欢用比喻来说事。这个"巡警比喻"所体现的是时间、空间和社会之间的内在联系。现实中，肯定不存在"一问三不知"的笨巡警。在刑事侦查学中，案件发生的时间和地点是侦查所必须掌握的基础信息。如果嫌疑人在时间或空间上与所发生的案件时间地点不存在重合，那么就可以排除嫌疑。在社会科学研究中也是一样的道理。要揭示社会现象发生的规律，即所谓的因果性，就需要掌握、判断和分析社会现象在特定时间和空间上存在和变化的特征。在警察破案的过程中，时间、空间和真相是相关联而不可分的。在社会科学研究中，时间、空间和因果规律也是相关联而不可分的。任何社会科学的研究，都是在特定时空下存在的。社会科学的研究，有的直接以时间与空间为研究对象，如时空社会学、空间经济学、空间社会科学等，从这些学科的名称上就可以看出是在探讨时空对社会现象的影响；有的社会科学并没有直接点出时空，但是，这类研究其实都隐含着一个共同的前提假设，就是研究特定时空下的社会现象与规律。因此，所有社会科学的研究，都不可能离开时空的影响。换言之，若社会科学抛开和排除时空而进行研究，那么就会出现像上述那位“一问三不知”的笨巡警那样的情形，这样的社会科学理论不是科学不科学的问题，而是人类完全无法理解的问题。

可见，时空与社会是不可分割的。这意味着社会科学的研究是无法把时空排除在外的。这既可以称之为时空的不可缺失性，也可以称之为社会科学的时空不可缺失律。所有社会科学，无论其研究对象有多么不同，其实都具有一个共同的特征，那就是时空。所以，就可以用时空社会科学来统一。当然，这是一项宏伟的工程，需要数代人的不懈努力才可能完成。但是，时空社会科学的研究，为社会科学进行跨学科研究提供了一个重要的契机，这已经是一个不争的事实。在社会科学研究中，所谓的时空转向趋势越来越明显，时空与社会的问题已经成为各个社会学科都普遍关注的课题。这种时空转向不以个人意志为转移，因为所有社会学科的研究，都无法回避时空的存在与作用，也无法绕开时空的影响。因此，从某种意义上来说，时空此时此刻就在影响着社会科学的研究，引导着社会科学逐渐走向大一统。本书就是在这样的时空背景下写作的。

时空的实证价值

在社会系统中，时空不仅是事物存在的属性，而且是事物价值创造的关键因素。对于时空的价值，古希腊哲学家泰勒斯（Thales）很早就认识到了。在亚里士多德（Aristotle）的《政治学》中，曾记载了关于泰勒斯利用时空规律赚了很多钱的故事（亚里士多德，1997）。当时泰勒斯很穷，被人嘲讽后，就想证明知识的价值。他观天象而精准预测出来年当地油橄榄树将获丰收。掌握了这个天时后，泰勒斯开始行动，他拿出了自己所有的资金并且以很低的定金租下了当地所有的油坊。收获季节来临，需要榨油的人纷纷到各油坊照他所要求的高额资金支付了榨油设备的租金。后来，伯特兰·罗素（Bertrand Russell）在《西方哲学史》中引用《政治学》描述当时泰勒斯的状态是这样的：“等到收获季节，榨油器骤然供不应求，他就恣意抬高租金，结果大为获利。”（Russell, 1967）从伯特兰·罗素引用的这段文字中，有两个词很关键。“骤然”强调时间上的突然性，这说明特定事件的发生对于绝大多数人而言，具有不可预测性。因此，对于绝大多数人而言，当油橄榄丰收时，会感觉很意外，甚至不知所措。但是，对于泰勒斯而言，就没有这个“骤然”的感觉，因为他根据星象学已经提前精准地预测到了这个事情的到来，而且为此做了准备和部署。

另一个词是“恣意”，形容的是不加限制的状态。在这个词的衬托下，泰勒斯不仅成了唯利是图的垄断资本家，而且还很嚣张与猖狂。这显然与哲学家的气质很不一样。那么就要分析一下当时的泰勒斯为什么会有这种状态。其实，泰勒斯的底气在很大程度上来自地利。米利都是位于安纳托利亚西海岸线上的一座古希腊城邦，靠近米安得尔河口，而且三面临海，在现在的土耳其爱琴海地区艾登省内。在这样的地理位置，若想把米利都的橄榄运输到外地去榨油，鉴于古希腊当时的运输工具，运输成本会很高。因此，聪明的泰勒斯知道，只要自己收取的榨油器租金加上运输成本小于或等于把橄榄运输到米利都之外地区进行榨油的榨油器租金成本，这些生意就绝不会从自己手里跑出去。关于运输成本问题，到1909年，阿尔弗雷德·韦伯（Alfred Weber）提出的工业区位理论中，对运输成本问题首次系统地进行了论述（阿尔弗雷德·韦伯，2010）。鉴于古希腊当时的运输工具，昂贵的运输成本使米利都的橄榄农唯有接受泰勒斯的高价。可见，这种空间上的特点确保了泰勒斯在当地的垄断地位。泰勒斯也是充分利用了这点，尽情地赚了很大的一笔财富。

对于时空的实证价值，中国古时候的先贤也早已觉察。泰勒斯卒于公元前547年或公元前546年，而孙武生于约公元前545年。这两位东西方世界中的先贤，在空间上相距甚远，但在时间上两者却相距很近。这种时空现象本身就具有一定的启发性。在思想上对于时空价值的认知与肯定，两者也是十分的接近。在《孙子兵法》一书中，孙武提出的天时、地利、人和对于成事的重要性，至今仍然被奉为圭臬。司马迁在《史记·货殖列传》中提出的“旱则资舟，水则资车”的投资理念，至今依然是投资获利的不二法则。在现代社会中，无论是北斗卫星导航系统，还是基于人工智能的股票价格预测系统，无不在更为精细地挖掘时空的实证价值。在社会科学研究中，随着时空数据获得成本的持续下降，关于时空价值的实证检验也就变得更加容易操作。在这个过程中，时空相关的实证模型和统计检验方法也不断被研究出来，为时空社会科学的产生和发展创造了条件，关于时空的更多实证价值正在被源源不断地挖掘出来。

时空邻近律

所谓的时空邻近律，是指在时间或空间上邻近的事物容易发生联系。例如，在空间上的地理学第一定理（Tobler's First Law 或者 Tobler's First Law of Geography）指出，任何事物都是与其他事物相关的，只不过相近的事物关联更为紧密（Tobler, 1970）。这种空间上的邻近律，体现在现实生活的方方面面。比如，近水楼台先得月、远亲不如近邻、远水不解近渴等成语，也都在强调邻近的重要性。地理学第一定理是统计学意义上的定理，在现实世界中存在反例。比如，分别身处阿拉斯加和昆明的一对热恋中的恋人，尽管两地距离遥远，但两个人的关系要比所在城市的其他人都要亲近。但是，这样的个案不足以推翻地理学第一定理，因为从统计上来说，邻近律依然在现实世界中广泛存在，这是一个不争的事实。

除了空间上的邻近律之外，在时间上也存在着类似的邻近律，指的是时间上接近的事物之间的关联往往会更紧密。在这方面，牛顿冷却定律（Newton's law of cooling）就是一个典型的例子，该定律指出，冷却体相对于周围环境的温差随时间呈指数下降（Vollmer, 2013）。这个定理之所以重要，是因为揭示了现实世界中广泛存在的与时间有关的衰减现象。如随着时间的流逝，某个曾经轰动一时的事件的影响逐渐变小以至于被遗忘；用户对某一个品类商品的喜好会随着时间的增加而衰减；政府通过发放消费券刺激消费的效果会随着时间的流逝而呈现衰减特征等。这些都是所谓的时间衰减效应（吴鹏跃，吴诗意，2021）。这些例子反过来说明时间上的邻近事物之间关联性的影响会更大，时间上相差很远的事物之间的关联性则比较弱。当然，时间上的这个邻近律也面临与地理学第一定理同样的问题，就是存在着反例。比如，西格蒙德·弗洛伊德（Sigmund Freud）的研究发现，童年经历作为潜意识，是成年人一切行为的操控者（西格蒙德·弗洛伊德，2021）。这个例子说明时间差距远的事物之间反而关系更紧密。但这不足以推翻时间的邻近律，因为时间邻近律也是一种统计上的规律，是大量随机事件在无数次重复中所呈现的一种规律。

时间和空间上的邻近律，属于时空邻近律。当然，时空邻近律的内涵肯定比时间和空间上的邻近律的集合还要丰富与复杂。这里面涉及拓扑学中的邻域的概念。从拓扑学上来说，邻域是集合上的一种基础的拓扑结构。在亨利·庞加莱

（Jules Henri Poincaré）发展了组合拓扑学之后，拓扑思想与拓扑空间就逐渐影响到了社会科学的研究（儿玉之宏，永见启应，2001）。拓扑学中的邻域概念，说明社会中特定观察点的特征或属性会受到邻近其他观察点上的事物的影响。也就是说，邻近观察点之间的社会现象往往是互相关联的，而并非是彼此独立的。这个邻域概念所蕴含的思想，其实已经和现代空间分析中的空间自相关性（spatial autocorrelation）概念非常接近（Cliff, Ord, 1970）。在时空社会科学体系中，拓扑学是根基。要理解拓扑学与时空社会科学之间的转换，路德维希·维特根斯坦（Ludwig Wittgenstein）所强调的"综观"（survey, übersehen）视角就是一个很好的切入点。关于这部分的经典，就是他的《逻辑哲学论》。路德维希·维特根斯坦利用拓扑思想，通过映射（mapping）的方式获得对世界的透视感（路德维希·维特根斯坦，2021）。这种基于拓扑的综览视角（synoptic view），就是时空社会科学研究社会现象的视角，即把特定社会现象或事物置于社会时空中进行分析和探究，进而从总体上把握事物之间的相互关系。

第二节 社会科学的时空转向

社会科学是用科学的方法来研究人类社会种种现象的各学科总体。一般而言，社会学科是研究特定社会现象的科学，如社会学研究的是人类社会的发展规律，政治学研究的是政治、政策和其有关的活动，经济学研究的是资源优化分配。社会科学所涵盖的学科是比较广泛的，一般包括经济学、政治学、法学、伦理学、历史学、社会学、心理学、教育学、管理学、人类学、民俗学、新闻学、传播学、公共卫生、人口学等。社会科学所研究的社会现象，都是发生在特定的时空之中，受到了所处时空的约束和影响。因此，探讨时空因素对于社会现象的影响与互动，成为时空社会科学研究的一个重要课题。近些年，社会科学研究存在着一种时空转向的明显趋势。这是各个社会学科发展的内在趋势，也是跨学科社会科学研究发展的必然结果。时空转向的一个重要结果，就是催生了时空社会科学的出现和发展。

经济学

经济学被誉为社会科学皇冠上最为璀璨的明珠，在整个社会科学中占据着举足轻重的地位。经济学的快速发展，已经延伸到社会学科的其他学科和领域，形成了所谓的“经济学帝国主义（economics imperialism）”。经济学所探讨和分析的是经济行为，而所有经济行为都发生在特定的时空背景下。因此，经济学很早就开始探讨时空对经济活动的影响，其中的一个体现就是经济地理学的发展与繁荣（Combes et al., 2008）。当空间对经济的影响日趋显著时，便被认为是经济学的前沿（Krugman, 1998），空间经济学成为经济学研究的热点（Arnott，1987; Duranton, 2008）。空间经济学把经济活动视为在自然的时空中商品生产和消费的行为，经济在不同时空中的互动会产生流量（flow），因此，可以动态分析时空与经济运行之间的关系（Beckmann, Puu, 1985）。空间经济学的兴起，进一步推动了经济地理学的发展，产生了新经济地理学（Krugman, 2007）。毫无疑问，空间经济学的兴起与发展，大大拓展了人们对于区位与经济行为关系的认识，拓展了经济学的疆域（Proost, Thisse, 2019）。

除了单纯的空间分析之外，经济学也把时空作为一个整体进行分析。如在对从 1995 年到 2010 年共 224 个国家的国际并购行为进行时空分析表明，国际并购行为存在明显的时空效应（Dueñas et al., 2017）。在对从 1990 年到 1999 年新加坡 54282 笔商品房交易数据进行时空分析显示，地产发展与交易存在着明显的时空特征（Sun et al., 2005）。在经济空间布局上，动态的标准差椭圆分析方法其实就是时空分析法的一种，通过比较不同时间上的标准差椭圆的形状和相关参数，可以有效测量经济布局重心的演变路径与轨迹（赵璐，赵作权，2014）。在城市经济学中，综合了各种自然物理和社会经济变量与规则的离散时空系统动态学模拟模型，是探讨城市增长复杂性管理的有效手段（沈体雁 et al., 2007）。

人类的任何经济活动都是在特定时空环境下实施的，会受到时空因素的影响和约束，同时也在一定意义上塑造着人类对于时空的感知。其实，早在 1977 年，关于时空的经济学研究就已经开始了（Faden, 1977）。在这种背景下，时空经济学被明确地提了出来（周扬明，2000）。在时空经济学中，时间和经济活动的结合与交互，形成了经济时间的概念。空间和经济活动的结合与交互，形成了经济空间的概念。因此，时间和空间成为经济学研究以及理论建构中不可分割的一部分（Asada, Ishikawa, 2007）。美国经济学家威廉·诺德豪斯（William D. Nordhaus）通过建立时空整合的区域气候－经济综合评估模型（RICE 系列模型）与全球经济活动的地－经济学（G-Econ）项目，以动态的方式呈现了经济要素和经济活动在全球空间上的发展情况，为经济学的发展作出了重要的贡献（Nordhaus, 2006）。2018 年，诺贝尔经济学奖颁给了威廉·诺德豪斯，这也说明了时空研究对于经济学发展的重要性。

社会学

对社会现象的时空分析，是社会学的一个重要研究领域。在社会学研究中，空间的作用往往是不可忽视的，社会上的不平等往往体现为空间上的不平等（Tickamyer, 2000）。在社会分层与区隔领域，空间分割也是社会分层的重要体现（Sharkey, 2014）。空间在社会学领域中几乎是无所不在的。随着地理信息系统和分析方法的不断发展，社会现象与活动的地理空间分析成为了社会学发展的一个新方向，地理社会学（geographical sociology）的蓬勃发展说明这股潮流不可阻挡（Porter, Howell, 2012）。这些研究基本上都是建立在列斐伏尔的社会空间概念之上的。社会空间不仅是社会学概念，也是哲学概念。因此，社会空间概念成为分析建构时空与社会互动关系的重要概念，是介于建构主义理论（constructivism）和结构主义（structwralism）的一个关键概念（Bourdieu, 1989）。在社会学的研究中，探讨时空与社会关系的研究，要么采用了建构主义，要么采用了结构主义，因此充满了思辨性。

在社会学中，不仅有社会空间的概念，还有社会时间（social-time）的概念。如果说社会空间是空间社会学的核心概念，那么社会时间则是时间社会学的核心概念。时间是社会变革中不可忽略的因素。天文时间的范畴只是时间的概念之一。时间概念在哲学、心理学和经济学领域有所不同。社会时间根据群体共同的信仰和习俗不同而有质的区别。社会时间不是连续的，而是被关键日期打断（Sorokin, 1937）。在社会系统中，社会时间具有其内在的结构和内涵（Lewis, Weigert, 1981）。社会学从来没有停止过对时间与社会联系的探讨与分析，时间社会学（sociology of time）就是专门研究时间的社会学（Hassard, 1990）。时间社会学的发展，推动了社会学的发展，拓展和深化了社会学的研究范畴（Arriola Broniowski, 1992）。专门有个学术期刊，就是《时间和社会》（*Time & Society*）。

可见，在社会学研究中，时间和社会是重要的研究议题。

随着空间社会学和时间社会学的发展，彼此的边界互相交汇，于是，具有跨学科性质的时空社会学开始兴起（景天魁 et al., 2012）。时空社会学的兴起，是社会空间和社会时间彼此交融的必然结果。社会空间不是静止不变的，而是会随着时间的变化而进行动态变化的。社会时间也不是孤立存在的，而是与特定的社会空间相伴相随（Urry, 1985）。因此，社会空间和社会时间彼此融合，出现了社会时空的概念，那么，时空社会学就会自然出现。社会时空不是静态的，会出现时空扩展（space-time expansion）的情形，对于社会空间不平等及其他社会现象都会产生影响（Lanen, 2017）。当然，社会时空的这种动态性为建构动态时空社会学提供了重要的基础，有助于相关理论能够更好地解释社会变迁的规律和机制。

政治学

空间对政治学的影响是深远的。地理学家哈尔福德·麦金德（Halford John Mackinder）在研究空间对社会的影响过程中，发现了空间对政治的影响，为地缘政治学（geopolitics）的建立打开了重要的大门。哈尔福德·麦金德认为政治问题要从实地探索得到的结果来决定（Mackinder, 1887）。在此基础上，他提出地缘政治学中两个重要的概念，就是“世界岛”与“心脏地带”，对当代的政治战略学的发展具有极强的影响力（Mackinder, 2004）。地缘政治在国际政治体系中的重要性，充分体现了空间对于政治的深远影响。当然，地缘政治学中的地域（field）概念与时空体系中的空间概念（space concept）是有区别的（Cahnman, 2017）。政治格局中的地域不仅是个空间的概念，同时也是个社会的概念，是特定地理位置上的、承载特定社会关系的场域。在政治体系中，这种场域往往具有其他地理位置上的地域所难以复制的优势。所以，谁掌握和占据了这种场域，谁就占据了某种重要的优势，拥有了某种权力。就此本质来说，地缘政治学就是不同政治力量在特定空间上的空间博弈。

地缘政治的形成、确立和演变是个动态的过程，不是静止不变的。也就是说，空间和时间交织在一起，共同对政治格局和权力的配置产生影响。地缘政治学研究，常常和社会达尔文主义（social Darwinism）结合在一起，用来解释特定地域的权力演变机制及其过程（Dodds et al., 2016）。所谓的社会达尔文过程，就是一个动态演变的过程。特定空间上所形成的地缘政治，会随着时间的变化进行演变，出现“城头变幻大王旗”的情形，控制地缘政治的力量会随时间变化而改变。在政治格局中，权力的形成往往与时间有重要的联系（Clark, 2019）。在时间的管理和使用上，也会存在着权力的分配和政治，即所谓的时间政治（Mulgan, 2017）。这说明，不仅时间会对政治产生影响，政治因素也会对时间产生影响，因为在社会系统中，时间既是一个外生给定的因素，也是内生的社会时间，是社会活动中的一个重要的内生变量。此外，时间政治和政治时间往往交汇在一起，使得政治格局与权力配置变得更加复杂与微妙（Bulmer, 2009）。

时间、空间和政治之间的关系，是动态地缘政治学及政治地理学所研究的重要课题。在国家、民族主义和种族的形成过程中，空间转化为领土和疆域，时间则与国民记忆和国民性的出现与形成密切相关（Alonso, 1994）。也就是说，正式的政治系统的形成，常常与其空间边界的形成同步，而这往往也是个时间过程，因为特定的空间边界会随着时间的变化而出现扩张与收缩等特征。在政治学领域，民主历来是个重要的议题。追求民主是社会发展的重要内在动力，也是推动政治改革的重要内在因素。但是，民主并非存在于虚无的真空之中，而是存在于特定的时空之中，需要特定的时空条件（Walker, 1991）。尽管目前还没有时空政治学的提法，但把政治视为时空背景下的结构化过程进行研究，已逐渐成为一种共识（Hall, 2016），政治时空成为了政治学研究的一个重要内容（王恩涌 et al., 1998）。

教育学

如何实现教育资源的均等化和均衡配置是教育经济学中的一个重要课题。世界各国在发展教育上，都面临着一个普遍的挑战，就是教育发展的地区性差异。一个国家，由于地理位置的不同，教育在有些地区发展比较好，但在有些地区则比较落后。因为教育发展存在着这种空间上的不均衡性，所以不同地区的学生在接受教育上存在着差异性，削弱了教育的平等性。用空间分析的方法研究教育资源的非均衡配置，并最终实现从非均衡到均衡的转化，为教育均等化研究提供了新的思路（顾佳峰，2010）。教育资源在空间上的分布和配置往往不是独立的，而是受到了邻近地区的教育资源配置情况的影响，这种空间邻近性会对教育资源的空间配置产生显著影响，形成不同类型的聚集（Gu, 2012）。这种分析方法可以从全局空间尺度对教育活动和教育资源配置进行系统分析，有助于找出现象背后的规律，是教育经济学发展的一个重要的新方向（Misra et al., 2012）。

教育资源在空间配置上的动态性，表现在资源配置的扩展与收缩上（Gu, 2012b）。《道德经》中有这样一句话："天地之间，其犹橐籥乎？"也就是说时间和空间的运行模式，就像鼓风炉一样，不断地压缩和膨胀。从特定空间上的教育资源配置上来看，在不同的时间体现出富裕和不足等特征，这种特征不仅来自这个空间内部的因素，还可能受到邻近空间上的因素的影响。这种空间互动和空间依赖，从一个角度说明了教育资源配置过程中时空的膨胀与压缩，与之相对应的是空间发散和空间收敛。对于教育资源配置而言，当资源随着时间的变化而越来越集中时，就会出现所谓空间收敛的特征（顾佳峰，2008）。这种空间收敛性是时间和空间共同作用的结果，也是教育资源配置的基本特征之一。此外，教育资源随着时间的推移也会体现空间膨胀的特征，就是空间发散性。可见，空间发散与空间收敛是两个对立的概念，分别代表了两种不同的时空进程。

因为教育资源是有限的，所以就会存在资源竞争。对于教育机构而言，生源就是重要的资源。对于生源的空间竞争，会因为生源所在地的经济、社会、教育等因素而有所不同，也与生源与高校之间的距离有关（Lourenço, Sá, 2019）。也就是说，高校在竞争生源的过程中，具有明显的场域特征（顾佳峰，2012）。当然，这种空间竞争并不是静态的，会随着时间的变化而出现很强的动态性。可见，动态空间博弈分析同样可以用于教育研究领域，尤其是在分析时空对教育活动的影响作用时，动态空间博弈理论可以提供重要的理论支撑。高校之间的空间竞争，与经济系统中厂商之间的价格竞争，存在着不少相似性（Gu, 2015）。其中的道理并不复杂，都是特定时间中的空间博弈，都可以用动态空间博弈理论来进行分析。这也说明了此种分析方法的跨学科性，同时，为传统的教育经济学带来了新的发展启示。

其他学科

除了上述四个社会学科之外，还有很多的社会学科越来越重视时空因素的影响，探讨如何结合时空因素来创新学科知识体系，形成新的学说和理论。如在法学（Schill, Wachter, 1995）、伦理学（Liaschenko, 1997）、历史学（Gregory, Geddes, 2014）、心理学（Mc Namara et al., 1992）、管理学（Bertuglia et al.,

1997)、人类学(Low, 2011)、民俗学(Rogers, 2002)、新闻学(Schmitz Weiss, 2015)、传播学(Rinke, Röder, 2011)、公共卫生(Robertson et al., 2010)以及人口学(Gregory, Patuelli, 2015)等领域,时空分析方法的应用越来越多,研究也越来越深入。这些研究不约而同地采用了时空分析的思路,探讨时空因素对所研究社会现象的影响作用和机制,在理论建构上有意识地导入时空因素,形成一种潮流和趋势。这么多学科都在采用这种方法,说明两层意思:其一,时空是一种普遍存在,在各个学科中都是重要的研究课题;其二,在各个学科中整合时空因素可以提高理论对于社会现象的解释能力。20 世纪 90 年代中期以来,各个学科都在探索时空与所研究社会对象之间的内在联系,并取得了一定的突破。

当然,由于学科之间存在着一定的差异性,所研究的对象和重点也各异,所以,在时空探索上也会有不同的表现方法,采用的方法也是有差异的。这是学科差异的必然结果,也说明时空因素的影响会因对象而异。各个学科都从自己学科的角度和视角来探索时空的作用,从中找出社会事物与社会关系发展的规律,体现了各个学科的个性。如果把这些学科的研究整合起来形成一个整体,那么就可以更加综合地探索和呈现时空对于社会的影响,这就是空间社会科学的基础。也就是说,个性中有共性。只要把各个学科中对于时空的探索和研究汇总起来,就不难从中找出其共性。这种共性就是时空与社会的互动与交互,体现的是整体层面上时间、空间和社会的交织关系。因为有这种共性,时空社会科学的建设和发展就有了可能。随着各学科在时空上的探索越来越深入,单个学科的研究已经不足以全面解释时空的影响,因此客观上产生了跨学科研究和知识融合的需求,所以需要从跨学科、多学科的角度来展开研究。

第三节 时空社会科学的兴起

时空社会科学的产生与兴起,一方面是社会学科发展的内在需要,另一方面是社会实践发展的需要。从社会学科的发展来说,时空因素本身贯穿在各个社会学科所研究的社会现象之中,因此,有必要从整体、跨学科的角度来研究时空与社会。从社会时空的发展来看,任何社会实践活动都是在特定的时空之中发生的,如何有效利用时空因素来获得社会实践的更好成效,就是社会实践所需要解决的一个普遍课题。对于这些课题的探索，需要打破单学科的束缚，采用多学科、多视角来进行系统的研究，才可能获得相关的知识，有效解决这个源自实践的问题。在这个方向上，一些智者和学者进行了不断的思考、摸索和探究，从思想到方法上逐渐形成了一些具有启发性的成果，并用来指导社会实践活动，取得了一定的效果。时空社会科学研究的兴起，成为社会科学发展的一个重要趋势。

时空思潮

2013 年 11 月，在一本葡萄牙语的学术期刊《快速社会》（*Tempo Social*）上刊发了一篇名为《空间社会学的空间转向之后》（*After the spatial turn: for a sociology of space*）的文章。这个题目说明，在 2013 年之前，社会学的空间转向已经开始，并且相关的研究也已经取得了一定的成果。社会学的空间转向，早在 20 世纪 80 年代就已经开始，一个标志性的著作就是安东尼·吉登斯（Anthony Giddens）在 1984 年发表的《社会的构成：结构化理论大纲》。这部经典著作对传统的社会学进行了批判，认为传统社会理论的主要缺陷之一是不能考虑社会行为的时间和空间属性（安东尼·吉登斯，1998b）。在批判与反思中，对于空间的社会学研究开始引起越来越多的学者的关注，社会学的空间转向特征日趋明显。这是空间社会学研究的一个脉络，即通过思辨的方式进行规范性研究，重在建构和阐述空间在社会中的影响及其作用机制。这类研究主要是建立在对传统社会学批判和反思基础上的，大多与后现代性以及结构主义等理论相结合，往往叙事宏观，逻辑复杂，言语晦涩，比较难以理解。但是，这类研究往往能够从哲学高度来审视空间的社会意义，阐述时间、空间与社会的辩证关系等，具有很强的思辨性，对于认识和理解时间、空间与社会深层次互动具有启发性。社会学领域中的“空间社会学”，主要就是指这个流派。

跨学科研究的兴起，使得空间社会学能够不断吸收其他学科的最新研究方法。于是一个新的空间社会学诞生了。与思辨的空间社会学不同，新的空间社会学以实证研究为主，充分吸收了包括空间统计和空间分析在内的最新研究方法，对空间与社会进行系统深入的研究。2000 年，在《国际地区科学研究》（*International Regional Science Review*）期刊上刊发了由美国科学院院士迈克尔·F. 古特柴尔德（Michael F. Goodchild）、卢克·安瑟伦（Luc Anselin）等人所著的《走向空间整合社会科学》（*Toward Spatially Integrated Social Science*）一文，明确提出了“空间整合社会科学”，并从思想、方法、技术与工具等方面分析了开展空间整合社会科学研究的基本思路（Goodchild et al., 2000）。这类研究主要是强调在社会科学研究过程中，如何应用空间分析方法来开展实证研究。随着动态性空间分析方法的广泛应用及空间数据的可获得性不断提高，越来越多的学者开始在社会学研究中应用这种方法，形成空间社会学的一个新的流派。与思辨的流派相比，这种实证的流派偏重于对空间与社会关系假设的实证检验。由于假设就是思辨的结果，所以，这种实证的流派和思辨的流派之间可以有机整合起来，形成一个整体性空间社会学的理论与研究范式。当然，要实现这种“合流”存在着一定的挑战和障碍，但是空间社会学的“合流”是大势所趋，也是这个学科发展的必然趋势。

无论是思辨的流派还是实证的流派，理论的起源都来自西方，因此带有明显的西方色彩。其实，中国古代早已系统性研究和探索过空间与社会的关系，并且产生了宝贵的思想财富，而且理论与实践相结合，思辨和实证相结合。在《周易》中就有非常丰富的时空分析，阐述了时间、空间、位置与前途、命运、祸福等社会活动之间的关系。在《黄帝内经》中，也有关于时间、空间与个人的活动和作息的关系以及这种关系对于人体健康的影响。这些都是朴素而丰富的时间、空间与社会互动关系的思想，强调的是一种社会与时空之间的动态平衡与统一的思想。这种时空分析的思想，不是仅仅停留在理论层面，而是形成具体指导社会活动的方法，如风水学等。这种东方的学问可以和西方的学问有机地整合起来，形成东西方“大合流”的时空社会知识体系。因此，时空社会科学是思辨与实证合流的学问，也是东方与西方合流的学问，更是一门基于古今中外的思想、方法的整合与创新的关于时间、空间与社会的综合学问。这样的学问，有助于汇集和梳理各方面的智慧，全面而系统地阐述时间、空间与社会的辩证关系，也有助于打破特定研究方法的局限性，充分发挥跨学科研究的特点，实现理论上的创新。

空间整合社会科学

从名称上来看，空间整合社会科学具有明显的外来性，即用社会科学外部的知识来整合社会科学。事实上，当初提出和倡导这个称呼的人主要是做地理分析和研究工作，其初衷是希望把地理空间分析的方法对外输出，应用到社会科学中去，从而在社会科学的研究中占一席之地。在这个整合的过程中，这些先驱者通过在社会科学领域中应用空间方法，进一步提升了空间分析方法的影响力，并开发出了所谓的新一代空间分析方法（Anselin, 1999）。这个整合的方式，已经有过成功的经验。比如，地理学家们已经成功地用地理分析的方法整合了政治学，建立了地缘政治学。地理分析也被广泛应用到经济学研究之中，形成了区域经济学等，对于研究贸易、地区发展等具有重要的影响。这些跨学科研究的成功，进一步激励了传统的地理研究者去思考和开发更多的适合社会科学研究的空间方法和工具。在这种背景下，空间整合社会科学被提出来，并且初步形成了一套研究方法，逐渐被一些社会科学研究者所接受，在其相关的领域进行应用。当然，提出和倡导空间整合社会科学的学者显然比其地理学前辈要具有更大的野心，因为他们所要整合的不仅是某个社会学科，而是整个社会科学。

空间整合社会科学研究不仅是跨学科的研究，还是多层次的研究。一般而言，在研究层次上可以分为个人、家庭、邻居、地区四个层次（Goodchild, Janelle, 2004）。在这四个层次中的每个层次，都可以应用空间分析的方法来开展研究，探究空间对于社会的影响。这部直接以“空间整合社会科学”命名的书是在 2004 年出版的。经过了 10 年的发展，到了 2014 年，一部关于具体开展空间整合社会科学研究的方法与工具书出版了（Stimson, 2014）。在这部工具书中具体介绍了开展空间整合社会科学研究的具体方法、步骤和过程，使得这种方法更具有应用性。具体而言，包括五部分内容：关于空间整合社会科学的介绍；设定研究；数据源、数据采集和信息获取；研究工具、技术和应用；产生研究结果。这是开展空间整合社会科学研究的基本步骤。这种研究思路和方法，在社会科学研究中也得到了一定的应用。

随着空间整合社会科学研究的深入发展，在人文科学领域也开始兴起空间分析（林珲，周成虎，2010）。空间人文学和空间整合社会科学开始逐渐融合，出现了空间整合人文学和社会科学（林珲 et al., 2012）。2006 年，哈佛大学成立了地理分析中心（Center for Geographic Analysis，CGA），其中一个重要的研究课题就是通过历史、空间分析开展历史学研究。在诗歌研究中，空间分析的视角也能产生新的发现。苏轼有首著名的《题西林壁》：“横看成岭侧成峰，远近高低各不同。不识庐山真面目，只缘身在此山中。”整首诗都在讲一个事情，就是空间。由于空间位置不同，对于事物的看法就会不同，得到的结论也会不同。苏东坡作自我评价时，也采用了时空分析，他说；“问汝平生功业？黄州惠州儋州耳。”也就是说，苏东坡用三个关键时间点（时间）及三个地名（空间）总结了自己的一生境遇（社会）。这其实就是典型的动态空间分析的一个重要思想。可见对社会现象进行空间分析的思想古已有之。当然，现在的很多空间分析方法和技术，要比过去先进得多。

时空社会科学

空间整合社会科学的提法，最近几年开始有弱化的趋势。其实，这个提法本身也存在一定的问题和局限性。用空间来整合社会科学，那么空间和社会科学似乎是彼此区隔的两个事物，因此，才需要通过整合来结合在一起。这是一种错觉，容易误导研究者去思考和实施相关的研究。事实上，空间和社会本身就是一体的，彼此不可分割。社会是空间中的社会，空间是社会中的空间，即社会空间。因此，也就不存在所谓的整合。如同禅宗讲的“本来无一物，何处惹尘埃”，空间和社会本来就是浑然一体的，何处去整合呢？此外，一旦提到整合，就会涉及谁整合谁的问题。地理学的专家往往喜欢用空间方法去整合社会科学，而社会科学的研究者往往并不认可自己的学科被空间分析所整合，而是在学科研究中应用到了空间分析的方法。因此，社会学科的研究者更多的是认为社会科学吸收和整合了空间分析方法。所以，这个提法很难获得社会学科研究者的广泛认同，因此，在空间整合社会科学的提法上，还有改进的地方。

空间整合社会科学研究还有一个局限性是静态分析得比较多，而动态分析得比较少。传统的空间分析主要是围绕和基于地图来展开的，强调的是静态呈现。但是，社会变化很快，甚至说时时刻刻都在发生变化。因此，需要对社会现象进行动态分析。而一旦进行动态分析，就需要分析时间因素的影响，空间分析就需要改成时空分析（spatiotemporal analysis）。在英语中，时空分析常用的词汇还有 space-time analysis。时空分析用来分析和理解事情为什么会在何时与何地发生（An et al., 2015）。因为加入了时间分析，所以对于社会现象的空间分析就不再是静止的，而是动态的，因此能够有效模拟真实世界的演变和发展，揭示社会现象背后的规律，预测社会系统运行的未来趋势。在实证研究的方法上，时空分析的模型和估计方法也被不断研究出来，对于时空数据的量化分析也更加深入（Catania, Billé, 2017）。可见，获得时空数据的成本在下降，分析时空数据的方法在增多，在社会科学研究中应用时空分析的“门槛”在降低，因此，空间分析和时间分析的融合是社会科学研究的大势所趋。

时空并不是独立于社会之外的，而是社会系统的内在构成。研究时空与社会的互动及其规律，就可以称之为时空社会科学。这一称呼，一方面可以避免谁整合谁的问题，另一方面也可以通过动态分析的方法，有效模拟社会系统在不同时空下的运行情况，从而更加立体地呈现社会系统运行的原貌，便于发现和掌握社会系统运行的规律，预测其未来发展趋势，并对其进行有效的引导和应对，确保社会朝向有利于人类可持续发展的方向前进。时空社会科学并非是某个单独的社会学科，而是既贯穿于各个社会学科又自成一个完整体系的知识系统。也就是说，时空社会科学的发展与单个社会学科的发展并不存在着矛盾，因为在单个社会学科的发展过程中，可以通过开展时空研究的方式来丰富和推动时空社会科学的发展，而时空社会科学的发展又反过来为单个社会学科的发展提供新的思路和启示，进而推动单个社会学科的发展。由此可见，两者之间是相辅相成的关系。

第四节 时空社会科学的内容

作为一个自成体系且与各个社会学科相辅相成的知识系统，时空社会科学有其自己的特点，即往往采用时空叙事的方式对社会现象进行分析和检验，综合考察时空与社会之间的互动关系，从而有效揭示社会系统的运行规律。恩格斯在其著作《反杜林论》中指出："一切存在的基本形式是时间和空间，时间以外的存在和空间以外的存在，同样是非常荒诞的事情。"所以，在研究任何社会现象和社会活动时，都需要结合时间和空间来开展研究，进行具体的叙事。在社会科学的研究中，这种具有明显的时空叙事的研究思路、方法和技术，就是时空社会科学研究的典型特征。在社会科学的研究中，由于学科的不同，研究对象及其重点各异。只要是通过时空体叙事的方式来开展社会科学研究的，都可以认为是在开展时空社会科学的研究。抓住这个核心特征，就比较容易处理好时空社会科学研究和单个社会学科研究之间的关系了。

时空叙事

时空社会科学是时空框架下的社会科学研究及时空叙事。对于社会现象的研究，可以在不同的框架下进行，而时空框架是一种客观存在，是社会现象和社会实践活动发生和存在的客观框架。因此，在时空框架下进行和开展社会科学研究符合客观事实。人是一种被限定了时空框架的有限生物，人类社会也是一种在特定时空框架的存在。所以，时空框架是社会科学研究的天然框架。在时空框架下开展社会科学研究，需要对社会现象和社会实践活动进行时空叙事。任何社会现象都具有其特定的时空特征和时空框架，脱离时空框架的社会科学理论是空洞的理论，会对社会实践产生误导作用。只有在时空框架中建立起来的社会科学理论，才是具体的、生动的和符合客观现实的。时空社会科学就是在时空框架下研究社会现象和社会实践的活动，注重时间、空间与社会的一体化表达，为人类社会行为特征分析与规律探索提供基础方法支撑及系统性理论上的解释。

社会科学研究中的时空框架，强调的是时空一体，而不是时空割裂。所谓的时空一体，就是时空和空间是同时存在的，是彼此依赖的。巴赫金在《小说的时间形式和时空体形式》中认为，时间是空间的第四维度，它们不可分割，融合为一个均匀的思维连续区。这种小说中的时空叙事方式，其实也是开展时空社会科学研究时的一般性叙事方式。对于社会现象和社会活动的分析，需要在时空一体的框架中来进行，才能有效解释时空与社会运行之间的关系以及社会时空系统的运行规律，更好地指导社会实践。在开展时空社会科学时，研究的是时间、空间和社会这三者之间的关系。在时空一体的基础上开展研究，就是时间地理学。时间地理学出现在 20 世纪 60 年代，很快就成为了社会理论中的一种新共识（Pred, 1981）。时间地理学不仅研究时间和地理空间，而且研究社会，把社会放在具体的时空框架下展开研究。这种研究方法不仅适用于社会科学，在人文研究中也具有极强的适用性（Pred, 1977）。也就是说，时间地理学是一种具有结构性的时空叙事，通过这种结构性的时空叙事可以揭示社会系统中的个体和社会的运行轨迹和规律，从而提出社会改进的具体对策。因此，这种研究方法具有很强的实用性，其所揭示的社会理论往往是贴近社会实践的，是具体的。时间地理学的发展，为时空社会科学的建立提供了重要的基础。当然，鉴于时间地理学的局限性，从时间地理学到时空社会科学，无论是在理论上还是在方法上，都需要有个飞跃。

在对社会现象和社会活动进行时空叙事时，和图形分析结合起来往往会使时空叙事更加立体和生动。时空社会科学中的图形分析可以是具体的地图，也可以是其他类型的图形，比如，标准差椭圆图、Moran's I 散点图、LISA 图等。这些图形分析方法可以把社会现象和社会活动以比较直观的方式呈现出来，便于分析其轨迹和在空间上的分布特征，从而有助于从中找出规律。例如，在时间地理学中就有一个基本的分析工具，那就是时—空图。时—空图其实是对社会现象和活动进行时空叙事的一种重要的辅助工具，是用动态图形的方式来刻画和描述社会个体在时空框架中的变化轨迹和呈现特征。时—空图的三个基本要素是人们的移动路径（path）、停留地点（station）和活动束（activity bundle）（Short, 1991）。这三个要素其实就是时间、空间和社会实践，也是时空社会科学研究的三个基本概念。在时空社会科学研究中，对于这三者之间的关系的分析，更加具有动态性和系统性。

社会时空

时空社会科学研究的一个基本的核心概念就是社会时空。在时间地理学理论中，其实已经有了社会时空的思想。时间和空间不仅是影响社会运行的外生因素，也是社会系统的内生因素。当时空框架成为社会活动的约束条件时，时空约束就成了影响社会系统的外生因素。但是，社会系统可以通过自身的运行和变化来改变自己所处的时空约束，这表现出时空膨胀或时空压缩的特征。这说明时空也是社会系统的内生因素，社会系统可以改变时空约束。当社会中的个体在时间和空间的预算约束下进行社会实践活动时，时空预算就会对个体的社会活动产生影响。在这个影响的过程中，个体会通过提升效率等方式，一方面改变给定时空预算约束下的社会产出，另一方面修正时空预算。由此可见，时空预算与社会实践之间是互相影响的，是一个具有内在联系的整体。例如，在犯罪学研究中，时空预算的方法可以有效提高破案的效率（Hoeben et al., 2014）。警察在侦破案件的过程中，分析作案者的时空预算有助于找出破案的线索。这是社会时空在现实社会中的一个典型例子。在犯罪学中，这是一种破案的基本方法。可见，社会时空不是抽象的概念，而是具体的概念。在犯罪学中，作案者的动机、过程以及具体的时空约束构成了犯罪活动的社会时空，而破案的过程本质上就是通过各种侦查手段和证据重新展现犯罪活动的社会时空原貌，从而找出真相，给予犯罪者惩罚。

在时空社会科学中，社会时空不仅包括社会时间和社会空间，还包括两者之间的交互。社会中的每一个人在连续不断的社会行动和事件中，会塑造每一个人存在的时间与空间属性，这些时间与空间属性，就是社会时间和社会空间。也就是说，这种时间与空间属性，不仅是外在给定的，而且是社会塑造的，具有社会性，称之为社会时间和社会空间。在社会学中，社会时间是总社会现象（total social phenomenon）在运动中所呈现出来的收敛或发散的时间（Gurvitch, 1964）。总社会现象有时候也被称为总社会事实（total social fact），强调社会现象的客观性（Meštrović, 1987）。一旦定义了总社会现象，那么社会时间也就可以界定了。总社会现象是在特定的空间中出现的，所以，社会空间的界定也是建立在总社会现象的基础之上的。可见，无论对于社会时间还是对于社会空间而言，总社会现象的定义和界定都是关键。值得注意的是，总社会现象不仅是指全局性、整体性社会现象，而且是群体层面上的社会现象或者是微观社会层面上的社会现象。总社会现象的界定，有助于定义特定时空社会科学研究中的社会时空。

社会时间和社会空间并非是彼此独立的概念，而是统一于社会实践，社会空间的概念就是建立在社会实践的基础上的。社会时间和社会空间具有一体性，彼此互相影响和交互。因此，社会时空不仅包括了社会时间和社会空间，还包括了两者之间的交互。在现实的社会中，时间和空间是不可分割的。社会现象和社会活动都是在时空框架下存在和发生的，因此，社会时空包括了时间和空间之间的一切联系，而且这些联系往往具有社会意义。这就是社会时空所强调的意涵，也是时空社会科学研究的重点内容。在社会时空中，社会时间和社会空间是可以互相转化的。人在社会实践中创造了自由的社会时间，也就为自己开辟了发展的社会空间，这是人的社会实践在时空关系上的表现。人的社会实践使得社会历史可以表现为两个相反的运动过程：即社会时间的空间化和社会空间的时间化。这两种看似对立的转化运动，其实统一于人类的社会实践所建立起来的社会时空之中。考察社会时空的内在联系，就是考察社会结构和社会活动结构的相互转化，以及社会时间和社会空间的相关转化，这是解释社会规律及其实现机制的根本途径，也是时空社会科学研究的重要课题。

在新地理学和新考古学的研究中，空间往往被视为一个抽象的概念，或被视为一个容器，而社会互动就发生在这个容器里面（Tilley, 1994）。这是一种狭义和静态的社会时空观。在时空社会科学中，时空不仅是一个容器，也是社会实践的源头，是引发社会活动的重要因素。也就是说，时空不仅是社会实践活动的外部环境，也不单纯是社会活动的载体，而是社会实践活动的内容和社会实践活动不可分割的部分。人类社会活动发生在特定的时空框架之中，同时也在通过社会活动改造和建构着新的时空。这是社会时空的完整内涵，与新地理学或者新考古学的内涵有所不同。在开展时空社会科学的研究时，要能够正确界定社会时空的概念和内涵。

时空分析

在案例分析中，时空叙事是常用的方法。根据有无时间维度变化和有无空间维度变化，时空叙事方法可以分为四种具体类型，即动态比较、空间比较、时序比较和反事实比较（Gerring, 2006）。这种时空叙事的分类方法，同样也可以应用在时空社会科学的研究之中。时空社会科学研究，包括定量分析和定性分析。无论是定量分析还是定性分析，都各自包括多种分析方法，而且新的分析方法还在被不断研究出来。总体而言，时空社会科学研究的分析方法可以分成表 1–1 所示的四类。

表 1–1　案例分析的四种类型

	有时间维度变化	无时间维度变化
有空间维度变化	动态空间分析	空间分析
无空间维度变化	空间面板分析	静态社会分析

当所研究的社会现象在研究过程中存在时间维度上的变化和空间维度上的变化时，就需要开展动态空间比较，即比较时间变化和空间变化前后社会现象的特征是否存在显著的变化。若存在显著变化，就需要进一步探讨出现这种变化的原因。在数据上，可以是不规则的空间面板数据。之所以是不规则的，是因为空间观测点会随着时间的变化而变化，即存在空间维度上的变化。若不存在显著变化，说明所观测的社会现象在观测期间处于相对静止状态。面对这种情形，要么延长观测的时间，要么提高观测的精度。

若观测对象无时间维度上的变化，但有空间维度上的变化，这种情况就是空间比较分析，通过比较不同空间观测点上的社会现象的特征来探究空间位置的影响和作用。一般在数据上是空间横截面数据，主要研究的是特定时间点上的空间分布特征及其机制。

若观测对象有时间维度上的变化而无空间维度上的变化，这一般是给定空间观测点进行观测，从而获得随时间变化的相关数据。因此，这种数据往往是规则的空间面板数据，一般通过空间面板模型进行回归和估计。这是进行时空社会科学研究常用的方法。根据不同时间点上的空间观测值，建立对有关社会现象的假设，再通过空间面板模型进行回归和检验，从而获得社会现象发展和变化的规律，并预测其发展趋势。

若观测对象既无时间维度上的变化又无空间维度上的变化，那么就是静态社会分析。这种研究方法在传统的社会科学研究中是常见的，一个基本假设是所研究的社会现象处于一个给定的社会时空之中，假设时间和空间都没有发生变化，因此，研究的重点就是社会变化的内在因素。

特征和优势

与传统意义上的社会科学研究相比，时空社会科学具有基础性、跨学科性和溢出性的特征。在整个社会科学体系中，时空社会科学属于基础性研究，可以为其他社会科学研究提供重要的支撑作用。时空社会科学不是单一学科领域中的研究，而是属于跨学科研究，通过打破学科壁垒和边界来探究社会运行的规律。时空社会科学对于其他社会科学的研究而言，具有溢出性，即时空社会科学研究的方法和知识会对其他社会科学的研究产生重要的借鉴和启发作用，能够推动其他社会科学的发展。这些特征是时空社会科学的优势所在，体现了时空社会科学的强大生命力。

时空社会科学研究的主题是时间、空间和社会之间的关系，发现其中的规律，探究其中的原理。时空是社会存在和运行的客观前提，也是影响社会系统运行的重要基础性因素。这就决定了时空社会科学所开展的研究是社会科学研究中的基础性研究。时空社会科学研究的是社会时空系统运行的基本规律，这种基本规律具有普遍性和中立性。为了达成这一研究目的，时空社会科学研究者需要确保在研究过程中的客观性和科学性，尽可能全面掌握真实的社会时空数据，通过采用包括定量方法和定性方法在内的多种方法开展科学研究。

时空社会科学一般是跨学科研究，具有明显的跨学科性。社会时空概念，本身就是个跨学科的概念。在时空框架中的社会现象及社会实践中，是普遍联系和永恒发展着的，是一个整体。社会现象的这种普遍性和整体性要求研究人员在开展研究时，不能局限于单一学科的视角进行探究，需要从多学科交叉的角度进行科学研究，减少以偏概全的失误，有效揭示社会发展与变化的深层次规律。

时空社会科学研究具有显著的溢出性。在方法层面，越来越多的社会科学研究借鉴、移植时空社会科学的方法，推动了相关社会学科的发展。在理论层面，时空社会科学自成一个知识体系，并且通过与其他社会学科知识体系的互动，成为这些社会学科的创新性理论的重要来源之一。时空社会科学知识的溢出性表明，通过各种模仿效应，时空社会科学研究在一定程度上带动了其他社会学科的发展，有助于启动和深化社会学科的知识再造过程，进而提高社会科学研究对于社会重大问题解决的能力。

小　结

在社会科学的各个学科之中，出现了一股时空转向的潮流和趋势。时空与社会的关系，越来越成为各个学科普遍关注的课题。随着信息技术和地理分析技术的不断发展，社会发展过程中的时空轨迹数据获得的成本越来越低，客观上促进了社会科学研究中的时空分析的应用与发展。在这种背景下，时空社会科学的产生与发展是一种必然。时空社会科学是在时空框架下对社会运行规律进行探究，进而找出社会发展的规律。在时空框架中，时间和空间不仅是客观存在，而且是具有社会性的社会时空。时空社会科学研究具有基础性、跨学科性和溢出性的特征，推动了其他社会学科的发展，具有强大的生命力。

思考题

1. 什么是“巡警悖论”？
2. 你是如何认识和利用时空的实证价值的？
3. 什么是时空邻近律？
4. 什么是时空转向？
5. 你是如何识别你所在的学科领域的时空转向的？
6. 空间能否整合社会科学？

7. 什么是时空社会科学？

8. 你是如何理解社会时空这个概念的？

9. 时空分析的主要类型是什么？

10. 你认为时空社会科学研究的特征和优势是什么？

参考文献

[1] ALONSO A M. The politics of space, time and substance: state formation, nationalism, and ethnicity [J] . Annual review of anthropology, 1994, 23(1): 379-405.

[2] AN L, TSOU, M-H, CROOK S E, et al. Space-time analysis: Concepts, quantitative methods, and future directions [J] . Annals of the Association of American Geographers, 2015, 105(5): 891-914.

[3] ANSELIN, L. The future of spatial analysis in the social sciences [J] . Geographic information sciences, 1999, 5(2): 67-76.

[4] ARNOTT, R. Spatial Economics. in P. macmillan(Ed.), the new palgrave dictionary of economics [M] . Palgrave Macmillan, 1987.

[5] BRONIOWSKI W. The Problem of Time in Sociology: An Overview of the Literature on the State of Theory and Research on the ‘ Sociology of Time', 1900-82 [J] . Time& Society, 1992, 1(1): 81-134.

[6] ASADA T, ISHIKAWA T. Time and space in economics [J] . Springer, 2007.

[7] PUU, T. Spatial economics: density, potential, and flow [M] . North-Holland, 1985.

[8] BERTUGLIA C. S, LOMBARDO S, NIJKAMP P. Innovative behaviour in space and time [M] . Springer, 1997.

[9] Bourdieu P.Social space and symbolic power [J] . Sociological Theory, 1989, 7(1): 14-25.

[10] Bulmer S. Politics in time:meets the politics of time: historical institutionalism and the EU timescape [J] . Journal of European Public Policy, 2009, 16(2): 307-324.

[11] Cahnman W J. Concepts of geopolitics. in social issues, geopolitics,and judaica [M] . Routledge, 2007: 155-161.

[12] CATANIA L, BILLÉA G. Dynamic spatial autoregressive models with autoregressive and heteroskedastic disturbances [J] . Journal of Applied Econometrics, 2017, 32(6): 1178-1196.

［13］Clark, C. Time and power: visions of history in german politics, from the thirty years' war to the third reich［M］. Princeton University Press, 2019.

［14］CLIFF A D, ORD K. Spatial autocorrelation: a review of existing and new measures with applications［J］. Economic Geography, 1970, 46(S1): 269-292.

［15］COMBES P-P, Mayer T, Thisse, J-F. Economic geography: the integration of regions and nations［M］. Princeton University Press, 2008.

［16］DUEÑAS M, MASTRAN D REAR B, BARIGOZZI M,et al. Spatio-temporal patterns of the international merger and acquisition network［J］. Scientific Reports, 2017, 7(1): 107-189.

［17］DURANTON G. Spatial Economics. In P. Macmillan (Ed.), the new palgrave dictionary of economics［M］. Palgrave Macmillan, 2008.

［18］FADEN A M. Economics of space and time: the measure-theoretic foundations of social science［M］. Iowa State Pr, 1977.

［19］GERRING J. Case study research: Principles and practices［M］. Cambridge university press, 2006.

［20］GOODCHILD M, ANSELIN L, APPELBAUM R,et al. Towards spatially integrated social science［J］. International Regional Science Review, 2000, 23: 139-159.

［21］GOODCHILD M F, JANELLE D G. Spatially integrated social science［M］. Oxford University Press, 2004.

［22］GREGORY I N, GEDDES A. Toward spatial humanities: Historical GIS and spatial history［M］. Indiana University Press, 2014.

［23］GREGORY T, PATUELLI R. Demographic ageing and the polarization of regions-an exploratory space-time analysis［J］. Environment and Planning A, 2015, 47(5): 1192-1210.

［24］GU J. Spatial dynamics and determinants of county-level education expenditure in China［J］. Asia Pacific Education Review, 2012, 13(4): 617-634.

［25］GU J. Price collusion or competition in US higher education［J］. Studies in Higher Education, 2015, 40(2): 253-277.

［26］GURVITCH G. The spectrum of social time［M］. M. Korenbaum, Trans. Springer Netherlands, 1964.

［27］HALL P A. Politics as a process structured in space and time. In O. Fioretos, J. Lynch, & A. Steinhouse (Eds.), The Oxford handbook of historical institutionalism［M］. Oxford University Press, 2016: 31-50.

［28］HASSARD J. the sociology of time［M］. Palgrave Macmillan, 1990.

［29］HOEBEN E M, BERNASCO W, EERMAN F M,et al. The space-time budget method in criminological research［J］. Crime Science, 2014, 3(1): 12-27.

［30］KRUGMAN P. Space:the final frontier［J］. Journal of Economic Perspectives, 1998, 12(2): 161-174.
［31］KRUGMAN P. The ‘ New’ Economic Geography: Where Are We? In M. Fujita (Ed.), Regional Integration in East Asia［M］. Palgrave Macmillan, 2007.
［32］LANEN S V. Living austerity urbanism:space-time expansion and deepening socio-spatial inequalities for disadvantaged urban youth in Ireland［J］. Urban Geography, 2017,(1): 1-11.
［33］LEWIS J D, WEIGERT A J. The structures and meanings of social time［J］. Social Forces, 1981, 60(2): 432-462.
［34］LIASCHENKO J. Ethics and the Geography of the Nurse-Patient Relationship: Spatial Vulnerabilities and Gendered Space［J］. Scholarly Inquiry for Nursing Practice, 1997, 11(1): 45-60.
［35］LOURENCO D, Sá C S. Spatial competition for students: What does (not) matter?［J］. The Annals of Regional Science, 2019, 63(1): 147-162.
［36］LOW S. M. Claiming space for an engaged anthropology: Spatial inequality and social exclusion［J］. American anthropologist, 2011, 113(3): 389-407.
［37］MACKINDER H. J. On the scope and methods of geography［C］. Proceedings of the Royal Geographical Society and Monthly Record of Geography, 1887, 9(3): 141-174..
［38］MACKINDER H. J. The geographical pivot of history (1904)［J］. The geographical journal, 2004, 170(4): 298-321.
［39］MCNAMARA T. P, HALPIN J. A, HARDY J. K. Spatial and temporal contributions to the structure of spatial memory［J］. Journal of Experimental Psychology: Learning, Memory,and Cognition, 1992, 18(3): 555.
［40］MEŠTROVIĆ S G. Durkheim's concept of anomie considered as a ‘total’ social fact［M］. British Journal of Sociology, 1987: 567-583.
［41］MISRA K, GRIMES P. W., ROGERS K. E. Does competition improve public school efficiency? A spatial analysis［J］. Economics of Education Review, 2012, 31(6): 1177-1190.
［42］MULGAN G. The Arrival of Time Politics. In T. Aldrich (Ed.), About Time: Speed, Society, People and the Environment［M］. Routledge, 2017.
［43］NORDHAUS W. D. Geography and macroeconomics: new data and new findings［J］. Proc Natl Acad Sci USA, 2006, 103(10): 3510-3517.
［44］PORTER J. R, Howell F. M. Geographical sociology: theoretical foundations and methodological applications in the sociology of location［M］. Springer, 2012.
［45］PRED, A. The choreography of existence:comments on Hägerstrand's time geography and its usefulness［J］. Economic Geography, 1977, 53(2): 207-221.

[46] Pred, A. Social reproduction and the time-geography of everyday life [J] . Geografiska Annaler. Series B, Human Geography, 1981, 63(1): 5-22. 28.

[47] PROOST S, THISSE J. F. What Can Be Learned from Spatial Economics? [J] Journal of Economic Literature, 2019, 57(3): 575-643.

[48] RINKE E. M, RODER M. Media ecologies, communication culture, and temporal spatial unfolding: Three components in a communication model of the Egyptian regime change [J] . International Journal of Communication, 2011, 5: 1273-1285.

[49] ROBERTSON C, NELSON T. A., MACNAB Y. C. Review of methods for space-time disease surveillance [J] . Spatial and spatio-temporal epidemiology, 2010, 1(2-3): 105-116.

[50] Rogers, T. Henri Lefebvre,space and folklore. Ethnologies, 2002, 24(1), 21-44.

[51] RUSSELL B. A History of Western Philosophy [M] . Touchstone, 1967.

[52] SCHILL M. H, WACHTER S. M. The spatial bias of federal housing law and policy: Concentrated poverty in urban America [J] . University of Pennsylvania Law Review, 1995, 143(5): 1285-1342.

[53] SCHMITZ W. A. Place-based knowledge in the twenty-first century: The creation of spatial journalism [J] . Digital Journalism, 2015, 3(1): 116-131.

[54] SHARKEY P. Spatial segmentation and the black middle class [J] . American Journal of Sociology, 2014, 119(4): 903-954.

[55] SHORT J. R. The humane city:cities as if people matter [M] . Blackwell, 1991.

[56] SKIRBEKK G, GILJEN H. History of Western thought: from ancient Greece to the twentieth century. Routledge, 2001.

[57] SOROKIN P, MERTON R, Social-time: A Methodological and Functional Analysis [J] . American Journal of Sociology, 1937, 42(5): 615-629.

[58] STIMSON R. Handbook of research methods and applications in spatially integrated social science [J] . Edward Elgar Publishing, 2014.

[59] SUN H, Tu Y, Yu S. M. A Spatio-Temporal Autoregressive Model for MultiUnit Residential Market Analysis [J] . Journal of Real Estate Finance & Economics, 2005, 31(2): 155-187.

[60] Tickamyer, A. R. Space Matters! Spatial Inequality in Future Sociology [J] . Contemporary Sociology, 2000, 29(6): 805-813.

[61] TILLEY C. A phenomenology of landscape:places,paths and monuments [M] . Oxford, 1994.

[62] TOBLER W. R. A Computer Movie Simulating Urban Growth in the Detroit Region [J] . Economic Geography, 1970, 46: 234-240.

[63] URRY J. Social relations, space and time. social relations and spatial structures

[M]. Palgrave, 1985.
[64] M V. Newton's law of cooling revisited[J]. European Journal of Physics, 2013, 30(5): 1063-1084.
[65] Walker, R. B. On the spatiotemporal conditions of democratic practice[J]. Alternatives, 1991, 16(2): 243-261.
[66] 亚里士多德.政治学.[M].吴寿彭，译.北京：商务印书馆.1997.
[67] 儿玉之宏，永见启应.拓扑空间论[M].方嘉琳，译.北京：科学出版社，2001.
[68] 吴鹏跃，吴诗意.政府消费券经济效应的比较分析：基于 SARIMA 模型的实证[J].中国物价，2021(11)：6-8.
[69] 周扬明.时空经济学论纲[M].北京：人民出版，2000.
[70] 孙俊，潘玉君，和瑞芳，等.地理学第一定律之争及其对地理学理论建设的启示[J].地理研究，2012，31(10)：1749-1763.
[71] 吉登斯.社会的构成：结构化理论纲要[M].李康，李猛，译.北京：生活·读书·新知三联书店，1998.
[72] 景天魁，何健，邓万春.时空社会学：理论和方法[M].北京：北京师范大学出版社，2012.
[73] 林珲，周成虎.空间综合人文学与社会科学研究[M].北京：科学出版社，2010.
[74] 林珲，张捷，杨萍，等.空间综合人文学与社会科学研究进展[J].地球信息科学学报，2012，8(2): 30-37.
[75] 沈体雁，王伟东，侯敏，等.城市增长时空系统动态学模拟研究[J].系统工程理论与实践，2007，27(1): 10-17.
[76] 王恩涌，王正毅，楼耀亮，等.政治地理学：时空中的政治格局[M].北京：高等教育出版社，1998.
[77] 弗洛伊德.梦的解析[M].亦言，译.广州：广东人民出版社，2021.
[78] 赵璐，赵作权.中国沿海地区经济空间差异的动态演化[J].世界地理研究，2014，23(1)：45-54.
[79] 维特根斯坦.逻辑哲学论[M].贺绍甲，译.北京：商务印书馆，2021.
[80] 韦伯.工业区位论[M].李刚剑，陈志人，张英保，译.北京：商务印书馆，2010.
[81] 顾佳峰.中国基础教育财政收敛性实证研究：基于空间计量视角[J].教育与经济，2008(4)：48-53.
[82] 顾佳峰.中国教育资源非均衡配置研究：空间计量分析[M].北京：光明日报出版社，2010.
[83] 顾佳峰.大学竞争的场域理论：空间和策略[M].北京：清华大学教育研究，2012，33(1)：87-93.

第二章

社会时空概念的发展与演化

任何事物都是在特定的时空下存在着的，对时空的思考在人类思想史中占据着重要地位。时间、空间与社会的关系，是人类思想史中永恒的经典内容。社会生产和社会关系在特定时空下产生和发展着，人类的生产活动一方面受到了特定时间和空间的限制，另一方面，人类通过社会实践不断拓展着生存的空间，不断提高时间的使用效率。也就是说，时空既是人类社会活动的外生变量，也是人类生产活动的内生变量。这种时空与社会之间的外生性和内生性相统一的概念，就是社会时空概念。社会时空思想的产生与发展，也有一个过程。随着人类社会生产力的不断提升，人们对空间的拓展能力也有了显著提升，对时空的思考越来越深入，社会时空思想也就越来越完善。社会时空思想从古代的萌芽时期到近现代的发展，通过与社会科学研究进行结合，出现了社会科学研究的时空转向。这个过程，既是时空哲学在社会科学研究中不断深化的过程，也是社会科学研究不断突破传统边界进而实现理论创新的过程。

第一节 古典萌芽时期

在古希腊时期，先哲已经从形而上的层面开始思考时间、空间与社会的关系。在古希腊社会中，有着几种不同的空间概念（吴国盛，2010）。其一是“处所”（topos），就是特定时间所在的居住地。这个概念对近代有深远影响。例如，1516 年，英国人托马斯·莫尔（St. Thomas More）创造的“乌托邦”这个词，就是源自希腊文“ou（无）”和“topos（处所）”，直译是“无处所”，更为文雅的翻译是“乌有之乡”。处所就是一个特定时间下的空间概念，也是社会家庭关系发生的重要载体。其二是“场所（chora）”，在古希腊中主要是指事情发生的地点。其三是“虚空（kenon）”，这是一种形而上的空间，因为在古希腊思想家看来，空间是存在所呈现出的形式，是实在和虚空的结合。其四是“空隙（diastema）”，就是事物与事物之间的空间。由此可见，古希腊人已经具有了比较丰富的空间概念，并且能够把具体的空间概念与特定时期中的社会生活活动结合起来，进而区分不同的社会空间特征。这种空间概念的区分说明，古希腊人已经细腻地感受到了不同空间结构对现实生活的影响和作用，因此需要加以区分，以便于彼此互相交流，避免在社会生活中产生误解与矛盾。这种源于社会生活的观察，通过先哲的提升，进而体现在古希腊哲学中，形成了那时的时空哲学思想。

苏格拉底时空思想

在古希腊哲学乃至整个西方哲学中，苏格拉底都占有重要的地位。苏格拉底并没有著书立说，关于他的哲学思想，都是在他的学生柏拉图等人的记录中保存下来的。在苏格拉底的哲学思想中，并没有关于时空的系统性的论述。他的哲学思想都是通过与周围人的对话而流传下来的。对话，其实就是特定时空中的一种社会活动。当苏格拉底和一些人坐下来进行对话时，就产生了这项社会活动的三个重要因素，即对话的时间、地点和对话的内容。也就是说，在苏格拉底的世界中，对话所涉及的时间、空间和社会活动是一个完整的整体。因此，研究苏格拉底的时空思想，就需要研究这些经典对话。从某个意义上来说，苏格拉底通过对话来展示时空与社会的整体性（Hawtrey, 1972）。所以，研究苏格拉底的思想，往往从这些对话入手。

对于苏格拉底而言，这些特定时间、空间中的对话，既是特定时空的社会现象，又是超越时空的社会活动。所谓特定时空的社会现象，是指这些参与讨论的人及其时间和地点都是既定的，都是发生在特定时空中的，是不可复制的。所谓超越时空的社会活动，是指在苏格拉底看来，对话的目的是发现真理，而真理是超越时空的。由此可见，在苏格拉底的世界中，对话既是时空的产物，也可以超越时空，甚至形成新的时空。尽管苏格拉底的这些经典对话发生在两千多年前，但对话中的思想至今还在被不断地研究和反思，现代思想家都在某种意义上与苏格拉底进行对话。这种意义上的对话，已经超越时空，是跨时空的对话。其实，这种跨越时空的对话，在苏格拉底死后就一直没有中断过。列奥·施特劳斯（Leo Strauss）就通过这种跨时空对话，给古典政治思想赋予了新的活力（Pangle, Thomas, 1989）。这样的例子，在政治学、经济学、社会学等领域中屡见不鲜。

可见，苏格拉底式对话，既是特定时空的产物，也是超越时空的存在。其实，苏格拉底只是借助对话这种形式，试图寻找一种普遍性的知识：在现实世界中，特定时空背景下的特殊的事件、具体的事物和个体的行为是会随着时空的变化而变化的、易消逝的，但它们的本质特征、定义在内容上的特定意义与规范是同一的，是可以超越时空而保持不变的，在不同的时空也从不消逝。这是苏格拉底在对话中所展现出来的社会时空思想，其中已经包含了相对时空和绝对时空的思想萌芽。对于社会系统而言，时空既是一种绝对的存在，但同时也具有相对意义。苏格拉底的目标就是希望从相对时空中找出绝对的存在。

柏拉图时空思想

哲学源自社会生活。古希腊人关于时间、空间与社会关系的观察及对其内在关系的思考，不仅成为当时哲学家思考的重要命题，也影响着当时哲学家的思考方式。例如，在柏拉图的《理想国》中，有个经典的“洞穴之喻”（Plato, 1992）。这不仅是一个哲学寓言，更是体现了空间切换对于事物规律认识和把握的影响（Rankin, 2010）。这个寓言最开始的空间场景是在狭小的地穴里面，因为空间狭小，所以里面的人不能转头，只能朝前看，看到的是洞壁上的影子。在这个场景中，空间的束缚和限制直接决定了里面的人所能看到的事物以及观察事物的视角。这个场景里面，对于空间有很严格的假设：洞穴内的空间要足够小以至于里面的人连转头的空间都没有。如果这个假设不成立，那么，也就无法继续展开“洞穴之喻”的叙事。假如把这个假设略微放松一点，假设修改为：洞穴内的空间很小使得里面的人只能转头而不能转身。对于洞穴空间的界定，这个新假设显然比原来的假设要松一点，但是，这样一来，“洞穴之喻”就难以为继，因为洞穴里面的人可以转首看洞穴内左边和右边的事物，而不仅只能看到前方墙壁上的事物。从空间的视角来分析，这个场景的一个重要含义就显现出来了。在柏拉图看来，时间和空间是影响和制约人们自由的重要因素，最终会影响人们的世界观。在这个故事里已经可以看到时空预算思想的雏形了。

在第二个场景中，柏拉图继续在空间上作文章。与第一个静态空间场景相比这次用了动态空间场景，即强调了时间的影响。他强调在洞穴里面的人的后上方有一堆火，还有一条横贯洞穴的小道，而沿小道筑有一堵矮墙。洞穴的人扛着各种器具走过墙后的小道，而火光把透出墙的器具投影到囚徒面前的洞壁上。囚徒自然认为影子是唯一真实的事物。柏拉图显然对空间方位了然于心，可以很好地驾驭空间方位来阐述哲学思想。为了写好这个场景，柏拉图很可能提前下足了功夫，自己亲自到一个狭小的洞穴，去体会其中的感觉和视角。在这个时空叙事的场景中，柏拉图大胆且很有把握地采用了移步换景的空间叙事方式，一步一步地推演出最后的哲学结论。第一个场景假设就是人在狭小空间中只能朝前看，而在第二个场景中，一开始就提出了另一个前提即火在人的后方，人在洞穴中间的小道上，囚徒面前是洞壁。这样的空间结构和位置布局，最终导致了一种情况的出现，就是洞穴中的人可以通过移动的方式来改换自己所处的空间位置，但只能通过面前的墙壁来感受身后的火光，而墙壁上只有影子。此时的柏拉图俨然是空间切换的高手，通过精心设计的空间场景让观众顺着预先设定的逻辑去自己感受和领悟剧情里面的高潮。

当剧情发展到一定程度，柏拉图就会修改空间假设，给予剧中人物更多的空间自由度，于是，剧情就会出现一个新的高潮。在洞穴中的人们，如果他们中的一个碰巧获释，转过头来看到了火光与物体，他最初会感到困惑，他的眼睛会感到痛苦，他甚至会认为影子比它们的原物更真实。柏拉图用“碰巧获释”这个词来告诉观众，从现在开始，空间假设已经发生了改变。在第一个场景中，有一个非常严格的空间假设，就是洞穴非常狭小以至于里面的人连转头的空间都没有。这个假设在第二个场景中继续，但是到了第三个场景，这个假设就被抛弃了。柏拉图用“碰巧获释”，巧妙地把第一个空间假设突破，并且非常自然地给予了另一个空间条件，即洞穴内肯定存在比较开阔的地方，而这个地方至少可以允许人们自由转头。洞穴中的这两种空间，显然是为不同的人准备的。不能转头的狭小空间是为囚徒所准备的，而可以转头的、较为开阔的空间是获释者可以中转的空间。所以，在这个场景中，获释者和囚徒之间的根本差异就是所处空间条件的不同。因为获释者获得了更大的空间自由度，可以转头看周围的事物，所以就会产生困惑甚至痛苦，形成影子比原物更真实的错觉。在这个场景中，柏拉图再次提醒世人，人的判断会直接或间接地受到空间的影响。

精彩还在继续，柏拉图要进一步放松对于空间约束的假设，阐述在更自由空间中人们的表现和反应。所以，柏拉图继续着他的时空叙事。当这位获释者走出洞穴，走到阳光下的世界，他会更加目眩，甚至会发火。起初他只能看到事物在水中的倒影，然后才能看到阳光中的事物，最后甚至能看到太阳本身。到那时他才处于真正的解放状态，会开始怜悯他的囚徒同伴、他原来的信仰和生活。获释者从洞穴中走出来的过程，就是从狭小空间走向广阔空间的过程。在这个空间转换过程中，由于这个人突然获得了充分的空间自由度，能够自由自在地看清楚周遭的人、事、物的变迁，反而会让这个人觉得不适应。柏拉图在这个场景中引导出了一个重要的概念，就是所谓的“空间适应性综合征”。当一个人从已经习惯的空间突然进入到一个全新的空间时，就会出现生理和心理上的一系列不适反应。例如，在航天的过程中，航天员从长期适应的重力环境突然进入到失重环境，人体内的生理系统和心理就会产生一系列适应失重环境的变化。如习惯被聚光灯聚焦的演员明星，往往在个人生活上感到明显的不适应，出现所谓“人生如戏”的生活悲剧。这些例子，其实与柏拉图在这个场景中所描述的情形相似，说明的都是一个问题，即空间变化会影响人们的思考与行为。

在这则寓言的最后，柏拉图设想了一个新的空间场景。他假设，如果这位被释放者返回去拯救他的囚徒同伴，他得有一段时间去适应洞中的黑暗，并且会发现很难说服他们跟他走出洞穴。这是一个假想出来的结局，因为柏拉图说得很清楚，用的是“如果”，这是假设复句。这说明最终这个被释放者实际上并没有回到洞穴中去，柏拉图没有解释其中的理由。其实，原因不言而喻。在社会生活中，人们都在追求更为广阔和自由的空间。但是，柏拉图所要强调的不是人们的普遍偏好，而关注的是另一个重要命题，就是所谓的“空间依赖性”。假设这位被释放者再次回到洞穴内，并试图说服里面的囚徒跟他一起从洞穴中走出来，这时问题就出现了，而这个问题就是柏拉图想要解释的问题。当洞穴里面的囚徒早已习惯里面狭小得连头都不能转动的空间时，就会认为这就是这个世界唯一存在的空间，因此毫无怀疑地适应了这个空间。当有人说还有更为广阔和自由的空间时，因为囚徒们对原来的地方已经产生了根深蒂固的空间适应性，所以根本不会相信还有更好空间的存在，因此不会想着去改变现状，而是机械地甚至是顽固地继续留在原来的空间而拒绝变化。其实这里面还隐含着另外一层意思，就是由于太适应原来空间而产生了强大的惰性。在现实社会生活中，因为有这种惰性，所以人们经常不愿意主动去寻求改变。在物理的世界中，这种惰性体现在摩擦力上。任何想要改变事物现有空间格局的动作，都会有一种不愿被改变的力量与之进行对抗，这种力量就是物理世界中普遍存在的摩擦力。

社会时空的基本思想可以追溯到柏拉图的“洞穴之喻”。在柏拉图的这个寓言中，时间和空间是关键因素。从这个剧情的开始到最后，顺着时间的推展，随着空间的变化和切换，主人公的视角在发生着变化，看到的事物也开始有了不同，所思所想也会随之不同。如果把里面的洞穴转化为社会空间，那么自然会引导出亨利·列斐伏尔（Henri Lefebvre）的社会空间理论（Lefebvre, 1992）。所以，20 世纪的亨利·列斐伏尔关于社会空间的思想，其实与柏拉图的思想有着内在的关联。在“洞穴之喻”中，物理空间和社会空间是动态交互作用的关系，因为物理空间的变化与囚徒到被释放者的社会角色变化是对应的关系。因为社会角色变化，所以物理空间和位置也发生了变化，而物理空间的变化又产生了观察社会的新视角，导致这名被释放者对社会结构和社会现象的认识产生了新的判断。所以在柏拉图的这个小故事中，包含着非常丰富的社会含义。因此，“洞穴之喻”可以被视为时空社会科学的早期研究。在这则研究中，尽管并没有明确提出社会时空的概念，但其基本思想和要素都已经包含在里面了。

亚里士多德时空思想

社会时空是个具体的概念，不是一个抽象的概念。社会是具体的，时间是具体的，空间也是具体的。亚里士多德在研究物理的世界时，就对时间和空间进行了系统性的思考。在他所著的《物理学》一书中，一个很重要的主题就是变化。在他看来，物理世界中的万事万物都在发生着变化，这种变化就是一种运动，一种在时空中出现不同特征的运动。在这部书中，亚里士多德把变化分为四种，其中一种变化是生存与毁灭（Aristotle, 2008）。在这些万事万物的变化之中，时间和空间都发挥着重要的作用。这些变化都是发生在具体的时空之中的，而不是发生在超越时空之外的虚空之中。亚里士多德认为，具体之外的虚空是不可能存在的。无论是多么快的变化，都发生在两个时间点之间。所以，任何变化都是不能脱离时间之外独立存在的。任何变化都是发生在特定的空间之中的，因此不可能脱离具体的空间而独立存在。所以，亚里士多德在阐述变化时，就已经把变化放在具体的时空框架之中了。

亚里士多德反对虚空的存在，认为只有充实的空间才是运动与变化的可能性条件。但亚里士多德并不否定无限的存在。其实，这个无限的概念已经是社会时空系统中内在的概念了。与无限相对的概念是有限，如有限的时间、有限的空间等。这些都是局部的时空概念。当时间和空间向外不断延伸时，就可能超出人类的认知范畴，即无限的意涵所在。也就是说，要理解无限这个概念，就需要理解和承认有限这个概念，而有限就是人们生存与发展所处的特定的社会时空的范畴。可见，亚里士多德无限的概念中就已经包含了社会时空的思想。在亚里士多德那里，无限并不是一个至大无外的东西，而是可以包含其他东西，是一种潜能，一种未来的可能性。潜能的意思就是当前尚未被开发但是未来可能在特定空间中被开发的能力，是个当下时间和未来时间之间的概念，具有明显的时间和空间的烙印。所以，亚里士多德的有限概念，体现的也是社会时空的思想，是一种具体的存在，而非存在于虚空之中。

在亚里士多德哲学中，社会时空是一个统一的整体，是在物理世界中特定时空下的“现实”中存在的“形式”，除了表现为社会事物的“外观”之外，它还规范、指导着社会事物与社会关系的本性，将生成着的、自身维系的社会事物与社会关系统一为一个如其所是运动或活动的整体。也就是说，社会在时空中表现出来的存在形式，是事物外观和内在于时空中的统一整体，事物运动与变化都体现了时空的约束与影响，并与时空形成统一的整体。这是亚里士多德社会时空的核心思想。虽然亚里士多德的研究重点在物理学，聚焦于物理世界的时空整体的影响，但对于社会世界的运行和发展来说，亚里士多德的哲学思想也具有重要的启示。尤其是亚里士多德关于社会事物的外观和内在的统一性的看法，充分体现了社会时空的重要特征及其对于时空与社会统一的整体性思想。

第二节 近现代发展时期

从社会科学的角度来看，空间不仅是一种形而上的概念，而且是影响社会生活的重要存在。时间、空间的思想和观点，会对社会运行产生重大的影响。一个典型的例子就是古希腊的亚里士多德及托勒密的空间思想，这一思想曾对西方社会产生重大的影响。这些空间思想后来与基督教结合起来，一度成为主导西方社会运行的现实力量。在这个过程中，时空不再是独立于社会之外的存在，而是社会系统内部的重要构成。如“地心说”曾被认为是唯一正确的世界观，教会组织及其基督教捍卫者通过经济、政治、刑法、文化等措施，系统性地向社会宣导这种时空思想，并且以此为基础建立起严密的组织维护这一时空思想，打击和迫害与这种时空思想相违背的异己人士。时空与社会的关系密不可分，在中世纪的西方社会可以明显体现出来。时空观念甚至成为社会划分的标准，“地心说”是社会的正统，认同“地心说”的就是社会的好公民，而认同“地心说”之外的时空思想的就是异端，教会坚称这些异端的人就是社会的破坏者，是现有社会的威胁者，需要加以压制、迫害甚至消灭。所以，中世纪的欧洲社会是研究时空思想对社会运行非常好的素材，时空观念与社会运行之间存在着非常紧密的联系。尽管这种联系对于社会发展而言可能是具有负面作用的，如黑暗的欧洲中世纪，但这也是人类时空思想发展的一个重要的历史阶段。

笛卡尔空间

笛卡尔被誉为现代西方哲学的奠基人，其时空思想对于现代社会影响深远。在开展时空社会科学研究的过程中，笛卡尔的时空思想往往能够提供重要的启示和指引，帮助研究者发现社会时空变化的规律。

（一）空间的广延性

随着中世纪的终结，“地心说”的空间思想也逐渐被淘汰。由于科学技术的发展，新的空间思想和观念产生。哥白尼的“日心说”空间思想，激发了更多科学家思考空间的结构与社会的变迁。在这种历史背景下，笛卡尔对于空间进行了深入的思考，提出了空间的“广延性”，他说：“具有长、宽、高的广延构成了有形实体的本质，思想构成了能思实体的本质。”（Descartes, 1964）由此可见，笛卡尔的空间定义具有二元性，既强调有形实体的空间存在，又认为实体空间的本质是思想。这就是典型的关于空间的二元论，空间既是客观的存在，又是主观意识的产物。这也就是笛卡尔“我思故我在”的时空思想。这种时空思想具有一定的合理性。与物理空间相比，社会时空是一种更为复杂和难以清楚界定边界的时空，社会时空结构会对社会中的人们产生影响，影响人们的思考以及行为，最终影响社会运行的结果。也就是说，社会空间在很大程度上存在于社会中人们的感知。俗话说“心有多大，舞台就有多大”。从时空社会科学来分析，这里的“舞台”就是社会时空，而“心”就是思考的过程。可见，社会时空的存在、结构及其范围大小，会受到一个人的主观意念和思想的影响，而这恰恰是笛卡尔的时空思想的重要内容。

（二）笛卡尔坐标

对于现代空间社会学而言，笛卡尔的贡献远不止于此。据说笛卡尔是在生病卧床休息时，看到蜘蛛在织网而受到启发，创立了平面直角坐标系，即所谓的笛卡尔坐标系（Cartesian coordinates）。相交于原点的两条数轴构成了平面放射坐标系，如两条数轴上的度量单位相等，则称此放射坐标系为笛卡尔坐标系。两条数轴互相垂直的笛卡尔坐标系，称为笛卡尔直角坐标系，否则称为笛卡尔斜角坐标系。笛卡尔坐标系的创立，不仅是数学和几何学上的重大突破，更具有深远的社会学含义，使社会空间中的社会计算成为可能。例如，在全球经济中心的测量和计算上，笛卡尔坐标系是常用的坐标系（Quah, 2011）。现代空间社会学的一个重要特征就是计算社会空间内部人事物之间的距离以及人事物发展变化的规律，而要进行这种社会计算，就需要有直观的空间参照，笛卡尔坐标系是一种平面坐标系，是进行社会空间计算的重要基础。在社会空间中的空间位置的描述，需要在一个特定的系统下采用特定的方式来进行，这一特定的系统被称为坐标参照系，即提供系统原点、尺度、定向及其时间演变的一组协议、算法和常数，而笛卡尔坐标系能够为社会空间分析提供这种系统。现代的地理信息系统（Geographic Information System 或 Geo–Information system，GIS）采用的是球面的数据，一般用的是大地坐标系，大地坐标系和笛卡尔坐标系可以互相转换，因此，笛卡尔坐标系还能通过坐标系转化的方式从平面坐标变成球面坐标，在社会空间的测量和计算中发挥出重要的作用。

（三）笛卡尔空间

社会学鼻祖奥古斯特·孔德（Auguste Comte）对社会学有一幅宏大愿景：希望使用一种类似于物理学这样的自然科学的方法与理论，统一所有的人文科学学科，从而建立一门经得起科学规则考验的新的人文学科。但是，要实现这种跨学科的统一和整合，需要有一定的前提。笛卡尔的研究为这种学科的整合与统一提供了重要的支撑，尤其是笛卡尔空间（Cartesian space）的建立，使得社会学科中的跨学科整合与统一成为了可能。比如，在微观经济学研究中，笛卡尔空间是个重要的基础（Gruver, Xu, 1994）。在笛卡尔空间的基础上，可以建立一整套的计算科学方法的重要研究工具，以传统人文社会科学理论与思想为指导，帮助解决经济、政治、社会、人文等诸多领域问题的理论和方法学体系。这就是现代实证空间社会学的基本特征和研究范式，即以迈克尔·F. 古特柴尔德和卢克·安瑟伦为首所倡导的“空间整合社会科学”的基本思路。但是，16 世纪时笛卡尔的这种思想提出来之后，在相当长的时间内并没有被社会学科的研究者所重视，造成这种局面的一个重要原因是地理信息技术的限制。在笛卡尔死后的300多年，随着现代地理信息技术的不断发展，地理统计等方面有了新的计算工具的突破，使得空间分析与社会科学研究可以更好地整合起来，现代意义上的空间社会学才能够建立起来。

笛卡尔空间的创立，使在特定空间上进行社会计算成为可能。值得注意的是，笛卡尔空间上的社会计算采用空间转换矩阵的方法计算不同空间上的动作以及移动的空间路径，这种方法在后来机器人的机械手运动设计中获得了广泛的采用，成为现代机器人空间行动规划的经典方法之一。事实上，这种方法在原理上和现代时空模型分析是一脉相承的。在现代空间统计和空间建模的过程中，为了刻画空间邻近关系，都需要建构空间权重矩阵（spatial weight matrix）。对于空间统计和空间建模而言，空间权重矩阵是一种有效的表达空间关系的方式，是用量化的方法表示数据之间的"空间结构"以及观测点之间的空间距离和彼此之间的空间互动机制。在空间网络研究中，空间权重矩阵是动态的，即空间关系随着时间的变化而变化（Cheng et al., 2014）。这种思想和计算方法可以追溯到300多年前的笛卡尔，当他创立了笛卡尔空间以后，空间权重矩阵的概念以及空间路线规划方法就可以在笛卡尔空间中实现了。例如，在现代机器人的开发过程中，当需要机器人的机械臂能够非常精准地完成很精细的任务时，笛卡尔空间轨迹规划是最好的选择。在社会应用上，只要把笛卡尔空间转换为社会空间，就可以对社会系统运行进行笛卡尔空间的规划，进行精准的社会计算，模拟和预测社会的发展轨迹，研究现实社会空间中的诸多问题，从而促进和优化人类的社会活动。

牛顿时期的空间思想

17世纪，牛顿提出万有引力定律，由此牛顿物理学问世。在进行时空社会科学研究中，也会经常用到牛顿的引力函数来进行建模，如在对商品贸易、人口迁徙、社会网络、学生择校等开展时空研究时，引力模型（gravity model）的应用比较广泛。引力是一种由时空弯曲所形成的力量，使得有质量的物体之间存在着加速靠近的趋势。可见，引力与时空是不可分割的概念。在社会中，有质量的事物之间，都会存在这种引力，这是社会事物之间互动的一般性规律，对于社会系统的运行会产生深层次影响。与自然世界中的引力相似，社会时空中的引力，是由社会时空的弯曲所引起的一种力量，这种力量会促进有质量的社会事物之间出现加速接近的趋势。在时空社会科学研究中，这种社会时空的引力是人际互动的重要基础（Farber, Li, 2013）。在社会时空的研究中，空间引力模型（spatial gravity model）被比较广泛地应用。当然，牛顿对时空社会科学的影响不仅限于此。

（一）牛顿–莱布尼兹公式

比笛卡尔年轻的牛顿和莱布尼兹，继续在时空上进行思考。这两位科学家在对空间的哲学思考上，都有很高的见解。在具体空间的一些思想上，这两位科学家之间存在着对立。但他们共同为空间社会学留下了一份非常宝贵的财产。牛顿在 1666 年写的《流数简论》中以及莱布尼兹在 1677 年的一篇手稿中都提到了一个公式，那就是牛顿–莱布尼兹公式（Newton-Leibniz formula），通常也被称为微积分基本定理。这个重要公式揭示了定积分与被积函数的原函数或者不定积分之间的联系，使得社会系统的模拟与计算变得更为简单。社会系统的运行，往往存在着所谓的乘数效应（multiplier effect）。这是一种宏观的社会效应，是指社会活动中某一社会变量的增减所引起的社会总体上的变化，或者社会某一子系统的变化所引起的社会整体上的系统变化的连锁反应程度。约翰·梅纳德·凯恩斯（John Maynard Keynes）曾在《就业、利息和货币通论》中阐述过经济系统中的乘数效应（Keynes, 1936）。这是经济学领域中的经典议题，因为经济计算中往往能遇到乘数效应（Ono, 2011）。这种乘数效应在区域社会发展过程中，往往会起到显著作用，是空间社会学研究的一个重要课题。在区域社会与经济发展中会存在一种普遍的现象，就是一个地区的发展往往对周围地区发生示范、促进、带动作用，而且通过循环和因果积累这种作用不断强化放大、不断扩大影响。要模拟和测量这种社会发展的乘数效应，常用的方法就是牛顿–莱布尼兹公式。

（二）牛顿–欧拉方法

牛顿对于现代时空社会科学研究还有另一个重要影响，那就是牛顿–欧拉方法（Newton-Euler method）。在利用牛顿–欧拉方法进行空间建模和空间分析时，采用笛卡尔坐标描述系统位形，由于需要和运动副的约束方程联立，最终得到的系统动力学方程为代数–微分方程形式，且积分变量也全部是笛卡尔坐标。在开展时空社会科学研究中，牛顿–欧拉方法是进行社会空间并联机制

（spatial parallel mechanism）建模与分析的重要方法。正如德国社会思想家尼可拉斯·卢曼（Niklas Luhmann）所提出的“社会系统理论”那样，社会是个复杂而变化着的系统（Luhmann, 1997）。在社会系统的变化中，存在所谓的双重偶联性（doppelte kontingenz）。所谓双重偶联性，简单地说就是在一个社会中，一个人的行动必然要考虑到其他人的行动才能够确定，因为社会是一个并联互动的系统。在塔尔科特·帕森斯（Talcott Parsons）看来，社会系统是一种行动者互动过程的系统，行动者之间的关系结构就是社会系统的一种基本结构，而在动态变化着的社会中行动者之间的关系结构往往不是串联的，而是并联的，是彼此联动的（Parsons, 1964; Parsons, Shills, 1953）。由于社会系统并不存在于虚空之中，而是存在于特定的时空之中，因此，对于社会系统中的并联机制的模拟与预测，就需要通过建立动态的社会空间并联机制模拟与预测模型，而这种模型的重要方法之一就是牛顿–欧拉方法。时至今日，在复杂社会系统的社会计算过程中，牛顿的时空思想依然发挥着重要的作用。

在时空社会科学研究过程中，研究人员会在不同阶段遇到莱昂哈德·欧拉（Leonhard Euler），因为欧拉距离几乎无所不在。在进行社会时空分析的过程中，一般都会遇到空间的边界问题，也就会出现所谓的空间一致性问题，而度量空间一致性最常用的指标就是欧拉函数。当社会资源或者现象在特定空间范围之内呈现不均等分布时，体现在空间上就是会存在稀疏之分、中心与边缘的差别。目标空间的内部分配不均等程度高，目标空间就呈现出破碎程度高的特点，内部出现如“孤岛”般的聚集现象，在计算上就用欧拉数来描述，公式是：

$$\text{欧拉数} = \text{空洞数} - (\text{碎片数} - 1)$$

这里的空洞数是外部多边形自身包含的多边形空洞数量，碎片数是碎片区域内多边形的数量。这种关于空洞数的实证思想，对人际网络和社会资本的研究产生了重要的影响。后来罗纳德·伯特（Ronald Burt）在研究人际网络时提出了结构洞（structural holes）概念并建立起相关的理论，为社会资本研究提供了新的视野（Burt, 1995）。在人际网络中，不仅存在着一些结构洞，还有不少网络碎片，也会对一个人、对社会资本产生影响（Burt et al., 1998）。可见，罗纳德·伯特的社会资本理论，处处可见欧拉数的烙印。

在时空社会科学研究中，还会用到欧拉法来建立环境与社会行为的影响效应模型。建立这种社会模型一般有两种方法，一种是拉格朗日法（Lagrangian

Method），另一种就是连续欧拉法（Eulerian Method），简称欧拉法。例如，在研究社会中的随机游走现象时，这两种方法都是常用的方法（Lumley, Corrsin, 1959）。在欧拉法中，提取社会人群密度在某一区域内针对任一个体的密度函数来表征社会群体的连续性，或者说，一个集群模型中的每个个体成员不作为单个实体来研究，而是通过密度概念将整个群体作为一个连续集描述。基于欧拉法的社会群体动力学用一个动态连续模型描述，即以浓度或社会人群密度的偏微分方程形式给出。欧拉模型的基本方程是平流—扩散—反应方程，其中水平对流和扩散项是个体行为以及环境影响联合作用的结果，而反应项是由群体动力学引起的。

时空哲学的发展

时空不仅是社会学概念，更是哲学概念，哲学家们对于时空的思考从未停止过。从时空到社会时空，从哲学到社会科学，其中存在着丰富的内在联系。因此，从事时空社会科学研究，需要能够跳出社会科学的范畴，从哲学的层面上思考社会时空的内涵，从而对于社会现象具有更强的洞察力。康德、黑格尔和马克思等哲学家，都曾系统性思考过时空的内涵，这对于理解社会时空概念具有重要的启示作用。

（一）康德的经验空间

康德的空间观对现代空间社会学具有深远而重大的影响。康德在《纯粹理性批判》中写道："借助于外感官（我们内心的一种属性），我们把对象表象为在我们之外、却能在空间之中的。在空间之中，对象的形状、大小以及互相之间的关系是确定的，或是可以被确定的。"（康德，2017）在这里，康德很明确地完成了对空间的描述，具体而言，有两层意思：第一，外部事物以及社会关系的存在一定是一种空间上的存在，就是说，人类是以空间或地点的方式与外部事物发生关系的，即人类社会的一切关系都是在"空间之中的"；第二，外部事物的存在是以其在空间中的相辅相成为表象的，也就是说，包括社会关系在内的所有外部事物，只有当被表象为在空间中的相互联系与区别时才得以存在，而且空间中的社会关系是可以被理解的，即"关系是确定的"，或是"可以被确定的"。因为这些时空框架中的社会关系是可以被确定的，所以可以通过时空与社会的互动研究来认识这些社会关系，进而掌握社会发展与变化的规律。由此，我们就可以理解康德所说，只有在拥有了社会关系所处的空间的表象之后，我们才能够真正理解我们与外部经验的关系，才能真正理解社会关系以及社会关系的作用机制，才能理解我们所处的社会。

几句话讲完时空与社会关系之间的联系与作用后，康德担心别人听不懂，于是他在《纯粹理性批判》第 28 页进一步强调："空间不是什么从外部经验中抽引出来的经验性的概念。因为要使某些感觉与外在于我的某物发生关系（也就是与在空间中不同于我所在的另一地点中的某物发生关系），并且要使我能够把它们表象为互相外在、互相并列，因而不只是各不相同，而且是在不同的地点，这就必须已经有空间表象作基础了。"（康德，2017）这就是在强调不同地点之间的互相作用和依赖关系，就是现代空间分析中所强调的基本特征，即所谓的"空间依赖性"，就是指当地理空间中某一点的值依赖于和它相邻的另一点的值时，就产生了空间依赖性，于是在这一个地理空间中，各个点的值都会影响相邻的其他点的值。当然，康德所强调的不同地点之间的联系，不仅局限于邻近地点之间的联系，还包括彼此距离很远的地点之间的联系。在现实社会中，这种远距离或者跨距离的联系，也是常见的现象。例如，在社会关系中往往会出现所谓的"近攻远交"现象，距离远的反而会出现正向的关联关系，距离近的则出现负向的关联关系。这说明，距离远近不仅会对社会关系产生影响，而且还会影响社会关系的性质。这种社会关系的空间特征，就是康德所强调的不同地点之间"互相外在、互相并列"的关系。在时空社会科学研究中，用社会距离来代替康德所说的"不同的地点"的距离，就可以直接分析社会行为以及互动的空间机制。

（二）黑格尔的精神空间

在黑格尔看来，社会空间无非是所谓的"精神空间"建构和外在存在。尽管在黑格尔那里，空间是绝对精神在自我矛盾运动中获得自身并改造其形式、功能和社会意义的过程，是绝对精神自我实现的过程，空间无非是绝对精神的外化。但是，他也强调空间与社会的互相依存关系，他在《自然哲学》写道："人们决不能指出任何空间是独立不依地存在的空间，相反地，空间总是充实的空间，决不能和充实于其中的东西分离开。所以，空间是非感性的感性与感性的非感性。"（黑格尔，1980）显然，黑格尔所谓的"充实于其中的东西"包括各种社会关系，因为时空与充实于时空的社会关系之间存在着互相依存的关系，所以，

“独立存在的空间”对于社会中的人们而言是不存在的。也就是说，社会与时空之间存在着互为依存和互相作用的关系。社会行为的产生与发展，离不开特定的时空。人们对于特定时空存在的感知与界定，与其所处社会中的角色以及特定社会关系有着密切的联系。处于特定时空中的人们，因为所处社会关系的影响，会表现出“感性”与“非感性”的情绪特征，这种社会性的情绪表达会影响人们对于特定时空的认知。例如，对于一般的人们而言，身处惊涛骇浪的大海中而孤身与鲨鱼搏斗是一件很恐怖的事情，这种时空对于大多数人而言是非常危险的。但是，在海明威的小说《老人与海》中，那位老渔夫却丝毫没有感觉到这是一个多么危险可怕的时空。类似的例子在人们的社会生活中也很常见。从“精神空间”到社会空间，黑格尔的空间思想为空间社会学提供了重要的启发。

对于空间与社会的联系，黑格尔批判“无差别的同一”的观点，提出了“具体的同一”思想。黑格尔在《小逻辑》中写道：“无论什么可以说得上存在的东西，必定是具体的东西，因而包含有差别和对立于自己本身的东西。”（黑格尔，1950）这里所谓“具体的东西”，是指具体时空中的人、事、物，这些具体的人、事、物与特定的时空之间存在着一定的“同一”性，是其所处的时空赋予了特定的人、事、物的具体属性和特征，而具体的人与事物又丰富了时空的内涵，使时空成为了一种可以被感知的东西。因此，从这种社会时空的视角来看，时空已经不是抽象的形而上的时空，而是具体社会情境中“具体的东西”。黑格尔提出的“具体的同一”思想，其实是对统治近代自然科学研究的一种重要假设进行了批判和颠覆。他认为，近代自然科学假设了一个均质性的空间，这种假设是一种僵死的存在，没有任何辩证的规定性。然而，事物的发展是一个辩证运动的过程，事物辩证发展的运动过程是在不均质的空间中进行的。在他看来，所谓的均质性的空间假设本质上是一种无差别的同一，这种无差别的同一丢掉了世界的丰富性与差异性，成为无法进行辩证运动的东西，应该予以批判和抛弃。可见，黑格尔的“具体的同一”思想，其实是对自然科学研究的假设前提进行了修正。

黑格尔批判的是自然科学领域中的假设，但在社会科学领域中的研究也存在同样的问题。在社会科学的实证研究中，长期以来一直有一个前提假设，就是社会现象在空间上是彼此独立不相关的，即在空间分布上呈现同质性。这种空间同质性假设成为传统社会科学实证分析建模的前提。现实中，社会现象存在着广泛的空间不均等特征，社会化过程和格局在空间分布上具有明显的不均匀性及复杂性，即所谓的“空间异质性（spatial heterogeneity）”。因此，要客观地分析和理解社会过程，就需要抛弃均质空间的前提假设，以异质空间来代替。唯有如此，才能真正实现黑格尔所提出的“具体的同一”，才能真正揭示空间与社会之间的关系及其发展规律。事实上，现代空间分析在这个方面获得了突破，在社会空间的建模过程中，对于传统的均质空间假设进行了抛弃，直接在异质空间的前提下进行实证分析。这种突破，使得社会空间模型能够更加贴近现实的情况，具有更强的社会空间动态模拟能力，显著提高了时空社会科学的分析与预测能力。社会科学领域中的这种突破，与黑格尔当时对自然科学研究的批判有着内在的联系。在黑格尔的批判之下，自然科学研究逐渐抛弃了均质空间的假设前提，大自然中大量的不均质空间分布的现象被挖掘出来，成为自然科学研究的一种共识。这种研究共识逐渐对社会科学研究产生了渗透和潜移默化的影响，直到异质假设被正式引入实证社会科学研究。

（三）马克思的社会时空

在黑格尔思想体系里，人类历史空间的生产就是“精神空间”的生产，强调形而上的空间概念。与黑格尔不同，马克思则把空间从形而上层面转变到社会实践层面，空间是人类社会实践的空间，这就是马克思的社会时空思想的基本出发点。空间是需要感官去感知的，因此，空间与感性之间就存在关联。黑格尔讲到空间时，有“空间是非感性的感性与感性的非感性”的著名论断。但这是基于形而上的思辨理性主义视角来思考空间的，无法解决社会现实中的问题。对此，费尔巴哈加以批判，他说：“空间和时间是一切实体的存在形式。只有在空间和时间内的存在才是存在。”（路德维希·费尔巴哈，1984）费尔巴哈试图把空间从黑格尔的“思想世界”搬到“现实世界”中来，但是并未完成。马克思在与恩格斯合著的《德意志意识形态》中，批评了费尔巴哈，“他从来没有把感性世界理解为构成这一世界的个人的全部活生生的感性的活动”。在对黑格尔以及费尔巴哈批判的基础上，马克思最终让时空真正地进入了社会现实生活，成为现实中的社会时空。在时空与社会的关系中，马克思在两者之间架起了一座坚固的桥，这座桥就是人类的社会实践活动。时空和社会通过人类的社会实践活动实现了统一，社会实践是社会历史空间生成以及社会关系产生的源头。如此一来，时空就真正从纯粹的“思想王国”精神空间变成了感性的“现实世界”中的社会时空。

因为有了社会实践这个桥梁，马克思把时空和社会统一了起来。在马克思思想体系中，时空是具体的时空，社会是具体的社会，真正实现了黑格尔所说的

“具体的同一”。人类社会实践具有物质生产和人类社会关系生产与再生产的二重功能，伴随着人类社会实践的不断深入，自然物质时空也会不断获得属人的社会性质，不断被打上“社会”的烙印，并逐渐与社会互相融合，形成具体的现实中的社会时空。在马克思之前，时空是社会系统的外生变量。马克思则把时空引入到了社会系统内部，成为社会系统的内生变量。此时的时空，已经不是一个独立于社会系统之外的概念，而是由社会系统内部生产和决定的，具有社会内生性的概念。于是，社会时空就与社会现实及社会关系的生产与再生产有机地结合起来，马克思也因此能够深入剖析资本和时空之间的内在关系。马克思说：“资本一方面要力求摧毁交往即交换的一切地方限制，夺得整个地球作为它的市场；另一方面，它又力求用时间去消灭空间，就是说，把商品从一个地方所花费的时间减缩到最低限度。资本越发展……也就越是力求在空间上更加扩大市场，力求用时间去更多地消灭空间。”（马克思，恩格斯，1980）这里的时空，已经是现实世界中的时空，是可以用来分析和解决现实问题的时空概念。

时空一旦从精神世界进入现实世界，就会和现实世界中的具体问题牢牢地结合起来。马克思分析了资本主义世界中的空间聚集和分化现象，他说：“较多的工人在同一时间、同一空间（或者说同一劳动场所），为了生产同种商品，在同一资本家的指挥下工作，这在历史和逻辑上都是资本主义生产的起点。”（马克思，2004a）随着资本的发展与壮大，体现在具体时空上，就是资本与劳动者在特定时空的高度聚集。这种时空上的高度聚集，一方面导致了资本通过生产活动来增值，另一方面为工人阶级意识的产生创造了时空上的条件。可见，时空聚集对于社会阶层的分化产生了直接的影响，而社会阶层的分化带来了社会的阶级矛盾和对抗，形成社会发展的推动力。在马克思的思想体系中，时空既是社会生产的产物，又是社会关系再生产的动因之一。因此，时空是社会系统的内生变量，时空只有在特定的社会关系中才能被有效界定。也就是说，社会时空是个完整的系统，社会中有时空，时空中有社会。现实社会中的社会实践活动，既可以存在于地理空间，又可以存在于无形的虚拟空间，而在实践过程中又形成了不可见的各种社会关系空间。所以，地理性的物质空间与无形的虚拟空间和社会关系空间又构成了集物质性社会时空和精神性社会时空于一体的，现实世界中富含社会内容的时空。这种时空与社会的辩证关系，是马克思社会空间思想的核心。

在马克思看来，现实世界、社会时空以及社会与时空的关系，本质上都是在人们的物质生产和社会实践中形成和发展起来的，社会时空与人们的物质生产和社会实践是同构的，而且同步变化发展。因此，无论是考察社会时空形态，还是分析时空问题，都不能从头脑的想象思维出发，更不能从抽象的绝对理性出发，必须从现实的社会生活实际出发，从具体的、历史的社会实践出发。这实际上就是时空社会科学的基本研究范式与分析方法，即在具体的社会情境中分析时空结构、时空聚集、时空关联等社会空间现象。具体而言，就是先从社会实践中提炼出可供实证检验的假设，再通过对于相关数据的时空建模和分析来检验这些假设，在此基础上进行实证结果的分析和讨论，建立起符合社会实践的相关理论。所以，时空社会科学的理论源于社会实践，最终也要回归到社会实践。这样的研究范式之所以是一种科学的研究方法，是因为社会与时空统一于社会实践，所以，社会实践就成为了时空社会科学研究的起点和终点。这样的时空社会科学理论是具体的、生动的、贴近社会生活的，脱离社会实践的研究是抽象的。

除了空间的社会性之外，马克思同样强调时间的社会性。把劳动时间分为“社会必要劳动时间”和“剩余劳动时间”，剩余价值生产理论就建立了起来。因此，从某种意义上来说，整部《资本论》其实就是一部关于社会时间分类及其社会影响的著作。这里涉及一个商品价值的计量问题。马克思认为，商品价值是以其所凝结的“劳动的量来计量”，而“劳动本身的量是用劳动的持续时间来计量”（马克思，恩格斯，1972）。所以，时间就成为商品价值的终极计量标准。正是因为时间具有如此重要的地位，因此，在资本主义体系中，资本家想方设法控制和掠夺工人的剩余劳动时间，这就出现了剥削。可见，马克思的剩余价值生产理论，其实就是一个基于劳动时间的生产函数理论。与西方微观经济学中的生产函数理论相比，马克思的生产函数理论具有明显的社会性。在马克思的生产函数中，社会时间已不仅是一种生产要素投入，而且是生产函数密不可分的一部分，同时还是生产函数的产出。社会时间是社会生产的产物。受此影响，后来的列斐伏尔提出了社会空间是社会生产的产物的观点。两者具有一定的相似性。于是，掌握社会时间的分配权，就成为劳资之间斗争的焦点，也成为了推动社会变革的重要动力。比如，工人发起罢工，其实就是拒绝交出劳动时间的控制权，结果导致生产函数的崩溃。寻求解放的最终目的其实就是对于社会时间的自由控制，此时的社会时间就是自由时间。马克思说：“整个人类的发展，就其超出对人的自然存在直接需要的发展来说，无非是对这种自由时间的运用，并且整个人类发展的前提就是把这种自由时间的运用作为必要的基础。”（马克思 ，恩格斯，1998）

在马克思的理论中，社会空间和社会时间密不可分，共同构成了社会时空。马克思指出，“时间实际上是人的积极存在，它不仅是人的生命的尺度，而且也是人的发展的空间”（马克思，2019）。这说明，社会时间和社会空间存在着某种内在的联系。把这句话进行压缩和简化，就是“时间实际上也是人的发展的空间”。再进一步简化，就成了“时间也是空间”。同样地，“空间也是时间”。也就是说，时间和空间在一定条件下是可以互相转化的。这是社会时空概念的核心思想。这种时间和空间的可转换性，在后来阿尔伯特·爱因斯坦（Albert Einstein）的相对论中得到了证实。与物理世界中的自然时空不同的是，马克思的社会时空强调人存在的时空，这种社会时空不是自然规定的，而是存在于社会现实之中并由社会历史决定的。在剩余劳动价值理论中，劳动时间是商品价值的尺度。在社会中，社会时空则是人的生命与发展的尺度。

第三节 时空转向的社会思潮

时空中的人与社会中的人之间的关系，既是一种现实世界中客观存在的关系，也是哲学中追求人与世界和谐的重要命题。人的存在，就是存在于特定时空之中。海德格尔说：“并不是有人，此外还有空间；因为，当我说‘一个人’并且以这个词来思考那个人的方式存在，即栖居的东西时，我已经用‘人’这个名称命名了那种逗留，那种在寓于物的四元整体中的逗留。”（马丁·海德格尔，2005）在这里，海德格尔其实就是在建构一个动态的社会时空模型，而这个社会时空模型的均衡就是海德格尔所谓的“逗留”。所谓的“逗留”，用经济学的意思翻译过来，就是动态社会时空模型中的短期均衡。时空对于社会中的人而言，是一种约束条件，而社会中的人根据各自的效用最大化原则进行决策和选择，确定自己在这个约束条件中的效用最大。在海德格尔的世界里，经济学中获得这种约束条件下的效用最大化求解的过程就是“栖居”，并进行一定时间的“逗留”，即在特定时空约束条件下的个人效用最大化。但是，这种“栖居”并不是静止不变的。当时间和空间发生了变化，个人栖居的方式也会随之进行调整，于是就会出现下一个均衡。可见，尽管哲学家和经济学家所用概念是不同的，但是概念背后的意思是相通的。

列斐伏尔的“空间生产”

列斐伏尔在批判和继承马克思的社会时空理论的基础上，进一步探索社会空间的内涵，取得了丰硕的成果。在空间的哲学思想上，列斐伏尔遵循了马克思的基本思想，强调空间的社会实践基础，他说：“空间性的实践界定了空间，它在辩证性的互动里指定了空间，又以空间为其前提条件。”（Lefebvre, 1992）列斐伏尔重视社会实践对于空间的作用与影响，强调社会空间是特定的生产力与生产方式的产物，体现了特定的生产关系。空间与社会实践之间并不是单向的、线性的联系，而是双向的、非线性的联系，这种关系会随着社会生产关系的变化而发生变化，进而使得社会空间呈现出不同的表现形式。也就是说，空间是社会的，是社会生产的产物。如列斐伏尔所指出的那样，“将不同种类的空间和它们起源的形态集合在一种理论之中，来揭示实际的空间的生产”，这种“实际的空间的生产”，就是社会生产的一部分，是由社会生产力和生产关系所决定的。这说明，在列斐伏尔的思想体系中，存在着一种关于社会空间的生产函数。对于这样的生产函数而言，空间作为其中的要素之一，与其他的要素一起融入了这种社会生产。根据生产函数的特征，生产出另一种社会空间。这种社会空间的生产函数思想，一方面体现了马克思主义经济学中的生产理论，即以“具体的、现实的人”为出发点，把社会空间既看作生产要素，又看作生产主体来进行研究；另一方面，体现了西方经济学的以“经济人”为出发点的生产理论，社会空间的生产受到特定的技术条件约束，而生产出来的社会空间是产量最大化或成本最小化的理性体系作用的结果。

在现代空间社会学的视角来看列斐伏尔这种社会空间生产函数的表达方式，会发现这种思想所包含的内容是非常丰富的，其实已经和现代空间分析中的空间滞后模型非常相似。也就是说，列斐伏尔的社会空间生产函数包含有社会现象空间建模的思想。现代空间分析中的空间滞后模型，社会空间直接作为自变量进入模型中，同时社会空间也是因变量。所以，在这个模型中，社会空间同时出现在模型的左右两侧，既是投入又是产出。这种空间建模思想，与列斐伏尔的社会空间生产函数是一脉相承的，有着天然的和内在的一致性。列斐伏尔称这种研究方法为“空间分析”或“空间学”。其实，他的空间分析已经包含了现在的空间建模思想。即使是以当下的眼光来审视列斐伏尔的空间分析方法，他的思想和方法也是很先进的。当然，列斐伏尔的社会空间生产函数比空间建模要丰富得多、深刻得多，同时也更为复杂。斯图亚特·埃尔登（Stuart Elden）指出："列斐伏尔的'生产'概念不但具有经济学的意味——事物的生产，更是一个更宽泛的哲学概念——知识的生产、体制的生产等，甚至可以关联于尼采的'创造'。"（Elden, 2004）所以，列斐伏尔的社会空间生产函数有些可以通过现代空间建模的方式以具体函数表达出来，有些则很难用具体函数来表达。

在西方经济学中，生产函数一般是指微观厂商的行为，如在一个工厂或分散在不同空间上的工厂的生产活动。例如，马克思发现："生产资料越是大量集中，工人也就越要相应地聚集在同一空间，因此，资本主义的积累越迅速，工人的居住状况就越悲惨。"（马克思，2004）这是资本主义空间体系中以工厂为中心的空间聚集。资本的集中也导致劳动力的集中，进而导致生产要素在微观厂商空间上的聚集。列斐伏尔则从更为宏观的社会生产函数的角度来分析社会空间的生产与再生产，他指出："任何一个社会、任何一种与之相关的生产方式，包括那些通常意义上被我们所理解的社会，都生产一种空间，它自己的空间。"（Lefebvre, 1992）这里，列斐伏尔不是说社会空间的微观生产函数，而是强调空间的社会生产函数，这是一种宏观的生产函数。这种空间的社会生产函数与西方经济学中的所谓的总量生产函数存在着本质上的不同。总量生产函数是指经济社会的产出与总就业量、资本之间的函数关系。在西方经济学中，总量生产函数是进行宏观经济数量分析的基础，不论长期增长问题，还是短期波动问题，总量生产函数的设定都是宏观经济模拟与预测的前提（Colacchio & Soci, 2003）。显然，列斐伏尔的空间社会生产函数要比总量生产函数更为复杂，要分析和预测的不仅是经济变量，更是资本主义社会空间的发展规律。

在空间生产的社会过程中，列斐伏尔发现空间结构具有重要的作用，于是进一步剖析空间结构的社会内涵，把空间结构分为了三个要素，分别是：空间实践（spatial practices）、空间再现（representation of space）与再现空间（representational space），即空间的实在（lived）、构想（conceived）和认知（perceived）三个层面。列斐伏尔认为，空间不仅是历史与社会过程的产物与附属，更是和历史与社会处于并列的地位，彼此互相影响互为依存。这就是列斐伏尔著名的"历史性—社会性—空间性"三位一体的"三重空间辩证法"，又称"空间—社会辩证法"。可见，"三重空间辩证法"对于空间结构分析而言，是一个重大的突破。传统意义上的空间结构，基本上都是在讲地理空间的具体结构，是一种物理空间的概念，而不是社会与历史意义上的空间概念。空间一旦具有了社会性及历史性，那么空间结构的内涵就丰富了很多，不仅包括物理空间结构，还包括特定空间内所承载的社会关系的结构以及历史形成的社会结构。所以，这时的空间结构就是有形的空间结构加上无形的空间结构，是当下的社会空间结构，印刻着历史延续至当下的空间结构的变迁痕迹。所以，“三重结构辩证法”其实就是空间结构与社会结构动态交互与变化的辩证法。换言之，当下的空间结构既体现了历史上的空间结构的沉积过程，又体现了历史上以及当下的社会结构。同样的道理，当下的社会结构既体现了历史上的社会结构的沉积过程，又体现了历史上以及当下的空间结构。在漫长的历史市场尺度中，空间结构和社会结构是互相依存互为作用的，而不是彼此割裂的。

列斐伏尔的“空间－社会辩证法”，强调了空间与社会的平等性。在这个动态社会模型中，空间与社会互相建构，没有任何一方拥有优先权。空间与社会平等地参与彼此的建构之中，并且这种关系随着历史的演变以及时间的延续而重新建构与解构，形成某种平稳性。这种辩证关系，可以说是一种共积关系（cointegration）。无论是空间还是社会都在历史发展中不断地建构与再建构，始终处于变化之中，结构上体现了非平稳性。但是，具有非平稳性的空间和社会互动而共变，则能够形成一种稳定性，这就是空间与社会既对立又统一的辩证关系。因为存在这种辩证法，所以空间和社会之间是互为因果的关系，空间既是社会生产的产品，又是社会生产的要素；既是社会关系交织的结果和产物，又是推动社会关系重组和社会秩序建构的重要因素。在列斐伏尔看来，“空间再现”就是社会再现，“空间分裂”就是社会分裂。空间不仅是社会关系演变的静止的、独立于外的容器，还是社会关系生产的直接参与者，与社会关系的发展与演变密不可分。

福柯的异质空间

黑格尔曾说：“时间、空间……都是超出自身之外，是奔流，……是它们的统一体永久的自身生产。”（黑格尔，1966）在黑格尔看来，时间与空间具有共同的“统一体”。但是，不同时期的学者对于时间和空间的研究兴趣是不同的。

1967 年 3 月 14 日，福柯在一次建筑学研讨会上发表了一篇题为《异质空间》的演讲，这篇文章在福柯逝世的当年被允许公开出版，出版后的标题为《不同空间的正文与上下文》（米歇尔·福柯，2001）。这是一个大约 10 分钟的演讲，演讲的第一句话就强调了空间的重要性。福柯说："诚如我们所知，19 世纪非常迷恋历史关于发展和停滞，危机和循环，过去的积聚，人之死亡的过度重负、全球变冷的威胁等主题。热力学第二原理为 19 世纪提供了神话学资源的本质核心。当今时代也许是一个空间的时代。我们都处在一个同时性的时代、一个并列的时代、一个远近的时代、一个共存的时代、一个散播的时代。我认为我们存在于这样的时刻：世界正经历着像是由点线连接编织而成的网络版的生活，而非随着时间而发展的伟大生活。"（米歇尔·福柯，2003）当然，福柯用词还是很准确的，他对于当今时代的判断，"也许"是一个空间的时代。尽管用了"也许"一词，但他对空间在当今时代中的影响力和作用给予了很高的评价，接连用了"点""线""网络"这些具有明显空间色彩的词汇来描述当代社会生活的情况。这样的开篇，预示着演讲的主题应该与空间有直接的关系。

接下来福柯集中讨论了一个重要的空间概念，就是"位所"，他说："在我们今天，位所（emplacement）正在取代延绵，延绵本身已经取代了局部化。位所是通过点与点或要素与要素之间的邻近关系来确定的。"（米歇尔·福柯，2003）这里的"位所"与古希腊思想中的"处所"存在相似之处，与古代中国思想中"安身立命之所"的意思颇为接近，都是一个社会空间的概念。但是，福柯的"位所"概念，更加强调人、事、物所处空间位置的局部结构与邻近关系。空间的广延性是无穷无尽的，任何空间都可以向四方延展，空间的边界甚至超出人类认知的范畴。要认识这种无限广延的社会空间，就需要采用合理的认识方法。在福柯看来，这种认识方法就是由近及远，从局部开始，顺着广延空间去认识更广范围内的社会空间。因此，这种空间认识论自然是从邻近关系出发的，也就自然会高度重视邻近关系以及邻近的空间结构。值得注意的是，在之前他强调"热力学第二原理为 19 世纪提供了神话学的资源的本质核心"，结合上下文，福柯有一种判断，经典热力学第二原理似乎不太适用于这个空间的时代。福柯当时似乎已经隐隐约约感觉到应该有一个关于邻近关系的原理更适用于空间时代。福柯本人并不是地理学家，因此他无法准确提出这样的原理。美国地理学家沃尔多·托布勒（Waldo Tobler）在 1969 年举行的国际地理联合会数量方法专业委员会议上的演讲中提出了"任何事物都与其他事物相联系，但邻近的事物比较远的事物联系更为紧密"的判断，后来发表在了《经济地理》期刊上，这个判断被誉为"托布勒地理学第一定律（Tobler's First Law of Geography）"（Tobler, 1970）。从思想层面来说，福柯的“邻近关系”与沃尔多·托布勒的定律之间是相通的，只不过前者从哲学与社会学角度来表述，后者则从地理学来表述。

事实上，福柯脑海中的“邻近关系”既是空间的，又是时间的，是一种动态的空间关系。福柯说：“人的位所这一重要问题不只是弄清对这个世界上的人来说是否将有足够的空间（这个问题极其重要），而且要搞清如下问题：在人类各种要素中，何种邻近关系、何种类型的储存、循环、辨识和分类系统将被优先保留在某种情境之中，以便获得某种结果。我们所处的时代是一个空间以位所关系的形式呈现在我们面前的时代。”（米歇尔·福柯，2003）也就是说，每个人在社会空间中所处的位所不是固定不变的，而是时时刻刻都在变化着的，因此，局部空间内部的邻近关系也是时刻都在变化着的。福柯空间思想中的“人的位所”与中国古代的《周易》中的空间思想有相通之处。在《周易》中，八卦中爻的位置以及邻近爻的位置，会影响和决定该卦整体的社会启示。由于卦象是变化着的，即所谓的“变卦”，因此，处于特定卦象之中特定爻的位置的邻近关系发生变化，其社会启示也在发生微妙的调整。福柯用“存储、循环、识别和分类系统”来描述“变卦”过程中的社会信息编码、存储、转码和解码的过程，这是一个完整的社会空间动态调整、演变和社会信息表达与释放的过程，是社会与空间之间的耦合共变的过程，体现了社会与空间之间的辩证与统一。

人的位所的变化，充满了不可预知性，有时会产生与人们常规认识的位所不同类型的位所，甚至会出现位所的“变异”，生产出新的空间位所的类型。位所“变异”的产物之一，就是福柯所谓的“异托邦（heterotopias）”或者“异位”。福柯指出：“因为它们全然不同于它们所意指或反映的各种位所，所以我将把这些位所称之为‘异位’（heterotopias），与乌托邦相对立。”（米歇尔·福柯，2003）福柯的“异位”，与马克思的“异化”就差一个字，但是含义明显不同。“异位”强调的是社会空间变化过程中出现的超出常规思维之外的异变，而“异化”强调的是人的生产及其产品反过来统治人的一种社会现象。但两者存在一定的联系。福柯的“异位”思想中，也存在着被社会生产出来的空间反过来控制人的现象，他说：“我们的生命实际上消逝于其中的空间，我们的时间和历史发生于其中的空间，吞噬和磨平我们的空间，也是一个自在的异质空间。”（米歇尔·福柯，2003）这说明人类既生产了空间，又被自己所生产出来的异质空间所控制，最终“消逝于其中”。从这层意义上来看，“异位”和“异化”存在一定联系。

福柯的“异质空间”，折射的是社会在空间上的异质性，即社会现象及社会存在的空间异质性。与一般的空间异质性不同的是，福柯强调局部邻近关系之间的异质性。在福柯看来，空间是与人、社会和万事万物的存在联系在一起的，而各式各样的社会空间并不是空洞的均质存在，而是由不同的位所构成，这些位所的远近取决于这些聚集在上面的社会关系亲疏程度，社会关系的亲疏与强弱决定位所的等级。这些远近并非实际的距离，因此空间便不再是均质的存在，而是异质空间。这种社会空间的异质性，就是福柯空间思想的核心内容。因为是异质空间，所以会有“异托邦”的存在。为了要去认识“异托邦”，就需要通过对应的方法，比如像镜子那样的折射。对此，福柯强调：“在这个意义上说，镜子起到了一个异位的功能。”（米歇尔·福柯，2003）福柯的这种“镜子之喻”与柏拉图的“洞穴之喻”存在着一定的相似性。福柯说：“在镜子中，我在一个非真实的空间中看到不在其中的我自己，这个非真实的空间实际上就在那个外表后面。”（米歇尔·福柯，2003）透过这种镜子折射，福柯找出了处决台、精神病院、监狱以及全景敞观建筑之间的通性，为空间社会学的发展打开了一扇大门。

吉登斯的时空模型

在社会科学的研究中，因为学科的局限性，时间和空间往往被分开来进行研究，不利于完整地分析与解释社会现象。对此，英国当代著名的思想家安东尼·吉登斯（Anthony Giddens）曾经指出：“由于学科的划分，时间可能受到历史学家们的极大关注，空间可能受到地理学家们的极大关注，而社会理论的研究者极大地忽略了这些方面。”（安东尼·吉登斯，2003）在吉登斯看来，具体的社会现象应该放在具体的时空背景下进行研究，也就是说，时空不能人为地加以分割。这种时空整合的社会科学研究，需要的是打破学科的界限，开展跨学科研究。其实，吉登斯本人关于时空与社会学的研究就是一个很好的跨学科研究的例子。在吉登斯的这种跨学科体系中，他把时空思想作为社会理论的核心，用时空思想来阐述和解构社会行为与社会现象，进而分析社会结构化的动态过程。本质上，吉登斯时空模型是个“时间—空间—社会”三维动态模型，与苏贾（Edward W. Soja）基于三元辩证法提出的“第三空间”理论，有着某种继承关系。苏贾曾说：“今天，一种第三存在维度正在挑战，在为历史性和社会性的传统联姻注入新的思考和解释模式……空间性—历史性—社会性的这三面的情愫，不仅带来我们对空间思考方式的深刻变化，同样也开始导向我们历史和社会研究方式的巨大修正。”（爱德华·W. 苏贾，2005）只要把苏贾的“空间性—历史性—社会性”模型中的“历史性”替换为“时间性”，那么就可以转换为吉登斯三元动态的时空模型。吉登斯非常重视时空问题，他这样写道：“在我的大多数著作中，我都已经强调必须把时空带到今天社会理论核心位置的观点。”（Giddens, 1990）

在模型建构的次序和方向上，吉登斯和苏贾存在着明显的不同。苏贾从历史性和社会性的基础上导入和建构空间性，他说：“直截了当地对历史决定论做出批判而又不跌入简单的反历史的泥潭，这是对批判思想和政治行为进行空间化的一个必要步骤。”（爱德华·W. 苏贾，2004）苏贾认为历史性和社会性的二元模型不足以解释动态变化着的社会现象，因此需要导入空间因素，进而形成空间性、历史性和社会性的三位一体的模型。与苏贾不同的是，吉登斯的时空模型并不存在这种先后次序关系，空间、时间以及社会都是同时进入模型，同时具有互动作用，这三者是互相依赖而密不可分的整体。正如吉登斯所言，“任何驾驭现代性经验的企图，都必须从这个最终发源于时间—空间的辩证法的观点出发”（吉登斯，2002），所以，在吉登斯的时空模型中，时间和空间是辩证存在的，不能彼此割裂。在这种时空辩证法的作用下，社会制度出现了新陈代谢的变迁，进而开启了制度变迁的多种可能性，成为现代社会发展的重要推动力，为现代社会生活的独特特征及其合理化的组织结构提供了运行的机制，为现代性镶上了鲜明的时空特征。这是社会制度、时间与空间互相嵌套与作用的结果，既是时空的社会生产与再生产，也是社会在时空中的再造。

在吉登斯的时空动态模型中，一个鲜明的特点就是非线性关系，即空间、时间和社会之间的关系不是直线的，而是曲线、曲面或不确定，也就是非线性的。由于社会的发展充满着各种不确定性，时空动态又加剧了社会变迁的复杂性，使得非线性成为复杂社会的典型性质之一。吉登斯反复强调，在现代性条件下，时空动态发展与社会制度演变并不按单一的直线形式发展，而是同时包含着社会空间延展中的时空压缩和重叠。在他看来，“现代世界是从和以往的世界所发生的断裂中诞生的，而不是后者的延续”（安东尼·吉登斯，1998），这就是一种典型的非线性关系，因为有所谓的时空“断裂”。“断裂”意味着线性关系的中断，新的关系在新的时空背景中诞生，“而不是后者的延续”。可见，吉登斯的时空模型中存在着“断裂”，存在着不同的“拐点”，这些都是非线性关系的特征，是对线性关系的否定。当然，吉登斯也不是彻底否定线性关系，而是认为线性关系是非线性关系的局部或者特例。在局部时空环境下，社会发展可能会呈现出线性关系，发展过程中也不会出现“断裂”的现象。但是，一旦时空背景发生变化，这种线性关系就会出现“断裂”，新的发展路径就会诞生。所以，吉登斯的时空模型，总体上是非线性的，但局部上可以是线性的。这是一种线性与非线性的辩证统一，这样的时空模型更加接近社会发展的客观现实。

除了“断裂”之外，吉登斯还有一个很重要的概念“脱域”，他说：“现代性的动力机制派生于时间和空间的分离和它们在形式上的重新组合，正是这种重新组合使得社会生活出现了精确的时间——空间的‘分区制’，导致了社会体系（一种与包含在时空分离中的要素密切联系的现象）的脱域（disembedding）；并且通过影响个体和团体行动的知识的不断输入，来对社会关系进行反思性定序与再定序。”他认为，脱域是指“社会关系从彼此互动的地域性关联中，从对不确定的时间的无限穿越而被重构的关联中‘脱离出来’”（安东尼·吉登斯，2000）。其实，吉登斯的“脱域”并非是完全脱离时空结构，而是社会从一种时空结构向另一种时空结构的过渡。在这种过渡阶段，会出现吉登斯所谓的“脱域”现象。这是非线性关系特征的一种表现，“脱域”往往和“拐点”联系在一起，说明社会制度变迁和改革还存在很大的增量空间。但是，如果按照现行的发展模式、发展框架发展下去而不做制度变革，这种增量空间就很难得到挖掘。可见，“脱域”是社会空间发展或者延展的一种必然结果。而吉登斯的结构二重化（dulity of structure）即行动者利用结构，并且在利用结构的特质时改变或再生产这一结构的理论，也体现了“脱域”与社会制度变革之间的互为因果的关系。这是一种积极主动的关系，并非消极无为，正如吉登斯所指出的那样，“个体不是从外部的社会世界中退缩回来，而是勇敢地参与其中”（安东尼·吉登斯，1998），社会中的个体并不因为“脱域”而消极避世，而是在生产一种新的社会空间。

小结

从历史上来看，社会时空的思想产生较早，在古希腊时代的哲学思想中就能找到早期的雏形。无论是苏格拉底、柏拉图还是亚里士多德，都曾对时空与社会的关系进行过深入的思考。随着科学的发展，到了近现代，对于时空与社会的哲学思考更加深入和系统，笛卡尔、牛顿、康德、黑格尔、马克思等都曾系统地阐述时空对于自然和社会的影响与作用。在社会科学出现时空转向的过程中，列斐伏尔、福柯、吉登斯等人的研究，起到了重要的推动作用。这些思想都为社会时空概念的丰富起到了积极作用，对于时空社会科学的研究具有重要的启示。在开展时空社会科学研究的过程中，这些智者先贤的思想如同航海中的灯塔，可以提供有效的指引，帮助研究者透过数据迷雾去发现社会发展的规律。

思考题

1. 苏格拉底式的对话有什么社会时空的含义？
2. 如何从社会时空角度解释柏拉图的“洞穴之喻”？
3. 你认为在有限的社会时空中能否认识亚里士多德所谓的虚空和无限？
4. 如何理解社会时空中所存在的笛卡尔式的广延性？
5. 你认为牛顿的引力模型能否应用在社会时空研究中？
6. 如何从社会时空角度理解康德的经验空间？
7. 黑格尔的精神空间存在于社会时空之中吗？
8. 如何从社会时空的角度解释无产阶级意识的产生？
9. 社会时空可以被生产和再生产吗？
10. 社会时空存在异质性吗？

参考文献

[1] Aristotle. Physics[M] . R. Waterfield, Trans. Oxford University Press, 2008.
[2] Burt, R. Structural Holes: The Social Structure of Competition[M] . Harvard Universty Press, 1995.
[3] Burt, R. S, Jannotta, J. E, &Mahoney, J. T. Personality correlates of structural holes[J] . Social Networks, 1998, 20(1), 63-87.
[4] Cheng, T, Wang, J, Haworth, J, Heydecker, B, &Chow, A. A Dynamic Spatial Weight Matrix and Localized Space-Time Autoregressive Integrated Moving Average for Network Modeling[J] . Geographical Analysis, 2014, 46(1), 75-97.
[5] Colacchio G, Soci A. On the aggregate production function and its presence in modern macroeconomics[J] . Structural Change & Economic Dynamics, 2003, 14(1): 75-107.
[6] Descartes, R of the Priciples of Human Knowledge, Principles of Philosophy. In J. Veitch (Ed.), The Meditations, and Selections from the Principles of René

Descartes［M］. HardPress, 1964: 1596-1650.
［7］ELDER, S. Understanding Henri Lefebvre［M］. Continuum, 2004.
［8］Farber S, Li X. The Social Interaction Potential of Metropolitan Regions: A Time-Geographic Measurement Approach Using Joint Accessibility［J］. Annals of the Association of American Geographers, 2013, 103(3): 483-504.
［9］Giddens, A. Social Theory of Modern Societies: Anthony Giddens and his Critics (D. Held & J. B. Thompson, Eds.). Cambridge University Press, 1990.
［10］GRUVER, G. W, XU, D. Optimal Location and Production: A Profit Function Analysis in Cartesian Space［J］. Journal of Urban Economics, 1994, 35(1): 46-70.
［11］HAWTREY, R. S. W. Socrates and the Acquisition of Knowledge［J］. Antichthon, 1972, 6(1972): 1-9.
［12］Keynes, J. M. The General Theory of Employment, Interest, and Money［M］. Macmillan, 1936.
［13］LEFEBVRE, H. The Production of Space (D. Nicholson-Smith, Trans.)［M］. Wiley-Blackwell, 1992.
［14］LUHMANN, N. Globalization or World Society: How to conceive of modern society?［J］International Review of Sociology, 1997, 7(1): 67-79.
［15］LUMLEY, J. L, Corrsin, S. A. Random Walk with Both Lagrangian and Eulerian Statistics［J］. Advances in Geophysics, 1959, 6: 179-183.
［16］ONO, Y. The Keynesian Multiplier Effect Reconsidered［J］. Journal of Money, Credit & Banking, 2011, 43(4): 787-794.
［17］PANGLE, THOMAS L. The rebirth of classical political rationalism: an introduction to the thought of Leo Strauss［M］. The University of Chicago Press, 1989.
［18］PARSONS, T. Evolutionary Universals in Society［J］. American Sociological Review, 1964, 29(3): 339-357.
［19］PARSONS, T, SHILLS, E. A. Toward a general theory of action［J］. World Politics, 1953, 5(4): 530-554.
［20］PLATO. Republic［M］. Hackett Publishing Company, Inc, 1992.
［21］QUAH, D. The Global Economy's Shifting Centre of Gravity［J］. Global Policy, 2011, 2(1): 3-9.
［22］RANKIN, D. Philosopher-Kings: The Argument of Plato's Republic［J］. Philosophical Books, 2010, 31(2): 72-74.
［23］TOBLER, W. R. A Computer Movie Simulating Urban Growth in the Detroit Region［M］. Economic Geography, 1970, 46: 234-240.
［24］吉登斯，现代性的后果［M］. 田禾，译. 北京：译林出版社，2002.

［25］吴国盛．希腊空间概念［M］．北京：中国人民大学出版社，2002.
［26］吉登斯．现代性与自我认同：现代晚期的自我与社会［M］．赵旭东，方文，王铭铭，译．北京：读书·生活·新知三联书店，1998a.
［27］吉登斯．社会的构成：结构化理论纲要［M］．李康，李猛，译．北京：读书·生活·新知三联书店，1998b.
［28］吉登斯．现代性的后果［M］．田禾，译．南京：译林出版社，2000.
［29］吉登斯．社会理论与现代社会学［M］．文军，赵勇，译．北京：社会科学文献出版社，2003.
［30］康德．纯粹理性批判［M］．邓晓芒，译．北京：人民出版社，2017.
［31］爱德华·W. 苏贾．后现代地理学［M］．王文斌，译．北京：商务印书馆，2004.
［32］爱德华·W. 苏贾．第三空间［M］．陆扬，刘佳林，译．上海：上海教育出版社，2005.
［33］福柯．不同空间的正文与上下文［J］．陈志梧，译．后现代性与地理学的政治，2001:18.
［34］福柯．激进的美学锋芒（周宪，Ed.）［M］．北京：中国人民大学出版社，2003.
［35］费尔巴哈．费尔巴哈哲学著作选集（上卷）［M］．荣震华，李金山，译．北京：商务印书馆，1984.
［36］海德格尔．演讲与论文集［M］．孙周兴，译．北京：读书·生活·新知三联书店，2005.
［37］马克思．资本论［M］．北京：人民出版社，2004.
［38］马克思．政治经济学批评（1857—1858 年手稿）［M］．中共中央马克思恩格斯列宁斯大林著作编译局，译．北京：人民出版社，2019.
［39］马克思，恩格斯．马克思恩格斯全集：（第 23 卷）［M］．中共中央马克思恩格斯列宁斯大林著作编译局，译．北京：人民出版社，1972.
［40］马克思，恩格斯．马克思恩格斯全集（第 46 卷下）［M］．中共中央马克思恩格斯列宁斯大林著作编译局，译．北京：人民出版社，1980.
［41］马克思，恩格斯．马克思恩格斯全集：（第 32 卷）［M］．中共中央马克思恩格斯列宁斯大林著作编译局，译．北京：人民出版社，1998.
［42］黑格尔．小逻辑［M］．贺麟，译．北京：商务印书馆，1950.
［43］黑格尔．逻辑学（上）［M］．杨一之，译．北京：商务印书馆，1966.
［44］黑格尔．自然哲学［M］．梁志学，译．北京：商务印书馆，1980.

第三章

社会科学与时空实证方法

时空社会科学的出现与发展，在一定程度上是实证社会科学和空间分析方法互相发展和融合的结果。19 世纪法国著名思想家奥古斯特·孔德（Auguste Comte）在 1844 年出版的《论实证精神》一书中，系统性阐述了实证主义的特征和重要性，并认为这是人类思辨发展的必然阶段和产物，人类思辨必然会从神学阶段、形而上学阶段发展到实证阶段。在实证阶段，包括自然科学和社会科学在内的一切科学研究的对象，只能是可观察、可检验的经验事实，而科学研究的任务就是客观且精确地描述和系统逻辑地分析经验世界的实际运行，并通过探寻不同现象之间的稳定关系达到发现支配事物运动变化的规律。在此基础上进行实证检验，确保所发现规律的有效性，从而对于事物发展趋势做出合理预测。在实证阶段，要认识客观外部世界的人、事、物的变迁规律，就需要对于各种理论的猜想、假设等进行检验和证明，或者证伪，最终找出现象背后的本质。如胡适所言“大胆假设，小心求证”，实证主义研究一般会有两个必不可少的研究环节，就是假设和检验。假设是对于外部事物现象的一种猜想，这种猜想是不是符合事物发展的实际规律，要通过检验来判断。

第一节 实证主义

社会时空思想在古希腊的哲学思想中就已出现，但对于一种思想或理论进行实证检验的思想，则经历了很长的时间才出现。在社会科学的研究中，思想家从很多角度来探讨和解释社会现象，提出了各自的理论。这些理论是否正确，则有待于实证的检验。在这种背景下，社会科学的实证研究就成为一种需要。实证研究的目的就是通过对现实世界的客观存在进行研究，用客观事实来检验相关理论的正确性。在对社会现象实施实证研究时，研究者需要收集和分析现实中的数据或信息，并对收集的数据和资料进行分析，据此对相关理论假设进行检验。所以，从实证研究的角度来看，未通过实证检验的理论都是假设，可能是正确的，也可能是不正确的。这种假设是否成立，需要通过收集实证证据来进行检验。所以，开展实证研究的研究者，在进行实证研究设计阶段，就已经对这些假设进行了一定的分析，根据这些假设进行有针对性的设计和规划实证研究方案，从而系统性地收集实证的证据，用来检验这些假设是否成立。在社会时空思想中，时间、空间和社会之间的关系是客观存在的，但是落实到特定社会现象和社会活动时，就需要假设可能存在着的时空与社会的具体关系，并通过实证研究来检验这种假设的科学性。在社会科学研究中，这种实证研究思想的产生与发展也有一定的阶段。当然，在本节中，除了介绍实证主义之外，还会介绍反实证主义以及批判地理学，这些对于实证主义的发展也是有促进作用的。

孔德的空间实证精神

孔德在《论实证精神》中说："据此基本学说，我们所有的思辨，无论是个人的还是群体的，都不可避免地先后经历三个不同的理论阶段，通常称之为神学阶段、形而上学阶段和实证阶段。"（奥古斯特·孔德，2011）在孔德看来，这三个阶段的重要性和意义是不同的。前两个阶段分别是预备阶段和过渡阶段，都为第三个阶段做准备和铺垫，而第三个阶段才是最为重要的阶段。孔德对于实证阶段的重视，可谓溢于言表，他说："最后这一阶段才是唯一完全正常的阶段，人类理性的定型体制的各个方面均寓于此阶段之中。"（奥古斯特·孔德，2011）换言之，实证阶段之前的阶段都不是"完全正常的阶段"，都存在问题，都有其明显的不正常性，所以，最终就需要进入到第三阶段，即实证阶段。可见，孔德把实证精神提高到了一个很高的地位，认为自然科学和社会科学的研究都需要通过实证的方式来开展，相关知识的获得以及辨别真伪都需要通过实证来予以检验。这种实证研究的精神，体现了科学的精神。基于这种实证精神的实证研究，强调研究者和研究对象之间的互相验证与感应。这是身体和外部世界之间的一种新的关系，体现的是一种新的世界观。这种新的世界观需要用新的研究方法去研究外部世界以及人与世界之间的关系，这种新的方法就是实证研究方法。

事实上，孔德的实证精神之中已经包含了空间实证的思想。孔德说："我们的实证研究基本上应该归结为，在一切方面对存在物做系统评价，并放弃探求其最早来源和终极目的；不仅如此，而且应该领会到，这种对现象的研究，不能成为任何绝对的东西，而且，应该始终与我们的身体结构、我们的状况息息相关。”（奥古斯特·孔德，2011）从空间的角度来看，这强调的就是外部空间和身体空间之间的内外呼应。在神学和形而上学阶段，身体空间和外部世界是互相隔离的，其共同的缺陷在于它们都把空间视为均质的、连续的、与人的身体无关的“客观空间”。结果往往得到“固有的根本无用的含糊而武断的解释”，无法真正认识世界，更无法改造世界。孔德进一步批判：“那些含糊原则，不具备任何充分的证据，向来引起毫无结果的争论。”（奥古斯特·孔德，2011）实证研究就是要打破传统的对象化身体的思维模式，把身体放到哲学问题的中心，真正地去理解人与世界的关系。在阐述这个思想时，孔德采用了举例的方式来说明，他说：“在一个盲人的种族那里不可能有任何天文学，不管设想该种族如何聪慧。”（奥古斯特·孔德，2011）天文学是研究宇宙空间天体、宇宙的结构和发展的学科，是一门古老的科学，自有人类文明史以来，天文学就有着重要的地位。但是，孔德用这样的例子来说明宇宙空间既不是神学家所理解的纯粹空间，也并非哲学家所理解的理智的直观空间，而是存在于现象身体与世界的关联之中的现象空间，也就是社会空间。因此，人类要认识宇宙空间，就需要通过身体空间去实证地认识，而不是单纯地通过思辨去认识。如果思辨能够达到认识宇宙空间的目的，那么盲人也应该有天文学。

孔德觉得可能还有不少人理解不了，于是进一步强调：“无论是可能为数更多的暗黑天体的背面，还是我们透过大气去观察的天体，到处都是一片阴霾。”（奥古斯特·孔德，2011）这句话进一步强调了观察宇宙空间的角度和媒介对于人们所看到景象的影响，是一种典型的空间实证的研究思路。其实，孔德讲到这里，读者应该可以很快就联想到了“盲人摸象”的典故，因为不同的盲人所站的位置是不同的，站在大象前后左右的盲人分别伸手去触摸大象，这就是一种实证研究的方法，通过人体空间中的手去实际触碰大象，进而去认识大象。但是，由于盲人们所站空间位置的不同，所触摸到的大象的部位也不同，因此每个人感觉到的大象也不同，所以对大象有各自不同的描述和认识。摸到了大象牙齿的盲人认为大象就像一个又大、又粗、又光滑的大萝卜，摸到大象耳朵的盲人认为大象是一把大蒲扇，摸到大象腿的盲人认为大象是根大柱子，而摸到大象尾巴的盲人认为大象只不过是一根草绳。尽管这些盲人的结论都是片面的，但是其实证研究的方法是一样的，都是通过用身体接触的方式来认识大象。把所有实证研究汇集起来，关于大象的真实情况就会出现，这就是实证研究的魅力所在。对此，孔德进一步解释道："在这种关系中，我们自身的整个条件，无论是内在的或外在的，都必然和我们每一项的实证研究息息相关。"（奥古斯特·孔德，2011）这层空间实证的思想后来被梅洛·庞蒂捕捉，据此提出了"身体空间"理论，他说："我是通过我的身体对世界的某种占有，我的身体对世界的某种把握。"（梅洛·庞蒂，2012）所以，孔德的实证研究思想本身就包含空间实证的概念。

孔德的空间实证思想并非是静态空间的分析方法，而是动态空间的研究方法，是时空一体的实证研究方法。孔德说："这样，既然已经说明实证精神拥有构成我们知性最终统一的自发能力，也就不难通过从个体推广到群体而对此基础解释加以完善。"（奥古斯特·孔德，2011）这就是从身体空间推演到社会空间、外部世界的"空间延展"的研究方法，这是空间"广延性"的一种体现。空间因为具有广延性，因此可以从身体空间推广到社会空间、宇宙空间，这是实证精神的内在逻辑，也是空间实证方法的内在程序。对此，孔德说："无论在任何问题上，实证精神总是趋向于在存在观念与运动观念之间建立正确的基本和谐，从而导致结构观念与生命观念之间的持久关系，特别是对于生命体而言更是如此。"（奥古斯特·孔德，2011）这里的"结构"既包括空间结构，又包括社会结构、世界结构等，最终实证研究就是要达到"天人合一"的空间和谐状态。所以，这不仅是一种做研究的方法，更是一种生存境界。当然，空间实证并非单纯指物理空间，对此，孔德曾批评几何学家："几何学家有理由为自己处于唯理实证观念的真正源头而自豪，却盲目坚持把人类灵性纳入真正思辨发展的纯粹初级阶段中，而从不考虑其必然的唯一目标。"（奥古斯特·孔德，2011）几何学是研究空间区域关系的数学分支。"几何学"这个词来自阿拉伯文，原来的意义是"测量土地技术"。但是，几何学家过于局限于物理空间的研究，而忽视了空间的社会属性以及现象空间的存在。作为现代社会学的奠基者，孔德对此显然无法感到满意，他的空间实证方法和对社会现象的实证研究结合起来，就是社会时空的实证方法，这才是他的实证社会科学的核心。

涂尔干的空间实证研究

在实证主义社会科学研究的发展上，法国知识界发挥了重要的作用。受到孔德的启发和影响，埃米尔·涂尔干（Émile Durkheim）把孔德的实证精神具体化，用实证方法研究社会现象，开启了实证社会科学的研究路线。值得注意的是，涂尔干已经把孔德隐形的空间实证思想显性化，深入阐述了空间与社会发展之间的辩证关系，并通过空间分析方法来具体研究社会现象。涂尔干发现空间与人们的情感表达密切相关，因此认为空间具有社会性，对此，他说："既然单一文明中的所有人都以同样的方式来展现空间，那么显而易见的是，这种划分形式及其所依据的情感价值也必然是同样普遍的，这在很大程度上意味着，它们起源于社会。"（涂尔干，1999）顺着这个空间分析的思路，涂尔干发现了北美印第安普韦布洛人的居住空间安排，并且发现了空间布局与这个氏族群体之间的密切关系。当然，空间与社会之间的关系是相互的，影响是双向的。社会影响了空间布局，空间结构也会影响社会结构及社会制度。在对安普韦布洛人进行空间实证分析之后，涂尔干得出一个结论，他说："这样，社会组织就变成了空间组织的模型和翻版。"（涂尔干，1999）可见，空间结构会影响社会组织的结构，而社会结构也在影响着空间结构。这就是空间结构与社会结构互相影响的"二重结构论"的思想。所以，空间分析是涂尔干社会分析的一个重要组成部分，体现了涂尔干社会科学的重要特色。

涂尔干认为，对于社会现象的空间分析，前提是社会现象在空间分布上存在着异质性。他强调："本质而言，空间的表现是感官经验材料最初达成的协调。如果各部分空间的品质是相同的，并且实际上可以互相转换的话，那么这种协调就不可能产生。"（涂尔干，1999）换言之，要实现社会系统的协调运作，需要空间与社会的良好匹配。这里隐含着一层深意，就是存在空间结构和社会结构的最优匹配解，一旦达到了这个最优匹配解，那么社会系统就可以在特定的空间上协调发展和运行。当然，涂尔干并没有直接阐述这个最优匹配解的具体内容，而是设想有这样的对应和优化关系存在。与涂尔干处于同时代的另一位实证主义研究者维弗雷多·帕累托，弥补了涂尔干的不足，明确提出了社会改进的最优解，即所谓的"帕累托解"，而社会改进的过程也被后人称为"帕累托改进"。"帕累托改进"主要强调社会制度和社会系统的改进，使社会运行更有效率，社会制度的设计更加合理。作为一名实证主义者，维弗雷多·帕累托主要是从社会系统角度来进行实证考察和研究，提出了社会改进的思想。与他不同的是，涂尔干从空间与社会匹配的这个更大范围的角度来思考社会改进问题，强调社会空间的最优化。因此，同样是实证社会科学研究，在具体的思考问题的角度和实证研究的切入点上，也是存在着差异的。

涂尔干的社会空间分析还强调动态性，即时间的重要性，其实这就是社会时空的研究思路，强调空间与时间的同一性。他说："要想在空间上安排各种事物，就应该尽可能地把它们有所区别地安置下来，如左或右、上或下、南或北、东或西等，就像在时间上来安排各种意识状态一样，必须尽可能地把它们定位于某个确定的日期。也就是说，假如我们不像对待时间那样去划分和确定空间，那么空间就不能成为空间了。"（涂尔干，1999）所以，在涂尔干看来，社会科学的研究，采用空间分析和采用时间分析具有相似性，在具体方法上应该互相借鉴。尽管涂尔干并没有建立时空模型，但时空模型的思想已经在里面了。在社会科学分析中，要把特定事物放在特定的时空背景中进行实证研究，这是建立时空模型的前提。在这个前提之下，特定时空背景下的事物就成为时空模型的一个案例，很多这样的案例放在一起，就成为时空模型的时空序列数据，就可以在这些数据基础上建构时空模型。一旦这样的时空模型通过统计检验和其他检验，并且符合事物发展的内在逻辑，那么这样的时空模型就在一定程度上揭示了社会事物发展的规律。这是社会科学中时空实证分析的基本范式，其基本思想已经出现在涂尔干的论著中了。

涂尔干在《宗教生活的基本形式》中所阐述的空间实证研究思想，其实是他在之前包括《自杀论》的研究中已经付诸实施了。《宗教生活的基本形式》是在1912年出版的，比《自杀论》晚15年才出版，后者是在1897年出版的。可见，涂尔干是先完成了《自杀论》，后来再开展关于宗教生活的研究。在《自杀论》中，涂尔干已经很充分地利用了空间分析的实证研究方法对欧洲大陆上的自杀行为进行研究。为了研究自杀和酗酒之间是否存在相关性，涂尔干以法国为例，通过把自杀和酗酒发生率与法国地图进行比对，发现两者在地图上的分布并不呈现出显著重合。因此，他得出结论："如果比较一下现实自杀和酗酒情况的法国地区，人们看不到两者之间有什么关系。"（涂尔干，2008）这种空间分析方法，至今在社会科学的研究中还广泛使用，是空间实证分析方式中最常用的方法之一。若社会现象在空间上存在着显著重合，那么可以推断出这些社会现象之间存在空间分布上的关联性。导致出现这种空间分布上关联性的原因可能是多种的，如不同社会现象之间本来就是相辅相成、不可分割的，但也可能是共同受到了其他因素的影响。若在空间分布上不存在显著重合，那么从静态的角度来看，这些社会现象之间就不太可能存在空间上的关联性。对此，涂尔干总结："因此，两种现象的地理分布很不相同，所以不能说一种情况的发生对另一种情况的发生起了重要的作用。"（涂尔干，2008）这种结论的得出就是依据社会现象在空间上的分布特征，这是空间实证研究的基本模式，即从空间分布推断出社会现象背后的可能原因。

当然，涂尔干的空间实证分析除了空间分布的轮廓分析之外，还重点地分析空间分布的内部特征。他说："此外，自杀的地图上显示南部最严重的地区是瓦尔省和罗纳河口省，而在酒精中毒的地图上根本不是这样。"（涂尔干，2008）这是空间实证分析中的热点分析（hot spots analysis）方法，近些年在流行病、犯罪学等领域也广泛应用。在空间分析的基础上，涂尔干还加入了气候等环境分析，"这个地带的相对位置本身清楚地表明，气候并不是这个地带发生的许多自杀的原因。从地图上看，这个地带不是由单一的、几乎是同等和同质的长条构成的，它包括所有气候相同的国家，是由两个截然不同的地区构成的：一个地区以法兰西及其周围几个省为中心，另一个地区的中心是萨克森和普鲁士。"（涂尔干，2008）涂尔干的研究还涉及空间尺度的问题，他说："就法国而言，一般的地图只是按省来表现自杀率，对这种分析来说是不够的。实际上，仿效的结果应该在最明显的地方，即同一个省的不同县，在这种地图上却看不出仿效可能产生的结果。"（涂尔干，2008）涂尔干在这里谈的就是空间实证研究中的空间尺度问题，即需要根据研究目的来选择和确定最佳的空间尺度。他这里所指的"在这种地图上"，就是法国省级地图，这种地图由于空间尺度较大，无法有效研究自杀行为的仿效问题。于是，他自己做了一张法国县级层次上的地图，得到了很好的结果。对此他肯定地说："因此，为研究这个问题，我们特别绘制了一张分县地图；这张地图涉及 1887—1891 年这五年时间。阅览这张地图给我们提供了最意想不到的结论。"（涂尔干，2008）所以，涂尔干在《自杀论》中为开展时空社会科学提供了一个非常好的实证研究范本。尽管当时的时空分析技术还比较落后，但对社会现象开展时空实证研究的基本范式和要素都已经具备。当然，他的这个研究也存在一定的局限性，一个主要的局限就是采用的是静态的空间分析。尽管涂尔干用了国别和时间的数据，但空间和时间的分析基本上是彼此独立的，所以，他的空间分析主要是静态的分析。

齐美尔的社会空间研究

社会时空的魅力之一，就是往往会存在所谓的时空上的巧合性。1857 年，孔德逝世。在孔德逝世后的一年，同时诞生了两位社会学巨匠。1858 年，在法国东北部邻近德国的一个小镇里，涂尔干出生了。同一年，格奥尔格·齐美尔（Georg Simmel）出生在柏林。1917年，涂尔干逝世。1918年，齐美尔逝世。尽管这两位社会学巨匠生活在同一个时代，但现有的文献并没有显示这两位在生前有过交流。倒是逝世以后，这两位的思想和理论往往被学者拿来比较，成为这些学者研究的素材。

物极必反是世界的普遍规律。当一个学说思想大行其道时，肯定会有对立的学说思想产生。当孔德的实证主义大行其道时，作为对立面的反实证主义的社会学思潮也开始出现，其代表人物之一就是齐美尔。关于齐美尔的时空思想，学界有很多的讨论。齐美尔对社会距离概念的提出和发展以及对于空间社会学、社会几何学的发展，作出了很大的贡献，进一步强化了对"空间关系"的社会学洞察（sociological eye）。其实，要研究齐美尔的思想，一个很重要的途径是研究齐美尔的随笔。人类历史上，不少优秀的学问都是在比较随意的状态中产生和发展的。如孔子和苏格拉底的思想，都是在日常生活中的对话中形成的。齐美尔的社会时空思想，往往渗透在其日常生活的随想之中。所谓随笔，就是随笔一记，兼有议论和抒情两种特性，通常篇幅短小，但思想鲜活而灵动。齐美尔的随笔，是其社会时空思想的重要体现。

要研究齐美尔的社会时空思想，《桥与门》这篇随笔是关键（齐美尔，1991）。这篇随笔的开篇第一句就是："客观事物对我们具有两重性，自然界中所有事物既可视为相互联系，又可视作相互分离。"这就把社会时空分析的本质给说出来了。社会时空下，任何事物都是互相联系的。但彼此之间又有可能是互相分离的。这种既联系又分离的辩证关系，在沃尔多·托布勒的地理学第一定理中已经阐述了（Tobler, 1970）。但是，沃尔多·托布勒主要是从地理学的角度提出了这个命题，齐美尔则是从社会学的角度提出和阐述这个命题。对此，齐美尔马上加以区别，他说："与自然相反，人类以其特有的方式进行联系和分离。换言之，联系和分离总是相辅相成，互为前提。"这句话非常关键，它把社会时空与自然意义上的时空区别开来。在社会时空中，联系与分离并非是绝对的，而是社会事实存在的一体两面。也就是说，社会时空所揭示的既是社会事实之间的联系，也是社会事实之间的分离。这是一组辩证统一的关系。

对于这种辩证统一的关系，齐美尔担心读者一时难以理解，于是通过具体日常生活中随处可见的"路""桥""门"等进行隐喻，对社会时空的本质进行了揭示。首先，他以"路"为例子说："先在两地间铺设道路者可谓创造了人间一大业绩。兴许他们经常往来于这两地间，因此，人们在主观上已将两地相互联系。但只有当地面上出现一条清晰可见的道路时，这两地才客观地联系起来。联系时的愿望构成了该事物的造型，而构成的造型又是该愿望的再现，不管其再现次数的多寡。”道路的形成，使得两个彼此分割的社会时空连成了一体。这里，道路是一种社会时空内在逻辑发展的外在表征，是“该愿望的再现”。道路是“该事物的造型”，齐美尔显然是希望读者通过对“该事物的造型”的理解，进而深入到对“该愿望”的洞察。那么，“该愿望”是什么呢？这就是哲学隐喻所意指的核心问题。对于这个问题，齐美尔并没有直接回答，也很有可能无法用言语予以回答。但是，齐美尔已经把读者的注意力成功引向了“该愿望”，这就是齐美尔的高明之处。鲁迅在《故乡》中写道：“希望是本无所谓有，无所谓无的。这正如地上的路；其实地上本没有路，走的人多了，也便成了路。”在这里，路是希望的外在表征。这个逻辑与齐美尔的可谓异曲同工。

接着，齐美尔继续这种遐想。这次，他以连接两岸更为直观的“桥”来做例子。“路”所连接的社会时空之间的隔离是不明显的，而“桥”所连接的社会时空之间的隔离是显而易见的，如河流两岸。他说：“对我们来说，河流两岸不仅互相对立，而且互相‘分离’。假如我们不首先在主观意图、需求及想象中将两岸联系起来，那么分离概念就毫无意义。”这里点出了桥梁的隐喻，桥梁其实是“该愿望”的外在表征。如果没有“该愿望”，那么，桥梁就根本不会出现。可见，齐美尔用“桥”和“路”所要表达的意思是同样的，指向的都是“该愿望”。从哲学上来说，齐美尔所谓的“该愿望”很可能与黑格尔的“绝对精神”、叔本华的“生命意志”、尼采的“权利意志”等概念接近，但是，齐美尔显然更侧重于社会学上的含义。“该愿望”的存在形式，很可能与康德的“物自体”类似。

无论是“路”还是“桥”，连接的都是有限的社会时空，即齐美尔所说的“将有限的跟有限的联系起来”。但是，“该愿望”跟关系都是有限和无限的连接，而“门”提供了这样的条件。对此，齐美尔说：“我们所追求的有限总是局限于任意一点有形的或先验存在的无限之中。因此，门就成为了人们本应或可以长久站立的交界点。”在这里，“门”就成为有限社会时空与无限社会时空的“交界点”，是有限社会时空通往无限社会时空的一个关键性的时空节点。对此，齐美尔进一步解释说：“连接两点于一线的桥为人类保障了一定的安全性和方向性，而门却向着那无界的条条大道流露出了一种离奇的自我局限式的生活。”面向无界的社会时空，人们往往会流露出一些离奇的感触。如唐朝的陈子昂在《登幽州台歌》如此描述："前不见古人，后不见来者。念天地之悠悠，独怆然而泪下。"这其实描述了人们在从有限社会时空向无限社会时空进行时空切换时所普遍具有的一种离奇的感触。"独怆然而泪下"，这种情绪是普遍存在的。例如，《战国策·齐策六》云："女朝出而晚来，则吾倚门而望，女暮出而不还，则吾倚闾而望。"这里的"闾"也是"门"，"倚闾"就是"倚门"。当面临不确定时，人们为什么不走出屋去寻找答案，也不在屋子里等待，而是要"倚门（闾）"呢？这里面就有齐美尔所说的原因，因为"门"是有限与无限的交界点，是社会时空的关键节点，具有强烈的社会学含义和启示。

当然，齐美尔"路""桥""门"的隐喻，其内涵可以进行更加深入的挖掘。如果从拓扑学的角度来解析齐美尔的思想，那么可以发现齐美尔社会时空更加的宏伟。在拓扑学中，欧拉曾提出著名的"柯尼斯堡七桥"问题，这里所讨论的问题与齐美尔所要探讨的问题是相似的。在拓扑学里，重要的拓扑性质包括连通性与紧致性，这些性质也都是齐美尔在《桥与门》重点探讨的。在齐美尔的理论中，"屋"如同拓扑学中的闭集，屋外则是拓扑学中的无限极，而"门"是让屋子成为闭集和开集的重要的切换，类似于拓扑空间中的边界点。"路"和"桥"的存在，使得空间集中以离散形式存在的孤点连接起来，形成以连续形式存在的点集。可见，只要把齐美尔的社会空间转化为拓扑空间，他的理论就直观地跃然纸上了。这里再次说明和印证了拓扑学对于时空社会科学研究和分析的基础性地位。

与社会时空密切相关的齐美尔的另一篇随笔是《大城市与精神生活》。从社会空间上来看，齐美尔认为城市空间的迅速扩展会导致大城市中人与人之间的社会距离的增长，导致类似矜持与傲慢情绪的产生，他说："大城市的人互相之间的这种心理状态一般可以叫作矜持。在小城市里人人几乎都认识他所遇到的每个人，而且跟每一个人都有积极的关系。"从社会时间上来看，齐美尔强调了时间对于大城市经济生活的重要性，他说："倘若柏林的所有钟表突然都走得不准了，那么即便各钟表所指示的时间差不超过一小时，也足以使柏林的整个经济交流和其他方面的交往生活陷入长时间的混乱。"因为在大城市中人与人社会距离的扩大，导致人人都需要在时间上精打细算，对于社会时间的依赖就会更强。这些社会空间和社会时间的特征，导致大城市的社会时空与小城市的社会时空是不同的，这也注定了大城市的精神生活与小城市的精神生活的不同。此外，齐美尔还敏锐地发现了空间溢出效应的存在，他说："而大城市的精神生活犹如荡漾开去的水波，涉及国家民族的或者国际的广大范围，这对大城市来说是有决定性意义的。”这种“犹如荡漾开去的水波”是对空间溢出过程的形象化描述，但齐美尔的语言使得这种大城市的空间溢出过程显得很有乡村田园气息。此外，齐美尔与社会时空相关的还有一篇随笔《面容的美学意义》，这可以与梅洛·庞蒂（Merleau Ponty）的身体空间结合起来研究，这里不展开讨论。上述这些随笔，结集在《桥与门：齐美尔随笔集》一书中（齐美尔，1991）。

新韦伯主义的影响

齐美尔经常在家里举办沙龙，马克斯·韦伯（Max Weber）就是他家中举办沙龙的常客。新实证主义社会科学的重要人物塔尔科特·帕森斯（Talcott Parsons）曾经这样评价韦伯：“他非常重视理论，同时又对细节和积累大量事实有广泛的兴趣。一种理论体系的大轮廓仅仅在某些关键之处清楚地显露于大量细节之中——而且必须通过从一个明确界定的起点出发，一步一步地追踪他的兴趣。所以，才能把这些大轮廓揭示出来。这就是我们将要尝试去做的。”（塔尔科特·帕森斯，2003）韦伯的社会科学研究，一般都会通过收集大量的资料来对特定问题展开深入的实证研究。对此帕森斯予以肯定，他说：“任何人想要比较完整地了解韦伯在社会学方面所做的研究工作，对于他占有的大量详细历史材料都不能不留下深刻的印象，并为此深深感到迷惑。他占有的材料真的是如此浩瀚，其中大部分又是在各个领域之中具有高度专门性的材料，以致普通人要进行任何种类的批评分析都非常困难，因为要真正实际地对韦伯进行的全部研究工作加以检查，是任何在世的学者都力所不逮的。”（塔尔科特·帕森斯，2003）可见，韦伯在开展研究过程中对于实证材料的要求是很高的，不仅要广博，而且要有深度，要具有专业性，实证材料之间还需要有一定的关联性。韦伯正是通过这些实证材料而抽丝剥茧，一层一层地去探究社会中的人事物背后的关联和规律，从而建构了具有韦伯特质的理论。对于韦伯的实证研究，塔尔科特·帕森斯这样评价：“它不是一个逻辑上完善和完成了的完整体系，而是一种伟大的先驱性的工作。”（塔尔科特·帕森斯，2003）

在开展实证社会科学研究的过程中，韦伯向来重视时间、空间对社会的影响。1920年，韦伯出版了《社会组织和经济组织理论》一书，提出了著名的科层制组织结构。韦伯在研究组织结构的过程中，非常深入细致地观察过组织中工作人员的空间分配和布局，并从中分析科层制的奥秘。在论述科层制时，韦伯对工作人员的办公地点和生活场所等细节，进行了深入的论述。通过对组织现象的空间分析，韦伯发现组织内部的权力机制与空间存在内在的关联。在官僚组织体系中，不同身份的工作人员拥有的工作空间是不同的，体现了明显的等级性。但这种空间的等级性符合科层制的内在需要，有助于实现这种组织结构的内部运作效率，实现内部的权力分配和分工与协作。通过对工作人员的空间分析，韦伯为社会发展提供了一种高效率、合乎理性的管理体制，标志着管理进入现代管理阶段。韦伯的组织结构理论在古典组织理论中具有不可动摇的地位，意义非凡。对此，帕森斯评价说："如同帕累托和涂尔干的理论一样，他的理论之所以引人注目，主要就在于此。"（塔尔科特·帕森斯，2003）从时空社会科学的角度来看，韦伯的科层制理论，开辟了空间结构分析和组织结构分析相匹配的研究范式，即所谓的新韦伯主义空间实证研究。

韦伯善于从微观的细小之处看出问题的关键所在，进而延伸到社会，发现社会运行的规律。组织内部的空间与权力配置机制，其实是现实社会系统的一个部分而已。韦伯关注生活机会在市场中的划分，将阶级看作一种社会学建构，并采用多重标准进行划分，而且阶段划分和空间划分存在着明显的内部联系。韦伯的多样性阶级划分标准以及社会空间的阶级性特征为新韦伯主义提供了新的社会结构研究途径和视角。新韦伯主义空间实证研究的代表人物有约翰·雷克斯（John Rex）、罗伯特·摩尔（Robert Moore）、爱德华·帕尔（Edward Pahl）和彼得·桑德斯（Peter Saunders）。雷克斯和摩尔以伯明翰内城斯巴克布鲁克的住房更替变迁为研究对象，揭示了住房阶级的形成与住区的分化，说明了空间与阶级之间的对应关系。他们的"住房阶级"理论指出："在城市的初始居住分配中，三个群体由于自身拥有财产数量的不同，形成各自的居住分化，并形成自身的社区文化，这三个群体分别为上中产阶级、下中产阶级和工人阶级。"（Rex, Moore, 1969）上中产阶级拥有阔绰的住房，在接近城市文化和商业的中心地段聚居。下中产阶级租住住房，但其向往上层住房拥有者的生活方式，工人阶级则租住平台小舍。因此，居住空间的格局体现了不同阶层的特征。这种居住空间格局的形成与发展，与社会权力的配置有着直接的关系，如科层制下的工作人员的办公空间，空间体现的是一种社会权力。从这层意义而言，雷克斯和摩尔的"住房理论"与韦伯的科层制下的组织空间理论具有内在的一致性。因此，雷克斯和摩尔成为新韦伯主义空间理论的重要代表性人物。

雷克斯和摩尔的“住房理论”描述了一种社会居住的空间分布特征，体现了空间结构和社会结构之间的某种对应性。这是一种局部的现象，还是一种全局的现象，成为空间社会学的一个重要研究问题。对于这个问题，帕尔曾一针见血地指出：“自相矛盾的是，城市社会学最基本的失误是只注意到城市并且去理解城市，相反，城市应该被看作一个竞技场，要理解它必须理解创造它的整个社会。”（Pahl, 1975）在社会空间的演变过程中，局部的空间特征往往受到整体空间特征的影响，而整体空间特征也会受到内部不同的局部空间特征和内部空间与社会结构的影响。所以，在帕尔看来，要正确认识局部社会空间的结构及其变化趋势，就要从整体社会空间的角度来看，从全局社会空间的角度来分析。在统一局部和全局的关系上，帕尔从资源受限思维、空间视角和资源分配探索三个角度来分别阐述。在帕尔的理论体系中，这三个方面相辅相成，构成其社会空间分析的框架。因为资源是有限的，所以，社会资源在空间上的配置与分布往往呈现出不均等的现象，这是有限资源约束的必然结果。在社会资源的空间均等化上，帕尔提出了著名的“城市经理人”思想。但这种想法在现实中存在局限性。信息经济学的研究表明，只要委托人和代理人之间存在信息不对称，那么，代理人就会存在自利的行为而损害委托人的利益。在社会资源的空间配置上，所谓的“城市经理人”在社会实践中其实很难真正达成资源均等化配置的目标。当然，帕尔从资源受限、空间视角和资源分配这三个层面来辩证思考空间结构和社会结构之间的辩证关系，具有创新性。

对于雷克斯、摩尔以及帕尔的研究，桑德斯在《社会理论和城市问题》一书中予以了系统的回顾（Saunders, 1986）。这部著作第四章的标题就是“作为社会空间系统的城市”（*The urban as a socio-spatial system*），这一章集中分析和讨论了新韦伯主义的社会空间视角下的城市研究。遵循新韦伯主义的研究思路，桑德斯利用社会结构和空间结构的互动机制，建构了关于城市矛盾、政治和政策建议的研究分析框架。这是一个综合了空间、社会、经济、政治等多元因素于一个体系的社会空间分析框架。消费、投资、社会福利、中央与地方的关系等相当广泛的议题，在桑德斯的体系中都打上了时空的烙印，体现在特定的空间结构之上。本质上，桑德斯的理论体系可以分成两个结构：社会制度结构和空间结构。社会制度结构包括所有社会、政治、经济等因素，是一种制度上的设计。空间结构则强调社会现象在空间上的分布以及空间上的关联等情况。在这种双重结构的基础上，桑德斯提出了“双重国家”（dual state）的概念，强调社会空间分异的特征。

在消费日益成为社会的重要驱动力的时代背景下，桑德斯把空间分析和消费分析结合起来，提出了消费空间结构论。桑德斯认为，在住宅、教育、福利等城市社会消费项目周围形成的消费集团，形成一种新的城市社会空间结构。这些研究为时空社会科学的发展提供了重要的基础。

芝加哥学派的发展

1899 年，齐美尔在柏林大学讲课，在听课的学生之中，有一名来自美国，他就是罗伯特·帕克（Robert Park），即后来芝加哥学派的主要代表人物之一。1932 年，帕克受当时燕京大学社会学系主任吴文藻的邀请来华讲学，在中国逗留了 3 个月。帕克重视运用人类学田野调查方法研究社会的做法，给当时还是燕京大学的大四学生费孝通留下了深刻印象。他的女婿罗伯特·雷德菲尔德（Robert Redfield）与费孝通有着深厚的友谊，而他的女儿玛格丽特·露茜·帕克（Margaret Lucy Park）曾协助费孝通修改、翻译了两篇关于云南村庄的社会学调查报告，并积极联络芝加哥大学出版社，将这几篇译稿整理出版。可见，帕克对于推动中国社会学的发展作出了很大的贡献。从柏林、芝加哥到北京，这种时空关系体现了思想跨越三大洲的继承与发展。

从社会时空的角度来看，帕克的贡献主要体现在他对邻里的重视。他在《城市：有关城市环境中人类行为研究的建议》中强调了邻里在城市研究中的基础性作用："在城市的社会机制和政治机制中，邻里是最小的地方性单位（local unit）。"（罗伯特·帕克，欧内斯特·伯吉斯，2019）这是拓扑学中的邻域概念在城市社会学中的体现。帕克给拓扑学中的邻域赋予了社会力的概念，他指出说："重要的是要知道，是哪些力量打破了邻里内部的平衡，造成了共同利益与情感的分裂。"可见，在帕克看来，这个邻域里面存在着各种社会力量，这些力量可能会打破邻域里面的现有平衡，造成邻域内部的分裂。社会时空中的邻里具有紧致性，体现在邻里与家庭的紧致关系上。帕克在《社区组织和青少年犯罪》中指出："家庭和邻里存在着亲密的'初级关系'。"（罗伯特·帕克，欧内斯特·伯吉斯，2019）这种"初级关系"可以视为邻里紧致性的一种社会体现。邻里不仅有紧致性，还有连通性和外延性。对此，帕克说："在这个圈子之外，有一个更具有影响力的大圈子，我们称之为社区（community）。"这里，帕克已经从邻里空间向外延伸到了社区空间，这是因为社会事实所具有的伸张性、广延性客观上要求邻里空间是个开集，具有对外的连通机制。

此外，帕克也重视边界问题，提出了中心–边缘的社区空间思想。他在《社区组织和浪漫情绪》中指出："比如，社区总有一个中心和一圈外围的边界，以确立各个独立社区互相间的位置。"（罗伯特·帕克，欧内斯特·伯吉斯，2019）在同一部书中，他的搭档欧内斯特·伯吉斯（Ernest Burgess）提出了城市结构同心圆理论。那是在1925年，比经济学中的核心与边缘理论早了40多年，后者是约翰·弗里德曼（John Friedmann）在1966年提出（Friedmann, 1966）。到了1991年，保罗·克鲁格曼建立了核心–边缘模型（Krugman, 1991）。可见在这方面，社会学走到了经济学的前头。此外，帕克在《魔法、心智和城市生活》中还研究了岛屿现象，涉及社会时空的边界、分割与融合（罗伯特·帕克，欧内斯特·伯吉斯 2019）。

对于社会的思考所产生的思想，需要追溯到这种思想赖以产生的社会时空，才能揭示其思想的来源。欧文·戈夫曼（Erving Goffman）提出用"戏剧论（Dramaturgy）"来解释社会行为与社会互动（欧文·戈夫曼，1989）。在《日常生活中的自我呈现》一书中，戈夫曼用"舞台""表演""剧班""角色""印象""观众"等概念来解释社会运行。显然，戈夫曼的思想与曾经在约翰·格里尔逊（John Grierson）建立的加拿大国家电影公司的工作经历有关。电影公司最不缺乏的就是这些概念。在这样的社会时空工作一段时间之后，当戈夫曼离开时，脑海中已经对这些戏剧相关的概念以及社会符号了如指掌，并很自然地用来分析社会行为与互动。因此，戈夫曼提出"戏剧论"本身就是在这个社会舞台中即兴表演的一个产物。作为观众，读者在戈夫曼提出"戏剧论"的过程中就相当于在欣赏一台精彩的戏剧。可见，此时的读者已经成为戈夫曼"戏剧论"中的"观众"。对于作为"观众"的读者而言，只要把戈夫曼的"舞台"概念换成社会时空，那么戈夫曼的社会时空思想也就跃然纸上了，尽管戈夫曼在全书中并没有提及"社会时空"或者"社会空间"。

戈夫曼并没有阐述传统的区域与空间问题，但是在这部书的第三章，他却重点阐述了"区域与区域行为"。在这一章开篇，他指出："区域可定义为，受某种程度的知觉障碍限制的地方。当然，区域随其所受限制的程度与产生知觉障碍的沟通媒介的不同而不同。"这个区域的定义显然与传统意义上空间区域的定义不同。在传统意义上，区域是地表上的地理单元。不同的学科对于区域的界定会有所不同。如经济学中的区域一般是指在经济上相对完整的经济单位，而政治学中的区域一般指的是行政管理上的性质单元。在社会学中，区域经常是指具有人类某种相同社会特征的聚集地。在拓扑学中，域一般是指开域，是一个全由内点构成且具有连通性的点集。与上述这些区域的定义明显不同，戈夫曼的区域是一个与知觉密切相关的概念。所以，要理解戈夫曼的思想，首先就需要理解他对区域的定义。

戈夫曼对于区域的界定，接下来的一段话最为关键。他说："在我们英美社会——一个相对来说是户内的社会中，当呈现表演时，它通常是在一个有很大限制的区域中进行的，此外，它还经常受到一些时间方面的限定。表演造成的印象与领会，往往遍及整个区域并渗入时间的持续中，致使任何置身于这种时空簇中的个体都能观察到表演，并受到了表演所造成的情景定义的引导。"对于戈夫曼而言，区域就是舞台，是受到时间和空间约束的社会舞台。而且这种社会时空不是简单静止的，而是动态变化的，会产生聚集和叠加效应，形成"时空簇"。从拓扑学上来说，社会时空呈现树簇拓扑结构。也就是说，这种社会时空有很多分支，共同组成子社会时空，而每个子社会时空又包含多个结点。按照戈夫曼的理解，就是大的社会时空构成一个大舞台，而大舞台又由很多小舞台构成，每个小舞台又有"前台""后台"等多个结点。这种"时空簇"的形成过程往往就包括了哈维的时空压缩（Harvey, 2013）。可见，从拓扑学上来解析戈夫曼的"舞台"，脉络就比较清晰了。

批判地理学

批判地理学（critical geography），又称激进地理学（radical geography），是20世纪50—70年代比较盛行的一种与地理空间相关的批判性思潮。但是，对于批判地理学的特征，学界并未形成共识。对此，尼尔·史密斯（Neil Smith）评价道："'批判地理学'为致力于彻底改造我们所生活的社会的学者和活动家提供了广泛的群体认同：资本主义、异性恋、父权制、帝国主义、种族主义和许多其他形式的压迫，代表了这种地理批判的交织目标。"（Smith, 2010）可见，不同类似主张的人利用对地理空间的批判去达成各自的目标，而这些目标具有明显的多样性，可能彼此交织，呈现出明显的复杂性、多重性和变动性。但是，无论目标多么不同，这些学者和活动家所追求的深层次目标是一致的，就是希望对现有的社会时空进行改变和变革，超越空间对立，建构一个更加符合其期望的社会时空。菲利普·韦格纳（Phillip E. Wegner）在考察了各家关于空间批判的理论之后总结说："所有这些理论都强调，有必要在绘制任何全球空间的地图时，超越经典的高雅与低俗的对立，超越中心与边缘的空间对立，代之以创造一种新的多点透视观，以考察文学和文化活动、交换和流通。"（菲利普·韦格纳，2009）所以，对地理学的批判，其实也是对地理学的一种肯定。

对地理学的批判，并不是单纯否定地理空间对社会的影响，而是对地理分析中过度量化的批判。自从孔德倡导实证精神以来，各种定量研究方法在地理学研究中获得了大量的应用，基于地理空间数据的数学模型和空间统计发展迅速，计量地理学应运而生（Murray, 1981）。计量地理学的发展对于一些传统上采用非量化研究的学科领域产生了巨大的冲击。例如，20 世纪 50 年代和 20 世纪 60 年代人文地理学就曾出现席卷众多大学的"量化革命"（Peter, Haggett, 2008）。开展计量地理学研究，需要对所研究的社会或者人文现象先进行操作性定义，即根据可观察、可测量、可操作的特征来界定研究对象，进而将抽象的概念转换成可观测、可检验的量化指标。这是一个从抽象到具体的过程，但计量地理学也存在一定的局限性。比如，为了达到研究结果的外部效度，量化研究一般强调样本的代表性和普遍性，容易忽视少数群体、边缘群体、弱势群体的特殊性。并且量化研究一般是验证理论而不是创造理论，对于空间数据的统计分析存在被操控的风险。后来，计量地理学研究中出现了片面追求定量化、滥用数学公式的趋势，使得地理空间分析对于现实世界的解释能力被表面的量化研究结论所掩盖。

计量地理学的这些不足之处成为了被批判的对象，吸引了不少批判者的"火力"。许多计量地理学的拥护者对此进行了反击。艾伦·威尔逊（Alan Wilson）曾反击说："许多针对'计量地理'的批评都指向 20 世纪五六十年代的工作（这些工作很多还在继续教授，仍然在期刊上出现）；许多批评人士并不了解 20 世纪 50 年代以来计量地理正稳步发展，取得了巨大的进展。"对此，人文地理学者盖伊·罗宾逊（Guy Robinson）也有类似的观点。事实上，在对计量地理学批判声中，对于社会时空的量化研究却获得了持续的发展。计量地理学的发展是推动多个学科时空转向的重要因素，为时空社会科学的量化研究奠定了重要的基础。尤其自 2010 年以来，计量地理学获得飞跃式的发展，这是接下去一节所要阐述的。

第二节 社会与空间实证研究

2010年，卢克·安瑟伦在《地理科学论文》期刊上发表了题为《空间计量经济学三十年》的论文，系统回顾了空间计量经济学在过去30年中的发展历程。在卢克·安瑟伦看来，这30年见证了空间计量经济学从一个边缘学科变成了社会科学和应用计量学中的主流学科。卢克·安瑟伦把空间计量经济学在这30年中的发展分成了三个阶段，分别是：前提、起飞和成熟。卢克·安瑟伦把20世纪70年代作为空间计量经济学的准备阶段。值得注意的是，恰好在这个时期，包括社会学在内的社会科学的“时空转向”发展势头明显。从此后的发展来看，社会科学的“时空转向”的发展往往和空间实证研究方法的发展是相辅相成的，彼此互相呼应。从某种意义上来说，空间实证研究方法的发展与完善为从时空视角来分析社会现象提供了新的方法、技术和分析工具。反过来，社会科学的实证研究为空间分析方法提出了新的需求，并且在应用空间分析方法的过程中不断检验各种空间实证方法，提出进一步完善的思路和方向，对空间分析方法的发展和完善产生了推动力。因此，这是一种相向而行的发展轨迹，空间方法与社会研究互相渗透，共同推动了社会科学研究的“时空转向”。

萌芽阶段

地理学家很早就发现了系统地理空间在社会系统中的作用。早在1953年，地理学家弗雷德·谢弗（Fred Schaefer）就曾经呼吁：“这些变量涵盖了系统性的社会科学的所有方面，这是人们所期望的。空间变量是其中基本的和不可避免的变量，但是，与传统的经济和社会变量相比，空间变量的分量相对比较弱。让地理变量在社会过程中的角色更明显是我们的责任。”（Schaefer, 1953）随后，地理学发生了一场计量革命。新的地理学强调严谨的方法论，这也是空间实证主义地理学的开端。当计量方法与地理空间分析相结合后，对于传统的地理科学而言，产生了革命性的效果。地理学的这种变革，不仅激活了地理科学的能量，而且为向社会科学研究的辐射奠定了基础。计量实证方法不仅是为地理学的蓬勃发展提供了契机，而且成为社会科学实证研究的基础性方法。因此，计量实证方法是地理学和社会科学研究共同的方法，这为两个领域之间的跨学科研究提供了共享的基础。后来的发展之所以能够如弗雷德·谢弗预测的那样，地理空间变量在社会过程中的角色越来越明显和重要，一个重要原因就是计量实证方法在地理学和社会科学领域中的应用。可见，时空相关的计量实证方法从某种意义上成为促成社会科学"时空转向"的基石。

20 世纪 70 年代以来，社会学开始出现所谓的"时空转向"，时空问题成为了社会学研究的热点问题。事实上，那时候开始的并不只是社会学的"时空转向"，而是整个社会学科的"时空转向"。推动社会科学研究这种新潮流的一个重要因素就是时间与空间分析技术和方法的日益成熟。20 世纪 50 年代，澳大利亚统计学家帕克·莫兰（Patrick Moran）就开始系统性地空间统计研究，空间统计的概念开始产生并逐渐影响到经济学、社会学、犯罪学等社会科学的研究。1960 年，随着《空间分析：统计地理学读本》的出版，空间分析的方法逐渐形成了一定的雏形（Berry, Marble, 1968）。当时的社会科学一般只是应用到了相对比较简单的空间统计方法，研究的深度和广度具有明显的局限性。为了突破这种局限性，统计学家开始采用空间计量的方法，通过建立空间实证模型的方式开展社会科学的研究。在这个过程中，统计学家让·帕林克（Jean Paelinck）贡献显著，他在 1966 年区域科学协会年会的报告中就提到了"空间经济计量学"的概念。但在当时并没有引起太多的关注。1970 年，安德鲁·克里夫（Andrew Cliff）和基思·奥德（Keith Ord）对空间自相关（spatial autocorrelation）现象进行了回顾，对空间分析的发展具有承上启下的作用。总体而言，20 世纪六十年代，空间分析和社会分析出现互相结合的萌芽。

到了 20 世纪 70 年代，空间分析有了质变（Cliff，Ord, 2010），空间计量方法也逐渐完善（Cliff, Ord, 1973），在社会科学中的应用也有了飞跃式的发展。1974 年，列斐伏尔发表了《空间的生产》一书，标志着社会学开启了"空间转向"运动。也许是历史的巧合，就在同一年的 5 月 2 日，让·帕林克在荷兰统计协会年会的大会致辞时，提出了"空间经济计量学（spatial econometrics）"这一名词，空间实证方法进入了高速发展时期，对于社会科学研究的辐射能力也大大提升。空间统计学家主要从方法上加以改进，使得源自地理学的空间实证方法更加贴近社会科学（Ord, 1975）。社会科学的研究者则从社会时空的角度来思考时间、空间对于社会的影响以及社会空间的建构与变迁过程。在实证社会科学的影响下，关于社会空间的争论逐渐使得更多的学者开始采用空间实证方法来对各种假设进行检验，社会科学的“时空转向”从思想和研究方法上都出现了显著的“转向”特征。从社会学内部的发展来看，思想上的“空间转向”要早于实证研究方法上的“空间转向”，列斐伏尔、福柯等学者对社会学加以改造，使之具有更为明显的空间内涵，并逐渐完善了空间与社会的辩证关系，形成了内涵丰富的空间社会学的思想。从整个社会科学和空间实证方法的发展来看，思想上和方法上的“时空转向”几乎是同步的。

20世纪80年代，空间与社会的结合更为明显。在这个过程中，一个重要的特征就是从动态过程的角度分析和研究社会空间的变化，即社会时空的视角。社会是一个与空间互相包容的系统，因此社会的变迁也就包含着空间的变化。在1981年出版的《空间过程：方法和应用》一书中，充分体现了这种思想空间不仅是一种静态的存在，而且是一种发展与变化着的动态过程，这个动态过程体现了社会的变迁（Cliff, Ord, 1981）。在这种思潮的影响下，关于社会空间过程的模拟与分析，成为空间与社会学科交叉与融合的“催化剂”。这种学科融合体现了当时的时代背景，社会变化日趋复杂，非线性变化的趋势更为明显。要研究特定空间与区域内的动态社会的变迁过程，就需要考虑时间的因素。因此，在这个时期，时空数据库（spatio-temporal data bases）开始受到研究者的关注，对于社会系统的时空动态研究成为检验社会空间辩证法的重要实证研究方向。当对特定空间范围内的社会系统进行持续观测时，就会产生时间序列数据。若在不同的空间点设立观测点，那么，最终获得的是关于社会变迁的时空数据序列。用于储存这类时空数据序列的数据库就是时空数据库，是一种时态数据库和空间数据库的统一体。当社会系统变迁的数据以时空数据的形式存储和展开分析时，就可以建构时间、空间和社会的三维动态模型了。在思想上，这已经与吉登斯的“时间—空间—社会”时空模型很接近了。

在社会学的实证研究中，空间分析方式很快被社会学研究者所采纳。1980年，匹兹堡大学的社会学家帕特里克·多雷安（Patrick Doreian）把Ord's（1975）对于空间效应的极大似然估计法（MLE procedure），应用到了菲律宾武装暴动以及美国路易斯安那行政区划的总统选举行为的实证研究之中，发现空间实证方法要明显优于传统的线性模型。在文章的结尾，他得出这样的结论：“用传统回归模型估计的非空间模型可信度存在问题，当分析中存在着空间现象时，这种方法应该需要避免。”（Doreian, 1980）在这篇论文中，通过空间实证模型和传统线性回归模型的比较，说明社会学研究中传统线性模型的局限性，应该采用空间实证模型来分析带有空间特征的社会现象。这样的发现，对于传统的社会学实证研究者而言具有很大的冲击。对于社会中的空间现象的研究，帕特里克·多雷安曾指出："因此，社会学家对地理空间上的社会现象分布感兴趣，其实是长期以来一直感兴趣，这是正常的事情。但是，总体而言，我们的分析框架和数据分析能力并没有包括社会现象的地理空间性。结果，社会现象的地理空间特征被忽略了，尤其是在分析数据的时候。"（Doreian, 1981）所谓"分析数据的时候"，其实就是社会学进行实证研究的时候。这样的说法是客观的，因为在社会学的相关理论研究阶段，空间的作用已经被列斐伏尔、福柯、吉登斯等人所阐述，并成为了社会学的重要研究方向。但是，在实证研究上，当时的社会学界还没有广泛采用空间分析方法。

历史的发展，往往有某种巧合性。在1984年，吉登斯发表了《社会的构成》，在这一著作中，吉登斯对于社会、空间和区域化等议题进行了深入的探讨，使空间与社会成为一对不可分割的概念（Giddens, 1984）。也是在同一年，《空间数据分析的最新发展：方法、测量和模型》问世。这是一部社会科学研究者基本上都可以理解的空间分析著作，比较系统地介绍了空间数据的基本特征以及实证分析的方法，是一部在当时空间实证研究方法的集大成著作。这部著作出版后，不仅受到了传统地理分析读者人群的偏爱，而且在社会科学研究者人群中广受欢迎。不同学科之间的交流，不仅使方法获得了共享的机会，也使空间的概念在社会科学的研究中日益得到重视。空间实证方法的不断发展，客观上也提供了更多的实证分析方法给社会科学研究者。实证研究和思辨研究相结合，社会科学的"时空转向"愈演愈烈，成为一股不可遏制的潮流。思想和理论的突破，对实证研究提出了新的需求。为了检验和发展社会空间的相关理论，社会学研究者继续开始从别的学科中寻找能够直接把空间纳入实证分析框架的方法，而空间统计与空间计量学的发展，恰好适应了这种需求。社会学和空间分析相结合，是一种自然而然的结果和发展趋势，也是社会学"空间转向"的必然结果。1988年，卢克·安瑟伦《空间计量经济学：方法与模型》的出版，更是加速了这个过程。

发展阶段

20 世纪 90 年代是社会科学空间分析的发展阶段。在发展阶段，一个基本的特征就是学科之间的传播和交流速度在加快。一旦有新的空间实证方法出现，社会学科的研究者就会很快做出反应，应用到具体的社会现象的研究中，并提出进一步完善的方法和途径。在《空间计量经济学：方法与模型》一书中，卢克·安瑟伦介绍了空间计量模型中的两阶段最小二乘估计方法。在这部书出版的 4 年后，即 1992 年，杜克大学社会学家肯尼思·C. 兰德（Kenneth C. Land）等人在《社会学方法》一书中应用和发展了这种方法，使其能够更加适用于社会学的研究。肯尼思·C. 兰德等人曾指出："社会学者以及其他社会科学研究者主要研究的是发生在地理空间之上的社会、政治、人口和经济现象。当用普查区、城镇、县、州汇总上来的数据分析产生这些社会现象的社会过程时，地理的约束以及这些人为划分的空间单位对社会过程的影响已经隐含其中了。"（Land, Deane, 1992）换言之，对于这些社会过程的研究，需要考虑地理空间因素的影响，因为空间因素是这些社会过程不可分割的一部分。在这种情况下，人为地忽视空间因素的影响，对于社会现象及其产生过程的分析就会出现片面的情形，无法有效解释社会现象产生的规律。因此，对社会现象的实证研究，应该直接把空间因素考虑在内，把空间引入社会系统的模型，全面考察空间和社会的互动关系。

对于如何在社会科学研究中应用这种新的方法，肯尼思·C. 兰德等人说："考虑到目前已经可以获得的不同情境下的估计，未来对于空间分布或者网络相关的社会数据的回归分析，更有可能获得空间效应或者网络效应的估计。"（Land, Deane, 1992）可见，在应用空间实证模型分析社会现象的过程中，社会科学的研究者已经开始意识到这种方法广泛的适用性，认为社会网络相关的效应也适用这种空间分析的方法。社会系统内部存在着各式各样的社会网络，信息通过这些社会网络而交换与共享，资源通过这些社会网络分配。事实上，社会学家马克·格兰诺维特（Mark Granovetter）早在 1973 年就开始了社会网络的研究。但长期以来，社会网络理论并没有获得应有的认同，马克·格兰诺维特的论文甚至还因被《美国社会学评论》拒绝而长期无人问津。马克·格兰诺维特的"弱连接"理论，描述了社会网络中的一种长期不为人重视的社会规律。在现实社会生活中，"弱连接"的作用比想象的要大得多。但由于当时缺乏关于"弱连接"的实证检验，导致这个理论提出来之后，并没有得到社会学界的积极响应。要实证检验社会网络中连接的作用，需要从社会空间的角度来进行分析，区分社会网络中的亲疏远近关系，尤其是社会网络中的“邻近关系”，而所谓的“邻近关系”或“邻近性”是空间分析的重要概念。所以，当时肯尼思·C. 兰德等人能够敏锐地指出空间效应和网络效应的相似性，表明社会学界对于空间分析方法已经理解得很透彻，能够掌握空间分析和社会分析之间的内在联系。

在这个阶段，社会科学的“时空转向”正在如火如荼地发展。1989 年，《后现代地理学》出版，苏贾通过对空间、时间和社会存在的辩证关系做了根本性的再思考，引起学者对这个领域的关注（爱德华·W. 苏贾，2004）。1991 年，列斐伏尔的《空间的生产》英文版问世，对于英语国家的知识界而言，产生了不小的震动，城市空间与社会变迁之间的辩证关系，一时间成为社会学界和空间研究者的热点问题。1994 年，马克·戈特德纳（Mark Gottidener）的《新城市社会学》一书更是从一般意义上阐述了新城市社会学的基本观点（Gottdiener, 1994）。在这个阶段，学界对于城市、社会与空间的辩证关系充满着浓厚的兴趣，同时也处于一个不断反思的阶段（Walton, 1993）。社会和学术研究的发展，要求对社会与空间的相关假设予以实证检验，并能够通过实证模型进行模拟与预测。在这种背景下，1995 年，英国伦敦大学学院（UCL）成立了高级空间分析中心（Centre for Advanced Spatial Analysis，CASA）。该中心的创始人迈克·柏迪（Mike Batty）希望通过这个中心建立起科学有效的实证模型，并能够使之与社会空间规划问题相结合，从而使空间分析和社会分析有机结合起来。CASA 通过建立实证模型的方式，把复杂的社会系统和社会空间可视化，把列斐伏尔脑海中的社会空间现实化，在社会空间的实证研究上迈出重要的一步。

1999 年，迈克尔·F. 古特柴尔德发起并创建了空间综合社会科学研究中心[①]（The Center for Spatially Integrated Social Science，CSISS），旨在促进和扩大新的地理信息科技和社会科学中新的地理参考数据的使用，引导新一代学者从事空间集成社会科学的研究，促进从事社会科学的核心问题的合作网络，开发空间集成社会科学知识库。这个中心自成立以来，就吸引了世界各地的各个学科的研究者前来学习空间分析方法以及在社会科学研究中的应用，帮助了更多的社会、人文学科的研究者掌握和应用空间分析方法，影响力巨大。该中心的信息显示，前来

① 该中心官方网址：http://www.csiss.org/.

学习的学员除了传统的地理学的研究者之外，还包括很多社会科学的研究者，这些来自社会科学的学习者分布在人口与公共卫生、经济学、社会学、人类学、公共政策、城市研究、政治科学、犯罪学、统计学等诸多领域，且大多为受到过相关学科专业训练的、具有一定研究能力的专业研究人员，多为研究生、大学教员、博士后。这些社会学科的研究者在 CSISS 培养、学习和提高空间思维能力，从空间的角度看世界，思考社会空间的重要性，在社会科学的相关理论和方法中加入空间要素，进而使用地理数据和技术开展社会科学的相关研究。这种对于社会现象的空间问题的思考，是决定能否有效使用空间整合方法来研究社会现象与问题的思想基础。

成熟阶段

2000 年，古特柴尔德、卢克・安瑟伦等人指出："正如前文所列举的，在社会科学研究中应用空间分析的大量兴趣和潜力，为应用综合的空间分析方法而获得新的见解提供了绝好的机会。我们把这种借力和发展的过程视为空间整合社会科学的发展过程。"（Goodchild et al., 2000）这篇论文被视为吹响了启动"空间整合社会科学"研究的号角，标志着社会科学的空间分析进入了成熟阶段。在这个阶段中，地理空间变量在社会系统中的重要性越来越广泛地被认识。大量的社会科学研究，都采用了所谓的"时空视角"，时间、空间和社会的关系被不断挖掘出来，社会数据的时空挖掘也日益成熟。出现这种局面的原因是多方面的。一方面计量在地理空间研究中的深入应用与发展，使得空间计量学越来越成熟；另一方面，社会科学的实证研究的发展，需要吸收其他领域的计量研究方法，而空间计量方法为社会空间数据的分析提供了重要的方法。对于计量地理学家而言，在人类进入一个新千年的时点上，已经很肯定空间分析方法应该成为社会科学研究的重要主流方法之一。关于这点，在计量地理学家内部已经形成了一种共识。为了加速这个过程，计量地理学家开始更多地关注社会科学的研究，培养更多的社会科学研究者掌握和应用空间分析方法，对社会科学研究产生了明显的空间知识的溢出效应。

当计量地理学家正雄心勃勃地往整合社会科学的道路上大步迈进时，社会学家对于空间的思考与反思也在不断地深入（Urry, 2004）。社会学家除了关注空间与社会的跨学科研究之外，还不断思考空间与社会的边界问题。社会学家托马斯·吉尔恩（Thomas Gieryn）在2000年发表论文，围绕几个核心问题展开思考。这几个核心问题是：空间是如何成为现在这样的？对于社会实践和历史性变化而言，空间到底是如何发挥作用的？托马斯·吉尔恩在这篇文章的开篇时写道："现在回顾社会学中关于空间的文献，可能是恰当的时刻，也可能是不恰当的时刻。"（Gieryn, 2000）这样的开篇，预示着作者的反思意味很浓。通篇下来，作者既不拥护、也不反对空间在社会学研究中的地位，而是集中探讨了两者之间的关系。这种关于社会与空间的反思性思考模式，具有明显的个人特征，因为托马斯·吉尔恩本人就是以提出和研究边界工作（Boundary Work）而出名的。早在1983年，托马斯·吉尔恩就率先提出了边界工作的概念，并阐述了不同学科领域之间建构边界的问题。所以，当空间科学试图跨越边界去整合包括社会学在内的社会科学时，学科之间的边界问题本能地引起了托马斯·吉尔恩的注意。但是，无论传统的学科边界如何坚固，空间科学与社会科学之间的融合与跨学科整合的趋势与潮流已经不可逆转。

在地理空间的发展中，哈佛大学发挥了很独特的作用。1948年，哈佛大学关掉地理系，引起了美国学界的"多古诺骨牌效应"。美国各大高校纷纷关闭自己的地理系，这对于地理科学是个重大的打击。但是，计量地理分析的强势发展，使得哈佛大学重新反思自己的发展思路，并在2006年成立了地理分析中心（Center for Geographic Analysis，CGA），把地理空间科学迎接回来。但是，时代已经发生了变化，在社会科学和地理科学日益融合的时代中，哈佛大学新成立的地理分析中心已经不仅聚焦在传统的地理分析研究之上，而且成为一个跨学科的研究与教学机构，与哈佛大学文、法、理、工、农、医等各个门类进行学科交叉，利用地理学的空间思维提升了解决很多复杂科学问题的能力。这个中心成立以来，对于提升人文与社会学科的研究起到了很好的支撑作用，还培养了一批掌握现代空间分析方法的社会学科研究者。2008年，古特柴尔德在加州大学圣塔芭芭拉分校成立了空间研究中心（Center for Spatial Studies），该中心的使命就是从事跨学科的研究和教育，帮助人们采用技术解决自然、工程、社会、人文和艺术中的空间问题。这是一个跨越多种学科和领域的专业研究机构。

美国的耶鲁大学、普林斯顿大学、哥伦比亚大学以及英国的普茨茅斯大学等世界名校也都纷纷建立了类似的跨学科空间研究中心，空间与社会科学整合研究的格局已经确立，时空社会科学研究在全球呈现蓬勃发展的态势。

第三节　中国时空思想

中国历来重视地理空间对于社会的影响和作用，在考察社会变迁的过程中，会自觉地把地理空间因素考虑在内。古代人们不仅考虑静态的地理空间因素，还综合地考虑时间因素，因此有了“天地人合一”的思想，这其实是古代人早期的动态空间社会模型。在“天地人合一”的思想中，“天”就是天时，就是时间；“地”就是地理，是指空间因素；“人”就是人文社会。这种思想体现的是典型的“时间—空间—社会”思维模型。按照现在的术语说，就是一种动态空间整合社会科学的思维方式。中国古代先哲不仅有这方面的思想，还形成了观察和研究社会的系统性方法，“仰观天文，俯察地理，近取诸身，远取诸物”，通过实践、思考、观察和感悟，建立人与自然、社会与空间相协调的关系。在实际社会生活中，中国古人们早就有了因地制宜的社会发展理念，这是一种人与社会、空间协调发展的可持续发展思想。可见，在中国古代就已经有了非常丰富的社会空间思想，强调社会空间与自然空间的合理匹配，最终达到“天地人合一”的和谐境界。也就是说，中国古代产生的空间与社会思想具有明确的目的性，就是追求“天地人合一”的境界，追求人与社会、空间的和谐发展。因此，在中国古代兴起并不断完善发展的空间分析，本质上是一种社会空间分析，具有明显的社会改善的目的。这种社会目的一直延续至今，是中国空间与社会研究的指导思想。

一　古代的研究

在中国古代思想中，地理空间是分析和了解社会系统变化规律的重要因素。《周易·系辞》曰：“易与天地准，故能弥纶天地之道，仰以观于天文，俯以察于地理，是故知幽明之故。”也就是说，要了解社会发展变迁的规律，即“知幽明”，除了掌握时令的变化之外，还要掌握地理空间的变化和基本特征。古人已经明了地理空间对于社会的影响关系，所以把天时和地理空间因素纳入社会分析框架，形成了一个整体性的时空与社会系统分析的思想体系。这套思想的来源就是通过对天时、地理以及周围人事物变化的观察。《周易·系辞下》云：“古者包牺氏之王天下也，仰则观象于天，俯则观法于地，观鸟兽之文与地之宜，近取诸身，远取诸物，于是始作八卦，以通神明之德，以类万物之情。”也就是说，这套系统性很强的理论，主要是通过归纳和演绎来建构的。古人根据天时变化、地理特征及周围社会与自然现象的观察，归纳出这类事物和现象所具有的共性，得到一般性的原理或者具有普遍意义的规律。这是从特殊到一般的过程，从个案到总体的过程。在归纳的基础上，古人进一步由近及远地推演空间与社会的关系，“近取诸身，远取诸物”，根据一般性的原理预测社会变化的趋势，从而洞悉万事万物的变化规律。这是从一般到特殊、从总体到个体的过程，体现了理论指导实践的社会意义。

当然，古人不但提出时空与社会的思想，还通过建立模型的方式来进行模拟和预测。在这套思想体系中，古人发现天时变化有其自身的规律，地理空间变化也有其自身的规律，人文社会变化也具有一定的规律性。但是，古人强调这三者的规律是互相影响的，并非彼此独立，而是互相作用、不可分割。据此，古人把这种复杂的关系转换为数，再通过“爻”的方式来模拟与预测空间与社会的互动，最终预测出社会发展的趋势以及社会空间下个人的社会处境，甚至是祸福与吉凶。《周易·系辞下》：“有天道焉，有人道焉，有地道焉，兼三才而两之，故六。六者非它也，三才之道也。道有变动，故曰爻。爻有等，故曰物。物相杂，故曰文。文不当，故吉凶生焉。”可见，古人根据天时、地理与社会的关系发现了数字“六”的作用。有了数就可以建立复杂的数学模型，就可以通过算法和演算的方式，来模拟和推测社会变化的趋势及其发展路径。古人通过“爻”来建立空间与社会的动态模型，根据“爻”的空间位置及组合特征来演算其社会含义，预测其社会结果。实际上，这是复杂的数学模型。正是这个原因，《周易》也被视为一部“数学巨著”。

在《周易》的空间与社会模型中，空间具有独特的作用，会直接影响模型模拟和预测的效果。六爻组成一卦，最终形成六十四卦。在《周易》中，从爻到卦，再到整体空间与社会系统，俨然是一个完整的多层次时空社会模型。在这个模型内部具有复杂的函数，不仅有反函数，还存在着各种转换函数，总之，内部结构非常复杂。由于位置的不同，卦与卦之间会出现错综复杂的关系，即错卦和综卦。所谓的错卦，就是与原卦是交错的关系，立场是相同的，目标是一致的，但是由于观察事物的空间视角不同，导致看问题的角度不同，所见也就不同。因此就会出现错卦。综卦则是因为空间位置的改变导致立场发生变化，结果观念也就不同。从数据建模的角度来看，因为空间位置不同，所以需要通过各种转换函数来描述空间位置对于社会观察以及结果的影响。每一卦的卦象，都与空间有直接或间接的关系。另外，《周易》中的空间是内生性变量，是处于不断变化着的，这种变化过程就是“卦变”。三国时期的王弼在《周易略例・明象》中云：“互体不足，遂及卦变，变又不足，推致五行。”这种“卦变”的起因、过程及结果，都与社会空间有关。可见，《周易》中的空间与社会模型是动态模型，而非静态模型。

在《周易》的解释中，社会现象及其结果往往和空间位置相结合，一个重要的特征就是重视空间位置的邻近性。在《周易》全文中，总共出现六次“邻”字，在《象》中共出现三次。根据“邻”出现的内容，空间位置的邻近性既有好的效应，也有不好的效应。例如，“震不于其躬，于其邻，无咎”，这种空间位置的邻近性不会产生负面效应，至少是一种中性的角色。但即便是中性的角色，对于邻近关系也要有警惕性，即所谓的“虽凶无咎，畏邻戒也”。这说明，当时的古人已经观察到了邻近性对社会的影响，所以提醒人们认真考虑邻近性的作用，并采用恰当的管理方法合理处理邻近关系，避免因邻近关系而带来负面效应。《周易》所阐述的邻近关系，具有一定的辩证性，空间邻近效应是会变化的，“有孚挛如，富以其邻”强调的是转向正面的邻近效应，而“翩翩，不富以其邻，不戒以孚”强调的是转向负面的邻近效应。所以，空间邻近效应不是静止不变的，而是随着社会环境的变化而变化，这是一种权变的关系。《周易》：“不富以其邻，利用侵伐，无不利。”这也就是说，邻近关系可能成为社会行为的前提，成为社会变革的诱因。《周易》也提到了邻近性与竞争性之间的关系，“东邻杀牛，不如西邻之禴祭，实受其福”，这说明邻近关系往往存在着竞争性，类似的做法，因为需要差异化竞争而效果不同。

身体与空间

梅洛・庞蒂被誉为“法国最伟大的现象学家”，他提出了身体空间论。他以身体为起点，阐述了“身体 – 主体”这一概念，试图弥补身体和心灵之间的断裂，厘清身体与世界之间的关系。但是，深入研究梅洛・庞蒂的阐述后，会发现他的一些主要观点与《黄帝内经》中对于身体的描述以及“天地人合一”的哲学思想，存在着一定程度上的相似性。在这些理论中，身体都是作为一种空间形式而存在的，与外部世界之间都存在着内在的关联。身体内部的空间具有结构性，与外部世界的空间需要达到和谐。这些理论都指出，身体是认识世界的起点，但是，身体也是世界的一部分，世界既在身体之外，也在身体之内。这是一种辩证关系，强调的是身体空间和外在世界空间的辩证统一性。梅洛・庞蒂用“身体－主体”的概念，强调身体和主体其实是同一个实在，身体既是存在着、被经验着的客体现象，又是经验着、意识着的主体。这是一种思辨的身体空间思想和学说，强调身体空间的二元性。与之不同的是，《黄帝内经》则从养生和对抗疾病的角度来阐述身体空间与外部世界之间的关系。在古人眼中，身体空间是虚实、阴阳和合的综合体，是一种客观存在，是精、气、神的场域。身体空间内部的精、气、神运动的状态，会对身体健康产生直接的影响，也会影响治疗的效果。所以，古人眼中的身体空间是个立体而客观存在着的空间，对于身体空间运行规律的把握、模拟与预测就成为了《黄帝内经》的重要创新性思想。

身体空间的社会影响，一个例子就是手指长度比。人类第 2 根手指（食指）长度与第 4 根手指（无名指）长度的比率（the second-to-fourth digit ratio），隐含着重要的社会信息。这其实与产前胎儿的母体空间有关。产前胎儿吸收了更多的睾酮会促进无名指的生长，而如果吸收了更多的雌性激素则会促进食指的生长。一项基于企业 CEO（首席执行官）的调查研究显示，产前睾酮暴露程度高的首席执行官采用电子商务的概率更高（Gu, 2023）。这就把梅洛・庞蒂用“身体－主体”的概念往前又推进了一步。也就是说，起决定作用的不是自己的身体空间，而是个体在产前胎儿时期的母体空间。当然，这仅仅属于探索性研究，还需要更多的实证证据来对此进行更为系统的检验。

梅洛・庞蒂说：“内部世界和外部世界是不可分的。世界整个就在我的里面，我整个就在我的外面。”（梅洛・庞蒂，2012）这强调的是身体空间和外部世界的空间是相通的，也是互相交融不可分割的，这种思想在《黄帝内经》中也曾经系统性地阐述过。《黄帝内经》把人与自然看作不可分割的统一和谐整体，人的身体空间自然就是外部世界空间的一部分。《黄帝内经》认为人的生命现象本身就是自然现象的一部分，人的身体空间与外部世界的空间必然息息相通。正因为身体空间和外部世界空间是相通的，所以，人要确保身体健康，就必须掌握外部世界的阴阳变化规律，自觉地使其身体空间适应外部世界空间的变化，“自古通天者，生之本，本于阴阳”（《素问・生气通天论》）。与梅洛・庞蒂对身体空间的思辨性不同的是，《黄帝内经》对于身体空间具有明确的实证性，即通过实际对身体的诊治行为来诊断身体空间内部可能出现的情况，并对身体空间与外部世界空间关系进行检验，最终达到使身体空间和外部世界空间和谐的程度，身体的病症就会消失，身体空间恢复到原来的健康状态。因此，《黄帝内经》的身体空间理论是一种实证的理论，具有丰富的现实意义。

《黄帝内经》的身体空间理论，不是静态的模型，而是动态的模型。身体空间的状况会受到时间的影响，会随着时令的变化而变化。《素问·四时调神大论》："故阴阳四时者，万物之终始也，死生之本也，逆之则灾害生，从之则苛疾不起，是谓得道。道者，圣人行之，愚者佩之。"身体空间会随着时间的变化而变化，因此，要维护身体空间的健康状态，就需要根据时令的变化调养。当然，时令的变化和特定地理空间又会产生交互作用，所以，身体空间的养护就需要根据时令的变化以及地理空间的转移进行适当调整，顺从时令和地理环境来进行养生，身体空间就会处于和谐的状态。可见，《黄帝内经》的身体空间理论是时间和空间交互作用的模型。空间和时间的交互作用，在康德、黑格尔的思想中都有涉猎，但是，这些哲学家主要所阐述的时空关系都是思辨的关系，而《黄帝内经》所阐述的时空交互关系是实证的关系，是源于社会实践又返回到社会实践的理论思想体系。这套实证的时空交互思想体系，直到今日，仍然广泛地影响着当前对抗疾病的各种社会实践，依然具有旺盛的生命力，帮助人们实现"与万物浮沉于生长之门"的生活境界。

当然，这个模型还有一个很重要的内生变量，就是社会。《黄帝内经》中有很多关于社会生活方式的描述，并认为这些社会活动往往使身体空间受到冲击而出现紊乱，最终影响身体机能的正常运作，导致疾病的产生和加速身体的衰老。《素问·上古天真论》："上古之人，其知道者，法于阴阳，和于术数，食饮有节，起居有常，故能形与神俱，而尽终其天年，度百岁乃去。今时之人不然也，以酒为浆，以妄为常，不妄作劳，醉以入房，以欲竭其精，以耗散其真，不知持满，不时御神，务快其心，逆于生乐，起居无节，故半百而衰也。"从中可以看出，上古的人们，参加合理有节的社会生活，身体空间状态保持得好，疾病少，寿命长。但是，后来人们的社会生活发生了很大的变化，逐渐失去了节制，导致身体空间状态恶化，疾病频发且平均寿命缩短。这种思考与推演过程，如同现在的生存分析，从时间、空间、社会三个因素来建立生存函数，进而准确预测身体空间的状态和持续时间。若把《黄帝内经》中内含的身体空间模型和吉登斯的"时间—空间—社会"模型进行比较，会发现其实《黄帝内经》的模型应该是"时间—

身体空间—社会”辩证模型，而且是有机的整体。

被后来的社会学家们所津津乐道的梅洛·庞蒂“身体图式”的概念，主要是从身体出发，消解肉体和心灵之间的对立，“我在一种共有中拥有我的整个身体。我通过身体图式得知我的每一条肢体的位置，因为我的全部肢体都包含在身体图式中”（梅洛·庞蒂，2012），把两者统一在身体空间之中。在梅洛·庞蒂的世界中，身体空间内的各种器官在“身体图式”中表现出的是一种协调性和相互性。相对而言，《黄帝内经》则更具体，直接提出了经络学说，用经脉与穴位的方式描绘出具体的“身体图式”。《灵枢·脉度》说：“经脉为里，支而横者为络，络之别者为孙。”根据经络学说，人体空间内的主要经脉有十二经脉、十二经别、奇经八脉、十五络脉、十二经筋、十二皮部等。其中属于经脉方面的，以十二经脉为主，属于络脉方面的，以十五络脉为主。它们纵横交贯，遍布全身，将人体内外、脏腑、肢节联合成一个有机的整体。有了这些纵横交错的经络，“身体图式”就不再是抽象的概念，而是具体的可以用于诊治的图式。根据身体的经络穴位图，就可以根据身体的状况有针对性地实施医治与疗养，如石砭、银针、艾灸、按摩、火罐、中药等。经络学说是一种典型的网络思维，后来成为了社会治理思想以及社会网络理论的重要源头。《周礼·天官大宰》中就有“以经邦国”的提法。

继承与发展

中国古人很早就已经认识到了空间对社会以及个人发展的影响，在长期的社会实践中，逐渐形成了风水思想和理论体系。这是一种根植于东方文化土壤的社会空间理论，是一种包含地理环境、社会人文环境、空间环境以及个人身体空间的综合概念系统，是“天地人合一”思想在社会现实生活中的具体化，是起源于东方文化的最早的时空社会科学。这种学问又称“堪舆学”，或“青囊术”。由于这个学问越来越专业，逐渐出现了专门开展此项研究的专业人士，即“舆堪家”。《史记》中已出现“舆堪家”，这一专门从事空间分析和社会行为预测的专业工作者，一般都会有专门的工具，如罗盘等。这些专业人士如同现在掌握地理信息系统（GIS）方法、能够熟悉操作相关软硬件的空间分析师一样，通过空间方法来解决社会问题。古代的风水理论要解决的社会问题是多元的，大到影响国家社稷与大政方针的国都选址问题，小到个人前程的微观问题。据《诗经·大雅・公刘》记载，周先祖公刘约在公元前15世纪就应用风水原则对聚落与城址进行了选择："笃公刘，既溥既长，既景乃冈。相其阴阳，观其流泉，其军三单。度其隰原，彻田为粮。度其夕阳，豳居允荒。"可见，那时候的空间分析已经做得很细致深入，不仅是实地观察，而且还要实际度量与分析。

到了春秋时期，经济学家管仲深入研究了风水空间理论之后，提出了社会分析的基本原则。《管子・度地》记载了桓公问管仲的一段精彩对话，在回答桓公问题的过程中，管仲说："天子中而处，此谓因天之固，归地之利。内为之城，城外为之郭，郭外为之土阆，地高则沟之，下则堤之，命之曰金城。树以荆棘，上相穑著者，所以为固也。岁修增而毋已，时修增而毋已，福及孙子，此谓人命万世无穷之利，人君之葆守也。"可见，在管仲的思想体系中，空间分析和社会分析是密不可分的。空间及其具体位置的布局，要与社会结构中的角色和社会身份相匹配，才能使社会系统运转顺畅，整个社会才会稳定发展。根据这个逻辑，社会结构的分化就必然会体现空间分布和布局上的差异化，即所谓的"空间异质性"。在管仲看来，这种空间异质性不仅是社会发展的自然产物，也是社会结构的自然延伸，而且空间布局还会反过来影响社会系统的运作，对于社会以及社会中的个人具有重要的价值。这种社会价值在经济学家管仲看来，就是"人命万世无穷之利"，不仅体现在宏观社会上，还体现在微观个体上，不仅是眼前近期利益，还是具有深远意义的长期利益。

管仲的空间经济分析理论，也体现了风水空间理论的一般性特征。风水空间理论的空间布局分析是典型的空间静态模型，一旦选址和空间布局确定下来，那么空间结构在相当长时间内不会再出现显著改变，也就是在相当长时间内处于静止状态。但是，这样的静止空间状态如何对快速变化社会中的社会系统以及个人产生持久深远的影响，这个问题至今未获得解答。因为无法科学解答，因此，关于风水空间理论的推断，往往会陷入神秘主义的遐想。当然，风水空间理论中的这种空间结构会对社会系统产生"滞后"影响的思想，还是很超前的。空间计量发展到了今日，才有了"空间滞后"思想和概念，并且形成了比较稳定的空间滞后模型。这种现代空间滞后模型的最初思想就是时间上的滞后现象。时间上的滞后现象是时间序列过程中的常见现象，当期的行为不会马上就产生结果，而是需要到未来时期才会显露结果。这就是时间上的滞后效用。在模型建构中，滞后现象为解释变量对被解释变量的影响不可能在短时间内完成，在这一过程中通常存在时间滞后，也就是说，解释变量需要通过一段时间才能完全作用于被解释变量。在风水空间理论中，空间布局对于社会系统的影响会存在滞后效应，而社会系统又会反过来再影响空间布局，进而使得原先的空间布局被调整。这个过程中，空间和社会的互动都会出现滞后现象。若单纯从空间视角来看，就是“空间滞后”。所以，风水空间理论从短期来看是静态的，而从长期来看是动态的。

管仲的空间与社会经济互相结合的分析方法，成为之后长期以来中国空间分析的基本范式。在中国的历史上，很少单独分析地理空间的研究，而是把地理空间与社会、经济、人口、人文、风俗等结合起来进行综合分析。在中国历史上，《汉书·地理志》可谓开创了地理社会分析的先河，后世多继承之。它是中国历史上第一部体例完备、记载详细的官修地理类文献，后世正史中所载地理志者，皆始于此。全书贯穿着地理空间分析服务社会发展这一实用主义的思想，采用人文社会与自然地理并重的分析范式，打破了以前记录地理情况以山水为纲的传统，转而以政区疆域为界，记录和分析不同政区内的地理与社会人文情况，开“政区地理”之先。这种分析思路，一直延续至今。当前很多国家或地区的社会与空间分析，依然以行政区划为单位，社会空间分析的最终目标是发展行政区所属疆域的经济与社会。所以，《汉书·地理志》所体现的空间与社会综合性分析方法，对后世影响很大，不仅中国后世的正史《地理志》中大多采取了这种分析框架，连西方现代地理学的发展也不断加强了与社会科学的融合，甚至出现了空间整合社会科学的跨学科研究。唐朝玄奘的《大唐西域记》以及明代的《徐霞客游记》都采用了空间分析与社会分析相结合的方法，不仅记载了各地的地理形势、水陆交通、气候等传统的地理因素，还大量记载了语言、历史、政治、经济生活、宗教、文化、风俗习惯等社会、经济与人为因素，成为分析当时社会的重要文献。

这种空间与社会综合分析方法的集大成者，当属中国现代人文地理学奠基人胡焕庸。1935年，他在论文《中国人口之分布——附统计表与密度图》中，提出了著名的“胡焕庸线”。（胡焕庸，1935）这条以瑷珲—腾冲为界划分的线，把全国分为东南和西北两半壁，对中国经济布局、民政建设、交通发展、社会建设、人口管理等具有重大的参考价值。胡焕庸的研究基于两个重要的前提，其一是社会现象与资源在空间分布上具有异质性，其二是空间分析和社会分析不可分割。正如他自己所说，“过去研究中国人口问题者，大多偏重于纯粹数字之推求，绝少注意于地理背景，研究其分布之稀密者……今试以中国地形图、雨量图、与人口图作一比较，则三者之间，具有十分密切之关系”，实际上沿用了中国古代空间与社会分析思路，利用地形图（地）、雨量图（天）、人口图（人）三者合一的方法进行分析，即传统的“天地人合一”思想。但在实际分析过程中，他更多地采用了近代西方的地理学理论和方法，从人地关系的角度研究我国人口及农业问题，进而提出中国人口的地域分布以瑷珲—腾冲一线为界而划分为东南与西北两大基本差异区。“胡焕庸线”所反映的不仅是人口的空间分布差距，而且还是社会、经济等的空间分布差距。即便在今天，这种基本空间格局并没有发生显著的改变。

小　结

没有实证研究，社会时空思想就会停留在形而上的层面，对社会科学的发展与建设的作用是有限的。但是，一旦经过实证研究，社会时空思想就与现实中的社会紧密地联系起来，就可以建立经得起社会实践检验的社会理论，也能够更有效地指导具体的社会实践。当然，社会科学的实证研究思想的产生和发展有个过程，孔德、涂尔干和韦伯的实证思想对实证社会科学的发展有重要的影响。从时空社会学科的发展来看，社会时空的实证研究，有萌芽、发展和成熟的阶段。现在，相关的实证方法也越来越成熟，在社会科学中的应用也越来越广泛。在时空社会科学研究领域，当前的主流理论和方法都是来自西方的，但早在中国古代，人们就已经很重视这一领域了。无论是理论还是具体的实证方法，归根结底均统一于社会实践。东西方在长期的社会实践中，都逐渐形成了一些行之有效的实证方法。从时空社会科学的研究来看，这些实证思想和方法都具有重要的启示价值。

思考题

1. 孔德的实证主义思想对现在的实证性研究有何启示？
2. 涂尔干如何在其经典的研究中使用空间分析方法？
3. 齐美尔的“路”“桥”“门”都有何寓意？
4. 新韦伯主义在社会时空思想上有何特色？
5. 欧文·戈夫曼的“戏剧论”对于社会时空研究有何启示？
6. 计量地理学研究的优势和局限性为何？

7. 社会时空研究发展有哪些主要的阶段？
8. 如何理解《易经》中的社会时空思想？
9. 如何理解《黄帝内经》中的社会时空思想？
10. 社会时空研究与风水学有何异同？

参考文献

[1] ANSELIN L. Spatial Econometrics: Methods and Models [M]. Springer, 1988.
[2] ANSELIN L. Thirty Years of Spatial Econometrics [M]. Papers in Regional Science, 2010, 89(1): 3-25.
[3] BERRY B J L, MARBLE D F. Spatial analysis: A reader in statistical geography [M]. Prentice-Hall, 1968.
[4] CLIFF A, Ord J. Spatial Process: Methods and Applications [M]. Pion Ltd, 1981.
[5] CLIFF A, Ord K. Testing for Spatial Autocorrelation Among Regression Residuals [M]. Geographical Analysis, 2010, 4(3): 267-284.
[6] CLIFF A D, Ord J K. Spatial Autocorrelation [M]. Pion Ltd, 1973.
[7] CLIFF A D, Ord K. Spatial autocorrelation: a review of existing and new measures with applications [J]. Economic Geography, 1970, 46(S1): 269-292.
[8] DOREIAN P. Linear Models with Spatially Distributed Data Spatial Disturbances or Spatial Effects? [J]. Sociological Methods & Research, 1980, 9(1): 29-60.
[9] DOREIAN P. Estimating Linear Models with Spatially Distributed Data. In S. Leinhardt (Ed.), Sociological Methodology (pp. 359-388) [M]. Jossey-Bass , 1981.
[10] FRIEDMANN J. Regional Development Policy: A Case Study of Venezuela [M]. MIT Press, 1966.
[11] GIDDENS, A. The Constitution of Society: Outline of the Theory of Structuration [J]. Polity Press, 1984.
[12] GIRRYN T F. Boundary-Work and the Demarcation of Science from Non-Science: Strains and Interests in Professional Ideologies of Scientists [J]. American Sociological Review, 1983, 48(6): 781-795.
[13] GIERYN T F. A Space for Place in Sociology [J]. Annual Review of Sociology, 2000, 26(1): 463-496.

[14] GOODCHILD M, ANSELIN L, APPELBAUM R, et al. Toward spatially integrated social science [J] . International Regional Science Review, 2000, 23: 139-159.
[15] GOTTDIENER M. New Urban Sociology [M] . McGraw-Hill, 1994.
[16] GRANOVETTER M. S. The Strength of Weak Ties [J] . American Journal of Sociology, 1973, 78(6): 1360-1380.
[17] GU, J. What drives SMEs to adopt e-commerce? The joint role of testosterone and absorptive capacity [J] . Asia Pacific Journal of Marketing and Logistics, 2023, 35(1): 90-107.
[18] HARVEY, D. Rebel Cities: From the right to the city to the urban revolution [M] . Verso, 2013.
[19] KRUGMAN, P. Increasing Returns and Economic Geography [J] . The Journal of Political Economy, 1991, 99(3): 483-499.
[20] LAND K, DEANE G. On the large-sample estimation of regression models with spatial or network-effect terms: A two stage least squares approach. In M. P (Ed.), Sociological methodology [M] . Jossey-Bass, 1992.
[21] MURRAY, A T. Quantitative Geography [J] . Journal of Regional Science, 1981, 50(1): 143-163.
[22] Ord, K. Estimation Methods for Models of Spatial Interaction [M] . Journal of the American Statistical Association, 1975, 70(349): 120-126.
[23] PAHL R. Whose City? And Further Essays On Urban Society [M] . Penguin, 1975.
[24] PETER Haggett. The Local Shape of Revolution: Reflections on Quantitative Geography at Cambridge in the 1950s and 1960s [M] . Geographical Analysis, 2008.
[25] REX J, Moore, R. Race, Community and Conflict: Study of Sparkbrook [M] . Oxford University Press, 1969.
[26] SAUNDERS P. Social Theory and the Urban Question [M] . Routledge, Trans. 1986.
[27] SCHAEFER F K. Exceptionalism in Geography: A Methodological Examination [J] . Annals of the Association of American Geographers, 1953, 43(3): 226-249.
[28] SMITH N. Neo-Critical Geography, Or, The Flat Pluralist World of Business Class [J] . Antipode, 2010, 37(5): 887-899.
[29] TOBLER W. R. A Computer Movie Simulating Urban Growth in the Detroit Region [J] . Economic Geography, 1970, 46: 234-240.
[30] URRY J. The Sociology of Space and Place. In J. R. Blau (Ed.), The Blackwell Companion to Sociology [M] . Blackwell Publishing, 2004.

［31］WALTON J. Urban Sociology: The Contribution and Limits of Political Economy［J］. Annual Review of Sociology, 1993, 19(1): 301-320.
［32］帕森斯 . 社会行动的结构［M］. 张明德，夏遇安，彭刚，译 . 南京：译林出版社，2003.
［33］孔德 . 论实证精神［M］. 黄建华，译 . 南京：译林出版社，2011.
［34］梅洛 · 庞蒂 . 知觉现象学［M］. 姜志辉，译 . 北京：商务印书馆，2012.
［35］戈夫曼 . 日常生活中的自我呈现［M］. 黄爱华，冯钢，译 . 杭州：浙江人民出版社，1989.
［36］涂尔干 . 宗教生活的基本形式［M］. 渠东，汲喆，译 . 上海：上海人民出版社，1999.
［37］涂尔干 . 自杀论［M］. 冯韵，译 . 北京：商务印书馆，2008.
［38］爱德华 · W. 苏贾 . 后现代地理学［M］. 王文斌，译 . 南京：商务印书馆，2004.
［39］帕克，伯吉斯 . 城市［M］. 杭苏红，译 . 北京：商务印书馆，2019.
［40］胡焕庸 . 中国人口之分布——附统计表与密度图［J］. 地理学报，1935，2(2): 33-74.
［41］菲利普 · 韦格纳朱利安 · 沃尔弗雷斯 . 空间批评：批评的地理、空间、场所与文本性［J］. 张琼，张冲，译 . 21 世纪批评述介，2009.
［42］齐美尔 . 桥与门：齐美尔随笔集［M］. 涯鸿，宇声，译 . 上海：上海三联书店，1991.

第四章

时空社会科学的建构

理论的建构，不仅来自前期的研究和积累，更来自社会实践。时空社会科学的研究是建立在认识社会时空系统的基础上的。从社会空间到社会时空仅一字之差，但含义相距甚远。要系统地认识社会时空及其运行规律，就需要建立起时空社会科学的理论体系。这是一项宏伟的工程，已经吸引了不少研究者为之不懈努力。在开展时空社会科学研究上，不仅需要锲而不舍的精神，而且需要掌握相关的方法。在时空社会科学理论体系的建构上，既要立足本土，从局部层面剖析本地社会时空的运行规律也要放眼世界，进行全局层面上的建构。在理论发展上，既要借鉴西方理论与研究成果，又要走出西方话语体系，吸收东方在社会时空上的思想和研究，促进东方与西方社会时空理论展开对话，并最终建立中西方融合、古今融合的时空社会科学理论。

第一节 社会时空系统

社会时空是一个包含时间、空间和社会的动态系统。这不是一个西方的概念，在中国古代就有这样的思想。孙子兵法强调“天时、地利、人和”，其实就是时间、空间和社会协调整合的意思。在宋代，陆九渊在《三五以变错综其数》中提到的“天地人为三才”思想，包含时间、空间和社会这三个维度。但是，对于社会时空系统的统计规律的发现和检验，主要源自西方，尤其是现代统计学和地理学发展起来以后，西方兴起了对社会时空的实证研究。这些研究，对于认识和揭示社会时空系统的运行规律，提供了重要的启示。

一 社会空间释义

在社会时空系统中，空间和时间都具有社会性，即所谓的社会空间和社会时间。社会实践就是在特定的社会空间和社会时间中的特定人群的社会活动。在社会时空系统中，假设社会时间是给定的，那么这个社会时空系统就可以简化为社会空间。对于社会空间及其生产，列斐伏尔有过很多的阐述（Lefebvre, 1992）。然而，罗伯·希尔兹认为，就空间的本质而言，人们在历史上一直未能达成共识，因而也无法彻底形成一个最终的、明确的哲学立场和地图制作方法（Shields, 2013）。列斐伏尔的社会空间概念也受到了一些批评。比如，苏贾认为，社会空间这一术语，因具有多重并且常常互相矛盾的含义，已变得模糊不清（Soja, 2008）。但是，从社会时空的角度上来看，社会空间其实是社会时空系统中的一个截面，是个静态的概念。这个社会空间是由社会场景和社会活动的观测点及观测点之间的互动与联系构成的。社会时空的简单图示，可以通过图 4–1 来呈现。

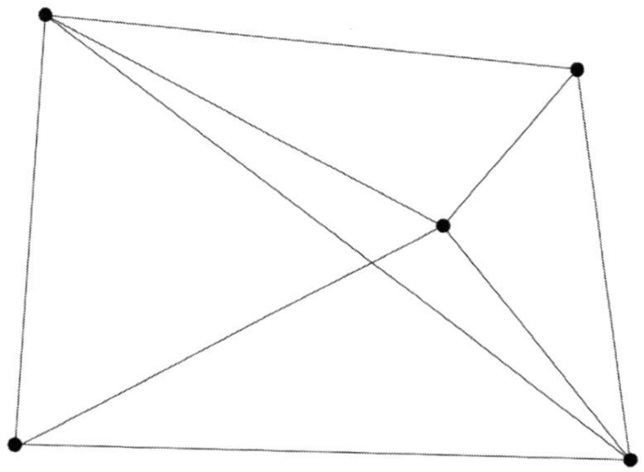

图 4–1　社会空间的图形表达

如图 4–1，在一个社会场景中，有五个社会活动的观测点。这些观测点之间并非互相独立，而是彼此之间存在着关联和互相依赖。这是一个平面上的点与线所共同构成的一个社会空间。这个社会空间的基本特点就是点与点之间互相关联，即存在空间自相关性。同时，点在空间上的分布并非是均衡的，而是不均衡的。维特根斯坦认为，世界是事实的总体，而不是事物的总体（路德维希·维特根斯坦，2021）。事物与事实的区别，颇为微妙。事物就是存在的实体，如图 4–1 中的点。事实就是特定时空中特定事物之间发生的事件或关系，如图 4–1 中的点和线所构成的总体。也就是说，事实一定是基于某个场景所发生的真实事件或者所存在着的真实关系。具体而言，这样的场景在社会系统中就是定格在特定时间上的某个社会空间。

这是一个非常简单的社会空间示意图，但却包含了社会空间的重要要素。两个点之间的联系既是一种链接，也是构成区分边界的界线。对此，齐美尔曾表述为一方给另一方设立界限（Simmel, 2009）。此外，图 4–1 上的点其实就是齐美尔的固定点的概念，而里面的有个点的位置最特殊，连接着四个角上的四个点，是齐美尔的枢纽的概念。这些点之间的距离有远有近，出现了齐美尔的毗邻的概念。可见，图 4–1 在一定程度上体现了齐美尔所提出的社会几何学思想（Simmel, 2009）。而且，不同的连线其实是把空间划分为很多块更小的空间。正如涂尔干所指出的那样，空间如果像时间一样没有被划分，没有被区别对待，那么空间就不会是它本来的样子（Durkheim, 2018）。连接线既象征着不同观测点之间的关联，又象征着空间的被划分与被分割。这就是社会空间的基本特征和存在形式。

当然，这里的空间也可能是非物理空间，如语境论（contextualism）中的语境（Kraus et al., 2010）。简而言之，语境就是人与人语言交流过程中所处的场景。不同的语境规定了不同类型和方式的交流境界与边界。同一个词语，在不同语境中的意思有可能是不同的。从社会时空的角度来看，语境就是特定的社会时空。这种思想其实在康德的经验空间中早已有之（Flikschuh, 2018）。语境论中的语境，与欧文·戈夫曼提出的“戏剧论（Dramaturgy）”中的舞台其实是一样的（欧文·戈夫曼，1989），都是事实赖以存在的特定空间。移除这些空间，就无所谓事实，因为事物和事件都不复存在。所以，图 4–1 看似简单，其实蕴含着丰富的内涵。

动态社会空间

在一个静态的场景中，这里的观测点都是固定不变的，其位置不会随着时间的变化而改变。例如，以中国 31 个省级行政区作为研究对象和空间单位（spatial units），那么这 31 个省的观测点的位置是不会随着时间的变化而变化的。虽然观测点的空间位置不会变化，但观测点上的具体观测会随着时间的变化而变化，比如省的 GDP、人口数、物价水平、专利等，这些数据一般会随着时间的变化而改变。所以，即便观测点的空间位置没有发生变化，但具体的观测值随着时间发生了变化，那么社会空间其实也在随着时间的变化而变化，即社会空间是动态的，而不再是静态的。这种空间结构关系，可以用图 4–2 来展现。在图 4–2 中，当时间从当期（$t=1$）变成下一期（$t=2$）时，观测点的数量和位置都没有发生变化，观测点之间的关系也没有发生变化。所以，这是一个平衡的空间面板数据。平衡的空间面板数据是在一段时间内对空间单元进行追踪调查所得到的，即在不同的时间点上观测到的空间单元都是一样的，这意味着空间单元必须可以被重复观测，而且在不同的时间点上都必须有具体的观测值。

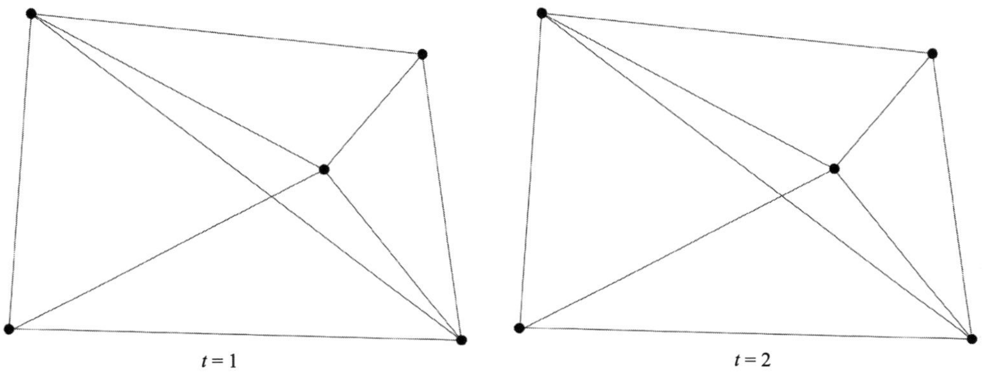

图 4–2　不会时变的空间结构

虽然称之为动态社会空间，但其实是一种社会空间的比较静态分析。这是社会空间的一种比较简单的动态过程，却也是迄今为止的空间计量模型所能估计的社会空间的主要运行过程。观测点之间的这种空间结构，通过空间权重矩阵来体现。在平衡的空间面板数据进行建模和估计过程中，所采用的空间权重矩阵都是固定不变的，即当期（$t = 1$）和下一期（$t = 2$）的空间权重矩阵都是一样的。在技术上，从横截面的空间权重矩阵扩展到面板数据的空间权重矩阵，一般采用克罗内克（Kronecker）积的方法来实现。当横截面的空间权重矩阵与时间期数阶的单位矩阵通过克罗内克积进行矩阵拓展以适合空间面板数据时，不同时期的横截面的空间权重矩阵都是一样的，都是最初的那个横截面的空间权重矩阵。

但是，在现实的社会时空系统中，不同时间点的空间权重矩阵往往是不同的，是会随着时间的变化而变化的。这种随时间变化而变化的社会空间，最基本的一种形态就是观测单位的位置并不随时间变化而变化，而是观测单位之间的关系随着时间的变化而发生变化。图 4–2 刻画了这种基本形态。在图 4–2 中，不同时期的观测单位的数量和位置都没有发生变化，变化的是观测单位之间的关系。一个典型的例子，如果以各省之间的贸易衡量省与省之间的经济联系，那么不同年份的省际贸易会有所不同，因此，虽然各省的地理位置并不会改变，但是，省与省之间的经济联系会因为不同的年份而有所变化。在实证研究中，需要用时变空间权重矩阵（time-varying spatial weight matrix）来进行估计（Qu et al., 2017）。也就是说，时变空间权重矩阵中的权重包含了空间单位的空间位置信息和时间信息的函数。

要开展此类社会空间的动态分析，就需要建构时变空间权重矩阵。常用的时变空间权重矩阵建构方法，就是在传统的空间权重矩阵构建方法的基础上，引入时序数据，通过结合相关分析、时间序列分析等方法，将时间作为维度与空间相关数据联结起来，最终建构一个结合时间序列的时变空间权重矩阵（Wang & Yu, 2015），如图 4–3 所示。另外，时变空间权重矩阵还有一些其他的可供使用的构建方法，如基于统计建模和机器学习等方法而建立空间关系模型（Kopczewska, 2023），通过该模型预测而生成时变空间权重矩阵。虽然这些方法还处于探索阶段，尚未形成主流的做法，但这些方法的引入和发展，无疑可以更加精准地描述空间关系的变化规律，对于推动社会空间的动态分析具有重要的作用。因此，这将是社会时空领域中未来一个重要的研究方向。

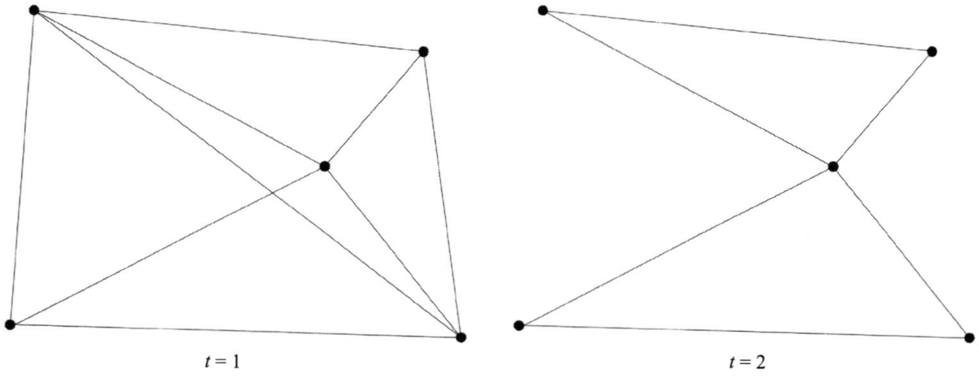

图 4–3　时变的空间结构

空间面板数据可能是平衡的，也可能是不平衡的，即不同时间点上的观测点是变化的。当空间单位随着时间的变化而发生增加或减少的情形时，就会产生不平衡的空间面板数据。对于不平衡的空间面板数据的处理，需要用到时变空间权重矩阵。比如，随着人口出生率的下降，一些地区对中小学实施“关停并转”，导致教育监测数据在某些学校因为这些学校的消失而终止。此外，在上市公司研究中，也经常遇到类似的情形。一些上市公司因为各种原因退市，导致观测点的消失；但同时又有一些新公司上市，因此会新增一些观测点。这种社会空间的变化过程，可以通过图 4–4 来显示。

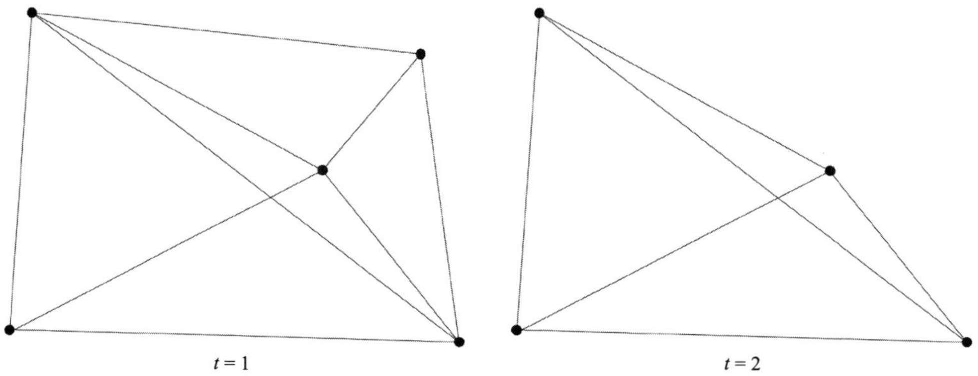

图 4–4　时变且不平衡的空间结构

图 4–4 仅演示了观测点减少的情形，反过来就是观测点增加的情形。从建构时变空间权重矩阵的角度来看，这两种情形是一样的，都是需要基于不平衡的空间面板数据来建构空间权重矩阵。在现实的世界中，这种变化随处可见。例如，社会空间的流变与折叠在现代社会中时刻都在发生（Giddens, 1984）。但是在实证模型中，要建构能够体现这种变化的时变空间权重矩阵，目前还是个挑战。

在现实社会中，观测点可以是移动的。比如，以家庭为观测点，随着人口迁移，家庭就会从一个地方搬到另一个地方，此时的观测点的位置就会发生变化。而且，随着观测点位置的变化，观测点之间的关系也在发生着变化。即便观测点位置不变化，观测点之间的关系却是时刻都在变化着的。例如，在医学上，动态空间模型被用来模拟人脑的运行机制。但是，人脑的神经元活动是动态变化的，各区域的关联性也会随着距离的增加而动态递减。这就需要更为高级的时变空间权重矩阵，这方面的发展令人瞩目（Gasperoni et al., 2023; Mejia et al., 2020）。

社会时空系统

在社会空间的基础上加入时间，就是动态变化着的社会时空系统。但是，这个过程不是简单加上个时间维度而已。20 世纪七八十年代，有个隆德时间地理学方法（Lund time geography approach），即所谓的隆德学派（Lund school），曾经尝试建立社会时空系统模型（Hägerstrand, 1970）。例如，隆德学派试图通过时间上的共同位置、空间上的共同位置以及时空动态地图上的位置来展现社会时空系统（Parkes & Thrift, 1980）。隆德学派关于时间、空间和人的关系的探讨，具有一定的启发性。但是，该学派过于强调地理空间，忽视了社会时空系统中非物理空间的影响，因此很难摆脱地理学固有的思维束缚。当时提出来的时空棱柱（space-time prisms）概念（Lenntorp, 1976），却持续影响着后来学者对社会时空系统的探究。当时的一个基本思路是从区位、时间和活动这三个维度来建构社会时空系统的分析框架，形成一个由时间、区位和活动的立体矩阵（Bullock et al., 1974）。毫无疑问，这些早期的探索为社会时空系统的研究提供了基础和启发。

从社会时空系统的运行来看，在特定时间点上的社会空间，会随着时间的变化而变化，观测点的位置、数量以及观测点之间的关系都会随着时间的变化而变化，是个持续变化着的动态系统。从静态的社会空间到动态的社会时空，这个过程类似于动画片的制作过程。特定时间上的社会空间如同动画片中的静态图片。沿着时间先后的顺序对这些静态图片进行重组和连续播放，就会产生动态效果，形成活灵活现的动画片。这个过程，可以通过图 4–5 来演示。

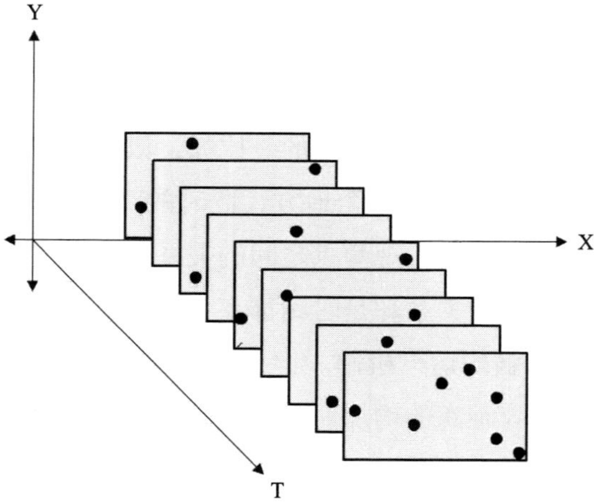

图 4–5 动态社会时空系统

在图 4–5 中，特定时间点的社会空间如同静态图片而存在着。随着时间点向前变化，每个时间点都有这样的社会空间。当时间点与时间点的时间差越来越短时，单个时间点上的社会空间就会整合成一个动态变化着的社会时空系统。

在图 4–5 中，不同时间点上不仅观测点的位置会发生变化，而且观测点的数量也会发生变化。因此，与这类社会时空系统对应所产生的数据就是混合起来的横截面数据，这是非平衡空间面板数据。对于非平衡空间面板数据的建模和估计，就需要用到时变空间权重矩阵。但是，在现实的世界中，社会时空系统的运行远比图 4–5 所示的要复杂。即便是混合时空面板数据模型也无法有效捕获社会时空的运行轨迹。在这种情况下，需要通过结合大数据、人工智能、大模型算法等，开展更为复杂的时空社会科学研究。

第二节　时空社会科学体系

其实世界上并没有时空社会科学这个东西，只是为了方便交流，勉强贴个标签，称之为时空社会科学。显然，根据学科体系分类的话，时空社会科学不属于任何一个一级学科，但是，在每一个一级学科中，都有时空分析及其应用，都可以看到时空社会科学的影子。如果要勉强使之归类，那么，时空社会科学就是跨学科的一门学科。这显然是一种很无奈的归类，因为跨学科本身就是一个比较难界定的概念。不过，时空社会科学的确具有明显的跨学科性质，因为所有学科都涉及时间、空间和研究对象。任何存在都是在特定时空下的存在，因此，各个学科所研究的内容其实都可以成为时空社会科学所涵盖的内容。

理论框架

时空社会科学的一个重要基础是拓扑学。这是因为拓扑学和社会时空有着天然的内在联系。在古希腊语中，topos 就是地方、区域、空间的意思。英国人托马斯·莫尔就是把希腊文 ou 和 topos 合并在一起，造了“乌托邦”这个词，意思就是不存在的地方，即乌有之乡。在时空社会科学中，理论与逻辑的起点都是处所，这是一个兼具空间和时间的社会性概念，是特定时空中的活动场所。时空社会科学研究的目的就是揭示处于时空之中的社会的运行规律。因此，把拓扑学和社会运行进行有机结合，就能够建构起时空社会科学的理论体系，就能够解释时间、空间和社会之间的关系和社会时空系统的运行规律。这个理论体系呈现在图 4–6。

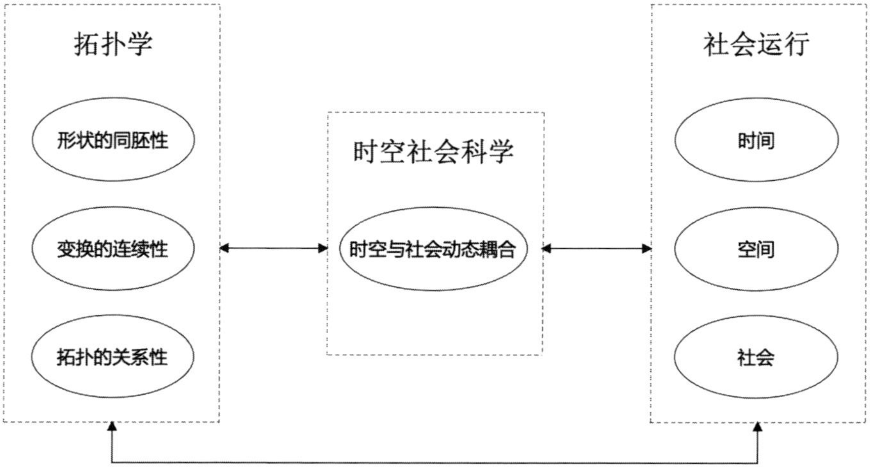

图 4-6 时空社会科学理论框架

在拓扑学中，折叠、桥梁和迷宫都有着重要的寓意，代表着不同的形态结构，是常见的拓扑原型。在此基础上，法国数学家勒内·托姆（René Thom）曾经确立了七种基本的空间拓扑类型（Thom, 1975）。这些类型通过突变可以进一步细分。七种最基本的突变类型是：折叠型、尖点型、燕尾型、蝴蝶型、双曲型、椭圆型、抛物型。勒内·托姆的代表作《结构稳定性与形态发生学》，是一部非常值得反复研读的书。例如，在这部书中，作者反复探讨空间—时间场和生化场之间的关系。虽然作者探讨的对象是生物学、植物学等自然领域中的事物，但同样可以适用于社会科学的研究。勒内·托姆的拓扑原型包括存在、终结、开始、变化、捕捉、释放、发出、异化、未成功、发射、排斥、跨越、摇摆、产生、推、扔、侵占、联结和切断（Demers, 2010），这些也都是社会时空系统运行过程中常见的基本动作。

但是，社会运行并不总是突变，而是量变与质变的结合。勒内·托姆的突变理论（Catastrophe theory）只是刻画了社会时空系统运行的一个侧面，是一种局部性规律的描述，而不是总体性规律的揭示。在社会时空系统运行的过程中，既有突变，也有渐变，两者是相辅相成的。即便在社会时空的突变过程中，也会因为空间邻近权重矩阵的不同以及事件变化速率的不同而产生不同的结果。例如，在研究突发性事件时，可以通过相关事件的邻近矩阵计算事件链的互动矩阵。在此基础上，估计邻近矩阵的拓扑结构对互动矩阵的影响，进而预测相关事件发生的概率（Mignan, Wang, 2020）。在时空社会系统中，邻近矩阵的拓扑结构是多种多样的。由于拓扑结构的定义不同，导致拓扑结构对事件链互动矩阵的影响也不同，如产生突变或者渐变。可见，时空社会科学理论包含突变理论，也包括渐变在内的其他理论。

拓扑学

当代哲学社会科学出现了两大明显的趋势：时空转向的趋势和拓扑转向的趋势。这两股趋势并不是彼此独立的，而是相辅相成的，是彼此存在着内在的关联的。从某种意义上来说，这两股趋势是一股潮流，都是对传统研究范式的一种挑战。拓扑学中的同胚性、连续性和关系性，对于时空社会科学具有重要的启示意义，在客观上促成了时空转向和拓扑转向的合流。拓扑学是最常用的空间构造，它在正式的空间信息理论和系统与人类空间认知和思维之间架起了一座桥梁（Klippel, 2012）。正如罗伯·希尔兹所指出的那样，当我们将拓扑分析用于文化对象而不是数学对象时，它能让我们对所有形态关系的本质进行严谨、大胆而又谦虚地考察，这是因为这个体系不再假设一致性（Shields, 2010）。在时空社会科学中，拓扑分析是社会时空分析的重要构成。

拓扑学强调形状的同胚性（homeomorphism）。所谓同胚性，简而言之，就是两个空间的等价关系。在社会时空中，不同时间点的社会空间会随着时间点的变化而产生拉伸、挤压、弯曲等变化。但是，无论这些社会空间如何变化，其内部的结构都可以保持不变。可见，拓扑学中的同胚性，可以有效解释动态变化着的社会空间的运行规律。例如，在《西游记》中，孙悟空拥有七十二变的能力。但是，无论孙悟空变成什么东西，杨戬都能看出是孙悟空变的。这个故事就是关于同胚性概念的一个形象描述。在时空社会科学研究中，拓扑学的这种同胚性有助于揭示不同时间点上的社会空间之间的相似性和差异性，进而可以深入探究社会时空的性质、特征、拓扑结构和运行规律。社会空间具有多样性和多变性的特征，而推动社会空间多变的一个重要驱动力就是社会生产，即列斐伏尔所强调的社会空间的生产与再生产的过程（Lefebvre, 1992）。同胚性为深入解剖社会空间的生产与再生产过程提供了重要的指引。

与同胚性相对应的概念是拓扑学中的连续性。在社会时空系统中，社会空间随着时间的变化而产生连续变化，但其基本形态却保持不变，这就是所谓的社会空间的变形。在社会空间的变化过程中，会出现压缩和重叠，甚至是断裂（安东尼·吉登斯，1998），但是，社会空间的基本形态并不会随着这些变换而发生质变。显然，拓扑学的这种“变换的连续性”（Massumi, 2002），为时空社会科研的研究提供了重要的启示，也与社会时空系统的运行有很强的内在一致性。在时空社会科学之中，还有一个很重要的概念是社会时间。社会时间是总社会现象在运动中所呈现出来的收敛或发散的时间（Gurvitch, 1964）。虽然社会时间不是连续的，而是被关键日期打断的（Sorokin, 1937），但是，从更长的时间尺度上来看，所谓的关键日期其实也不过是漫长时间长河中微不足道的存在，是沧海一粟而已。因此，社会时间从总体上来看，依然是连续的。其实，无数的不连续，也构成了一种连续。在这种情况下，社会时空系统的运行同样会遵循“变换的连续性”这一原则，在变与不变中存在着和发展着。

拓扑的关系性对于时空社会科学的影响更为直接。拓扑关系是指图形元素之间的空间连接和邻接关系，与具体位置无关。在时空社会科学研究中，基于非地理空间关系所建构的空间权重矩阵，所刻画的都是拓扑关系，而不是物理空间位置的关系。从拓扑关系中产生的“邻域”概念，就是时空社会科学的核心概念。所谓的地理学第一定理，强调的就是“邻域”的重要性（Tobler, 1970）。在时变空间权重矩阵的建构过程中，“邻域”并不是固定不变的，而是会随着时间点的变化而变化（Qu et al., 2017）。时空社会科学研究中的空间权重矩阵，刻画的是邻域之间的空间关系，就是拓扑学中“流形”的概念。在社会时空系统运行过程中，通过时变空间权重矩阵所刻画的流行，就是拓扑学中所谓的“连续的关系面”（Lury et al., 2012）或“涌现的关系域”（Manning, 2009）。事实上，无论是拓扑学还是时空社会科学，都只不过是就某种标签而言，都是用来探究“道”的工具而已。

社会运行

社会时空系统的运行过程是多层次的，因此，对这一系统的分析也是多层次的，可以从全局和局部的层次来分析，也可以从总体和个体的层次来分析。但是，无论基于何种层次，社会时空系统都包括时间、空间和社会这三个基本构成。否则就会出现“巡警悖论”（Skirbekk, Gilje, 2001）。在对于个体的日常生活行为分析中，时空棱柱是一种常用的分析方法。时空棱柱是一种具有特殊形状的物体，一般由六个平行四边形和八个三角形组成，可以用来表示四维空间中的物体。在时间地理学中，时空棱柱应用于社会中个人的日常行为及其行动轨迹分析之中，对于刻画个人行动具有一定的价值。但是，这种方法的局限性也是显而易见的。这是一种局部微观分析方法，很难把握住社会时空系统的总体运行规律。因此，自从这种方法被提出以来，对于该方法的完善和改进从未停止过（Kuijpers et al., 2017）。

虽然时空棱柱擅长分析微观个体行为，但是，这种方法还无法分析现实世界中的“绒毛性”。所谓“绒毛性”，就是日常流行中额外的微观维度（Shields, 2010）。在社会时空系统的研究中，空间尺度的大小直接决定了所能研究的对象的范围。要探究社会时空系统中的“绒毛性”，就需要把空间尺度不断地调低，直到进入极其细微的社会时空之中。当无数的“绒毛”构成了毛球时，就会出现拓扑学中的毛球定理（hairy ball theorem），这是霍普夫·庞加莱（Hopf-Poincare）定理的一个非常简单的特例（Mc Grath, 2016）。这些为探究社会时空系统的运行规律提供了重要的视角。当然，社会时空系统的运行是复杂的，高维空间与低维空间之间的关系也是微妙的。在这种情况下，拓扑分析的相关方法，有助于揭开社会时空系统的运行规律。

随着交通通信技术的持续改进和突破，社会时空变化的速度越来越快，社会时空压缩（compression of time and space）日趋明显（David, 1999）。在《全球转变：经济活动的国际化》一书中，作者曾引用一张倒圆锥体图形象地刻画了人类从1500年到1980年时空压缩的情形（Dicken, 1992）。伴随着时空压缩的是社会交往与行为模型的改变。其实，社会时空压缩与扩散是同时进行的，这是社会时空运行的辩证法。于是，对社会时空压缩程度的测量，就成为时空社会科学研究的一个重要内容。一个简单的测量就是采用杯子溢出水的原理来进行。比如一个塑料杯装满了水，用外力挤压这只塑料杯，导致杯中水溢了出来。那么就可以通过测量溢出水的多少来衡量这只塑料杯被压缩的程度。这个原理与曹冲称象类似。这种原理可以应用于高铁开通之后对社会时空的压缩程度（Gu, 2023）。这些例子表明，社会时空系统是个动态的复杂系统，需要采用多层次、多维度的时空分析的方法来开展系统性的研究。

动态耦合

1959年5月28日，华罗庚在《人民日报》上发表题为《大哉数学之为用》

的文章，指出宇宙中的四维空间的概念，宇是东西、南北、上下三维扩展的空间，而宙是一维的时间。这种思维空间的一个特点就是时空耦合（spatiotemporal coupling），是一种动态的时空关联性（Fei et al., 2021）。从社会时空系统来看，时空耦合是指特定社会空间随时间的变化过程，以及这一变化过程的产物。在社会时空系统的运行过程中，时空耦合的过程也是社会时空演变的过程。离开了社会时空的演化，一切都将归于寂静的稳态。正因为社会时空是时刻演化着的，所以现实中这个流体的世界才如此的色彩斑斓、波澜壮阔。在人类社会中，时空耦合其实就是时空与社会的耦合。时空因为有了人类的足迹，而具有了社会性，产生了社会时空。

但是，时空耦合的过程是复杂多变的，并不是可以轻而易举揭示其运行的规律的。在时空耦合的过程中，还有各式各样的裂变。在社会时空系统的运行过程中，耦合和裂变是同时进行的，也是如影相随的。这是两个相反的过程，但在社会时空中却是相辅相成的，他们共同推动了社会时空系统的运行和演进。时空裂变的一个后果就是导致所谓的时空分离，而时空分离又引发了“脱域”。吉登斯所谓的“脱域”，其实就是社会时空裂变的结果（安东尼・吉登斯，2000）。但即便是“脱域”，也不是说完全离开现有的社会时空，因为在“脱域”的过程中，时空耦合会产生反“脱域”的力量，使得“脱域”之后还可以重新回归到原来的社会时空之中。在时空耦合力量的牵引下，时空分离所造成的“虚化”和“缺场”会被很快填补。可见，时空耦合力量就是社会时空系统中的万有引力。在时空耦合力量的引导下，社会时空系统内部的组成在各自的轨道有序运行，进而确保社会时空系统不至于解体。

在社会时空的动力系统之中，时空耦合和时空裂变是对立统一的。在更为广阔的社会时空耦合力量的牵引之后，社会关系会从有限的地方性场景中，通过时空裂变剥离出来，跨越广阔的时间和空间距离重新组织新的社会关系，进而形成一个更为广阔的社会时空。时空社会科学就需要能够解释这种动态过程，并及时捕获其中的运行规律。当然，不同的思想流派会提出不同的解释，可能会产生不同的范式。不过，不同流派之间的争鸣，对于推动时空社会科学整体的发展是有利的。事实上，在时空社会科学的研究上，已经呈现出跨越学科传统边界的百家争鸣的格局。从某种意义上来说，这是学术界社会时空的一种耦合。

第三节 时空社会科学研究

开展时空社会科学的研究，是一项具有使命感的任务。时空社会科学因其宏大的叙事风格，往往让研究者望而却步。但是，时空社会科学所散发的探索未知的魅力，会吸引有志于"为天地立心，为生民立命，为往圣继绝学，为万世开太平"的研究者前赴后继、乐此不疲。对于时间与空间，虽然人类从诞生时就已经开始思考，但是，至今还有太多未知的东西。奥古斯丁（S. A. Augustinus）在其《忏悔录》中说："那么时间到底是什么呢？没有人问我时，我倒是很清楚，可一旦有人问我，而我又想说明时，就茫然不知了。"研究者在开展时空社会科学研究的过程中，也会遭遇类似的情境。但是，对于社会时空的茫然无知，反而会成为勇敢的研究者往前探索的指引和内驱力。

一、研究目的

时空社会科学研究的目的是什么？这是一个根本性的问题。爱因斯坦曾说过，为使普通人的生活更加美好是科学研究的主要目的。当你在思考图标和方程时，永远不要忘记这一点。这个宗旨与北宋时张载的《横渠四句》所透露的信息是一致的。同样地，时空社会科学研究的主要目的就是使普通人的生活过得更美好。在这个目标的指引下，时空社会科学研究就是通过对时间、空间和社会的整合性研究来找寻能切实提高普通人生活条件和质量的具体方案。与此直接相关的一个课题就是时空正义（justice in space and time）。时空正义问题是指由于时空等客观因素所导致的社会、环境、资源等方面不平等的现象，这就出现了时空非正义或时空不正义（Marrani, 2017）。这些问题涉及社会公正、环境保护、资源分配等方面，因此，需要通过时空社会科学的研究来尽可能减少这种时空非正义，最终实现时空正义。

没有超越时空、独立于时空之外而存在的正义。正义是在特定时空下而存在着的。在《正义论》中，精辟的论断都指向时空（Rawls, 1972）。虽然时空正义可以分成时间正义和空间正义，但是，时空正义是时间性和空间性辩证统一的产物，是社会时空中的正义。关于时空正义的研究，属于规范性研究。但是，这种规范性研究往往具有很强的价值导向。机会公平是社会正义的一个重要体现。所谓的机会公平，就是在特定社会时空中的个体拥有平等的机会。因此，个体机会公平是社会时空系统运行的一个重要方向。当个体机会存在明显的不公平时，就需要对社会时空系统进行完善和挑战，使其在运行过程中能够倾向于减少机会不公平而最终实现个体的机会公平。为什么要去实现这样的目标？因为这会使普通人的生活更加美好。如何让社会时空系统实现这个目标？这是一个规范性研究。

规范性研究主要解决对和错的问题，并且有着自己的价值判断。看似简单的问题，往往并不简单。不同的人对于同一个事物对错的判断，往往是不同的。即便是同一个人，在不同的时间点和不同的空间中，对于同一事物的对错判断也往往不同。也就是说，个人或社会的对错判断会因为其所处的特定的社会时空不同而有所不同。这样一来，就会出现多元价值判断。当然，在研究上，也有办法处理这类问题。一个常用的办法就是调整社会时空的尺度。此外，还可以把社会时空进行分割，形成更细小的社会时空。这些操作的结果，使得同一个社会时空系统中的成员基本上拥有相似的价值判断。尽管价值判断是多元的，但总会有一些普世的、被多数人所追求的价值，比如时空正义。尽管不同的人对时空正义的理解和界定会有所不同，但这并不影响研究者对时空正义的研究。

实证分析

在时空社会科学中，追求时空正义并非是形而上的口号式的目标，而是要有实证证据的支撑。因此，时空社会科学的研究，离不开基于数据和事实的实证研究。孔德的空间实证思想，其实就是动态的、时空一体的实证研究方法（奥古斯特·孔德，2011）。后来，空间计量经济学的发展，为开展时空社会科学提供了重要的实证研究工具。与规范性研究不同，针对社会时空的实证研究，要解决“是什么”的问题，就是客观情况下社会时空的真正状况。其实，实证性研究与规范性研究并不是完全割裂的。前者解决“是什么”的问题，后者解决“应该怎样”的问题。在时空社会科学研究中，两者是统一的。实证研究先把社会时空的客观现状弄清楚，在此基础上，就可以来探讨“应该怎样”的问题。

例如，在讨论如何实现时空正义的问题上，首先需要掌握当前存在的时空不正义的程度，这是问题的起点和具体决策的基础。在实证研究中，可以通过计算空间基尼系数（spatial gini coefficient）来测量不同时间点上的目标地区的不平等程度（Ghosh, 2015）。如果空间基尼系数比较小，那说明目标社会时空总体上还是比较公平的，是具有时空正义的。但如果空间基尼系数比较大，那就说明目标社会时空存在着较大的时空不正义，需要进行一些有针对性的举措来改善处于该社会时空系统中的成员的条件，使其具有更多的公平性和机会均等性。与一般的基尼系数不同的是，空间基尼系数考虑了地理空间的因素，比较适合用来衡量地理上不同区域之间的资源分配公平性，也可以用来评估一个国家或地区内部的贫富差距等情况。

空间基尼系数是一种单变量分析。在时空社会科学的实证研究中，一般还需要采用多变量模型来进行回归和估计。常见的空间数据就是空间横截面数据和空间面板数据，因此，常用的空间计量模型就是空间横截面数据模型和空间面板数据模型。相关的模型包括空间滞后模型、空间误差模型、空间杜宾模型和空间混合模型。除了检验不同变量的相关性之外，还需要进行因果关系推断。空间双重差分模型可以用于空间数据的因果推断。社会时空系统内部的关系往往不仅是单向影响，还可能是双向影响，即彼此都会影响对方。在这种情况下，就可以采用空间联立方程模型来进行估计和分析。如果因变量是分类变量，就可以采用空间 Logit 或空间 Probit 模型来进行分析。如果因变量是受限的，就可以采用空间 Tobit 模型来进行估计。此外，对于一些具体的问题，还可以采用空间分位数回归模型、空间随机前沿模型和地理加权回归模型等。其实，还有很多新的空间模型正在产生，这些就构成了时空社会科学实证研究的工具箱，研究者可以根据所需采用适合的方法。

归纳与演绎

在时空社会科学研究的过程中，不管是规范性研究还是定量性研究，都会用到归纳与演绎。归纳法就是通过对社会时空中客观存在的一系列典型事物（或经验）进行观察，从掌握社会时空中的典型事物的典型特点、典型关系和典型规律入手，进而分析研究事物之间的因果关系，从中找出社会时空系统变化发展的一般规律。在社会时空的实证性研究中，这种典型性要求所研究对象或样本具有代表性，能代表社会时空总体。时空抽样的方法，是确保观察对象具有代表性的一种重要的保障（Wanta et al., 2022）。由于社会时空系统运行过程十分复杂，影响社会时空系统运行的相关因素极多，并且这些因素之间往往相互还会产生交叉影响和溢出效应，甚至这些因素之间的影响是双向的，而人们所能观察到的往往只是综合结果，很难把各个因素的影响程度分解出来，所以大量的时空社会科学问题都只能用归纳法来进行实证研究，通过对具有代表性的样本开展实证检验，来分析社会时空总体的运行规律。

与归纳法相对的就是演绎法，是从普遍性结论或一般性事理推导出特定的具体结论的论证方法。这是一种从总体到个体的研究思路。对于复杂的时空社会科学问题，采用演绎法开展研究时，研究者可以采用不同的研究路径。研究者可以从某种概念出发，如从社会空间、社会时空、空间邻近等概念出发，建构社会时空系统的一般性概念体系，再来推断个体的情况。研究者也可以从某种统计规律出发，如从地理学第一定律出发，建构一般性的理论。当然，研究者还可以在实证研究的基础上，用归纳法找到一般的规律性，建立起相关的理论假设，形成某种出发点，建立起能反映某种社会时空系统运行的逻辑关系的经济模型。虽然这种被实证数据所检验过的理论模型与被观察的事物并非完全一致，但它反映的是简化了的事实，体现的是简化的社会时空系统的运行规律。基于这样的模型，可以预测社会时空系统的运行方向，还能预测社会时空中个体的行为。

虽然演绎法与归纳法相反，但在时空社会科学研究中，这两种方法并非是截然对立的，而是互相补充的。演绎法强调的是一般理论、理论命题和研究假设等，而归纳法强调的是经验观测和检验假设。这种互相补充的性质，在卡尔·波普尔（Karl Popper）的“证伪主义（falsificationism）”中体现得淋漓尽致（Frederick, 2020）。不过，与自然科学不同的是，社会科学中很多事不可证伪，因为社会时空系统是永远处于动态变化着的，而其中的规律也会有不同的呈现方式以及产生不同的结果。古希腊哲学家赫拉克利特认为，人不能两次走进同一条河流。由于社会时空系统的动态性，在社会科学中实现可证伪是一项极具挑战的工作。但并非是不可能的。在一定条件和范围下，时空社会科学也是能够做到可证伪的。

小 结

本章对于时空社会科学进行了更为系统、深入的阐述。从社会空间到社会时空，体现的是静态到动态的过程，这对于研究方法提出了新的要求。在空间权重矩阵的建构上，从传统的空间权重矩阵转为时变空间权重矩阵。从时空社会科学体系上来看，可以分成拓扑学、社会运行和动态耦合三个部分，体现的是一种渐变和突变相融合的系统观。作为跨学科知识，时空社会科学的研究需要整合多个学科的知识，采用规范性研究和实证性研究相结合的途径，利用归纳和演绎方法，从现实世界中淬炼用于解释社会时空运行规律的系统性知识，从而使普通人的生活变得更加美好。

思考题

1. 什么是社会空间?
2. 在不同时间点上，社会空间会有什么样的变化?
3. 什么是社会时空?
4. 什么是时变空间权重矩阵?
5. 如何理解拓扑学在时空社会科学中的作用?
6. 如何测量社会时空的压缩?
7. 如何理解社会时空运行过程中的动态耦合?
8. 时空社会科学的研究目的是什么?
9. 在时空社会科学研究中，规范性研究和实证性研究的差异为何?
10. 如何通过归纳和演绎来开展时空社会科学研究?

参考文献

［1］BULLOCK N, DICKENS P, SHAPCOTT M, et al. Time budgets and models of urban activity patterns［J］. Social Trends, 1974, 5: 45-63.
［2］DAVID H. Time-space Compression and the Postmodern Condition. In M. Waters (Ed.), Modernity：Critical Concepts［M］. Routledg, 1999:98-118.
［3］DEMERS M. Topology Catastrophe: Catastrophe Narrativization of Urban Morphologies［J］. Nexus Network Journal, 2010, 12(3): 497-505.
［4］DICKEN P. Global shift: the internationalization of economic activity［J］. Paul Chapman. 1992: 464-480.
［5］DURKHEIM E. Les Formes Élémentaires de la Vie Religieuse: Le Système Totémique En Australie［M］. Forgotten Books, 2018.

[6] FEI J, LIN Y, JIANG Q, et al. Spatiotemporal coupling coordination measurement on islands' economy-environment-tourism system [J]. Ocean & Coastal Management, 212, 105793.

[7] FLIKSCHUH K, et al. Kant's Contextualism [J]. Kantian Review, 2018, 23(4): 555-579.

[8] Frederick D, et al. Falsificationism and the Pragmatic Problem of Induction [J]. Organon F, 2020, 27(4): 494-503.

[9] GASPERONI F, LUATI A, PACI L, et al. Score-Driven Modeling of SpatioTemporal Data [J]. Journal of the American Statistical Association, 2023, 118(542): 1066-1077.

[10] GHOSH S, et al. Computation of Spatial Gini Coefficients [J]. Communications in Statistics-Theory and Methods, 2015, 44(22): 4709-4720.

[11] GIDDENS A. The Constitution of Society: Outline of the Theory of Structuration [M]. Polity Press, 1984.

[12] GU, J. Does the commercialization of academic patents spatially converge: Empirical evidence from China [J]. Journal of the Asia Pacific Economy, 2003, 1-24.

[13] Gurvitch G. The Spectrum of Social Time [M]. M. Korenbaum, Trans. Springer Netherlands, 1964.

[14] HÄGERSTRAND T. What about people in Regional Science? [J]. Papers in Regional Science, 1970, 24(1): 6-21.

[15] KLIPPEL A. Spatial Information Theory Meets Spatial Thinking: Is Topology the Rosetta Stone of Spatio-temporal Cognition? [J]. Annals of the Association of American Geographers, 2012, 102(6): 1310-1328.

[16] Kopczewska, K. Spatial bootstrapped microeconometrics: Forecasting for out-of-sample geo - locations in big data [J]. Scandinavian Journal of Statistics, 2023, 50(3): 1391-1419.

[17] KRAUS M. W, Côté, S, & Keltner, D. Social Class, Contextualism, and Empathic Accuracy [J]. Psychological Science, 2010, 21(11): 1716-1723.

[18] KUIJPERS B, MILLER H. J, OTHMAN W. Kinetic prisms: incorporating acceleration limits into space-time prisms [J]. International Journal of Geographical Information Science, 2017, 31(11): 2164-2194.

[19] LEFEBVRE H. The Production of Space [M]. D. Nicholson-Smith, Trans. Wiley Blackwell, 1992.

[20] Lenntorp B. Paths in space-time environments: a time-geographic study of movement possibilities of individuals [M]. Gleerup, 1976.

[21] Lury C, Parisi L, & Terranova, T. Introduction: The Becoming Topological of

Culture［J］. Theory, Culture & Society, 2012, 29(4-5): 3-35.
［22］Manning, E. Relationscapes: Movement, Art, Philosophy［M］. MIT Press, 2009.
［23］MARRANI D. Space, time, justice: from archaic rituals to contemporary perspectives［M］. Routledge, 2017.
［24］MASSUMI B. Parables for the Virtual: Movement, Affect, Sensation［M］. Duke University Press, 2022.
［25］MCGRATH P. An Extremely Short Proof of the Hairy Ball Theorem［J］. The American Mathematical Monthly, 2016, 123(5): 502-503.
［26］MEJIA A. F, YUE Y. R, BOLIN D. A Bayesian General Linear Modeling Approach to Cortical Surface fMRI Data Analysis［J］. Journal of the American Statistical Association, 2020, 115(530): 501-520.
［27］MIGNAN A, WANG Z. Exploring the Space of Possibilities in Cascading Disasters with Catastrophe Dynamics［J］. International Journal of Environmental Research and Public Health, 2020, 17(19): 7317.
［28］PARKES D, THRIFT N, PARKES D. Times, Spaces, and Places: A Chronogeographic Perspective［M］. John Wiley & Sons, 1982.
［29］QU X, LEE L, YU J. QML estimation of spatial dynamic panel data models with endogenous time varying spatial weights matrices［J］. Journal of Econometrics, 2017, 197(2): 173-201.
［30］Rawls J. A Theory of Justice［M］. Clarendon Press, 1972.
［31］Shields R. 社会空间化与文化拓扑［J］. 文化艺术研究, 2010, 5(3): 249-252.
［32］SHIELDS R. Spatial Questions: Cultural Topologies and Social Spatialisation［M］. SAGE Publications Ltd, 2013.
［33］SIMMEL G. BLASI A, JACOBS A, Sociology: Inquiries into the Construction of Social Forms［M］. Brill, 2009.
［34］Skirbekk, G, & Gilje, N. History of Western thought: from ancient Greece to the twentieth century［M］. Routledge, 2001.
［35］Soja, E. W. The Socio-Spatial Dialectic. In C. Philo (Ed.), Theory and Methods: Critical Essays in Human Geography［M］. Routledge, 2008: 86-105.
［36］SOROKIN P. MERTON R. Social-time: A Methodological and Functional Analysis［J］. American Journal of Sociology, 1937, 42(5): 615-629.
［37］THOM R. Structural Stability and Morphogenesis: An Outline of a General Theory of Models［M］. Benjamin-Addison Wesley, 1975.
［38］TOBLER W. R. A Computer Movie Simulating Urban Growth in the Detroit Region［J］. Economic Geography, 1970, 46: 234-240.
［39］WANG W, Yu J. Estimation of spatial panel data models with time varying spatial weights matrices［J］. Economics Letters, 2015, 128: 95-99.

[40] Wanta, D., Smolik, W. T., Kryszyn, J., Midura, M., & Wróblewski, P. Image reconstruction using Z-axis spatio-temporal sampling in 3D electrical capacitance tomography [J] . Measurement Science & Technology, 2022, 33(11), 114007.
[41] 孔德 . 论实证精神 [M] . 黄建华，译 . 南京：译林出版社，2011.
[42] 吉登斯 . 社会的构成：结构化理论纲要 [M] . 李康，李猛，译 . 南京：三联书店，1998.
[43] 吉登斯 . 现代性的后果 [M] . 田禾，译 . 南京：译林出版社，2000.
[44] 戈夫曼 . 日常生活中的自我呈现 [M] . 黄爱华，冯钢，译 . 杭州：浙江人民出版社，1989.
[45] 维特根斯坦 . 逻辑哲学论 [M] . 贺绍甲，译 . 北京：商务印书馆，2021.

第五章

社会时空系统及其数据

在列斐伏尔的体系中，社会空间既是名词，代表空间与社会交融的一种存在状态，又是动词，代表社会空间的生产与再生产过程，而这个过程与时间相关，是动态的过程。所以，社会空间既是一种存在，又是一种过程。在对社会空间进行实证研究时，一般都把时间纳入了系统，即所谓的动态的社会空间系统（socio-spatial system），即社会时空。如在研究人类定居情况时，往往会采用社会时空分析方法 (Kleynhans et al., 2015)。这种研究范式主要采用系统论的研究方法来探究和检验时间、空间与社会的互动以及彼此的影响和交互机制，一方面从社会时空总体进行全局的分析与研究，试图预测社会时空整体上的发展趋势；另一方面则从社会时空系统内部的子系统进行局部的研究，试图发现子系统之间的关系以及与整体的联系。如在研究空气污染和公共健康时，通过社会时空视角来开展研究有助于发现现象背后的规律 (Rushworth et al., 2014)。在社会时空系统运行的过程中，会产生各式各样的数据，就是社会时空数据，这些数据是进行时空社会科学实证研究的基础。有了这些时间、空间与社会的数据，就可以对社会时空相关理论的各种假设进行实证检验，模拟社会时空系统的运行机制，进而预测社会时空系统的发展趋势。在对社会现象进行时空实证分析的过程中，需要根据时间、空间与社会数据的特征采取相应的实证方法，才能获得理想的研究成果。当然，在开展实证研究之前，需要对社会时空系统有深入的研究和把握，才能做到理论与实证分析之间形成一个整体，具有内在的连续性。理论是实证研究的前提，而实证研究是对理论的检验和完善，是理论发展的重要手段。

第一节 | 社会时空系统概述

从词语的构成上可以看出，“社会时空系统”是由“社会”“时空”和“系统”

三个词构成。如果把这三个词都作为名词来理解，那么，“社会”“时空”与“系统”就是一种并列关系，“社会时空系统”所体现的就是社会、时空与系统这三者的联系，对这方面关系的探讨和研究形成了不同的“社会 – 时空 – 系统”理论。这种解释，其实是把社会和时空都视为系统，探讨的是社会系统和时空系统之间的关系，因此，这类研究一般都会转化为“社会系统 – 时空系统”理论。这种研究思路，一般都会把社会与时空视为彼此的外生变量。但是，如果把“社会”“时空”界定为形容词，那么，“社会”“空间”与“系统”之间就会成为一种修饰和界定的关系，所谓“社会的、时间的、空间的系统”(social, temporal and spatial system)。根据这个思路，在开展研究和建构理论的过程中，一般都会把社会与时空看作互为内生变量，就是时空社会科学所阐述的内生性的社会时空系统理论，即把时空与社会视为互为影响、互相作用、彼此依赖、不可分割的系统，这个系统是人类社会的实践活动的产物，也为人类的发展奠定了广阔的时空条件和社会基础，并且随着社会交往和社会时空的生产与再生产而不断地发展与变化。在开展时空社会科学研究时，在掌握社会时空系统的基本属性的同时，还要了解社会时空网络和社会时空身份这两个关键概念。

基本特征

社会时空系统与一般的社会系统或者空间系统相比，既有共性，也有独特性。在共性方面，社会时空系统具有实践性、关联性和价值性，这些特征也是一般的社会系统或者空间系统都会具有的特征，相比而言，社会时空系统在某些方面会更明显。社会时空系统的实践性是指社会时空是人类社会实践的产物，没有社会实践活动，也就没有社会时空的生产与再生产，自然也就没有社会时空系统的存在。社会时空系统的关联性是指社会时空的表现形式不是单一、孤立、静态的，而是多种社会时空通过相互交织、相互促进而相互联系，从而表现出不分彼此、共同存在的特征，体现了社会时空中社会关系的不可分割性。社会时空系统的价值性是指社会时空不是一种价值的中立，不管是精神性的社会时空还是物质性的社会时空，都具有其存在的价值性。社会时空系统的这些一般性特征，往往根据研究者的研究方法以及研究目标的不同而有所侧重。例如，在规范研究中，社会时空系统的价值性问题会更加突出，围绕社会时空的价值判断是规范研究的核心问题。但是在实证研究中，社会时空系统的价值性议题相对不是最重要的，研究者会刻意回避对社会时空进行价值性判断，而通过实证方法来回答“是什么”的问题，而不是“好”与“坏”的问题。

此外，于一般的社会系统或空间系统而言，社会时空系统具有其自身独有的特征，就是二重性和多样性。社会时空系统的二重性，就是社会性与时空性所构成的二重性。所谓的社会性，是指社会时空，是表达人们社会交往相关的活动时间与领域。社会时空的社会性体现在特定时间和地区所形成的各种规范社会行为的社会制度上，而社会制度是社会关系的制度化表述。美国著名经济学家道格拉斯・诺斯（Douglass・C.North）强调：“制度是一个社会的游戏规则，更规范地说，它们是人们的相互关系而人为设定的一些制约。”（道格拉斯・诺斯，1994）在社会时空系统中，社会制度以制度结构的方式成为系统内在的一部分。所谓的时空性，是指社会空间是人们在特定的时间和空间中进行各种社会交往和开展社会实践的场域。社会时空的空间性体现在具体的空间结构上，社会中的个人受到特定空间结构的约束，同时，在社会交往过程中也会生产和再生产新的空间结构。当社会时间外生给定时，社会时空系统的二重性就转化为社会空间的“二重结构”，即制度结构和空间结构。2015 年，马玉娜和顾佳峰的研究，系统论证了制度结构和空间结构对社会空间系统的影响和作用，提出“双重结构论”。所谓的制度与空间的双重结构论，如图 5–1 所示的（顾佳峰，2016），制度结构和空间结构交互作用，最终实现社会空间系统的均衡运作（马玉娜，顾佳峰，2015）。

图 5–1　制度和空间二重结构

社会时空系统的多样性是指社会时空的形式不是静止不变的，而是变化多端的，会随着社会实践的不同而被生产与再生产，因此，社会时空系统是个动态的系统。社会时空系统的多样性，与其二重性是密切相关的。与一般社会系统或者空间系统相比，社会时空系统体现出更复杂的多样性，变化多端，一个重要的原因是因为存在着社会、时间与空间的共变。在社会时空系统内部，不仅制度结构会变化，空间结构也会变化，而且制度结构和空间结构还会随着时间的变化而产生交互共变，使得变化更为复杂（马玉娜，顾佳峰，2018）。事实上，无论是制度结构还是空间结构，其内部都存在着物质性和精神性的二重性。也就是说，社会时空系统的社会和空间的每个因素内部，都存在着物质性和精神性这一组二重性。这种关系如同多层嵌套模型，社会与空间分别在各自的层面上进行着自我生产与再生产，这是它们得以形成、存在和发展的现实根基。然而，二者各自的自我生产与再生产向来是以二者之间的相互生产为外部条件的；反之，自我生产与再生产也内在地决定着、制约着相互生产的性质和形式。正是依靠社会和空间的自我生产与再生产及二者之间的相互生产这两种活动过程的融合交织和联体运作，才得以形成社会与空间有机结合、相互嵌套的双重结构的完整社会空间系统。社会时空系统具有多层嵌套的特征，牵一发而动全身，系统的变化性越大，多样性特征就很明显，这是由社会时空系统自身内在特征所决定的。

社会时空网络

在社会时空系统中，有一组彼此对立的概念，就是时空不连续（time-space discontinuity）以及时空连续（time-space continuity）。例如，在研究无家可归者的日常行为时，会发现这个群体普遍具有时空不连续的特征，即在日常生活中缺乏固定的居住点，这种居无定所的状态就是社会时空中的时空不连续。有研究指出，这种时空不连续对于无家可归者而言，会影响其个人自尊（Rowe, Wolch, 2015）。社会中的个体，在面临时空不连续时，一般都会想办法去重构自己的社会时空，从而修补时空不连续至时空连续。因为，只有在时空连续的状况下，社会中的个体才具有良好的社会身份和个人自尊。即便是无家可归者，也会想方设法去实现从时空不连续到时空连续的转变，而实现这种转变的方法就是建构起有效的社会网络（Rowe, Wolch, 2015）。社会时空系统内部具有各式各样的社会网络，这些社会网络存在的一个重要功能就是实现从时空不连续到时空连续的转化。时空社会科学的研究，一个很重要的课题就是研究社会网络及其演变与发展。

疾病在社会中的传播，往往具有一定的时空特征，在特定的时间呈现特定的空间分布，具有明显的空间聚集效应。这种传播与社会中的人群交流与人口流动的方式有关，因此，适合用社会网络分析方法来进行模拟和预测。结合时空分析方法，社会网络研究可以有效诊断疾病传播的机制及空间聚集的类型，从而有效预测疾病传播的趋势，有助于制定有针对性的防治措施，进而有效控制疾病的传播，最终消除疾病（Firestone et al., 2011）。社会网络分析在公共卫生中是很常用的分析方法（Luke, Harris, 2007）。当社会网络方法与时空分析相结合时，不仅能够分析研究对象的空间分布及其特征，而且可以分析事物发展的动态性和规律性。研究对象在特定空间上的聚集不是静态的，而是在不断变化着的，呈现出空间扩散或者空间压缩的特征。要揭示这种变化背后的规律，进而准确预测其发展趋势，就需要进行动态分析，而时空分析就具有这种功能，能够有效揭示社会现象或者社会事物在空间上的动态发展关系，从而提高社会网络的分析能力和效率。

在社会时空系统中，社会网络不仅在特定的时空中进行运作，受到特定时空因素的限制和约束，而且会对时空产生影响。在现实世界中，人与人之间存在着物理上的距离，但是通过社会网络，即便相处异地的人们也可以很亲近，即彼此之间的社会距离比较近（Shaw, 2015）。可见，通过社会网络，人与人之间的社会距离可以穿越物理空间的限制，在一定范围内，甚至可以穿越时间的限制。社会网络可以在一定程度上影响人们对时空的感知。当社会网络和时空因素有机结合起来时，就可能建构出一种新的社会时空系统，形成新的测量方法。例如，通过地理计算（geocomputation）的方式，对节点通达性（joint accessibility）的时间地理（time-geographic concept）进行分析，就可以有效测量出城市的社交潜力（social interaction potential），从而对于诸如城市区隔、社会资本发展、创新和创业等广泛社会议题进行测量与研究（Farber et al., 2013）。在大数据时代，基于大数据的社会地理计算技术日趋成熟，对社会时空系统的计算和测量，成为了时空社会科学研究的一个重要领域。社会时空大数据的不断发展，也为计算社会科学（computational social science）的发展，提供了重要的基础，社会时空网络的研究则是这股潮流中的重要组成部分。

在社会时空中，空间观测点往往并非独立存在着，一般邻近空间观察点之间的社会现象往往存在着彼此依赖和关联的特征，即所谓的空间邻近关系（spatial neighborhood relation)。这些点与点之间的空间邻近关系作用的机制主要是通过社会时空网络来实现的。因此，研究邻近效应的关键是要研究邻近空间观测点之间的社会时空网络。除了邻近效应之外，社会时空网络的作用结果还可能以其他效应出现，如溢出效应、空间聚集效应等。社会时空网络分析是时空社会科学研究的重要内容。在开展时空社会科学研究时，分析社会现象在空间上的分布属性，如在分析中心性、聚集性以及区位和距离相关的动态空间属性时，其实就是在进行社会时空网络分析。社会时空网络分析强调所分析对象的动态拓扑属性。在时空社会科学研究中，社会时空网络除了包括交通、通信等自然网络之外，还包括社会交流、社会互动、虚拟网络等各种社会网络。从某种意义上来说，空间邻近性是社会时空网络展布性的一种反映。社会时空网络概念具有很强的外延性，使得时空社会科学可以用来分析和探究几乎所有的社会现象。

社会时空身份

社会和时间、空间交融的结果所产生的影响，不仅对身处其中的社会个体产生有形的影响，而且会产生无形的影响，使其头脑中形成对于自己社会身份的界定，而这种社会身份的自我界定与其所处的社会时空存在着内在的联系。在这些联系中，社区身份会在社会时空中发挥出一定的作用。在社会系统中，大大小小的社区（community）是社会系统的重要内部构成。对于社会成员而言，其社会身份与其所属社区有很大的关系。在现实社会中，社区往往与特定的社会时空密切相关。剑桥大学家庭研究中心主任吉尔·琼斯（Gill Jones）利用苏格兰年轻人调查（Scottish Young People's Survey）数据的研究发现，社会空间身份（socio-spatial identities）会对人口迁徙产生显著影响（Jones, 1999）。人口迁徙过程，就是社会时空改变的过程。当人们从迁出地迁往迁入地，与迁出地的空间距离就远了，而与迁入地的空间距离就近了。但是，从社会距离的角度来看，新迁入者往往与迁出地的社会距离近，而与迁入地的社会距离反而远。结果导致迁移者往往很难融入迁入地的社会系统，产生浓重的“思乡”情绪，依然对于远方的迁出地存在着思念，因为迁移者内心其实依然界定自己属于迁出地所在的社区和社会系统，而并不属于迁入地。这样的例子，在现实生活中比较常见，比如从农村迁入城市的人们很难适应城市生活。

吉尔·琼斯认为，社会身份是“认同化的内外辩证（internal-external

dialectic of identification）”的结果，也是机构与结构关系（relationship between agency and structure）的核心，因此，要探索机构在迁徙决策中的角色的方法之一就是考虑社会时空中的社会身份的重要作用（Jenkins, 1996）。这里所说的机构就是指社会制度的代理者，因为所有社会机构都代表着某种社会制度。在吉尔·琼斯的研究中的机构，特指的是社区。在吉尔·琼斯看来，社区体现了社会性、时间性和空间性，因此，对于迁徙者的社区身份以及社区归属感的研究，就可以很好地揭示社会时空对于人口迁徙的影响。在人口迁徙研究上，社会因素和地理空间因素都是常用的变量，吉尔·琼斯研究的特点在于从社会、时间与空间交互的基础上提出了社会空间身份的概念，使得身份不仅是一种社会属性，还具有明显的时空属性，或者说具有某种的“属地性”。在吉尔·琼斯的研究中，“身份”如同镜子，而进入镜子的是社会时空。这种巧妙的研究设计和内部逻辑推演，使得社会系统的社会性和时空性统一到了“身份”这个点上。这样的思路，其实就是后来对社会系统开展空间计量模型进行实证检验的基本思路，就是从时空与社会交互统一的角度来建构理论与分析框架，而不是从两者彼此独立、互相割裂的角度来开展研究。吉尔·琼斯的这个研究，主要属于探索性研究，并没有通过空间实证模型来进行研究，但是，关于时空与社会的理论建构方法还是值得借鉴的，因为对于用空间计量模型开展社会学研究而言，大多数研究者感到最棘手的问题并不是如何建构实证模型，而是如何把时空与社会的关系通过理论建构的方式说清楚。

社会身份的存在以及在社会系统的作用，说明社会系统的异质性，不同社会身份的社会成员之间存在着边界，甚至是“社会鸿沟”。可见，时空对社会的影响，会通过社会边界（social boundary）的方式来体现。“边界”本身就是一个地理空间概念，而“社会边界”是把地理空间中的概念社会化，用来形容社会系统内部的子系统或者内部构成之间的分界。与社会边界相关的一个概念就是社会距离（social distance），这也是时空社会科学研究的重要议题之一。每个人都处于社会时空系统中的某个位置，因此，人与人之间就会存在着社会距离。有些人的社会距离近，有些人的社会距离比较远。这种与物理世界中的距离类似的概念，衡量的却是社会时空系统中人与人之间的社会身份的差异性程度。社会距离具有很强的时间性和空间性（Matthews, Matlock, 2010）。社会时空中社会距离比较近的成员往往会形成聚集现象，而当不同社会聚集群体之间的社会距离越来越远时，就会出现所谓的社会空间极化（socio-spatial polarisation）现象。这种现象在社会人口分层和城市分异上都会存在（Kesteloot, 1994; Walks, 2001）。

社会时空身份与社会时空网络，是社会时空系统运行的两个基础性支撑，是开展时空社会科学研究的两个基础性概念。社会时空网络的参与者，因其社会属性有所不同，参与的动机和目的也有所不同，参与的方式会具有差异性。也就是说，社会时空网络的参与者会有其社会身份的自我识别和认定，根据其社会身份的特点在社会时空中从事某种社会活动。可见，社会时空身份是社会时空网络参与者的具体所扮演的社会角色，具有社会身份的参与者通过各自的社会实践活动在社会时空中留下时空足迹，而这些时空足迹连起来就会出现时空网络。这些时空足迹不是无序的，而是呈现一定的规律性特征，而这种特征往往受到了参与者的社会时空身份的影响和制约。社会时空身份和社会时空网络，构成了时空社会科学研究的两大支柱。

第二节 社会时空数据的基本类型

社会时空系统在运行过程中，会产生一系列的数据，这些数据就是开展时空社会科学研究的重要基础。在社会时空数据的采集中，一般是设定特定时间采集社会空间数据，在此基础上，通过观察不同时间点的社会空间数据，就形成了社会时空数据。可见，社会时空数据是不同时间点上、在不同空间观察点上的社会运行数据，是动态数据。这种数据常被称为空间面板数据（spatial panel data），常用的分析方法就是空间面板模型。空间面板数据的特征就是特定空间观察样本点上的社会现象在不同时间点上的属性与特征数据。要理解空间面板数据，首先要理解社会空间数据。随着地理信息系统的发展，社会现象在地理空间上的分布及其呈现所产生的数据的可获得性也越来越强，相关的分析方法也越来越成熟。一般而言，这类数据分为栅格数据、矢量数据和拓扑数据。

一 栅格数据

社会现象在空间上的存在，可能是很有规则的分布，也可能是不规则的分布。对于社会现象的空间呈现，也有不同的方式。其中一种方式就是把空间上的社会现象按照规则的网格进行分解，形成很多网格空间上的社会呈现。这个过程，就是社会现象网格化的过程，是一种分解的过程。这种过程产生的数据，就是所谓的栅格数据（raster data）。从地理学的定义来说，栅格数据是按网格单元的行与列排列、具有不同灰度或颜色的阵列数据。每一个单元（像素）的位置由它的行列号定义，所表示的实体位置隐含在栅格行列位置中，数据组织中的每个数据表示物或现象的非几何属性或指向其属性的指针。从社会学的角度来理解，社会现象的栅格数据其实是根据一定规格的标准网格来分解具体的社会现象，把现实中形象的社会现象投射到二维平面空间上去。因此，对于社会现象而言，其栅格数据的生成过程，也是社会现象的投射过程。因为有个投射过程，所以可能存在社会信息的过滤和缺失，导致栅格数据在社会分析过程中存在一定的局限性。在《地理社会学》一书中，关于栅格数据在社会分析中的应用，有如下论述："栅格代表在描述空间连续的地理属性上是有用的，比如地形海拔或者遥感卫星测量的土地覆盖数据（比如城市与农业土地使用）。但是，对于描绘很多包括街道网络、政治和行政面积、关于态度或人口类型的调查数据在内的社会数据，栅格往往不是很有用。"（Porter, Howell, 2013）当然，在开展时空社会科学研究时，栅格数据依然是重要的数据来源。例如，威廉·诺德豪斯的地－经济学（G-Econ）项目，就是把全球GDP（国内生产总值）根据一个经度和一个纬度的栅格进行测算，得到测量全球经济情况的重要栅格数据。

当然，在社会分析中，栅格数据也有其独到之处。在社会管理中，基于栅格数据的网格化管理，应用范围比较广泛。社会系统中的网格化管理，是社会运作的一种重要制度。在中国，这种管理方式可以追溯到古代的保甲制度。在汉代，五家为"伍"，十家为"什"，百家为"里"，构成了社会基层的网格化管理方式。在唐朝，四家为"邻"，五邻为"保"，百户为"里"，尽管计算方式有所不同，但是依然沿用的是网格化管理思想及其制度。这种基层社会管理模式，在进行社会空间分析时，需要通过映射（dasymetric mapping）的方式来进行。在空间中，"映射"或者"降尺度（downscaling）"都是专业术语，常用出现在环境研究中。但是，这种方式在社会学和人口学研究中也有应用。通过把人口普查数据和空间数据进行整合，进而映射到特定尺度的栅格上，就能形成人口栅格数据，就可以进行人口网络化社会管理的研究以及政策分析（Gallego, 2010）。这种研究思路的核心还是社会现象的网格化后形成栅格数据，在此基础上进行深度分析。在实际研究中，会有诸多因素影响研究的结果，如网格大小的划分标准、社会变量的特征及数据的可获得性等。网格大小的划分标准是个很敏感的因素。网格化分得越小，意味着社会分析的精准度越高，对于数据的要求就越高，也意味着符合条件的社会数据的可获得性就越差。所以，采用这种方法进行社会分析时，往往需要在分析的精准度和数据以及预算的可获得性上进行权衡。网格化社会管理其实是社会时空网络方法的一种现实应用。网格与网格之间往往有关联，因此形成了社会时空网络。在此基础上进行社会治理，能够有效提高公共管理的效率。

社会系统运行过程中的栅格数据，可以与自然系统中的栅格数据结合起来进行分析，有助于把社会现象放在特定的自然环境中进行分析，便于揭示社会与自然的互动关系。在实际研究过程中，往往需要把社会现象与地形、土地利用、道路交通、河网水系以及居民点等环境要素进行整合性分析。有了栅格数据，就能够从定量角度分析社会现象与自然环境之间的关系。国际上较有影响的全球人口空间化项目有全球栅格人口数据库（Gridded Population of the World，GPW）、全球资源信息数据库（Global Resource Information Database，GRID）和 LandScan（LandScan Population Distribution Database）。GPW 由哥伦比亚大学的国际地球科学信息网络中心建立，已分别在 1995 年、2000 年、2005 年、2015 年公布了 4 个版本。[①] 这 4 个版本都使用人口统计数据和相应的行政区划数据，通过将人口统计数据转化为栅格形式来表现全球范围内的人口分布情况，但都未考虑影响人口分布的环境因素。GRID 在联合国环境发展计划推动下始建于 1985 年，其中的 Sioux Falls 数据集提供了不同年份的非洲、亚洲、拉丁美洲与加勒比海人口分布数据集，以及 1990 年的全球人口分布数据。[②] 这个数据集除了人口密度，还考虑人口分布与交通通达性之间的关系。LandScan 全球人口动态统计分析数据库由美国能源部橡树岭国家实验室（ORNL）开发，使用人口普查数据，行政区划数据以及土地覆盖数据，道路、高程、坡度、海岸线数据，高分辨率卫星影像及夜间灯光影像数据而生成的世界范围内人口分布数据库。[③] 这些数据集充分发挥了栅格数据的特点，为开展时空社会科学的研究提供了重要的支撑。

---

① http://sedac.ciesin.columbia.edu/.

② http://na.unep.net/index.php.

③ http://www.eastview.com/online/faq_landscan.

矢量数据

在时空社会科学研究中，更为常用的是矢量数据（vector data）。所谓矢量数据，就是在直角坐标系中，用X、Y坐标表示地图图形或地理实体位置的数据。矢量数据一般通过记录坐标的方式来尽可能将地理实体的空间位置表现得准确无误。对于矢量数据，《地理社会学》指出："矢量数据更好地允许个人、道路或政治定义的实体（比如人口普查区）彼此之间的空间邻近性实现可视化。基于矢量数据的空间呈现，可以提供用于视觉检查调查数据与地理环境之间关系的更直观的平台。"（Porter, Howell, 2013）因为矢量数据有这些特征，所以，在社会分析中被广泛地应用。在时空社会科学研究中，社会、经济等数据一般都会转化为矢量数据进行空间分析。矢量数据除了点数据之外，还有更为复杂的表现形式，包括线数据和面数据。这种多样化表现形式，为社会时空分析提供了重要支持。在列斐伏尔看来，社会的空间化是以物质生产尤其是社会关系生产和再生产为核心的辩证法过程，具有共时性、流动化等特征。因此，对于社会时空的分析不能仅仅停留在特定空间点上的分析，而需要从点与点之间的连线以及线与线之间的面上进行分析，这是一个包括点、线、面整合的分析架构，而矢量数据恰恰具有这方面的特征，因此能够更好满足时空社会科学研究的需要。

对于社会、经济等数据进行矢量化之后，因为赋予了空间的信息，能够进行更深入的挖掘和分析，便于找出社会时空发展与变化的规律。1969年，爱德华·米切尔（Edward J. Mitchell）发表了关于菲律宾新人民军反叛的实证研究论文。在这个研究中，爱德华·米切尔敏锐地指出了空间对于社会运动的影响，认为"通过对于经济计量方法的应用能够显示这次反叛的成功与失败可以用少数文化的、经济的和地理的变量来进行解释"。为了形象说明这一点，作者在文中通过一张菲律宾地图来显示这次反叛所波及的地区及其位置。后来，爱德华·米切尔研究所用的数据引起了帕特里克·多雷安（Patrick Doreian）的注意，后者对该数据进一步挖掘和分析，尤其是对于该数据进行矢量化处理，得到了一些新的研究成果（Doreian, 2014）。数据矢量化之后，各种空间回归模型就可以很好地加以应用，数据也可以做更好的挖掘。社会数据的矢量化，一种简单常用的办法就是根据数据的地理区域性附加上所在地区的经度和纬度数据。有了经纬度信息，那么社会现象与其所处的空间就可以对应起来，就可以开展多种空间实证研究（Gu, 2012）。这种矢量化处理方法简单实用，因而被广泛应用到社会现象的空间分析中（Gu, 2015）。如果要对数据做更加复杂的分析，就需要进行更为复杂的数据矢量化处理。

拓扑数据

这里，需要再次回到时空社会科学的根基所在，那就是拓扑学。在这方面，不得不提一位重要的人物，就是戈特弗里德·莱布尼兹（Gottfried Leibniz），他曾在17世纪提出“位置的几何学（geometria situs）”和“位相分析（analysis situs）”，强调了空间与位相在研究中的重要性。这为现代拓扑学的产生奠定了思想基础。后来，莱昂哈德·欧拉对柯尼斯堡七桥（Königsberg bridge）的研究提出了网络与线路中的连接性问题。在社会学上，这种连接性就成为过去和未来的联结（詹姆斯·伯克，2021）。莱昂哈德·欧拉对拓扑学发展的另一个重要贡献就是提出欧拉示性数（Euler characteristic）这个同伦不变量（homotopy invariant），这是拓扑学中的一个核心概念和性质，是指图形在空间中连续形变下的不变性质。这个性质对于时空社会科学而言极其重要。社会时空是个复杂而时刻都在变化的时空。但是，在社会时空连续形变的过程中，总有一些性质是不变的。那些不变的性质其实就是社会时空的同伦型不变性质（homotopy type invariance）。正是因为不断形变中的社会时空存在着这种同伦型不变性质，这种变化中的不变就为把握社会时空的变化规律提供了客观条件。对此，路德维希·维特根斯坦的《逻辑哲学论》一书，提供了不少非常精妙绝伦的线索（路德维希·维特根斯坦，2021）。

现代拓扑学是数学的一个分支，主要研究几何图形在连续改变形状时还能保持不变的一些特性。在社会空间的分析过程中，不仅需要分析社会现象在空间中分布的点、线、面特征，而且要分析这些特征之间的关系和属性，因此需要同时分析社会空间的几何信息和拓扑关系。几何信息和拓扑关系是社会空间系统中描述社会现象的空间位置和空间关系中不可缺少的基本信息。其中几何信息主要涉及几何目标的坐标位置、方向、角度、距离和面积等信息，它通常用解析几何的方法来分析。而空间关系信息主要涉及几何关系的“相连”“相邻”“包含”等信息，它通常用拓扑关系或拓扑结构的方法来分析。可见，为了全面而完整地分析社会空间系统以及空间生产与再生产的社会关系，在实证研究中需要把几何分析和拓扑分析结合起来，因为社会空间中既包括几何特征的信息，又包括复杂的拓扑特征的社会关系，两者的结合既是社会空间分析的必然要求，又是社会空间分析的基本内容。在实证分析中，一般是需要把社会空间中的几何关系转化为拓扑结构，形成描述和刻画这种拓扑结构的拓扑数据，其中常用的就是空间权重数据。所以，空间权重矩阵在一定意义上是社会空间的拓扑结构的体现和反映。当然，特定的拓扑结构与特定的几何形状之间并非是一一对应的关系。拓扑关系关心的是空间的点、线、面之间的连接关系，不管实际图形的几何形状。因此，几何形状相差很大的图形，它们的拓扑结构可能是相同的。换言之，一个空间权重矩阵可能代表着多种几何形状。因此，在开展特定的社会空间研究的过程中，一般需要在采用空间权重分析的同时，辅助以几何分析。

在社会学领域，拓扑关系是一种重要的社会结构。加拿大阿尔伯塔大学社会学罗伯·希尔兹（Rob Shields）教授在2013年出版的《空间问题：文化拓扑学和社会空间化》中，系统地阐述了社会文化中的拓扑结构（Shields, 2013）。在罗伯·希尔兹看来，之所以需要用拓扑的视角来分析社会空间，是因为需要避免把社会空间简单化或者矮化为“虚空”或“真空”，应该深入去讨论和挖掘社会空间所包含的丰富的历史、文化与社会内涵。对此，“我们能在‘复数的空间’中讨论‘社会空间’，作为变化的拓扑学，社会空间能绘制出身体、意义和场所之间的映像关系”。（Shields, 2010）因为拓扑学具有天然的分析变化的能力，所以，通过拓扑视角来分析社会空间，能够更加全面地揭示社会空间中各种各样的映像关系，而这些映像关系就是复杂变化着的社会关系的重要组成。罗伯·希尔兹教授进一步强调了社会空间化和拓扑学之间的内在关系，他说：“因此，有必要使用‘社会空间化’（social spatialisation）这一术语。这是一种‘文化拓扑学’，它具有历史和文化的特殊性，它与物质显现相关，却又不仅仅限于此。它包括抽象的、社会的事实（无形之物或真实之物），也包括可能性和物质性。”（Shields, 2010）可见，在罗伯·希尔兹的理论中，“空间社会化”过程就是拓扑结构的形成与变化的过程，而“文化拓扑学”则能够抓住社会空间的变化特征而有效分析出各种辩证的社会关系，比如抽象的与具体的，有形的与无形的，可能性与物质性等。

社会空间的拓扑结构包含了多种关系，如“相连”“相邻”“包含”等，这意味着还有一组与之相对的拓扑关系的存在，就是“不相连”“不相邻”“不包含”等。这是两组对立的关系，但都是拓扑结构的组成部分，说明社会空间中的社会关系存在着连续与非连续的类型。非连续的拓扑关系，实际上反映的是社会关系的“断裂”。社会空间中的关系“断裂”，并非是完全没有关系，也不是有关系，而是一种很奇妙的社会存在。例如，加斯东·巴什拉（Gaston Bachelard）在1938年出版的《科学精神的形成》中，勾画了导致“前科学”与“科学”之间“断裂”的种种“认识论的障碍”，即所谓的“认识论断裂”。但是，在加斯东·巴什拉看来，这种“断裂”既不存在“你死我活”般的紧张，也不存在“藕断丝连”的暧昧，而是一种“两可”状态。这种“两可”状态，对福柯空间思想的产生具有极大的启发性。随着加斯东·巴什拉的“断裂”线索，福柯发现任何具体领域中都包含着理性的次序，这种次序不是编年史的日历时间的排序，而是应该被视作一种类似拓扑学的次序。这个发现构成了福柯空间思想的基础，拓扑学和社会空间分析也从此紧密地结合在一起。

与此对应，拓扑数据就是能够体现拓扑关系的时空数据。拓扑关系是指满足拓扑几何学原理的各空间数据之间的相互关系，即用结点、弧段和多边形所表示的实体之间的邻接、关联、包含和连通关系。具体而言，空间上的拓扑关系包括点与点的邻接关系、点与面的包含关系、线与面的相离关系、面与面的重合关系等。在进行时空社会科学研究时，往往会在空间邻近权重矩阵建构上出现问题。一个经常遇到的情形是，用具有经纬度信息的矢量数据做基于距离的空间权重矩阵，一般很容易计算出来；但是，当用该数据计算邻近空间权重矩阵时，往往就会报错。这是因为该矢量数据缺失拓扑关系的信息，因此，程序无法判断哪些点与点是邻接的，也就无法计算空间邻近权重矩阵。所以，在技术上一个常用的处理办法就是把点数据转化为多边形数据。一旦转化为多边形数据，那么点与点之间邻接关系的拓扑信息就会产生。据此，程序就可以识别和计算空间邻近权重矩阵。

第三节 社会时空数据的采集

时空社会科学的研究，强调的是量化实证研究，因此，需要有社会时空的相关数据。社会时空数据的获得，有多种途径，可以通过在多个空间样本观察点上实施社会调查来获得一手数据，也可以通过遥感技术获得更精细的地理数据。此外，现在很多技术都可以实时采集社会空间数据，如共享单车往往成为很多人短途出行的重要交通工具，在使用共享单车的过程中，使用者的出行轨迹会被实时记录下来，形成重要的数据。具体而言，一般共享单车主要的数据分为轨迹、身份、行为、车辆和关系五大类，用这些时空数据就可以分析共享单车的优化配置问题（高楹 et al., 2018）。智能手机和一些可穿戴产品也具有这类数据的采集功能，能够实时有效地采集社会时空数据。随着数据量的不断加大，就出现了社会时空大数据的概念。这是通过现代通信技术来进行大规范采集社会时空数据的必然结果，这也为开展时空社会科学研究提供了重要的数据基础。

调查数据

在社会科学研究中，一手数据（primary source）也称为原始数据，是指通过访谈、询问、问卷、测定等方式直接获得的数据（顾佳峰，2013）。之所以要收集一手数据，是因为当特定的社会现象出现时，由于时间和空间的变化，并没有现成的数据可以利用。因此，需要研究者直接采集一手数据进行研究。从社会时空的角度来看，任何社会现象都是与特定时空相关联的，具有其时空特征。特定时空中的社会关系和社会现象的变化，会产生相应的信息和数据，研究者通过对特定时空中的社会系统进行调查，获得该社会空间的运行数据，就是一手数据。可见，一手数据往往包括社会数据和时空数据。例如，当前越来越多的社会调查项目，开始在问卷调查的基础上，系统性收集地理空间信息和数据。这样做的一个基本假设，就是存在空间和社会的互动与彼此影响。这种空间与社会的关系，其实就是列斐伏尔反复强调的社会空间辩证法。只不过当时还没有相应的技术能够轻易获得地理空间数据，但是，列斐伏尔已经从思辨的角度阐述了两者之间的关系。当现代调查技术和现代通信技术不断发展后，采集地理空间数据就变得越来越容易，这时把地理空间数据纳入一般性的社会调查，获得的是整合地理空间信息的社会调查一手数据。这类数据的出现和普及，使得对社会时空开展实证研究成为现实，出现了越来越多的相关研究。

一手数据采集的方法有多种，其中问卷调查法是常用的方法之一。问卷调查法通过具有结构化的问卷对样本进行调查，系统性收集样本的信息和数据，作为对于总体推测的依据（顾佳峰，2013）。问卷调查除了普查之外，一般需要进行科学抽样。社会调查的抽样可以分成两种：一种是常用的非空间抽样，即传统意义上的抽样方法，抽样设计和过程中一般不会直接考虑地理空间的因素；另一种是空间抽样（spatial sampling），就是在抽样设计和抽样过程中引入和充分考虑地理空间的特征及其影响。地理空间环境对于社会行为和社会现象都会产生明显的影响，社会现象的空间分布一般不是均等的，而是具有明显的空间区域性。在这种情况下，不进行空间抽样往往会产生系统性偏差。有研究表明，导致民意调查偏差的一个重要的原因是人文地理的具体模式（Chen, Rodden, 2013）。这则研究表明，巧妙地选区划分（unintentional gerrymandering）可以对选民的行为产生影响，进而直接影响美国总统的选举结果。所以，在进行民意调查时，有必要充分考虑选民的特征及其空间分布，把空间因素考虑到抽样中，进而提高民意调查的科学性。在这个过程中，空间抽样就显得尤为重要。空间抽样设计和实施得不好，就算民意调查执行得再好，其结果也是有明显偏差的。

在进行空间抽样时，一般有如下六个步骤：获得特定社会变量的空间相关的详细数据；在此基础上对于该社会变量进行分层；然后建构居民或者目标人群的抽样框；接着进行各种包容概率的随机点模拟（random point simulation）；并在模拟的位置识别家庭；最后是对空间抽样的评估。这六个步骤构成了空间抽样的基本步骤，只有完整地完成每一个步骤，才能称得上是空间抽样。有些抽样设计在传统的抽样设计基础上，加入上述若干步骤，这种抽样并非完全意义上的空间抽样，而是传统抽样的延伸以及拓展。空间抽样最初主要应用在自然资源的调查中，后来在社会科学研究中应用得越来越广泛（Kumar, 2007）。空间抽样主要的一个特点就是把社会现象的空间分布特征和空间结构系统地导入抽样设计中，使得关于家庭或者个体的样本能够充分体现其所在地理空间的特征。在传统的抽样设计中，事实上隐含着一个基本假设，就是调查的总体在地理空间上的分布是均质的，所以空间因素并没有直接进入抽样设计中。一些传统的抽样方法，如分层抽样，也可以处理地理空间的因素，如以不同地区划分来进行抽样，但是，这种抽样方法对于地理空间的处理相对比较粗糙，很难系统性地考察地理空间对于总体以及样本的基础性影响。

一些社会调查项目，最初进行抽样时并非采用的是空间抽样，而是传统的抽样设计（顾佳峰，2018）。随着空间对于社会影响的日益深入，一些社会调查项目也开始系统性地收集样本所在的地理空间数据。当访问员入户进行调查时，通过专业的设备和技术，可以自动采集访问员所调查家庭的地理位置信息和空间数据。这类空间数据和问卷调查数据相整合，形成社会与空间整合的数据集。这种社会与空间整合的一手数据，可以为开展空间整合社会研究提供重要的数据支持，也可以对社会空间理论中的一些假设和观点进行实证检验，甚至从中还可以发现新的社会空间关系。但是，这类数据在使用过程中要注意其局限性，从社会人口等角度来看，所调查的样本具有代表性，但从地理空间的角度来看，就不一定具有代表性了。据此获得的关于空间与社会的结论与推断，就需要谨慎。当然，若要追求其空间上的代表性，一种补充措施就是赋予该数据集恰当的空间权重调整，使得该数据集能够体现总体在空间上的分布特征。但是，这种做法也有其局限性。当给传统抽样的调查数据进行空间权重调整时，在空间代表性上可以获得改进和提升，但是，在社会代表性上往往有所折损。所以，对于这类数据的调整，是在空间代表性和社会代表性之间取舍和获得平衡的过程。因此，这种做法是一种权宜之计。若要从根本上克服这种弊端，需要在调查开始之前就采用空间抽样的办法，确保样本在社会维度和空间维度上都具有代表性。

在传统的社会调查抽样过程中，有些调查在末端抽样时会用到空间抽样的方法。比如，全国性的社会调查，通过传统的抽样方法已经确定了村居一级的样本，进一步就是要确定每个村居内部的家庭样本。在这种末端抽样的过程中，一些社会调查项目会采用空间抽样的方法，先将目标村居的地图和住宅分布数据标识出来，再进行空间抽样确定样本家庭。这种方法在局部空间范围里具有代表性，如在村居所在的空间内具有空间代表性。但是在全局空间范围内，如全国范围内，其空间代表性就无法确保。在全局范围内的空间抽样，一般都会用到家庭居住地加权的随机点模拟的方法，通过地图和 GPS 技术等的辅助，这些随机点就可以转换为家庭居住地点，这种方法在不连续居住地点的空间抽样上，尤为常用。空间抽样其实就是对空间点的抽样，因此这里隐含着一种基本假设，就是社会空间中的现象其存在和演变的方式遵循某种空间点过程（point processes）。所谓的空间点过程，对于一个社会随机变量而言，每次抽样，得到的是一个实数，体现的是特定时空背景下的某种社会关系的某种状态；对于一个随机向量，每次从空间点分布里面抽取的是一个向量，是特定时空背景下的社会空间内多种社会关系的存在状态。对于这种空间点过程，每次抽样得到的是在某个空间中的一个离散点集，体现了社会和空间的多元互动与辩证的关系。最基本的空间点过程，叫作空间泊松过程（spatial poisson process）。如果在不相交的空间区域中的计数是相互独立的，那么这个空间点过程就叫空间泊松过程。这种空间点过程，强调的是不相交空间之间的样本的彼此独立性，当然，在现实的社会空间中，这种彼此独立性往往无法确保，因为即便是不相交空间点之间，也会存在某种互相依存和互相影响的关系。但是，作为最基本的空间点过程，空间泊松过程有助于简化社会空间的空间分析，便于更好地理解社会空间的基本过程。在此基础上，再去理解社会空间的复杂过程，就具有了一定的基础。

遥感数据

遥感是指通过人造地球卫星上的遥测仪器，把对地球表面实施感应遥测和资源管理的监视结合起来的一种技术。在传统上，遥感一般用于自然现象的监测和分析上，如对地面上的树木、草地、土壤、水、矿物、农家作物、鱼类和野生动物等的监测。随着遥感技术的不断升级，对于目标空间上的事物的远距离监测能力也在不断提升，遥感数据对于社会研究的重要性也逐渐被肯定，在社会科学研究中的应用也在不断深入。遥感数据一般以图的形式记录和存储下来，在进行社会科学的研究过程中，需要对于这些遥感图进行编码和将其转化为数据，从而进行实证分析和检验。一家总部设在美国旧金山的公司发布了一种基于卫星遥感数据的新的指数——中国卫星制造业指数（China Satellite Manufacturing Index，SMI），以太空俯瞰的方式来观察和解释中国经济。该指数的主要依据是22亿张卫星照片，这些卫星遥感照片覆盖了50万平方公里的范围，时间跨度长达14年。根据这些遥感数据，最终编制了制造业发展情况监测的指数（顾佳峰，2017）。这是利用遥感数据进行社会科学研究的一个例子，其特点就是把遥感影像和经济发展情况进行整合研究。这样的研究的现实基础就是制造业的布局具有明显的区域性，形成了区域性制造中心，就是工业区。可见，从社会时空理论来看，制造业的生产不仅是商品的生产，而且是时空的生产与再生产。当制造业遵循分工与合作的原则进行聚集时，在空间上就体现了社会关系的生产与再生产以及特定社会关系的空间聚集。

在社会、经济、人口等领域的研究中，夜光遥感数据的应用越来越广泛。在现代社会，夜晚灯光的亮度往往和这个城市或者地区现代化发展程度直接相关。当一位意大利罗马市民被问到“为什么罗马的夜晚不能稍稍明亮一点”的问题时，竟给出了如下的回答：一座城市既然有了历史的光辉，就不必再用灯光来制造明亮。但是，这种怀旧的情节不得不面对现实的挑战。随着空间遥感技术的不断发展，地球上的活动可以被卫星准确地记录下来。当夜间的天空无云时，遥感卫星能够捕捉到城镇灯光、渔船灯光、火点等可见光辐射源，这些夜间无云条件下获取的地球可见光的影像，即夜光遥感影像。这些夜光遥感影像就是记录地面上人类夜间活动的重要数据，据此可以分析世界各地的人们在夜晚的活动、生产、消费等社会行为。中国有句俗语：人在做，天在看。随着卫星遥感技术不断发展，地面上的人类活动更加直接地会被卫星记录下来，这些数据可以作为人类社会内部产生包括统计数据、调查数据等的重要补充。例如，夜光遥感数据可以作为国家经济发展程度测量的重要指标，对 GDP 数据进行有效校正，进而更加客观地评估一个国家或地区的实际经济发展程度（Henderson et al., 2012）。夜光数据是反映人类在地球表面上活动的遥感数据之一，是用来捕获人类经济与生产活动在地球表面（陆地以及海面）留下的足迹，因此，对于这类数据的分析也被称为空间足迹分析。

值得注意的是，卫星遥感数据不仅能够测量和监测人类在陆地上活动的空间足迹，而且可以用来监测人类在海面上活动的空间足迹。在许多国家，渔民利用一些海洋生物的夜间趋光性特点，在渔船上装载大功率的照明灯泡，从而高效地开展渔业活动，这为利用夜光遥感影像获取渔业信息提供了可能。根据这些渔船上的照明灯光，卫星可以准确捕获到这些渔船航行和作业的空间足迹，进而评估渔业的发展情况。夜光影像数据被用来分析秘鲁海岸的捕鱿鱼船队的时空分布信息，这个数据可以通过与定位系统相结合来获取船队的相关信息，根据这些信息以及海洋相关信息，就可以准确掌握渔船的空间足迹以及渔业生产的基本活动规律（Waluda et al., 2004）。这些空间足迹，代表了人类改造世界的活动。人类在时空的生产与再生产的过程中，都会产生这些空间足迹，因此，对于这些空间足迹数据的分析，就成为社会时空分析的重要内容，为了解社会空间的生产与再生产提供了重要的事实依据。以列斐伏尔为代表的社会空间理论提出了空间的社会再生产概念，将空间作为重要的社会资源及力量。在空间的社会再生产过程中，人类的社会经济活动都会发挥重要的作用，而要研究这个过程，就需要分析人类社会活动的空间足迹。卫星遥感数据可以系统地检测人类社会活动的空间足迹，为社会空间生产与再生产的分析提供重要的数据。

戴维·哈维（David Harvey）延续列斐伏尔的“资本循环”理论，认为城市扩展是资本扩张的必然结果。他说：“长久以来，在资本主义的发展历史上，城市化都被认为是吸收资本和剩余劳动力的关键途径。”（Harvey, 2013）所以，资本增值过程中，城市化发挥了重要的作用。城市里面聚集了资本增值所需的智力资源、基础设施、技术资源以及城市文化，当资本与这些城市空间上的资源相结合时，增值的可能性就变大了。这既是城市空间不断向外拓展和再生产的过程，也是资本追求回报率的过程。可见，列斐伏尔眼中的城市再生产由空间中的生产（production in space）转向了空间本身生产（production of space）的过程，其实也是资本再生产的过程。或者说，资本与空间总是互相选择和结合，在城市中共同生产与再生产资本空间，不断推动城市的扩展和更新。对于城市与资本交互作用下的社会空间再生产，卫星遥感数据提供了充分的证据。在对美国从 1976 年到 1992 年的城市空间扩展研究上，卫星遥感数据可以清楚地记录美国各大城市对外扩展的情况（Burchfield et al., 2006）。这类遥感数据，为检验社会空间相关的理论，提供了重要的实证证据，也是开始时空社会科学研究的重要资料。

数据误差的来源

物理学上有了著名的“测不准原理”。用海森堡自己的话说：“在因果律的陈述中，即‘若确切地知道现在，就能预见未来’，所错误的并不是结论，而是前提。我们不能知道现在的所有细节，是一种原则性的事情。”在社会测量中，“测不准原理”同样适用，因为很多社会现象比物理现象更难测量。在社会空间数据的采集过程中，会出现偏差。一般认为，社会时空数据的误差可分为源误差、处理误差和输出误差，即数据采集和录入中产生的误差、对社会时空数据进行处理时产生的误差以及数据输出过程产生的误差。这三类主要的误差是社会时空数据采集过程中存在的误差，三类加起来就构成了社会时空数据的总误差。可见，所谓社会时空数据的误差是指在数据采集过程中各种误差的统称。若要减少社会时空数据的误差，就需要从数据采集全流程进行管理和质量控制，确保数据采集全流程都尽可能高质量，从而减少每个环节上误差产生的可能性，最终实现数据采集全流程上的总误差最小。社会空间数据的源误差是指与数据源有关的所有误差，这类误差对于数据质量具有深远的影响力，通过数据分析过程持续影响后面的分析结论和判断，因此，它是社会时空数据质量控制的重要环节。当社会时空数据采集的源头出现了误差，那么这种误差因为累计效应，而随着数据分析和处理被放大。因此，要提高社会时空数据质量，首先要尽可能控制和减少源误差。

在社会时空数据处理过程中，也会产生相应的误差。社会时空数据一般需要把社会数据和地理空间数据进行匹配，而地图数据是最常用的空间数据。测绘后制成地图的过程就可能存在误差，即测绘过程中的误差。把地图进行数字化时，无论通过是手工的还是扫描的数据化方式，地图转化为数据过程中的误差都不可避免地会产生。通过卫星遥感获得的社会空间数据，在图像压缩、数据分析和判读分析、影像存储，影像增强、处理、量化、空间滤波以及影像模式识别等过程都可能产生误差。此外，通过数字摄影测量技术获取社会时空数据，尽管具有速度快、效率高且能获得最新动态数据等优点，但通过摄影测量采集数据会产生两大主要误差，即像点误差与定向误差。所谓像点误差，是指在进行绝对定向前各种系统误差与偶然误差的综合误差。所谓定向误差包括相对定向误差和绝对定向误差，在数据建模和计算过程中，本身就存在估算的过程。上述这些误差，在社会时空数据采集过程的不同环节都可能会出现，因此需要有针对性地去控制，尽可能减少各类误差出现的概率。

在社会时空数据分析过程中，也往往会产生误差。选取何种变量以及采用何种分析模型，都会产生对应的误差。任何实证模型，都是对现实中的客观存在的社会空间进行模拟，对于社会时空中的社会关系发展规律进行假设，通过实证研究来检验这些假设是否成立。在此基础上，获得基本的研究结论。但是，任何实证模型都具有残差项，而残差往往被认为是误差的观测值。这种实证模型方法，本身就已经承认了模型分析过程中误差的存在，并且需要进一步对误差进行分析，利用残差所提供的信息，来考察模型假设的合理性及数据的可靠性，即所谓的残差分析。对于减少社会时空数据分析的误差而言，残差分析显得尤为重要。实证模型结果得到的残差，往往本身就具有空间结构和空间特征，因此，不能简单地用传统的回归模型进行实证分析，否则会产生分析误差。因此，空间计量学的研究者提出了新的数据分析方法，即空间误差回归模型。这种回归模型在分析社会空间数据的同时，还要对残差进行分析，揭示残差中的空间结构和空间影响，从而减少社会时空数据分析过程中的空间误差（Bivand, 2002）。这是数据分析过程中的误差，采用正确的实证模型以及选择合适的变量，都有助于减少这类误差。

第四节 社会时空数据的空间权重

观察点之间的空间关系，是通过空间权重来进行体现和刻画的。当这些空间权重通过矩阵形式排列，就是空间权重矩阵（spatial weighting matrix）。这是一个对称的方阵。建立空间权重矩阵是开展时空建模分析的前提，因此，其重要性不言而喻（Merk, Otto, 2022）。时空分析的很多奥妙就隐藏于此。在开展时空社会科学研究中，一个必不可少的步骤就是建构空间权重矩阵（Otto, Steinert, 2023）。空间权重矩阵建构是否合适，会对研究结果产生影响。因此，在进行稳健性检验的过程中，往往会通过建构不同的空间权重矩阵来测试研究结果是否依然具有一致性。

一 基于空间位置的权重

时空数据一般都是以矢量格式记录和存储的，因此，常用的空间权重矩阵就建构于这类数据之上。这类数据的文件名后缀就是 .shp，即所谓的 shp 文件。shp 是“空间数据开放”格式的文件，其全称为“ESRI Shapefile”，是美国环境系统研究所公司开发的一种空间数据开放格式，也是一种矢量图形格式。这是主文件，与此相伴的还有其他三个辅助文件，分别是 shx 文件（.shx）、dbf 文件（.dbf）和 prj 文件（.prj）。shx 文件是索引文件，用于存储 shp 文件中要素的位置。dbf 文件存储矢量数据的属性信息，如地图上每个点的名称、类型等信息。prj 文件是地图坐标系文件，其中包含地图投影的信息。在具体操作上，现在网络上都可以下载全国省级、地市级、县级行政区划 shp 格式的文件，只要下载下来就可以了。在时空分析上，一般采用的是图斑（polygon）数据，也可以是点（point）数据，线数据一般不采用。

常用的空间权重矩阵是空间邻近权重矩阵（spatial contiguity weighting matrix）和空间逆距离权重矩阵（spatial idistance weighting matrix）。空间邻近权重的定义比较简单（Shamsutdinova et al., 2017）。当两个观察点比邻，这两个观察点之间的空间权重为 1；当两个观察点不比邻，这两个观察点之间的空间权重为 0。这是一种相对比较简单的空间权重定义的方法，也是常用的方法。空间邻近权重矩阵是由 0 和 1 构成的方阵。空间逆距离权重则以两个观察点之间的距离的倒数为权重（Bulty et al., 2023）。因此，两个观察点之间的距离越远，这两个观察点之间的权重越小。这与地理学第一定律相符。

为了演示如何利用 shp 文件在 Stata 上进行空间权重矩阵的建构，这里先从网络上下载我国省的 shp 文件，这是个图斑数据。这四个文件分别是 province.shp，province.shx，province.dbf 和 province.prj。由于研究集中在我国内地的 31 个省级行政区，因此，这个文件中不包括香港、澳门和台湾地区。然后，在 Stata 中用 spshape2dta 命令，把将要下载的 shp 文件转换为 Stata 格式：

```
.spshape2dta province.shp, saving(spprovince)
```

这样，就生成了 spprovince 文件，其完整的文件名是 spprovince.dta，这是一个 Stata 格式的文件。同时生成的另一个文件是 spprovince_shp.dta 文件，这个很重要，边界和位置的详细信息都存储在这个文件中。但是，此时的文件还是 Stata 能识别的文件，不是空间分析所使用的空间数据。因此，接下去就需要调用这个 spprovince.dta，并使用 spset 命令将其声明为空间数据。具体命令如下：

```
.use spprovince
.spset
```

这样，数据准备工作就完成了。接下去就可以利用 spmatrix create 来创建空间权重矩阵（W）。创建空间邻近权重矩阵，具体命令如下：

```
.spmatrix create contiguity W
```

通过 spmatrix summarize 可以了解这个矩阵的基本情况：

```
.spmatrix summarize W
```

接下来，创建空间逆距离权重矩阵（M），并了解该矩阵的基本情况，具体命令如下：

```
.spmatrix create idistance M
.spmatrix summarize M
```

这样，两种最常用的空间权重矩阵就创建好了。

然后，就可以把这两个空间权重矩阵输出到计算机上进行本地保存，具体语句如下：

```
.spmatrix export W using W.txt
.spmatrix export M using M.txt
```

这样，以后要用这两个空间权重矩阵，就可以通过 spmatrix import 命令直接调用这两个文件。

基于非空间位置的权重

在现实世界中，观察点之间的距离不一定就是空间上的物理距离，而是经济、社会等非空间距离（Chen, Liu, 2020）。在这种情况下，就需要根据经济、社会等非空间距离来建构空间权重矩阵（张华平，任园园，2023）。对于空间逆距离权重矩阵而言，只要能够定义距离，无论这个距离是空间距离还是非空间距离，都可以依据所定义的距离来确定权重。

为了演示具体的做法，这里可以让 spprovince.dta 与另一个省层面数据 pro2019.dta 进行合并。在这个 pro2019.dta 文件中，含有 2019 年 31 个省级行政区的房价、离婚率、经济水平、城市化水平、受教育程度、结婚率、社会负担系数以及性别比这些变量的数据。这两个数据都有一个共同的 ID 变量，就是 _ID。数据合并的具体语句如下：

```
.merge 1:1 _ID using pro2019.dta
.drop _merge
```

然后，就需要用 mata 定义一个逆距离的函数。这里定义一个 Sdisn（ ）的函数，具体如下：

```
mata:
function Sdisn(vi,vj)
{return (1/sqrt((vi-vj)*(vi-vj)'))}
End
```

这样，同一个变量在两个观察点上的观测值的差距的绝对值，就是基于该变量的距离，其倒数就是逆距离。该函数可以计算非空间距离的逆距离，进而可以建构所依据变量的逆距离空间权重矩阵。例如，若想建立不同省房价的逆距离，就可以运行如下语句：

```
.spmatrix userdefined M001 = Sdisn( 房价 )，normalize(none)
.spmatrix summarize M001
```

这样就可以得到以省房价差绝对值为距离的空间逆距离权重矩阵（M001）。两个省的房价差距越大，这两个省的空间逆距离权重也就越小；两个省的房价差距越小，这两个省的空间逆距离权重也就越大。

类似地，也可以定义以其他变量之间差的绝对值为距离的空间逆距离权重，例如，以受教育程度或者社会负担系数为变量分别建构对应的空间逆距离权重矩阵，相关的语句如下：

```
.spmatrix userdefined M002 = Sdisn( 受教育程度 )，normalize(none)
.spmatrix summarize M002
.spmatrix userdefined M003 = Sdisn( 社会负担系数 )，normalize(none)
.spmatrix summarize M003
```

需要注意的是，采用这种方法建构空间权重矩阵的一个前提条件，是不同观测点上的观察值一定不能相同。因为，一旦有两个观察点上的观测值是相同的，其差距就是零，就不可能作为分母进行计算，因此，运行上述语句时就会有出错的提示。

然后，这些生成的空间权重矩阵都可以保存到本地计算机上，相关语句如下：

```
.spmatrix export M001 using M001.txt
.spmatrix export M002 using M002.txt
.spmatrix export M003 using M003.txt
```

基于关系的权重

在研究过程中，观测点之间的关系也有可能就是某种关系，或者某种社会网络。在这种情况下，若想用观测点样本进行时空分析，就需要建构合适的空间权重矩阵（Gu, 2022, 2022）。空间权重矩阵本身就是观测点之间关系的某种集合，因此，如果关系不是很复杂，也是可以利用关系来定义权重，进而建构基于关系的空间权重矩阵。当然，可以利用 spwmatrix 来进行操作。这是一个很好用的命令，可以建构多种空间权重矩阵，如空间邻近权重矩阵、空间逆距离权重矩阵、经济距离空间权重矩阵、社会网络权重矩阵等。此外，spwmatrix 还可将生成的空间权重导出为 .dat 文件，这可以在 Matlab 调用；或导出为 .gwt 文件，这就可以在 GeoDa 中使用了。由于这是外部命令，因此在使用这个命令之前，首先需要在 Stata 安装，命令如下：

```
.ssc install spwmatrix
```

接下来，用一个具体的例子来展示如何通过 spwmatrix 命令生成 Stata，可以使用基于关系的空间权重矩阵。例如，现在想要研究农村居民旅游行为，关注的是农村家庭旅游支出受哪些因素影响。过去一般都是从农村家庭自身因素找原因，如家庭收入、家庭规模、家庭支出结构等，这些都是家庭内部的因素。但是，越来越多的研究表明，农村居民的决策往往受到邻里乡亲的影响。在旅游上，若同村邻居经常出去旅游，那么，同村的居民也会受其影响而出去旅游。这种现象就是所谓的“同群效应”。显然，同群效应是一种影响个体决策和行为的外部因素，是来自外部的影响（Gu, 2023）。因此得出假设：一个家庭旅游支出会随着同村邻居家庭的平均旅游支出的增加而增加。为了检验这个假设是否成立，需要把研究的农村家庭样本区分为同村和不同村，根据是否同村建立其空间权重矩阵。如果两个样本家庭同村，那么，就具有相同的社区编码；反之，两个家庭的社区编码就是不同的。因此，只要两个样本家庭的社区变量是相同的，就是同村邻居，其权重为 1；若两个样本家庭的社区变量是不同的，就不是同村邻居，其权重为 0。根据这个原则，就可以对样本家庭建立起由 0 和 1 构成的空间权重矩阵，其实就是空间邻近权重矩阵。

这里，采用 2018 年的中国家庭追踪调查（China Family Panel Studies，CFPS）作为演示。在样本缺失值处理、选取农村样本、选取户主年龄在 31~50 岁之后，得到的样本家庭数是 1753 户，对应的数据文件是 tourism.dta。这些户都有每户的家庭编码（fid18）以及其所在社区的社区编码（cid18）。根据这两个变量，就可以建构基于邻居关系的空间权重矩阵，具体语句如下：

```
.use tourism.dta,replace
.egen nnn=group(cid18)
.egen nid=group(fid18)
.sort nid nnn
.sort nid
.spwmatrix socio nnn, wname(m01) wtype(socnet) idvar(nid) xport(m01,txt)
```

这样，就生成并输出到本地的一个 m01.txt 文件上，这个就是基于邻居关系的空间权重矩阵。若打开这个 m01.txt 文件，第一行就是样本数 1753。下面的行都是由 1 和 0 组成的对称矩阵。对此，Stata 就可以通过 spmatrix 命令来调用而成为 sp 模块可以识别的空间权重矩阵。具体运行语句如下：

```
.spmatrix import W001 using m01.txt
.spmatrix summarize W001
```

这样，就生成一个名为 W001 的空间权重矩阵。用 spmatrix summarize 了解这个 W001 的空间权重矩阵，结果显示的权重矩阵类型邻近（contiguity），没有进行数据的归一化（normalization）；矩阵元素最小值为 0，矩阵元素最大值为 1，矩阵元素的均值为 0.004；最小邻居数为 1，最大邻居数为 16。

如果想生成谱归一化（spectral normalization）的空间权重矩阵，可以采用如下语句：

```
.spmatrix import W002 using m01.txt
.spmatrix normalize W002,normalize (spec)
.spmatrix summarize W002
```

这时的名为 W002 的空间权重矩阵，就是经过谱归一化之后的空间权重矩阵。用 spmatrix summarize 了解下这个 W002 的空间权重矩阵，发现矩阵元素最小值为 0，但是，矩阵元素最大值为 0.0625，矩阵元素的均值也是明显变小。

如果想生成行标准化（row normalization）的空间权重矩阵，可以采用如下语句：

```
.spmatrix import W003 using m01.txt
.spmatrix normalize W003,normalize (row)
.spmatrix summarize W003
```

这时的名为 W003 的空间权重矩阵，就是经过行归一化之后的空间权重矩阵。用 spmatrix summarize 了解这个 W003 的空间权重矩阵，发现矩阵元素最小值为 0，矩阵元素最大值为 1，但是，矩阵元素的均值又是明显变小。

需要注意的是，spmatrix 和 spwmatrix 这两个命令虽然就差一个字母，也都是与空间权重矩阵相关，但却是两个不同的命令。前者是 Stata 自带的命令，而后者是外部命令。两者所建构的空间权重矩阵不能直接互相调用，因此需要通过存在计算机的空间权重文件（m01.txt）作为桥梁，使 spwmatrix 生成的空间权重矩阵也可以转化为 spmatrix 的空间权重矩阵，进而在 sp 模块中进行分析。此外，spmat 命令也是建构空间权重矩阵的有用命令（Drukker et al., 2013）。在后文中，也会用到 spmat 命令。

随着空间计量经济学的发展，空间权重矩阵建构的方法也更加多样。空间权重矩阵也可能是内生的（Kutlu, 2022），即所谓的内生权重矩阵（endogenous weighting matrix）。在这种情况下，空间权重矩阵不再是外生给定的，而是系统内生的（Kelejian, Piras, 2014）。如果加上时变性（Kelejian, Piras, 2014），那么，就是时变内生空间权重矩阵（time varying endogenous weights matrices）。当然，还有更为复杂的空间权重矩阵。

第五节 空间自相关性及其检验

时空社会科学所研究的对象一般都是具有空间自相关性的社会现象。所谓空间自相关（spatial autocorrelation），就是指社会现象在其分布区内不同空间单元的观测数据之间潜在的相互依赖性。也就是说，不同观测点之间的观测值存在着互相关联的特征，彼此之间不再是独立的（An et al., 2023）。因为存在着这种空间自相关性，这些观测值就不再是独立同分布（independently and identically distribution）的了。因此，就需要通过空间计量模型来进行估计，才能避免出现有偏估计的情形。

基本概念

空间自相关性一般从全局层面和局部层面来进行检验。全局层面进行空间自相关性的检验主要采用的是莫兰指数（Moran's I）法（李赟鹏，张静，2020）。计算 Moran's I 指数，一般是在 –1~1，越接近 0 说明空间自相关性越小。如果 Moran's I 指数大于 0，而且统计检验显著，说明该变量存在着正的空间自相关性，即存在所谓的“近朱者赤，近墨则黑”的现象；如果 Moran's I 指数小于 0，而且统计检验显著，说明该变量存在着负的空间自相关性，即存在所谓的“远交近攻”的现象。但需要注意的是，一般采用的是单变量 Moran's I 指数检验，所以得出的结论仅限于单变量的情形，即假设其他变量都不会发生变化。但现实中，社会时空系统是个多变量的系统，因此在社会时空的运行过程，是一个多变量共变的过程。在这种情况下，仅仅依靠单变量 Moran's I 指数检验还不够，还需要进行空间计量多元回归分析并进行相关的检验。

例如，在进行空间滞后回归模型估计时，因变量空间滞后项的回归系数符号可能与该变量 Moran's I 指数的符号是一样的，但是，两者的符号也可以不一样。

如果两者的符号是一样的，那么就很好解释。但如果两者的符号是相反的，其实也并不矛盾。因为单变量 Moran's I 指数就是基于一个变量的计算和检验结果，而空间滞后回归模型一般是多元回归模型，因此是基于多变量的估计结果。这种情况其实与相关性检验有点类似。比如，在双变量相关性检验上，相关系数可能是显著为正，但是在多元回归分析时，估计的系数却是显著为负的。这种情况并不少见，因为在多元因素影响下，单纯的关系可能会发生质变。这种情形在现实的世界中也是屡见不鲜。比如，罗密欧与朱丽叶，本身就是男女之间很单纯的关系。但是一旦把双方家族牵扯进来，就如同一元回归模型改成了多元回归模型，本来很单纯、很简单的关系，瞬间就会变得复杂无比。

Moran's I 从全局层面来检验目标变量可能存在的空间自相关性。但是仅仅从全局层面来检验还不够，还需要进一步深入到局部，从局部层面来分析目标对象是否存在着空间自相关性。所幸卢克·安瑟伦已经替我们解决了这个问题，而且还能分析不同类型的空间聚类。1995 年，他提出了 LISA 聚类分析，这是英文 Local Indicators of Spatial Association 的简称（Anselin, 1995）。虽然 LISA 并没有对应的中文名词，但达·芬奇的旷世之作中的主角蒙娜丽莎（Mona Lisa）可以提供一些启发，如可以称 LISA 为丽莎。因为是局部层面上的检验，所以 LISA 可以识别局部上是否存在着空间自相关性。如果 LISA 发现局部上存在着空间自相关性，还可以再进一步分析这种局部空间自相关性所导致的空间聚集类型，分成高—高、低—低、高—低和低—高四种空间聚集类型。可见，LISA 可以提供更为细致的信息，这为分析社会现象的空间自相关性提供了重要的线索。

全局检验

在全局空间自相关性检验上，除了常用的莫兰指数法之外，还可以用 Geary's C 法和 Getis & Ord's G 法。Geary's C 中文被称为吉尔利指数，是 Geary's contiguity ratio（Geary 邻接比）的简写，指同一个现象的相邻观测值是否相关，其实就是是否空间自相关。Geary's C 指数的取值范围是 0~2，这和 Moran's I 有所不同。当 Geary's C 接近于 1 时，表示数据呈现随机分布，越不可能存在空间自相关性；当 Geary's C 接近于 0 时，表示数据呈现正相关的空间聚集；当 Geary's C 接近于 2 时，表示数据呈现负相关的空间离散。还有一种方法就是 Getis & Ord's G 法。在这些方法中，Moran's I 无疑是最常用的。

这里，用前文的 tourism.dta 数据来进行全局空间自相关性检验，分别计算着三种指数。在 tourism.dta 数据中，有三个变量：hte18、Fv_income 和 sc18。第一个变量是家庭年度旅游支出（元），第二个变量是全部家庭年度纯收入，第三个变量是家庭年度人情礼支出（元）。现在，想检验下同一个村子中的家庭在这三个变量上是否存在着空间自相关性。前文已经获得了 m01 这个体现是否同村关系的空间邻近权重矩阵，这里，采用这个空间邻近权重矩阵，来检验空间自相关性。具体语句如下：

```
.spatgsa hte18 Fv_income sc18,weight(m01) moran geary go twotail
```

这里需要用到 spatgsa 命令，只要通过 findit spatreg 点击 sg162 安装就可以了。得到的结果汇总在表 5–1。根据表 5–1 所示，对于这三个变量而言，无论是 Moran's I、Geary's C 还是 Getis & Ord's G，都显示存在着显著的正空间自相关性。这说明，同村的邻近家庭之间在旅游行为、收入以及人情交往等方面，存在着互相影响的情形，即所谓来自邻居的同群效应。

表 5–1　全局空间自相关性检验

	Variables	I	E(I)	sd(I)	z	p-value
Moran's I	hte18	0.089	–0.001	0.012	7.384	0.000
	Fv_income	0.171	–0.001	0.013	13.502	0.000
	sc18	0.259	–0.001	0.013	20.308	0.000
	Variables	c	E(c)	sd(c)	z	p–value
Geary's C	hte18	0.713	1.000	0.166	–1.725	0.085
	Fv_income	0.811	1.000	0.072	–2.635	0.008
	sc18	0.667	1.000	0.059	–5.69	0.000
	Variables	G	E(G)	sd(G)	z	p–value
Getis & Ord's G	hte18	0.01	0.004	0.001	6.184	0.000
	Fv_income	0.004	0.004	0.000000	5.426	0.000
	sc18	0.006	0.004	0.000000	10.925	0.000

注：2-tail test。

这是用于对空间横截面数据进行空间自相关性检验。如果是空间面板数据，则可以通过把横截面建构的空间权重矩阵通过克罗内克积的方式进行拓展，从而对空间面板数据进行空间自相关性检验。具体的做法，在本书后面的例子中会演示。

局部检验

局部空间自相关性检验主要就是用LISA方法进行检验的（刘洋 et al., 2020）。由于通过 spatlsa 命令进行 LISA 检验，要求的空间权重矩阵实行标准化的矩阵。因此，在进行 LISA 检验之前，可以通过 spwmatrix 命令先建构一个行标准化的空间权重矩阵，即本例子中的 m02。然后，用 spatlsa 命令进行 LISA 检验。具体的语句如下：

```
.spwmatrix socio nnn, wname(m02) wtype(socnet) idvar(nid) xport(m02,txt) rowstand
.spatlsa hte18,weight(m02) moran
```

运行后，就会出现对应于每个空间单位的 LISA 值（Ii）以及其统计包括 E（Ii）、sd（Ii）、z 值和 p-value。根据 p-value 就可以确定局部空间自相关性是否显著。若 p-value 显示是显著的，就可以根据 Ii 的符号来判断是正的局部空间自相关性还是负的局部空间自相关性。

此外，spatlsa 命令还可以画出莫兰散点图（Moran scatterplot）。但是用 spatlsa 命令不能对莫兰散点图进行编辑，因此，画出来的莫兰散点图是很有限制的，一般很难在论文中直接采用。对于这个问题，可以用 splagvar 命令来进行解决。用 splagvar 命令可以画出可编辑的莫兰散点图，研究者可以根据需要对莫兰散点图进行一定的编辑，使其符合论文的需要。当然，splagvar 命令还有其他好处，如可以直接生成目标变量的空间滞后项。因此，在空间随机前沿模型中很有用武之地。关于 splagvar 命令画莫兰散点图，将会在本书后文的空间随机前沿模型中来详细演示。

如果在 Geoda 软件中进行 LISA 检验，检验的结果可以直接通过地图显示出来。在地图中，高—高、低—低、低—高和高—低四种不同的局部空间聚集在地图上通过不同的颜色标识出来，因此，根据不同的颜色，就可以知道不同局部空间聚集类型的分布情况及其分布特征。在时空社会科学研究中，一般将 Stata 和 Geoda 结合起来用效果更好。

小 结

要对时空社会科学开展实证研究，就需要有数据。社会时空系统在运行过程中，都会留下相关的数据。研究者需要把握住社会时空系统的特征，分析社会时空网络的运行机制以及社会时空身份的识别，有针对性地采集相关数据，才能通过实证研究和检验，挖掘社会现象背后的规律。社会时空数据具有多种类型，如栅格数据、矢量数据以及拓扑数据。这些数据都有其各自的特点和呈现形式，研究者需要根据所研究的具体问题，有针对性地采集和使用这些数据。在社会时空数据采集过程中，一般都用到包括调查方法和遥感法在内的多种方法。但是，无论采用何种方法，都会存在一定的测量误差。所以，研究者在进行数据采集过程中，要尽可能减少测量误差和数据采集过程中的执行误差，尽可能精准地采集相关数据。当然，社会时空系统是个复杂的系统，所以，在对相关概念进行测量的过程中，一般需要多个维度进行测量。在进行时空社会科学研究中，一个必不可少的环节就是建构空间权重矩阵，常见的空间权重矩阵包括空间邻近权重矩阵、空间逆距离权重矩阵和基于关系的空间权重矩阵。此外，还需要进行空间自相关检验，包括全局空间自相关检验和局部空间自相关检验。

思考题

1. 社会时空系统的基本特征是什么？
2. 什么是矢量数据？
3. 如何获得社会时空数据？
4. 什么是空间权重矩阵？
5. 如何建构空间邻近权重矩阵？
6. 如何建构空间逆距离权重矩阵？
7. 如何建构基于关系的空间权重矩阵？
8. 什么是空间自相关性？
9. 如何进行全局空间自相关性检验？
10. 如何进行局部空间自相关性检验？

参考文献

［1］An W, Wang B, Duan L, et al. Emerging contaminants in the northwest area of the Tai Lake Basin, China: Spatial autocorrelation analysis for source apportionment and wastewater-based epidemiological analysis［J］. The Science of the Total Environment, 2023, 865: 161176.

［2］Anselin L. Local Indicators of Spatial Association—LISA［J］. Geographical Analysis, 1995, 27(2): 93-115.

［3］Bivand R. Spatial econometrics functions in R: Classes and methods［J］. Journal of Geographical Systems, 2002, 4(4): 405-421.

［4］Bulty B G, Gotu B, Djira, G. A spatial panel autoregressive model specification with inverse quantile separation distances of locations［J］. Spatial Statistics, 2023, 57: 100771.

［5］Burchfield M, Overman H. G, Puga D, et al. Causes of Sprawl: A Portrait from Space［J］. Quarterly Journal of Economics, 2006, 121(2): 587-633.

［6］Chen, J, Rodden, J. Unintentional gerrymandering: Political geography and electoral bias in legislatures［J］. Quarterly Journal of Political Science, 2013, 8(3): 239-269.

［7］Chen X, Liu J. Fiscal Decentralization and Environmental Pollution: A Spatial Analysis［J］. Discrete Dynamics in Nature and Society, 2020, 9254150.

［8］Doreian, P. Estimating Linear Models with Spatially Distributed Data［J］. Sociological Methodology, 2014, 12(1): 359.

［9］Drukker D. M, Peng H, Prucha I. R, et al. Creating and managing spatial weighting matrices with the spmat command［J］. The Stata Journal, 2013, 13(2): 242-286.

［10］Farber S, Neutens T, Miller H. J, et al. The Social Interaction Potential of Metropolitan Regions: A Time-Geographic Measurement Approach Using Joint Accessibility［J］. Annals of the Association of American Geographers, 2013, 103(3): 483-504.

［11］Firestone S. M, Ward M. P, Christley R. M. et al. The importance of location in contact networks: Describing early epidemic spread using spatial social network analysis［J］. Preventive Veterinary Medicine, 2011, 102(3): 185-195.

［12］Gallego F J. A population density grid of the European Union［J］. Population & Environment, 2010, 31(6): 460-473.

［13］Gu J. Harmonious expansion of China's higher education: a new growth pattern

[J]. Higher Education, 2012, 63(4): 513-528.
[14] Gu J. Spatial Diffusion of Social Policy in China: Spatial Convergence and Neighborhood Interaction of Vocational Education [J]. Applied Spatial Analysis & Policy, 2015, 9(4): 1-25.
[15] Gu J. Do neighbours shape the tourism spending of rural households? Evidence from China [J]. Current Issues in Tourism, 2022, 26(3), 2217-2221.
[16] Gu, J. Importance of neighbors in rural households'conversion to cleaner cooking fuels: The impact and mechanisms of peer effects [J]. Journal of Cleaner Production, 2023a, 379(4): 134776.
[17] Gu, J. Peer influence, market power, and enterprises'green innovation: Evidence from Chinese listed firms [J]. Corporate Social Responsibility and Environmental Management, 2023b, 31(1):108-121.
[18] Harvey D. Rebel Cities: From the right to the city to the urban revolution [M]. Verso, 2013.
[19] Henderson J. V, Storeygard, A. , Weil D. N. Measuring Economic Growth from Outer Space [J]. American Economic Review, 2012, 102(2): 994-1028.
[20] Jenkins R. Social Identity [M]. Routledge, 1996 .
[21] Jones G. 'the same people in the same places'? socio-spatial identities and migration in youth [J]. Sociology, 1999, 33(1): 1-22.
[22] Kelejian H. H, Piras G. Estimation of spatial models with endogenous weighting matrices, and an application to a demand model for cigarettes [J]. Regional Science and Urban Economics, 2014, 46(1): 140-149.
[23] Kesteloot C. Three Levels of Socio-Spatial Polarization in Brussels [J]. Built Environment 1994, 20(3): 204-217.
[24] Kleynhans W, Salmon B. P, Wessels K. J, et al. Rapid detection of new and expanding human settlements in the Limpopo province of South Africa using a spatio-temporal change detection method [M]. International Journal of Applied Earth Observations & Geoinformation, 2015, 40: 74-80.
[25] KUMAR N. Spatial Sampling Design for a Demographic and Health Survey [J]. Population Research & Policy Review, 2007, 26(5-6): 581-599.
[26] KUTLU L. Spatial stochastic frontier model with endogenous weighting matrix [J]. Empirical Economics, 2022, 63(4): 1947-1968.
[27] LUKE D A, Harris J K. Network Analysis in Public Health: History, Methods, and Applications [J]. Annual Review of Public Health, 2007, 28(1): 69-93.
[28] MATTHEWS J L, MATLOCK, T. The Spatial and Temporal Underpinnings of Social Distance [J]. Springer, 2010.
[29] MERK M S, OTTO P. Estimation of the spatial weighting matrix for regular

lattice data—An adaptive lasso approach with cross - sectional resampling [J] . Environmetrics, 2022, 33(1): e2705.

[30] MITCHELL E J. Some econometrics of the Huk rebellion [J] . American Political Science Review, 1969, 63(4): 1159-1171.

[31] OTTO P, Steinert R. Estimation of the Spatial Weighting Matrix for Spatiotemporal Data under the Presence of Structural Breaks [J] . Journal of Computational and Graphical Statistics, 2023, 32(2): 696-711.

[32] PORTER J R, Howell F M. Geographical Sociology: Theoretical Foundations and Methodological Applications in the Sociology of Location [M] . Springer, 2013.

[33] ROWE S, Wolch, J. Social Networks in Time and Space: Homeless Women in Skid Row, Los Angeles [J] . Annals of the Association of American Geographers, 2015, 80(2): 184-204.

[34] RUSHWORTH A, LEE D, MITCHELL R. A spatio-temporal model for estimating the long-term effects of air pollution on respiratory hospital admissions in Greater London [J] . Spoctial and Spoctiotemporal Epidemiology, 2014, 10: 29-38.

[35] SHAMSUTDINOVA N K, ISYANGULOVA E I, LAKMAN I A, et al. Spatial distribution of human development index in the regions of Russia [J] . Journal of Advanced Research in Law and Economics, 2017, 8(8): 2594-2604.

[36] SHAW S. L. Exploring space-time paths in physical and social closeness spaces: a space-time GIS approach [J] . International Journal of Geographical Information Science, 2015, 29(5): 742-761.

[37] 罗伯 . 希尔兹 . 社会空间化与文化拓扑 [J] . 文化艺术研究，2010, 5(3): 249-252.

[38] SHIELDS R. Spatial Questions: Cultural Topologies and Social Spatialisation [J] . SAGE Publications Ltd, 2013.

[39] WALKS R A. The Social Ecology of the Post-Fordist/Global City：Economic Restructuring and Socio-spatial Polarisation in the Toronto Urban Region [J] . Urban Studies, 2001, 38(3): 407-447

[40] WALUDA C M, YAMASHIRO C, ELVIDGE C D, et al. Quantifying light-fishing for Dosidicus gigas in the eastern Pacific using satellite remote sensing [J] . Remote Sensing of Environment, 2004, 91(2): 129-133.

[41] 刘洋，余建新，向冬蕾，等 . 基于局部空间自相关的思茅区耕地利用保护综合分区 [J] . 水土保持研究，2020，27(1): 183-188.

[42] 张华平，任园园 . 高新技术产业集聚对数字经济发展的影响——基于空间计量模型的实证研究 [J] . 南京财经大学学报，2023, 3: 55-66.

［43］李赟鹏，张静．金融要素对宏观经济效率影响的莫兰指数分析［J］．西南大学学报（自然科学版），2020，42(3): 124-129.
［44］伯克．联结：通向未来的文明史［J］．阳曦，译．北京：北京联合出版有限公司，2021.
［45］维特根斯坦．逻辑哲学论［M］．贺绍甲，译．北京：商务印书馆，2021.
［46］诺斯．制度、制度变迁和经济绩效［M］．刘守英，译．上海：上海三联书店，1994．
［47］顾佳峰．调查机构管理：理论与实践［M］．北京：人民出版社，2013.
［48］顾佳峰．减少不平等和可持续发展［M］．北京：社会科学文献出版社，2016.
［49］顾佳峰．全数据时代的炼金师［M］．北京：人民邮电出版社，2017.
［50］顾佳峰．大数据时代的调查师［M］．北京：人民邮电出版社，2018.
［51］马玉娜，顾佳峰．县际公共养老福利资源配置研究——兼论空间与制度结构的影响［J］．社会学研究 2015(3): 146-169.
［52］马玉娜，顾佳峰．“空间－制度”互动与公共福利资源配置：以机构养老为例［J］．北京大学学报（哲学社会科学版），2018, 55(1): 124-132.
［53］高楹，宋辞，舒华，等．北京市摩拜共享单车源汇时空特征分析及空间调度［J］．地球信息科学学报，2018, 20(8): 1123-1138.

第六章

空间横截面数据分析

在时空社会科学研究中，往往先会假设时间不变，即研究一定空间上的社会现象的特征及其规律，这是一种静态分析。从数据的性质来说，描述一定空间上的社会现象特征的数据，就是横截面数据（cross-sectional data）。横截面数据是指在某一时间点上所收集的不同空间观测点上对象的数据。它对应同一时点上不同空间（对象）所组成的数据集合，研究的是某一时点上的某种经济、社会、人文等现象，突出空间（对象）的差异。所以，在时空维度中，横截面数据假设时间维度是在给定的时间维度下收集不同空间观测点上的所研究对象的属性而得到的数据。一般情况下，由于事物或者社会现象在不同空间观测点上的呈现有较大不同，因此，横截面数据的离散性会比较高，即存在比较明显的空间异质性（spatial heterogeneity）。由于横截面数据大多体现的是不同空间观测点上的个体的个性，突出这些个体的差异，因此，通常横截面数据表现的是无规律的但又非真正的随机变化，在计量经济学中常被称为“无法观测的异质性”，其实就是空间异质性（Capello et al., 2015）。这种空间上的异质性，客观上要求采用能够分析这种异质性的方法，于是，空间回归模型及其估计方法就应运而生，成为穿透“无法观测的异质性”的表象找出规律的重要实证研究方法。

第一节　空间滞后模型

社会现象及其发展，在时间维度上一般会呈现时间序列的特征，而其中一个时间上的特征就是时间滞后性（time-lag effect）。例如，技术创新和扩散就具有明显的时间滞后性（Fry et al., 2016）。在实证研究中，经常通过引入滞后变量（lagged variable）的方式来研究这种时间滞后性，这类模型又被称为滞后变量模型。在时间序列中，由于当期的行为往往会对未来期的行为产生影响，即当前的行为会受到过去的影响，因此，这种滞后变量模型可以用来分析社会事物与现象发展的动态性。与时间上的这种滞后性类似，社会现象在空间上也往往呈现某种关联性，尤其是邻近的地区之间在一些政策上的互相学习和溢出效应，导致邻近地区在某些方面存在明显的互相依赖性（Elhorst et al., 2020）。这种传播与互动机制，与时间上的滞后性很相似，是时间滞后性在空间上的体现。比如，某县采取了新的税收政策，降低了企业的税收，从而导致更多的公司到该县投资，推动了该县经济的发展。这种政策和现象会对邻近的县产生影响，导致邻近县纷纷模仿这种做法。因此，当类似政策传播到邻近县的过程中，就会产生时间差，就会有时间滞后效应。当邻近县采取类似的政策，反过来又会影响到这项政策的输出方，这个过程又有时间差，就会有时间滞后效应。从空间模型的角度来看，这种滞后性就是空间滞后性（Lambert et al., 2010）。

基本模型

空间自回归模型（Spatial Autoregression，SAR）最常用的模型之一，就是空间滞后模型（Gu, 2022）。空间滞后模型（Spatial Lag Model，SLM）尽管强调了空间滞后效应，但这个名称背后却是有时间滞后效应的烙印。从这种意义上来说，空间滞后其实是时间滞后在空间上的体现，体现的是时间与空间彼此之间不可分割的关系。之所以存在空间滞后因变量，是因为这个目标变量在不同空间观察值上存在着滞后性（Bruna et al., 2016）。当然，社会现象的时空特征以及时空效应，在具体呈现上有不同的程度。

从具体研究方法上来说，在研究时间滞后和空间滞后的实证模型中，一般可以分成三类：第一类是“纯空间递归（pure space recursive）”，这类模型中仅出现空间滞后效应；第二类是“时间－空间递归（time-space recursive）”，这类模型中同时包含了空间滞后效应和时间滞后效应；第三类是“时空同步（time-space simultaneous）”，这类模型不仅同时具有空间滞后效应和时间滞后效应，而且是同步发生。这三类处理方式，都在说明一个事情，就是时间和空间是不可分割的，社会现象的递归（recursive）都是发生在时空背景下的，因此，对社会现象的分析，需要结合其特定的时空背景以及时空因素。一般而言，空间滞后模型属于第一类，强调的是纯空间意义上的递归和滞后。用这种方法来分析社会时空的变化规律，属于一种静态分析。若加入了时间因素，社会时空分析就可以是动态的。

空间滞后模型一般是指把空间滞后因变量视为一个自变量进入模型进行回归和估计，这属于“纯空间递归”的类型，其公式具体如下：

$$Y = \rho WY + X\beta + \mu$$
$$\mu \sim N(0, \sigma^2 I_n)$$

其中，Y 为因变量，就是一个 $n \times 1$ 的向量；X 为自变量矩阵，是一个 $n \times k$ 的数据矩阵，这里的 k 就是解释变量的个数；W 为空间邻近矩阵，一般是一阶相邻空间权重矩阵，是一个 $n \times n$ 矩阵；WY 为空间滞后因变量，空间滞后模型的名称就来自于此。在这个模型中，空间滞后因变量作为一个自变量，进入模型。ρ 就是这个特殊自变量的系数，即空间自回归系数。β 是自变量 X 的系数，反映的是解释变量对应变量的影响。

这个模型看似简单，但内涵很丰富，是理解社会时空分析的重要基础（Gu, 2012）。即便是这种“纯空间递归”类型的回归模型，看似没有时间因素，但空间滞后效应本身就已经包含着时间因素和时间滞后效应。所以，空间滞后模型对社会时空的分析不全是静态的，也有随时间变化而变化的意涵，即所谓的比较静态分析（张自荷 et al., 2019）。这是理解空间滞后模型的关键。明白了这层意思，空间滞后模型就不难理解了，后面的其他空间回归模型也都能理解了。

经济研究中的例子

在经济学中，县域经济发展是一个重要的研究领域（许伟，2023）。比如，要研究县域经济发展水平的影响因素及其影响机制，可以用县域 GDP 作为因变量，探讨县财政收入和固定资产投资对于县 GDP 的影响。那么，方程式就是：

$$Y = \beta_0 + \beta_1 X_1 + \beta_2 X_2 + \rho WY + \mu$$

其中，Y 是因变量，这里是指县 GDP；X_1 是一个自变量，是指地方财政一般预算收入（万元）；X_2 是另一个自变量，是指城镇固定资产投资完成额（万元）。数据来自《中国县域统计年鉴（2002）》，剔除有缺失值的县，研究样本共有 1520 个县。相关数据保存在 county1520.shp、county1520.dbf 和 county1520.shx 这三个文件中。

要进行 Moran's I 检验，就需要有给定空间权重矩阵。若没有给定空间权重矩阵，就无法计算 Moran's I 值，也就无法进行 Moran's I 检验。

在本例子中，需要先在 Stata 的 sp 模块中调用数据，相关的语句如下：

```
. spshape2dta county1520.shp, saving(sp1520)
. use sp1520
. spset
. describe
. list in 1/5
. generate long fips = _ID
. bysort fips: assert _N==1
. assert fips !=.
. spset fips, modify replace
. bysort _CX: assert _N==1
. assert _CX !=.
. bysort _CY: assert _N==1
. assert _CY !=.
```

在本例中，计算了两种类型的空间权重矩阵，分别是邻近空间权重矩阵和逆距离空间权重矩阵。在 Stata 中的语句是：

```
. spmatrix create contiguity W
. spmatrix create idistance M
```

这里的 W 就是邻近空间权重矩阵，而 M 就是逆距离空间权重矩阵。这两个空间权重矩阵都进行了谱标准化（spectral）。

生产的空间权重矩阵还可以保存在本地计算机上，避免由于 Stata 关闭而导致已建构的空间权重矩阵消失。在本地计算机保存空间权重矩阵的语句如下：

```
. spmatrix export W using W.txt
. spmatrix export M using M.txt
```

在进行残差项的 Moran's I 检验前，首先可以进行没有空间因素的回归分析，其回归方程式是：

$$Y=\beta_0+\beta_1X_1+\beta_2X_2+\mu$$

在本例子的数据中，Y 其实就是 GDP；X_1 是财政收入，用 INCOME 来表示；X_2 是资本投入，用 INVEST 来表示。

在 Stata 中的语句是：

```
. regress GDP INCOME INVEST
```

通过回归得到的结果如表 6–1 所示：

表 6–1 OLS 回归结果表

	回归系数（Coef.）	标准误（Std. Err.）	t 值	$P>\|z\|$
截距项	22972.1	4348.317	5.28	0.000
X_1	22.177	0.318	69.65	0.000
X_2	1.064	0.123	8.28	0.000

根据表 6–1 的结果可知，两个自变量的回归系数都是正数，而且都是显著的。但是，这个回归结果是否可靠，还需要对这个回归后的残差进行进一步的检验，就是 Moran's I 检验。

Moran's I 检验是用来测量和检验在总体上空间自相关性的重要统计方法，因此，又被称为全局性的空间自相关检验（global spatial autocorrelation）。也就是说，Moran's I 检验是从总体上来检验样本空间观测点上的数据彼此相似的程度，从而来判断整体上样本数据是否具有空间自相关性。在实际操作中，就是计算 Moran's I 值并检验其显著性。Moran's I 值的计算公式如下：

$$I=\frac{\frac{N}{S_0}\Sigma_i\Sigma_jW_{ij}Z_iZ_j}{\Sigma_iZ_i^2} \qquad 而\ S_0=\Sigma_i\Sigma_jW_{ij}$$

其中，Z_i 为目标变量对于其均值的偏差；W_{ij} 为空间权重矩阵。在前文中，Moran's I 检验可以进行单变量检验。这里，将对回归后的残差进行 Moran's I 检验。

这里，分别通过邻近空间权重矩阵和逆距离空间权重矩阵对回归得到的残差计算 Moran's I 值，并进行统计检验。在 Stata 中的语句分别是：

```
. estat moran, errorlag(W)
. estat moran, errorlag(M)
```

Moran's I 检验的结果如表 6–2 所示：

表 6–2　Moran's I 检验结果

Moran's I 检验	采用邻近空间权重矩阵	采用逆距离空间权重矩阵
chi2(1)	562.5	985.1
Prob > chi2	0.000	0.000

如表 6–2 所示，Moran's I 检验的结果显示，当采用邻近空间权重矩阵时，Moran's I 检验显著为正，说明在这种空间权重矩阵下，县域经济发展上存在着显著的空间自相关性，因此，有必要通过空间自回归模型进行回归，即现有的回归模型已经不足。当采用逆距离空间权重矩阵时，Moran's I 检验也是显著为正，说明在这种情况下，存在着显著的空间自相关性，因此，需要通过空间自回归模型进行回归和估计。

在空间回归估计中，采用广义空间二阶最小二乘（Generalized Spatial Two Stage Least Square，GSTSLS）方法。对于空间权重矩阵，这里采用了逆距离权重（Inverse Distance Weighted，IDW）。这种方法定义检验不同距离之间的邻近关系时遵循了“地理学第一定理”：研究对象距离越远，它们之间的相互影响越小。

回归后，出来结果。Wald chi2（3）值是 7363.19，*Prob* > *chi*2 = 0.000，“准 R^2”（Pseudo R^2）值是 0.825。

如表 6–3 所示，两个自变量财政收入和资本投入对于县 GDP 的影响都是正向且显著的。这说明随着财政收入和资本投入的增加，GDP 也会随着增加。也就是说，经济的发展与劳动力和资本投入有关。对于一个县域经济体而言，劳动力和资本都是其发展的基本生产要素。随着县级政府财政收入的增加，县政府对于本地教育的经费投入也会增加，这有利于提高本地的劳动力质量。随着劳动力和资本投入的增加，在既定的技术条件下，经济水平也会随着增加。

表 6–3　空间滞后模型结果（广义空间二阶最小二乘法）

	回归系数（Coef.）	标准误（Std. Err.）	Z 值	$P>\|z\|$
截距项	–55869.59	9303.111	–6.01	0.03
X_1	21.217	0.323	65.61	0.000
X_2	1.177	0.119	9.85	0.000
WY	0.365	0.038	9.49	0.000

此外，邻近县之间的经济发展情况也会互相影响。如表 6–3 所示，模型估计的空间自回归系数是 0.365，且是显著的。对于这个空间项的 Wald 检验，其 chi2（1）值为 7363.19，$Prob > chi2 = 0.000$，这说明空间滞后因变量对于因变量自身的影响是显著的。也就是说，邻近县之间在经济发展上是彼此依赖的，存在着显著的空间自相关性。这说明在县域经济发展上，邻近县之间往往会存在着正向的溢出效应（spillover effect），即一个县经济的发展，往往会带动周围邻近县经济的发展。造成这种现象的原因是多方面的，如相邻县之间的彼此学习效应、邻近县之间产业上的互补性和专业分工等。

当然，还可以采用最大似然估计（Maximum Likelihood Estimation，MLE）方法进行空间滞后模型的估计。回归后，出来结果。Wald chi2（3）值是 7388.73，$Prob > chi2 = 0.000$，“准 R^2”（Pseudo R^2）值是 0.824。对数似然函数（Log likehood）值是 –19959.124。对于这个空间项的 Wald 检验，其 *chi2*（1）值为 110.84，$Prob > chi2 = 0.000$，比较表 6–3 和表 6–4，发现通过广义空间二阶最小二乘法和最大似然估计法进行空间滞后模型的回归估计，两个常规自变量 X_1 和 X_2 对因变量的影响，无论从估计系数大小还是显著程度上，都基本上相似。但是，空间自回归系数的估计值却从 0.365 增加到了 0.402。也就是说，在这个例子中，在最大似然估计法中，邻近县之间在经济发展上的彼此依赖性会更强一些。这是估计方法对于系数的影响。不同的估计方法，对于空间自相关性程度的估计有所不同。在本例子中，最大似然估计法比广义空间二阶最小二乘法所得到的系数要更大。

表 6–4　空间滞后模型结果（最大似然法）

	回归系数（Coef.）	标准误（Std. Err.）	Z 值	$P>\|z\|$
截距项	–63832.09	9250.311	–6.9	0.000
X_1	21.120	0.323	65.38	0.000
X_2	1.188	0.119	9.95	0.000
WY	0.402	0.038	10.53	0.000

在实证研究中，广义空间二阶最小二乘法和最大似然法都有其使用的前提假设。广义空间二阶最小二乘法的前提假设是残差独立同分布的，但是，可以不是正态分布。在空间回归上，这种方法适用性比较广。最大似然法除了要求残差是独立同分布之外，还要求符合正态分布。可见，最大似然法的前提条件要比广义空间二阶最小二乘法更高。相对而言，最大似然法应用范围也就比较窄。在空间回归模型中，一般只能用于一个空间滞后因变量和一个空间误差项，但是可以用来估计多个协变量空间滞后（multiple spatial lags of covariates）的模型。在实际回归过程中，有时候也需要在不满足正态分布的情况下，用最大似然法进行估计与回归。这属于强制进行最大似然估计的方法，在有些情况下，也是可以采用的。

Stata 中的具体步骤

在 Stata 软件中，要做空间滞后模型的回归，一般有如下五个步骤。

第一步，把数据导入到 Stata 软件中，做出相关的 Stata 数据文件。一般情况下，都是把 Shapefile（shp）文件导入到 Stata 系统。在这个步骤中，采用的是“spshape2dta”，这是把 shp 数据导入 Stata 的 sp 模块的数据转化命令。在本例子中，有 county1520.shp、county1520.shx 和 county1520.dbf 这三个文件。这三个文件是彼此不能分割的，需要放在一个目录中。数据转化的具体 Stata 语句如下：

```
. spshape2dta county1520.shp, saving(sp1520)
```

运行之后，在 Stata 中就创建了两个数据文件，分别是 sp1520.dta 和 sp1520_shp.dta，这是 Stata 在进行空间分析时所使用的数据文件。其中 sp1520.dta 文件的数据格式如表 6–5 所示。

表 6–5 name.dta 文件的数据结构

变量名	内容
_ID	这是从 1，2，…，N 的数，给每个样本一个唯一的 ID
_CX	这是空间样本观测点所在的经度数据
_CY	这是空间样本观测点所在的纬度数据
其他变量	就是空间样本观测点上的其他属性数据

可见，从 Shapefile 文件导入到 Stata 系统转化为 name.dta 文件过程中，多出了三个变量，分别是 _ID、_CX 和 _CY，这是 Stata 系统给定的，不可更改。其中 _ID 变量系统直接根据样本次序给定从 1 到 N 的数字，都是给空间观测点的 ID，是唯一且不重复的。但是，_CX 和 _CY 一般情况下是缺失值，需要给予其赋值，才能进行计算和空间回归。

例如，在本研究案例中，Shapefile 文件中所要研究的变量数据。其中，POLYID 是每个县的 ID 编码，是每个样本唯一的，不能出现重复。GDP 是每个县的 GDP 数据，INCOME 是每个县的财政收入，INVEST 是每个县的城镇固定资产投资完成额数据。这个数据文件共有 1520 行，代表了 1520 个县的样本。这个数据文件导入到 Stata 之后，建立了一个名为 sp1520.dta 的数据文件，这时，就多出来 3 列，分别是 _ID、_CX、_CY。

第二步，创建一个公用的 ID 变量。_ID 是 Stata 系统给定的 ID 变量，但在运行空间回归分析的过程中，并不一定就会用这个 ID 变量。因此，需要创建和指定一个 ID 变量，供空间回归时使用。在本案例中，创建了一个名为 fips 的 ID 变量，而且要确保仅有一个观察值。所采用的 Stata 语句如下：

```
. generate long fips = _ID
. bysort fips: assert _N==1
. assert fips !=.
```

这里的 bysort fips: assert _N==1 就是按照 fips 的分组，检查 _N==1 的命题正确与否。对于每个 fips, 必须有一个且只能有一个观察值，而且这些观察值之间不能重复。

有了这样的 ID 之后，就可以在空间回归分析中统一使用这个 ID 变量，具体 Stata 语句如下：

```
. spset fips, modify replace
```

第三步，检查县经纬度是否有重合。每个县的经纬度数据就存储在 _CX 和 _CY 变量上。在进行空间回归之前，需要注意每个县的经纬度数据不能有重复的。若有两个县之间的经纬度数据是相同的，在运行空间回归时，Stata 就会提醒说经纬度数据有重复，无法继续进行回归。当出现两个县的经纬度数据是一样的情况，就意味着这两个县在地理空间上的经纬度是重合的，因此，Stata 就无法区分这两个县，无法做空间回归分析。对于这种情况，就需要使这两个的经纬度有所不同，才能继续进行空间回归分析。具体 Stata 语句如下：

```
bysort _CX: assert _N==1
assert _CX !=.
bysort _CY: assert _N==1
assert _CY !=.
```

第四步，建立空间权重矩阵。空间权重矩阵的类型有多种，在本研究中，建立的是逆距离空间权重矩阵。具体 Stata 语句如下：

```
. spmatrix create idistance M
```

这个 M 的空间权重矩阵是一个的矩阵，代表了 1520 个县之间的空间关系。由于是逆距离空间权重矩阵，两个县之间的空间距离越大，这两个县之间的关系就越不密切。这是逆距离空间权重计算的基本原则，也是“地理学第一定理”的基本内容。

第五步，空间滞后回归。首先，采用广义空间二阶最小二乘法进行回归，相应的 Stata 语句如下：

```
. spregress GDP INCOME INVEST,gs2sls dvarlag(M) force
```

接着，采用最大似然估计法进行回归，相应的 Stata 语句如下：

```
. spregress GDP INCOME INVEST,ml dvarlag(M) force
```

根据这些语句，就可以得到对应的回归结果。

在开展时空社会科学研究中，若用 Stata 来进行模型估计和回归，都会用到上述五个步骤，其中前四个步骤是通用的，静态社会时空分析的相关模型都会用到这四个步骤，第五个步骤是专用的，根据所采用的特定模型来调用对应的语句进行回归。

第二节 空间误差模型

在对社会时空开展研究的过程中，除了结构性因素之外，往往还有一些非结构性因素的影响，如很难提前预测的偶发性因素。在实证研究中，就会遇到误差的问题。尽管误差往往被视为一个令人尴尬的问题，但空间数据中固有的误差值得更多关注和公众理解（Chrisman, 1991）。在空间数据中，误差里面往往含有很重要的信息。空间滞后效应也有可能出现在残差中，也就是说，此时的残差并非是独立同分布的，而是有其内在的空间结构（Akgun et al., 2020）。在这种情况下，就需要在残差中把这种空间结构因素给分离出来，使得分离后的残差是独立同分布的。空间误差模型（Spatial Error Model，SEM）就是用来处理这种问题的方法。空间误差模型通过对于残差的进入挖掘，揭示空间因素的影响。当然，这种空间滞后残差的存在，也说明了其中有时间因素的作用，因为残差之间存在着空间滞后效应，这种滞后效应的传递也是有时间滞后特征的，只不过这种时间滞后效应是隐含在残差的空间滞后效应里面的。

基本模型

空间误差模型强调了残差项中的空间结构，即在残差中存在着空间滞后效应，因此，需要进行有针对性的处理，其具体公式如下：

$$Y = X\beta + \varepsilon$$

$$\epsilon = \gamma W\epsilon + \mu$$

$$\mu \sim N(0, \sigma^2 I_n)$$

其中 Y 为因变量，是一个 $n \times 1$ 的向量；X 为自变量矩阵，是一个 $n \times k$ 的数据矩阵，这里的 k 就是解释变量的个数；ε 为 Y 对于 X 的回归后的残差。在普通最小二乘回归模型中的又一个经典假设，就是线性回归的残差属于独立同分布。也就是说，回归得到的残差里面，已经没有了系统性信息，其系统性信息已经被自变量所体现。但是，若变量中存在空间自相关性，那么采用普通最小二乘法进行回归，空间关系就会被吸收进残差中，使得回归得到的残差里面依然具有某种空间结构和关系，不可能是独立同分布的。因此，有必要对残差进行进一步分析，挖掘出其内在的空间结构信息。这就是空间误差模型的主要目的。在上述公式中，W 就是空间邻近矩阵，一般是一阶相邻空间权重矩阵，是一个 $n \times n$ 矩阵。在这个模型中，残差中存在着空间滞后效应，因此，就有 $W\epsilon$ 作为自变量进入残差的回归模型中，γ 就是这个特殊自变量的系数。β 是自变量 X 的系数，反映的是解释变量对因变量的影响。

由于公式 $\epsilon = \gamma W\epsilon + \mu$ 可以变成 $(I - \gamma W)\epsilon = \mu$，即 $\epsilon = (I - \gamma W)^{-1}\mu$，所以空间误差模型还可以写成：

$$Y = X\beta + (I - \gamma W)^{-1}\mu$$

$$\mu \sim N(0, \sigma^2 \mathrm{I}_n)$$

在开展时空社会科学研究时，除了分析结构性因素的影响之外，还要分析非结构性、偶发性因素的影响，那么空间误差模型就可以发挥其作用。当然，社会时空是复杂的，其影响因素也是多元的。在开展实证研究时，不可能穷尽所有的影响因素，即有些因素可能会被忽略而未能纳入模型中来，有些因素因为没有相关的数据也不可能被纳入模型中来，于是，这些因素的作用可能就会出现在残差之中。这就是空间误差模型所要解决的问题。

实例展示

在不同的领域，可以定义不同的社会时空。在产业经济学领域，要素投入与工业产出就可以界定为一种社会时空。在这样的社会时空中，可以通过空间误差模型来分析县域经济发展的影响因素，具体公式如下：

$$Y = \beta_0 + \beta_1 X_0 + \beta_2 X_2 + (I - \gamma W)^{-1}\mu$$

$$\mu \sim N(0, \sigma^2 \mathrm{I}_n)$$

相关变量的定义，与前面的空间滞后模型相同。但是，基本的意涵有所不同。在空间滞后模型中，县级经济发展情况除了和本县的财政收入和资本投入有关之外，还与邻近县的经济发展情况有密切的关系。在空间误差模型中，情况则有所不同。县域经济发展情况，除了会受到本县的财政收入和资本投入影响之外，还会受到邻近县的其他因素的影响，这种因素可能是邻近县的工业发展情况，也可能是别的因素。这些因素对因变量的影响，不是通过自变量，而是通过残差中的空间滞后效应。可见，即便是在相同的社会时空之中，分析的重点也会有所不同。

采用广义空间二阶最小二乘法进行空间误差模型的回归，得到结果。Wald chi2（2）值是 5632.05，$Prob > chi2 = 0.000$，“准 R^2”（Pseudo R^2）值是 0.817。对于这个空间误差项的 Wald 检验，其 chi2（1）值为 75.03，$Prob > chi2 = 0.000$。

表 6–6　空间误差模型结果（GSTSLS）

	回归系数（Coef.）	标准误（Std. Err.）	Z 值	$P>\|z\|$
截距项	42223.79	3885.815	10.87	0.000
X_1	20.714	0.323	64.23	0.000
X_2	1.021	0.115	8.86	0.000
$W\epsilon$	3.265	0.377	8.66	0.000

如表 6–6 所示，县域经济发展情况受到本县的财政收入和资本投入的影响显著。本县财政收入和资本投入越大，本县的经济发展越快。由于空间误差回归系数的估计值显著，说明回归模型得到的误差中的空间因素的影响是显著的。也就是说，回归得到的误差在空间分布上呈现明显的特征和规律。这说明，县域经济发展的情况，还受到邻近县的其他因素的影响。

如果采用最大似然估计法进行回归，得到的结果有所不同。Wald chi2（2）值是 5283.49，$Prob > chi2 = 0.000$，“准 R^2”（Pseudo R^2）值是 0.817。对数似然函数（Log likehood）值是 –19854.268。对于这个空间项的 Wald 检验，其 chi2（1）值为 787.53，$Prob > chi2 = 0.000$。

如表 6–7 所示，采用最大似然估计法进行回归，两个自变量对于因变量的影响基本上是类似的，回归得到的系数值大小基本相同。空间误差回归系数的估计值结果也是类似的，都是显著。

表 6–7　空间误差模型结果（MLE）

	回归系数（Coef.）	标准误（Std. Err.）	Z 值	$P>\|z\|$
截距项	48557.53	3190.571	15.22	0.000
X_1	20.293	0.322	62.97	0.000
X_2	0.949	0.113	8.39	0.000
$W\epsilon$	3.898	0.139	15.22	0.000

最大似然估计有正态分布的假设，现实中有些现象并不呈现正态分布。在这种情况下，有时候也可以应用最大似然法进行回归和估计。这是一种强行实施最大似然估计的情形。比如在本例子中强行实施最大似然估计，得到结果。Wald chi2（2）值是 5290.49，$Prob > chi2 = 0.000$，“准 R^2”（Pseudo R^2）值是 0.817。对数似然函数（Log likehood）值是 –19854.268。对于这个空间项的 Wald 检验，其 chi2（1）值为 769.86，$Prob > chi2 = 0.000$。

对表 6–7 和表 6–8 加以比较，发现在本例子中，即便强行实施最大似然法进行回归，其结果依然没有什么变化。也就是说，在本例子中，即便放弃了正态分布的假设，也并不影响回归估计的结果。当然，出现这种情况是有前提的。本例子中，回归后的残差是符合正态分布条件的，因此，强行实施最大似然法进行估计与回归，并不会对结果产生明显影响。若这个前提不成立，那么两种估计方法的结果是不一样的。所以，在应用空间回归方法开展时空社会科学研究时，要注意不同方法应用的前提条件。

表 6–8 空间误差模型结果（MLE，强制）

	回归系数（Coef.）	标准误（Std. Err.）	Z 值	$P>\|z\|$
截距项	48557.53	3187.041	15.24	0.000
X_1	20.293	0.322	62.97	0.000
X_2	0.949	0.113	8.41	0.000
$W\epsilon$	3.898	0.141	27.75	0.000

Stata 中的相关语句

若从数据导入开始，就需要采用上文所述的五个步骤来进行。由于这个例子中的前四个步骤都已经完成，所以这里就直接讲第五步的语句。针对这个研究例子，在 Stata 中做空间误差模型的回归分析，采用广义空间二阶最小二乘法进行回归，相应的语句如下：

```
. spregress GDP INCOME INVEST,gs2sls errorlag(M)force
```

在这个语句中，errorlag（M）就是以 M 为空间权重矩阵进行的空间残差估计。若采用最大似然估计法进行回归，相应的语句如下：

```
. spregress GDP INCOME INVEST,ml errorlag(M)force
```

若强行实施稳健最大似然法进行回归，只要在上述这个语句上加一个 vce（robust）选项即可，其语句如下：

```
. spregress GDP INCOME INVEST,ml vce(robust) errorlag(M)force
```

根据这些语句，就可以得到对应的回归结果。可见，当数据整理好之后，进行空间回归就相对比较容易了。只要按照这些简单的语句实施空间误差模型的估计与回归，就可以得到几组实证结果。在开展时空社会科学研究过程中，通过对这些回归结果进行比较分析，可以探究社会现象在空间上的规律以及邻近空间观测点之间所存在的关联性。

任何实证研究，到了通过统计软件进行回归时，一般都是比较简单的，因为只要运行相关语句，回归结果就会很快出来。在实证研究中，比较具有难度的事情，在于前期的模型建构以及后期的实证结果的解释上。对于同一个社会现象，不同的研究者可以从不同的角度进行建模，可以体现出不同研究者的思考重点。对于同一个实证回归结果，不同的研究者也可以从不同角度来进行解释，因此就会产生不同的理论。这样，更容易产生学术研究的争鸣，对于相关社会现象的分析也会更加深入。

第三节 空间杜宾模型

社会时空的发展与变化往往是复杂的，可能存在着多种时空滞后效应，不仅被解释变量可能会出现滞后效应，就连解释变量自身也可能会存在着滞后效应。从实证模型的角度来看，空间滞后模型需要进一步升级，才有可能模拟社会时空这种复杂的滞后效应。在空间滞后模型中，空间滞后效应出现在因变量上，即一个空间观测点上的因变量，会受到邻近空间观测点上的同一个变量的影响（Bivand, 2002）。也就是说，相邻空间观测点上的特定变量之间存在着互相影响的关系。但是，在考察特定变量的这种关系时，往往还会出现这个因变量会受到邻近空间观测点上的其他解释变量的影响，即自变量也会存在空间滞后效应，而这种自变量上的空间滞后效应对于因变量的影响往往是不可忽略的。于是，就有必要在空间滞后模型的基础上，把自变量的空间滞后效应也纳入其中（Shao et al., 2023），这就是空间杜宾模型（Spatial Dubin Model，SDM）。在形式上，空间杜宾模型是在空间滞后模型的基础上引入了自变量的空间滞后效应。在实质上，除了研究和检验因变量空间滞后效应的影响之外，空间杜宾模型还进一步研究和检验自变量的空间滞后效应。

基本模型

空间杜宾模型的基本公式如下：

$$Y = \rho WY + X\beta_1 + WX\beta_2 + \mu$$
$$\mu \sim N(0, \sigma^2 I_n)$$

与空间滞后模型相比，就多了一项，这就是自变量的空间滞后效应，即空间滞后自变量。根据这个公式，空间观测点上的因变量，不仅受到其空间滞后因变量和自变量的影响，还会受到空间滞后自变量的影响（杜鹏，何思乐，2023）。也就是说，空间观测点上的特定现象或变量，不仅会受到自身所在空间观测点上的其他解释变量的影响，而且还会受到邻近空间观测点上的包括解释变量和被解释变量在内的相关因素的影响（Anselin, 1988）。

实例展示

继续以县域经济发展为研究例子，若采用空间杜宾模型，由于有两个自变量，因此可以有多种模型。比如假设邻近县的财政收入（X_1）对目标县的经济（Y）会产生影响，那么具体回归方程式应该如下：

$$Y = \beta_0 + \beta_1 X_1 + \beta_2 X_2 + \rho_1 WY + \rho_2 WX_1 + \mu$$

其中，Y 为因变量，就是县 GDP；X_1 为一个自变量，是指县财政收入；X_2 为另一个自变量，是指城镇固定资产投资完成额；*WY* 为空间滞后因变量，WX_1 是空间滞后自变量。

采用广义空间二阶最小二乘法进行空间误差模型的回归，得到结果。Wald chi2（4）值是 8151.94，$Prob > chi2 = 0.000$，“准 R^2”（Pseudo R^2）值是 0.728。对于这个空间误差项的 Wald 检验，其 chi2（1）值为 153.83，$Prob > chi2 = 0.000$。

如表 6–9 所示，采用广义空间二阶最小二乘法进行回归，得到的结果显示，两个自变量对于因变量的影响都是正向且显著的，也就是说，本县财政收入和资本投入的增加，都会导致本县经济的提升。此外，WX_1 的回归系数是负的，且是显著的，这意味着邻近县的财政收入的增加对于本县的经济提升会产生负向影响，即财政收入这个自变量存在着空间滞后效应。也就是说县经济发展会受到邻近县财政收入情况的影响，但这种影响是负向的，即邻近县的财政收入越多，对目标县的经济发展就越会产生负面作用。也就是说，在资源有限的情况下，邻近县之间在发展经济上可能存在着零和博弈的情形，从而导致此消彼长的经济发展态势。但是，事情发展往往是复杂的。

表 6–9　空间杜宾模型结果例一（GSTSLS）

	回归系数（Coef.）	标准误（Std. Err.）	*Z* 值	$P>\|z\|$
截距项	–23421.44	10071.04	–2.33	0.02
X_1	21.208	0.308	68.78	0.000
X_2	1.084	0.115	9.45	0.000
WX_1	-76.55	10.771	–7.11	0.000
WY	3.064	0.381	8.05	0.000

这个模型显示 *WY* 的回归系数是正的，而且是显著的。这说明，引入空间滞后自变量后，空间滞后因变量的作用依然很重要。也就是说，即便有邻近县的激烈竞争，部分劳动力也因此被吸引过去，但是，邻近县之间的经济发展往往具有经济规模效应，呈现互补的特征，因此，邻近县之间在经济发展上，溢出效应明显。另一种解释是，邻近县之间的县际竞争具有激活周边地区竞争活力的作用，相当于在本地形成了所谓的“鲶鱼效应”，使得本地经济总体上呈现发展的态势。

如果采用最大似然估计法进行回归，得到的结果有所不同。Wald chi2（4）值是 62997.28，$Prob > chi2 = 0.000$，“准 R^2”（Pseudo R^2）值是 0.147。对数似

然函数（Log likehood）值是 –19918.666。对于这个空间项的 Wald 检验，其 chi2（1）值为 55233.21，$Prob > chi2 = 0.000$。

比较表 6–9 和表 6–10，回归系数都是显著的。从回归系数的值来看，两种估计方法对于自变量回归系数的值影响不大，基本上都很接近。但是，对于空间滞后效应的回归系数值影响较大。无论是空间滞后因变量还是空间滞后自变量的回归系数值的绝对值，在最大似然估计法中都比在广义空间二阶最小二乘法中要大。这说明，前者估计得到的空间滞后效应力度要比后者估计得到的空间滞后效应力度要强。

表 6–10　空间杜宾模型结果例一（MLE）

	回归系数（Coef.）	标准误（Std. Err.）	Z 值	$P>\|z\|$
截距项	16169.47	9385.576	1.72	0.085
X_1	21.131	0.313	67.54	0.000
X_2	0.963	0.116	8.32	0.000
WX_1	–182.644	1.333	–137.07	0.000
WY	6.83	0.029	234.83	0.000

当然，也可以考察另一个自变量的滞后效应，公式如下：

$$Y = \beta_0 + \beta_1 X_1 + \beta_2 X_2 + \rho_1 WY + \rho_2 WX_2 + \mu$$

采用广义空间二阶最小二乘法进行空间误差模型的回归，得到结果。Wald chi2（4）值是 7548.79，$Prob > chi2 = 0.000$，“准 R^2”（Pseudo R^2）值是 0.823。对于这个空间误差项的 Wald 检验，其 chi2（1）值为 110.27，$Prob > chi2 = 0.000$。

根据表 6–11 的回归结果显示，WX_2 的回归系数是负的，且是显著的，这意味着邻近县的年末城镇固定资产投资完成额对于本县的经济提升会产生负向影响，即年末城镇固定资产投资完成额这个自变量存在着空间滞后效应。在邻近县之间，往往存在着资本投入上的竞争。比如在招商引资上，邻近县之间往往存在激烈的竞争。在邻近县的外商投资不断增加的情况下，对于目标县而言，则意味着在本县的外商投资减少，对本县的经济发展会产生负面影响。

表 6–11 空间杜宾模型结果例二（GSTSLS）

	回归系数（Coef.）	标准误（Std. Err.）	Z 值	$P>\|z\|$
截距项	–25358.01	12352.36	–2.05	0.04
X_1	20.909	0.329	63.63	0.000
X_2	1.214	0.119	10.25	0.000
WX_2	–7.78	2.02	–3.85	0.000
WY	0.812	0.121	6.73	0.000

如果采用最大似然估计法进行回归，得到的结果有所不同。Wald chi2（4）值是 7682.14，$Prob > chi2 = 0.000$，“准 R^2”（Pseudo R^2）值是 0.821。对数似然函数（Log likehood）值是 –19940.934。对于这个空间项的 Wald 检验，其 chi2（1）值为 214.43，$Prob > chi2 = 0.000$。如表 6–12 所示。

表 6–12 空间杜宾模型结果例二（MLE）

	回归系数（Coef.）	标准误（Std. Err.）	Z 值	$P>\|z\|$
截距项	–9635.617	11914.47	–0.81	0.419
X_1	20.6	0.322	63.98	0.000
X_2	1.252	0.118	10.61	0.000
WX_2	–13.515	1.652	–8.18	0.000
WY	1.173	0.196	12.21	0.000

当然，也可以同时考察和分析两个自变量的空间滞后效应。在同时分析两个及两个以上的空间滞后自变量时，需要说明不同自变量的滞后效应计算时所采用的空间矩阵是否一样。若空间矩阵都是一样的，那么其公式如下：

$$Y = \beta_0 + \beta_1 X_1 + \beta_2 X_2 + \rho_1 WY + \rho_2 WX_1 + \rho_3 WX_2 + \mu$$

由于这个方程式已经有两个空间滞后自变量，因此，一般情况下不用最大似然估计法，而是采用广义空间二阶最小二乘法进行空间误差模型进行回归。具体结果如下：Wald chi2（3）值是 8234.69，$Prob > chi2 = 0.000$，“准 R^2”（Pseudo R^2）值是 0.741。对于这个空间项的 Wald 检验，其 chi2（1）值为 172.43，$Prob > chi2 = 0.000$。

表 6–13 空间杜宾模型结果例三（MLE）

	回归系数（Coef.）	标准误（Std. Err.）	Z 值	$P>\|z\|$
截距项	–4433.041	12182.4	–0.36	0.716
X_1	21.022	0.316	66.47	0.000
X_2	1.107	0.115	9.64	0.000
WX_1	–76.014	10.97	–6.93	0.000
WX_2	–4.81	2.004	–2.4	0.016
WY	3.32	0.375	8.86	0.000

如表 6–13 所示，空间滞后自变量的回归系数都是负数，且都是显著的。这说明邻近县在这两方面上的投入的增加，会对目标县经济发展产生负面影响。从系数绝对值的大小来看，WX_2 的系数绝对值要比 WX_1 的系数绝对值要小，这说明对于目标县经济发展而言，邻近县在资本投入上的增加对其产生的负面影响，要小于在财政收入上的增加。一个可能的原因是县域经济的推动力主要来自财政收入。

若自变量空间滞后效应计算时所用的空间矩阵是不一样的，那么其公式如下：

$$Y=\beta_0+\beta_1X_1+\beta_2X_2+\rho_1W_1Y+\rho_2W_1X_1+\rho_3W_2X_2+\mu$$

在这个公式中，有两个空间权重矩阵，分布是 W_1 和 W_2，前者是计算空间滞后因变量和 X_1 时所用的空间权重矩阵，是一个逆距离矩阵，在本例子的 Stata 语句中用 M 代表这个矩阵。后者是计算 X_2 的滞后效应时所用的空间权重矩阵，是一个根据近邻法（based on nearest neighbors）所创建的空间权重矩阵，在本例子的 Stata 语句中用 W 代表这个矩阵。这个空间邻近权重矩阵，在本例子一开始就已经建构好了。这里直接拿过来用即可。

采用广义空间二阶最小二乘法进行空间误差模型的回归。具体结果如下：Wald chi2（5）值是 8424.18，$Prob > chi2$ = 0.000，“准 R^2”（Pseudo R^2）值是 0.577。对于这个空间项的 Wald 检验，其 chi2（1）值为 221.77，$Prob > chi2$ = 0.000。

如表 6–14 所示，两个空间滞后自变量的回归系数中，W_1X_1 的回归系数是显著为负的，而 W_2X_2 的回归系数是显著为正的。把表 6–14 和表 6–13 进行比较，说明不同的空间权重矩阵对于回归结果是有影响的。在表 6–13 中，自变量 X_2 采用 M 空间权重矩阵时，其回归系数是显著为负，但是，当采用 W 空间权重矩阵时，其回归系数是显著为正。所以，在进行空间回归分析时，需要考虑空间权重矩阵的合理性，以确定何种空间权重矩阵更适合所研究的问题和对象。

表 6–14　空间杜宾模型结果例四（MLE）

	回归系数（Coef.）	标准误（Std. Err.）	Z 值	$P>\|z\|$
截距项	–47944.4	10503.83	–4.56	0.000
X_1	20.647	0.315	65.62	0.000
X_2	0.976	0.114	8.55	0.000
W_1X_1	–65.508	10.187	–6.43	0.000
W_2X_2	1.536	0.218	7.04	0.000
W_1Y	2.672	0.36	7.42	0.000

Stata 中的相关语句

在 Stata 中，只有一个空间滞后自变量时的空间杜宾模型的语句如下：

```
. spregress GDP INCOME INVEST,gs2sls dvarlag(M) ivarlag(M:INCOME)force
. spregress GDP INCOME INVEST,ml dvarlag(M) ivarlag(M:INCOME)force
. spregress GDP INCOME INVEST,gs2sls dvarlag(M) ivarlag(M:INVEST)force
. spregress GDP INCOME INVEST,ml dvarlag(M) ivarlag(M:INVEST)force
```

当两个空间滞后自变量同时进入空间杜宾模型时，其语句如下：

```
. spregress GDP INCOME INVEST,gs2sls dvarlag(M) ivarlag(M:INCOME INVEST)
force
```

可见，空间杜宾模型的语句结构比较简单。dvarlag（M）是指以 M 为空间权重矩阵的空间滞后因变量，而 ivarlag（M: INCOME）和 ivarlag（M: INVEST）是指以 M 为空间权重矩阵的空间滞后自变量。若两个自变量都有空间滞后效应，而且都是以 M 为空间权重，那么就可以用 ivarlag（M:INCOME INVEST）来说明。

当两个自变量空间滞后效应所用的空间权重矩阵不一样时，语句也需要做出说明。如果两个自变量在计算其滞后效应时所采用的空间权重矩阵是不同的，比如自变量和因变量用的都是 M 空间权重矩阵，而自变量用的是 W 空间权重矩阵，那么，对应的语句如下：

```
. spregress GDP INCOME INVEST,gs2sls dvarlag(M) ivarlag(M:INCOME)
ivarlag(W:INVEST) force
```

第四节 空间混合模型

在开展时空社会科学研究的过程中，所研究的社会时空越复杂，那么实证模型的设定也就更复杂。如横截面数据在空间上的分布，有时候会比较复杂，既有空间滞后效应，又往往存在着空间误差效应。于是，在实证研究上，就需要同时考虑和分析这两种效应，空间线性混合模型（Spatial Mixed Model，SMD）就能够实现这种功能。从形式上来看，空间杜宾模型是空间滞后模型和空间误差模型的综合体。但是，由于同时出现了空间滞后效应和空间误差效应，说明不同空间观测点上的所研究对象呈现出比较复杂的特征。对于这种比较复杂的特征，仅仅分析其中的一个效应还不够，需要同时分析其中的两个效应。因此，从某种意义上来说，空间杜宾模型是一种双空间效应的分析模型。在现实中，这两种空间效应可能是彼此独立的，也可能是互相影响的。于是，就需要所谓的空间混合模型。

一、基本模型

根据名称不难发现，所谓的空间混合模型，就是把多种空间效应混合起来，一起进行研究。这种模型可以有效模拟所研究的社会时空内部存在多种不同的空间效应时的作用机制及其影响。空间混合模型的基本公式如下：

$$Y = \rho WY + X\beta_1 + WX\beta_2 + (I - \gamma W)^{-1}\mu$$
$$\mu \sim N(0, \sigma^2 I_n)$$

在这个公式中，既有空间滞后因变量，又有空间滞后自变量，还有空间滞后残差。这三部分都成为了模型的自变量，是空间滞后模型和空间误差模型的混合体。在估计这个模型的过程中，所采用的空间权重矩阵可能是相同的，也可能是不同的，因此会出现多种衍生方程。

可见，空间混合模型是一种总称，是多种空间效应组合进行实证研究的空间回归模型的统称。在实际应用中，由于空间效应组合的不同，可以演变成很多具体的回归方程式，从而可以有效模拟所研究的社会空间的特征，便于揭示其运行发展的规律。这个过程，其实与搭积木相似。在开展时空社会科学研究时，空间混合模型给予了研究者更大的弹性，可以从更多的角度对理论假设进行实证检验。

实例展示

这里继续以县域经济中的社会时空研究为例，解析空间混合模型的应用。在县域经济发展的研究中，若因变量、自变量和残差的空间滞后效应采用的是同一个空间权重矩阵，那么，其回归方程式如下：

$$Y = \beta_0 + \beta_1 X_1 + \beta_2 X_2 + \rho_1 WY + \rho_2 WX_1 + (I - \gamma W)^{-1}\mu$$

在这个回归方程式中，因变量具有空间滞后效应，两个自变量中的一个自变量 X_1 具有空间滞后效应，另一个自变量不具有空间滞后效应。此外，残差具有空间滞后效应。因此，这个回归方程式其实就是在研究自变量以及三类空间滞后变量对于因变量关于相关变量的定义，与上文相同。在回归估计时，采用了逆距离空间权重矩阵。

采用广义空间二阶最小二乘法进行空间误差模型的回归，得到结果。Wald chi2（4）值是 6753.22，$Prob > chi2$ = 0.000，“准 R^2”（Pseudo R^2）值是 0.524。对于这个空间误差项的 Wald 检验，其 chi2（1）值为 173.46，$Prob > chi2$ = 0.000。

如表 6–15 所示，三个滞后效应中，WX_1 的回归系数是负数且显著的，这说明邻近县财政收入的增加对于目标县的经济发展会产生负向影响，即财政收入这个自变量存在着空间滞后效应。*WY* 的回归系数是正的且显著，这说明邻近县之间在经济发展上具有互补性，可以互相促进。$W\epsilon$ 的回归系数是正的且显著，这说明除了上述因素之外，邻近县之间还有其他因素也可能存在某种空间滞后效应，对县域经济发展产生正向积极的影响。

表 6–15　空间混合模型结果例一（GSTSLS）

	回归系数（Coef.）	标准误（Std. Err.）	Z 值	$P>\|z\|$
截距项	–21463.42	12995.77	–1.65	0.099
X_1	20.1	0.308	65.29	0.000
X_2	0.951	0.109	8.74	0.000
WX_1	–232.507	24.755	–9.39	0.000
WY	8.827	0.904	9.77	0.000
$W\epsilon$	2.266	0.585	3.88	0.000

由于上述三类空间滞后效应各自仅涉及一个变量，因此可以通过最大似然估计法进行回归，得到如下结果：Wald chi2（4）值是 11115.08，$Prob > chi2 = 0.000$，“准 R^2”（Pseudo R^2）值是 0.0497。对数似然函数（Log likehood）值是 –19789.952。对于这个空间误差项的 Wald 检验，其 chi2（1）值为 5723.65，$Prob > chi2 = 0.000$。

比较表 6–15 和表 6–16，回归结果基本类似，只有空间滞后回归系数的绝对值略有变化。相比而言，在本例子中，这三类空间滞后回归系数的绝对值，除了残差项的空间滞后项之外，用广义空间二阶最小二乘法进行估计时要比用最大似然法进行估计要大。

表 6–16　空间混合模型结果例一（MLE）

	回归系数（Coef.）	标准误（Std. Err.）	Z 值	$P>\|z\|$
截距项	–22302.49	13571.43	–1.64	0.01
X_1	20.022	0.308	64.98	0.000
X_2	0.957	0.108	8.86	0.000
WX_1	–224.552	3.669	–61.2	0.000
WY	8.538	0.124	69.03	0.000
$W\epsilon$	2.348	0.087	27.12	0.000

同样的方法，可以用来研究另一个自变量的空间滞后效应，即把回归方程式中的 X_1 替换成 X_2，其回归方程式如下：

$$Y = \beta_0 + \beta_1 X_1 + \beta_2 X_2 + \rho_1 WY + \rho_2 WX_2 + (I - \gamma W)^{-1} \mu$$

采用广义空间二阶最小二乘法进行空间误差模型的回归，得到结果。Wald chi2（5）值是 5773.26，$Prob > chi2 = 0.000$，“准 R^2”（Pseudo R^2）值是 0.802。对于这个空间误差项的 Wald 检验，其 chi2（1）值为 101.18，$Prob > chi2 = 0.000$。

如表 6–17 所示，WX_2 的回归系数为负且显著，说明年末城镇固定资产投资完成额具有空间滞后效应，会对邻近县的经济发展产生负向影响。

表 6–17　空间混合模型结果例二（GSTSLS）

	回归系数（Coef.）	标准误（Std. Err.）	Z 值	$P>\|z\|$
截距项	–20675.87	16934.96	–1.22	0.222
X_1	19.936	0.324	61.56	0.000
X_2	1.04	0.111	9.33	0.000
WX_2	–16.363	5.311	–3.08	0.002
WY	1.445	0.354	4.08	0.000
$W\epsilon$	4.722	0.777	6.08	0.000

由于上述三类空间滞后效应各自仅涉及一个变量，因此可以通过最大似然估计法进行回归，得到如下结果：Wald chi2（4）值是 8452.97，$Prob > chi2 = 0.000$，“准 R^2”（Pseudo R^2）值是 0.0458。对数似然函数（Log likehood）值是 –19774.483。对于这个空间误差项的 Wald 检验，其 chi2（1）值为 6837.58，$Prob > chi2 = 0.000$。

表 6–18　空间混合模型结果例二（MLE）

	回归系数（Coef.）	标准误（Std. Err.）	Z 值	$P>\|z\|$
截距项	–11944.21	12832.01	–0.93	0.352
X_1	19.475	0.293	66.54	0.000
X_2	0.945	0.107	8.86	0.000
WX_2	–9.612	1.111	–8.65	0.000
WY	0.95	0.045	21.37	0.000
$W\epsilon$	7.119	0.091	77.99	0.000

比较表 6–17 和表 6–18，对于同样的模型和数据，最大似然估计法和广义空间二阶最小二乘法所得到的结果有所不同，而不同主要体现在 WX_2 的空间滞后效应上，其回归系数的绝对值有所不同。因此，在实证研究中，要采用不同的方法进行多方检验，便于更加客观地认识空间观测点上所呈现的现象及其背后的规律。对于通过实证分析得到的检验，也不要轻易下结论，而是需要通过多种方法进行反复估计和检验，从多个方面展开研究，用多种证据进行互相验证，才能获得符合客观实情的论断。胡适的"大胆假设，小心求证"，说的就是这层意思。

下面，可以来研究两个自变量同时都有空间滞后效应的情形，其回归方程式如下：

$$Y=\beta_0+\beta_1X_1+\beta_2X_2+\rho_1WY+\rho_2WX_1+\rho_3WX_2+(I-\gamma W)^{-1}\mu$$

由于已经有两个自变量具有空间滞后效应，因此不适宜用最大似然法进行估计与回归，而应当采用广义空间二阶最小二乘法进行回归，得到如下结果：Wald chi2（3）值是 6800.6，$Prob > chi2 = 0.000$，"准 R^2"（Pseudo R^2）值是 0.035。对于这个空间误差项的 Wald 检验，其 chi2（1）值为 249.49，$Prob > chi2 = 0.000$。

如表 6–19 所示，当两个自变量 X_1 和 X_2 的空间滞后效应都加入到模型后，回归系数都是显著为负。也就是说，县财政收入和资本投入都会对邻近县经济发展产生负面影响，而且这种影响是显著的。

表 6–19　空间混合模型结果例三（GSTSLS）

	回归系数（Coef.）	标准误（Std. Err.）	Z 值	$P>\|z\|$
截距项	13416.5	15030.86	0.89	0.372
X_1	19.764	0.313	63.13	0.000
X_2	0.954	0.108	8.83	0.000
WX_1	–249.778	25.026	–9.98	0.0020
WX_2	–20.114	4.181	–4.81	0.000
WY	10.781	0.995	10.83	0.000
$W\epsilon$	2.28	0.411	5.55	0.000

如果残差的空间滞后效应所采用的空间权重矩阵与因变量和自变量的空间权重矩阵不同时，那么回归方程式如下：

$$Y=\beta_0+\beta_1X_1+\beta_2X_2+\rho_1W_1Y+\rho_2W_1X_1+\rho_3W_1X_2+(I-\gamma W)^{-1}\mu$$

在本例子中，残差的空间权重矩阵是邻近矩阵 W，而其他变量用的矩阵是逆距离矩阵 M。

采用广义空间二阶最小二乘法进行回归，得到如下结果：Wald chi2（5）值是 4801.08，$Prob > chi2 = 0.000$，“准 R^2”（Pseudo R^2）值是 0.813。对于这个空间误差项的 Wald 检验，其 chi2（1）值为 630.1，$Prob > chi2 = 0.000$。

比较表 6–19 和表 6–20，在残差的空间滞后效应上，把逆距离矩阵改成邻近矩阵，虽然残差的空间滞后效应还是显著为正，但是系数值却明显减小。这说明不同的空间权重矩阵，对于回归结果会产生不同影响。所以，在进行空间模型的建构以及空间回归的过程中，要合理用好特定的空间权重矩阵。

表 6–20　空间混合模型结果例四（GSTSLS）

	回归系数（Coef.）	标准误（Std. Err.）	Z 值	$P>\|z\|$
截距项	−10286.45	22403.16	−0.46	0.646
X_1	19.106	0.326	58.64	0.000
X_2	1.005	0.103	9.8	0.000
W_1X_1	−22.899	11.025	−2.08	0.038
W_1X_2	−7.136	3.804	−1.88	0.061
W_1Y	1.626	0.324	5.01	0.000
$W_1\epsilon$	0.642	0.031	20.93	0.000

如果残差的空间滞后效应以及一个自变量 X_2 所采用的空间权重矩阵相同，但是与因变量和另一个自变量 X_2 的空间权重矩阵不同，那么回归方程式如下：

$$Y=\beta_0+\beta_1X_1+\beta_2X_2+\rho_1W_1Y+\rho_2W_1X_1+\rho_3W_2X_2+(I-\gamma W)^{-1}\mu$$

在本例子中，残差的空间权重矩阵是邻近矩阵 W，而其他变量用的矩阵是逆距离矩阵 M。

采用广义空间二阶最小二乘法进行回归，得到如下结果：Wald chi2（5）值是 702.77，$Prob > chi2 = 0.000$，“准 R^2”（Pseudo R^2）值是 0.496。对于这个空间误差项的 Wald 检验，其 chi2（1）值为 595.74，$Prob > chi2 = 0.000$。

从表 6–21 的结果来看，把空间滞后自变量 X_2 所采用的空间权重矩阵从逆距离空间权重矩阵改为邻近空间权重矩阵后，其回归系数从表 6–20 的正变成了负。所以，空间权重矩阵的变化，可能会对空间回归产生重要的影响。

表 6–21　空间混合模型结果例五（GSTSLS）

	回归系数（Coef.）	标准误（Std. Err.）	Z 值	$P>\|z\|$
截距项	–35870.57	16574.11	–2.16	0.03
X_1	19.303	0.318	60.66	0.000
X_2	1.127	0.107	10.56	0.000
W_1X_1	–71.352	16.791	–4.25	0.000
W_1X_2	0.915	0.252	3.63	0.000
W_1Y	2.927	0.595	4.92	0.000
$W\epsilon$	0.57	0.33	17.23	0.000

Stata 中的相关语句

在 Stata 中进行空间混合模型的回归，本例子中，对应的语句分别如下：

```
. spregress GDP INCOME INVEST,gs2sls dvarlag(M) ivarlag(M:INCOME) errorlag(M) force
. spregress GDP INCOME INVEST,ml dvarlag(M) ivarlag(M:INCOME) errorlag(M) force
. spregress GDP INCOME INVEST,gs2sls dvarlag(M) ivarlag(M:INVEST) errorlag(M) force
. spregress GDP INCOME INVEST,ml dvarlag(M) ivarlag(M:INVEST) errorlag(M) force
. spregress GDP INCOME INVEST,gs2sls dvarlag(M) ivarlag(M:INCOME INVEST) errorlag(M) force
. spregress GDP INCOME INVEST,ml dvarlag(M) ivarlag(M:INCOME INVEST) errorlag(W) force
. spregress GDP INCOME INVEST,gs2sls dvarlag(M) ivarlag(M:INCOME) ivarlag(W:INVEST) errorlag(W) force
```

这些语句在结构上大同小异，只要掌握了基本的结构，就可以在此基础上进行微调，比如更换不同的空间权重矩阵、调整变量的空间滞后效应等。这些操作体现在语句上，就是做微调即可。可见，在 Stata 上进行空间混合模型的回归，本质上是很简单的。但对于研究者而言，关键是要把模型设定好，能够体现客观事实。然后，再通过数据对模型进行回归，从而对一些假设进行实证检验。

上述这些模型，相关的语句存储在 ch6.do 文件之中。现在，需要把新生成的数据文件空间权重 sp1520.dta 和 sp1520_shp.dta 以及空间权重文件 W.txt 和 M.txt 这四个文件都从目录中删掉，然后又可以从头到尾把上述模型都跑出来了。对于学习者而言，要比照语句和本书中的内容，多练习和运行 ch6.do 文件中的语句。运行越多，就会越有感觉，对于这些模型的体会也就越深刻，应用起来也就会更加得心应手。学习实证研究方法，就是要手脑并用，不断上手进行操作和运行，才能对各种时空模型做到了然于胸。

第五节 空间工具变量模型

社会时空研究的复杂性，还包括所谓的内生性问题。这一方面说明了社会时空系统的运行机制很复杂，另一方面也说明了实证研究所具有的挑战性。在进行空间回归分析的过程中，同样会遇到一般回归模型可能遇到的问题，就是内生性问题。由于存在着时间和空间的因素，因此，在进行空间回归时，内生性问题往往会更为复杂。在进行空间回归时存在内生性问题，需要进行有针对性的处理，才能提高空间回归估计的精确性。例如，当存在内生性问题时，可以对于空间误差项进行处理，建立起合适的空间误差回归模型（Anselin, Kelejian, 1997）。当然，常用的方法还是工具变量法，在空间回归模型中引入工具变量来解决内生性问题（Baltagi et al., 2014）。

内生性问题

在回归模型中，有一个经典假设，即自变量与随机扰动项之间不存在相关关系，彼此之间是独立的。但是，在实际进行回归模型分析时，往往会出现自变量之中的一个或者多个变量与随机扰动项之间存在着相关性的情况。因此，回归模型的经典假设就不成立了。在这种情况下，继续用传统的回归模型进行分析，回归得到的估计值就会存在偏差。这就是回归分析中的内生性问题（endogenous problem）。导致内生性问题的原因是多方面的。在选择解释变量时，由于数据等方面的限制，往往不可能把所有解释变量都纳入回归模型之中，因此就可能遗漏一些解释变量。因为遗漏了一些解释变量，这些解释变量的影响就进入模型的随机扰动项。由于这些被遗漏的解释变量与已经被纳入模型的解释变量之间可能存在着相关性，因此导致模型中的解释变量与随机扰动项之间存在着相关性。对于这种原因的解决方案就是尽可能不要遗漏重要的解释变量。

即便是把所有重要的解释变量都纳入进了模型，也还是可能存在内生性问题，因为任何的测量都可能存在着测量误差，这是导致内生性问题产生的另一个重要原因。例如，在通过社会调查来获得一手数据时，就会存在着设计误差和执行误差，而且这两类误差是不可能同时减少的。在减少设计误差的同时，势必会提高执行误差。在减少执行误差的同时，势必会提高设计误差。如同物理学中的“测不准原理”，在进行社会测量时，也存在类似的情形。由于存在测量误差，因此可能导致回归分析中的内生性问题。

此外，交互作用也可能导致内生性问题的出现。例如，当自变量与因变量存在着交互作用时，那么，自变量的影响就会传递到因变量上，引起因变量的变化，而因变量的变化又会反过来传递到自变量上，引起自变量的变化。此外，自变量之间也可能存在着交互作用。在空间回归模型中，时间、空间和其他因变量以及自变量之间都可能存在着交互作用，而且因变量的空间滞后变量以及自变量的空间滞后变量也可能存在着交互作用。所以，空间回归中复杂的交互作用，往往容易导致内生性问题的产生。这类内生性问题，是开展时空社会科学研究过程中常会遭遇的问题。

工具变量

工具变量（instrumental variable，“IV”）也称为“仪器变量”或“辅助变量”，是经济学、社会学、人口学、教育学、计量经济学、流行病学等相关学科中无法实现可控实验的变量，用于估计模型因果关系的方法。因此，这是社会科学实证研究中被广泛使用的一种方法。由于存在着空间滞后效应以及空间误差效应，在空间回归模型中引入工具变量，问题会变得更为复杂。如在研究中国地区 R&D 经费支出的特征时，往往具有空间上的聚集效应，也就会存在着外溢效应。但是，当对影响中国地区 R&D 经费支出的因素进行实证分析时，就会遇到内生性问题。在空间回归模型中，除了引入工具变量之外，有时还需要调整估计方法，如采用局部线性工具变量估计（冯烽，2015）。

除了在空间误差模型中可以引入工具变量之外，在空间滞后模型中也可以进行工具变量分析。例如，当研究中国地级以上城市的经济发展与资源约束的关系时，可能既存在空间滞后效应，也存在内生性问题。在研究一个城市、地区或者国家所拥有的天然资源对于经济发展的作用时，往往会出现所谓的“资源诅咒（resource curse）”现象，即拥有大量的某种不可再生的天然资源却反而形成工业化低落、产业难以转型、过度依赖单一经济结构的窘境。造成“富足的矛盾”（paradox of plenty）的原因是多方面的，有来自现实社会的客观因素，但也可能是回归模型在估计时出现的偏差。对于同样的数据，采用带有工具变量的空间滞后分位数回归模型来进行实证研究的结果表明，中国地级以上城市并不存在所谓的“资源诅咒”现象，在有些城市反而可能存在“资源福音”现象（李坤明，方丽婷，2018）。

上述研究表明，在空间回归模型中，只要合理引入工具变量，就可以有效破解内生性问题，获得无偏估计（Gu, 2022）。在开展时空社会科学研究的过程中，研究者需要根据具体的社会时空特征选取合适的工具变量。工具变量的选取，不仅要考虑到所研究的社会时空的特征，而且要考虑到时空网络的传导机制。在社会时空系统中，内生性问题不仅是静态的，而且可能是动态的。因此，在空间面板模型中，根据需要也可以引入工具变量，从而来有效应对内生性问题（Baltagi, Liu, 2011）。

实例展示

这里，通过城市经济学中的实例演示的方式，说明如何在 Stata 软件中进行带有工具变量的空间回归与估计。在研究城市经济发展的影响因素时，设定回归方程式如下：

$$Y = \beta_0 + \beta_1 X_1 + \beta_2 X_2 + \pi_1 X_3 + \rho WY + \mu$$

其中，Y是因变量，这里是指城市国内生产总值（亿元），在 Stata 语句中是用 GDP 变量来代表；X_1 是一个自变量，是第二产业比重（%），在 Stata 语句中是用 INDUSTRY 变量来代表；X_2 是另一个自变量，是指职工平均工资（元），在 Stata 语句中是用 WAGE 变量来代表；X_3 是第三个自变量，是指城乡居民储蓄年末余额（亿元），在 Stata 语句中是用 save 变量来代表，而其对应的工具变量是年末总户数（户），在 Stata 语句中是用 TP 变量来代表。数据来自《中国城市统计年鉴（2017）》，剔除了有缺失值的县，研究样本共有 286 个城市。空间回归中，采用广义空间二阶最小二乘（Generalized Spatial Two Stage Least Square，GSTSLS）方法。对于空间权重矩阵 W，这里采用了逆距离权重（Inverse Distance Weighted，IDW），本例子就是 Mc 所代表的空间权重文件。

采用广义空间二阶最小二乘法进行回归，得到如下结果：Wald chi2（4）值是 2171.11，$Prob > chi2 = 0.000$，“准 R^2”（Pseudo R^2）值是 0.909。对于这个空间误差项的 Wald 检验，其 chi2（1）值为 5.69，$Prob > chi2 = 0.017$。

如表 6–22 所示，通过工具变量进行回归后，得到结果显示 X_1 的回归系数是正数的，且是显著的。这说明，一个城市的第二产业比重越大，其经济发展越好。X_2 的回归系数是正的且显著，这说明城市工资水平和城市经济发展呈现正向关系。通过工具变量法得到的 X_3 的回归系数是正的且显著，这说明家庭户数的城市越多意味着这个城市居民储蓄越多，其经济发展也就越好。此外，空间滞后因变量的回归系数也是正的且是显著的。这说明一个城市的经济发展，不仅受到本城市因素的影响，还会受到邻近城市经济发展情况的正向影响，体现了城市之间经济发展上的互补特点。

表 6–22　空间工具变量模型结果例一（GSTSLS）

	回归系数（Coef.）	标准误（Std. Err.）	Z 值	$P>\|z\|$
截距项	–2882.766	547.527	–5.27	0.000
X_1	25.124	7.539	3.33	0.001
X_2	0.027	0.009	3.16	0.002
X_3	1.174	0.045	26.03	0.000
WY	0.2	0.084	2.39	0.017

此外，也可以采用空间误差模型来进行工具变量回归与估计，采用广义空间二阶最小二乘法进行回归，得到如下结果：Wald chi2（3）值是 222.22，$Prob >$

$chi2=0.000$，“准 R^2”（Pseudo R^2）值是 0.0781。对于这个空间误差项的 Wald 检验，其 chi2（1）值为 33.98，$Prob > chi2 = 0.027$。

如表 6–23 所示，通过工具变量法得到的 X_3 的回归系数是正的且显著，这与表 6–22 的结果是一致的，但回归系数值要比之前的略大一些。此外，残差的空间滞后效应也是正的且显著，这说明邻近城市之间在发展经济上存在着正向的溢出效应，除了模型中的因素之外，还可能存在其他因素对于城市经济发展产生正面的溢出效应。X_1 的回归系数从之前的 25.124 增加到现在的 31.186，这说明采用空间误差模型的估计结果，第二产业比重的影响要更大一些。X_2 的回归系数从之前的 0.027 减少到现在的 0.014，这说明采用空间误差模型的估计结果，工资水平的影响要更小一些。

表 6–23　空间工具变量模型结果例二（GSTSLS）

	回归系数（Coef.）	标准误（Std. Err.）	Z 值	$P>\|z\|$
截距项	–1962.414	604.467	–3.25	0.001
X_1	31.186	7.636	4.08	0.000
X_2	0.014	0.01	1.34	0.18
X_3	1.241	0.048	26.1	0.000
$W\epsilon$	5.248	0.522	10.06	0.001

当然，也可以研究空间滞后自变量的影响，就是用空间杜宾模型来估计工具变量及其影响。采用广义空间二阶最小二乘法进行回归，得到如下结果：Wald chi2（5）值是 2192.22，$Prob > chi2 = 0.000$，“准 R^2”（Pseudo R^2）值是 0.909。对于这个空间误差项的 Wald 检验，其 chi2（1）值为 8.94，$Prob > chi2 = 0.011$。

如表 6–24 所示，通过工具变量法得到 X_3 的回归系数是正的且显著。此外，WY 的回归系数也是正的且显著，这说明空间滞后因变量效应也是正的且显著。还有，WX_1 的回归系数是负的且显著，但是 X_1 的回归系数是正的且显著，这说明第二产业比重这个因素对于邻近城市的经济发展的影响是比较复杂的，一方面第二产业比重的增加会对本城市的经济发展产生正面影响和作用，另一方面却会对邻近城市的经济发展产生负面影响。这种现象与所谓的“以邻为壑”的做法有点类似，但具体的机制还有待进一步深入研究和检验。

表 6–24　空间工具变量模型结果例三（GSTSLS）

	回归系数（Coef.）	标准误（Std. Err.）	Z 值	$P>\|z\|$
截距项	–2373.677	624.439	–3.8	0.000
X_1	27.363	7.635	3.58	0.000
X_2	0.02	0.01	2.15	0.031
X_3	1.193	0.047	25.54	0.000
WX_1	–28.442	16.22	–1.75	0.080
WY	0.564	0.223	2.53	0.011

在此基础上，若再考虑空间滞后残差的影响，那么就是带有工具变量的空间混合模型。采用广义空间二阶最小二乘法进行回归，得到如下结果：Wald chi2（5）值是 2139.82，$Prob > chi2 = 0.000$，“准 R^2”（Pseudo R^2）值是 0.908。对于这个空间误差项的 Wald 检验，其 chi2（1）值为 16.88，$Prob > chi2 = 0.001$。

如表 6–25 所示，通过工具变量法得到 X_3 的回归系数是正的且显著。此外，WY 和 $W\epsilon$ 的回归系数也都是正的且显著，这说明因变量和残差都存在正向的空间滞后效应。还有，WX_1 的回归系数是不显著的，但是 X_1 的回归系数是正的且显著，这说明第二产业比重这个因素对于邻近城市经济发展的影响比较复杂。

表 6–25　空间工具变量模型结果例四（GSTSLS）

	回归系数（Coef.）	标准误（Std. Err.）	Z 值	$P>\|z\|$
截距项	–2231.388	657.681	25.73	0.000
X_1	28.613	7.674	3.73	0.000
X_2	0.018	0.01	1.84	0.065
X_3	1.21	0.047	25.73	0.000
WX_1	–24.171	18.554	–1.3	0.190
WY	0.454	0.255	1.78	0.075
$W\epsilon$	1.681	0.889	1.89	0.059

当然，除了上述工具变量空间回归模型之外，还可以根据工具变量的定义以及空间滞后效应的设定，来建立更为复杂的空间工具变量模型。但是，基本原理是相同的，模型的估计过程也是一样的。

Stata 中的相关语句

在 Stata 中进行空间工具变量模型的估计时，与本例子对应的相关语句如下：

```
. spivregress gdp  INDUSTRY WAGE  (save = TP), dvarlag(Mc) force
. spivregress gdp  INDUSTRY WAGE  (save = TP), errorlag(Mc) force
. spivregress gdp  INDUSTRY WAGE  (save = TP), dvarlag(Mc) ivarlag(Mc:INDUSTRY)
force
. spivregress gdp  INDUSTRY WAGE  (save = TP), dvarlag(Mc) ivarlag(Mc:INDUSTRY)
errorlag(Mc) force
```

在 Stata 中进行包括工具变量在内的空间回归分析时，除了可以用 Stata 语句来进行操作之外，还可以通过 Stata 菜单进行操作。当然，对于资深的时空社会科学研究者而言，一般还是会更多地采用 Stata 语句来进行操作，因为其灵活性会更强，而且这些 Stata 语句本身并不是很复杂，易于掌握和使用。

小 结

社会时空系统分析一般都是从空间分析入手的，通过对特定时间点上的空间样本观测值进行实证分析，来揭示社会现象背后的规律。这种分析是一种静态分析，假设时间是外生给定的。但是，这种分析可以有效揭示给定时间下的社会活动在空间上的分布规律。在实证研究中，常用的模型包括了空间滞后模型、空间误差模型、空间杜宾模型、空间混合模型和空间工具变量模型。这些都是在分析横截面层面上的社会空间数据中常用的空间回归模型，也是进行空间实证研究的基本方法。对于研究者而言，掌握这些空间回归模型有助于提高其对于社会空间数据的洞察力，通过建模来探究社会现象在空间上的分布规律和特征，从而可以为进行动态空间分析做好必要的准备和支撑。现在，横截面层面上的空间回归模型的类型越来越多，方法也日趋高级和复杂，但是，这些基本方法和模型依然是研究者常用的工具。

思考题

1. 如何建构 .shp 文件？
2. 如何把 .shp 数据文件转化为 Stata 的 sp 模块能识别的数据文件？
3. 如何输出空间权重矩阵文件到本地计算机？
4. 什么是空间滞后模型？
5. 什么是空间误差模型？
6. 什么是空间杜宾模型？
7. 什么是空间混合模型？
8. 什么是广义空间二阶最小二乘方法？
9. 如何估计双空间权重矩阵的空间横截面数据模型？
10. 如何估计空间工具变量模型？

参考文献

[1] AKGUN O, PIROTTE A, URGA G. Forecasting using heterogeneous panels with cross-sectional dependenc [J] . International Journal of Forecasting, 2020, 36(4): 1211-1227.
[2] ANSELIN, L. Spatial Econometrics: Methods and Models [M] . Springer, 1988.
[3] ANSELIN L, Kelejian H H. Testing for Spatial Error Autocorrelation in the Presence of Endogenous Regressors [J] . International Regional Science Review, 1997, 20(79): 153-182.
[4] BALTAGI B H, FINGLETON B, PIROTTE A. Spatial lag models with nested random effects: An instrumental variable procedure with an application to English house prices [J] . Journal of Urban Economics, 2014, 80(1): 76-86.
[5] BALTAGI B H, LIU L Instrumental variable estimation of a spatial autoregressive panel model with random effects [J] . Economics Letters, 2011, 111(2): 135-137.
[6] BIVAND R. Spatial econometrics functions in R: Classes and methods [J] . Journal of Geographical Systems, 2002, 4(4): 405-421.
[7] BRUNA F, LOPEZ-RODRIGUEZ J, FAÍÑA A. Market Potential, Spatial

Dependences and Spillovers in European Regions [J] . Regional Studies, 2016, 50(9): 1551-1563.
[8] CAPELLO R, CARAGLIU A, FRATESI U. Spatial heterogeneity in the costs of the economic crisis in Europe: are cities sources of regional resilience? [J] . Journal of Economic Geography, 2015, 15(5): 951-972.
[9] CHRISMAN N R. The error component in spatial data [J] . Geographical information systems, formation systems, 1991, 1(12): 165-174.
[10] ELHORST J P, MADRE J-L, PIROTTE A. Car traffic, habit persistence, cross-sectional dependence, and spatial heterogeneity: New insights using French departmental data [J] . Transportation Research: Part A, Policy and Practice, 2020, 132: 614-632.
[11] FRY C, MENTION A-L, TEMEL S, et al. Exploring time lag effects of open innovation practices on performance during economic turmoil [J] . International Journal of Business Innovation and Research, 2016, 10(2-3): 184-208.
[12] GU J. Spatial recruiting competition in Chinese higher education system [J] . Higher Education, 2012, 63(2): 165-185.
[13] GU J. Spatial Interactions and the Commercialisation of Academic Patents: The Chinese Experience [J] . Science Technology & Society, 2022, 27(4): 543-562.
[14] LAMBERT D M, BROWN J P, FLORAX R J. A two-step estimator for a spatial lag model of counts: Theory, small sample performance and an application [J] . Regional Science and Urban Economics, 2010, 40(4): 241-252.
[15] SHAO X, BAO X, AL-ETHAWI A. Higher Education Agglomeration Promoting Innovation and Entrepreneurship Based on Spatial Dubin Model [J] . Applied Mathematics and Nonlinear Sciences, 2023, 8(1): 257-264.
[16] 冯烽 . 解释变量内生假定下非参数空间计量模型的局部线性工具变量估计 [J] . 预测，2015，34(3): 57-60.
[17] 张自荷，王振，吴瑞 . 基于空间滞后模型的出租车需求影响因素分析 [J] . 武汉理工大学学报（交通科学与工程版），2019，43(2): 351-356.
[18] 李坤明，方丽婷 . 空间滞后分位数回归模型的工具变量估计及参数检验 [J] . 统计研究，2018，35(10): 105-117.
[19] 杜鹏，何思乐 . 基于空间杜宾模型的城市轨道交通车站周边商业地产价格分析 [J] . 交通运输系统工程与信息，2023，23(3): 94-100.
[20] 许伟 . 农村产业融合与县域经济增长——基于农村产业融合发展试点政策的经验证据 [J] . 世界农业，2023，7: 98-111.

第七章

空间面板数据分析

时空社会科学研究的是时空因素与社会系统之间的互相作用。因此，在检验时空社会科学的相关假设时，需要把时间和空间因素都纳入社会系统模型之中，通过进行统计检验来分析时空与社会系统的互动。在开展此类实证研究中，需要收集特定空间观测点在不同时间上的观测值，由这些观测值所组成的数据，就是空间面板数据(spatial panel data)。所以，这类数据同时具有三类观测值，分别是空间观测值、时间观测值和社会现象观测值，分别代表着空间、时间和社会。因此，空间面板数据是用来进行时空社会科学研究的重要数据，可以同时对社会系统的时间参数和空间参数进行统计检验，也可以研究时间、空间和社会之间的交互作用(Elhorst, 2003)。由于加入了时间因素，空间面板模型具有了动态分析的功能，能够分析空间观测点上的事物与社会现象随着时间变化而变化的趋势，这为社会预测提供了重要的基础。在经济预测、房价走势预测等领域，空间面板模型都提供了很好的分析工具(Holly et al., 2010; Yu ，Lee, 2012)。这些经济现象都与特定的时空因素有关，比如房价走势，就是受到了时间和空间因素的影响。所以，通过空间面板数据进行建模和分析，有助于揭示经济社会现象背后的时空特征及其规律，从而提高预测的精准度。

第一节 背　景

在 2010 年，曾有学者较为系统地总结了空间面板模型的发展情况，指出这种模型在公共经济学、农业经济学等领域中有相当广泛的应用（Lee, Yu, 2010）。空间面板模型的优势在于能够同时对时间效应和空间效应进行建模和研究，可以研究时空因素对于社会系统的影响，因此，可以用来对社会系统的运行进行时空诊断。任何社会系统的运行，都是在特定时空下实施的。也就是说，任何社会系统都具有其特定的时空参数。当这些时空参数发生变化时，社会系统的运行效率和产出也可能会随之发生变化。为了有效预测社会系统的发展趋势，有必要把时空参数纳入社会系统模型之中，从而模拟和预测特定时空下的社会系统的未来发展趋势，做好有效的应对措施。这是空间面板模型研究的意义所在。尽管命名为空间面板模型，其实除了空间因素之外，这类模型往往把时间因素直接引入模型，从而同时研究时间因素和空间因素对于社会系统的影响，因此，空间面板模型是比较理想的时空社会科学的实证研究工具。

基本模型

空间面板模型的表达方式有多种，不同的学者提出了不同的回归方程式。但无论何种方程式，一个基本目的都是要尽可能把空间面板数据背后的规律挖掘出来，把其中的关系与规律模拟出来，从而更加精准地预测其未来的走向。与一般的面板数据不同，空间面板数据把空间效应加入了模型中，可以有效分析各种空间效应（余曼，李拓，2023）。在这个过程中，时间效应可以通过时间虚拟变量来刻画和分析。此外，还可以通过交互作用来分析时间、空间和社会系统之间的共变。在各种具体的空间面板模型中，基本的模型公式如下：

$$Y_t = \rho W Y_t + \alpha l_N + X_t \beta + W X_t \theta + \mu \xi + \xi_t l_N + u_t$$
$$u_t = \lambda W u_t + \epsilon_t$$

其中，Y_t 是在 t 时刻的因变量，X_t 是在 t 时刻的自变量，而 $\mu=(\mu_1, ..., \mu_N)^T$。

在这个模型中，有空间滞后因变量，也有空间滞后自变量以及空间误差。所以，基本的空间效应都在里面了。在这个模型中，时间因素一般通过两种途径进行研究，第一种途径是内生的，就是所有这些变量的观测值都需要设定具体的时间，即在模型中都需要以下标形式给定其对应的时间。这无形中就把时间因素引入模型，而且这种时间效应是内生的。第二种途径就是通过设定时间虚拟变量的形式，把时间效应引入模型的自变量，分析不同时间点上的社会特征是不是会有显著变化，进而判断和测量时间效应的影响作用。在这种途径中，时间因素是外生给定的。

一般化的空间面板模型，还可以有如下表述（Lee, Yu, 2010）：

$$Y_{nt} = \rho W_{n1} Y_{nt} + X_{nt}\beta + u_n + U_{nt}$$

$$u_n = \lambda_{01} W_{n3} u_n + \epsilon_{n0} \text{ 和 } U_{nt} = \lambda_{02} W_{n2} U_{nt} + V_{nt}$$

这种表述方式具有如下几个特点。其一，空间权重矩阵的多样性。在这个模型中，出现了三个空间权重矩阵。在实际应用这个方程式进行实证研究时，这三个空间权重矩阵可以是完全一样的，即用同一个空间权重矩阵；也可以使其中的两个空间权重矩阵是一样的，另一个空间权重矩阵是不同的。其二，个体效应中也会有空间滞后效应。u_n 就是个体效应，在个体效应方程式中，就出现了这个个体效应的空间滞后现象。其实，这个个体效应很不简单。比如在固定效应模型中，不会随时间变化而变化的因素都会被吸收到这个个体效应中。也就是说，固定效应中的个体效应中的空间滞后现象，其实包含了时间的影响因素。所以，个体效应中其实大有文章。

对于随机效应模型还是固定效应模型的选择，可以采用 Hauseman 检验。Hauseman 检验结果的 P 值小于 0.01，意味着原始假设被拒绝，说明应该采用固定效应。否则，原始假设不能拒绝，说明应该采用随机效应。

随机效应

当个体效应是独立于外生自变量且随机存在的一种效应时，就是所谓的随机效应（random effects）。当空间面板数据呈现出这种特征时，就需要用随机效应模型来进行估计和回归。也就是说，当空间面板模型自变量中没有被遗漏的变量，或者说那些被遗漏的变量与模型中的自变量之间并不存在相关的关系，那么采用随机效应模型比较合适。随机效应空间面板模型的公式如下：

$$y_{nt} = \rho W y_{nt} + Z_{nt}\beta + c_n + u_{nt}$$

$$u_{nt} = \lambda M u_{nt} + \epsilon_{nt} \qquad t = 1, 2, ..., T$$

其中，$y_{nt} = (y_{1t}, y_{2t}, ..., y_{nt})$ 是一个在时间 t 时刻因变量观察值的 $n \times 1$ 的向量。Z_{nt} 是在时间 t 时刻的 $n \times k$ 的矩阵，这是一个包括随时间变化（time-variant）和不随时间变化（time-invariant）的自变量矩阵观察值所组成的矩阵。c_n 就是随机效应，其均值为 0，其方差是 σ_c^2。c_n 是 $n \times 1$ 的个体效应向量。u_{nt} 是 $n \times 1$ 的空间滞后误差。其中 $\varepsilon_{nt} = (\varepsilon_{1t}, \varepsilon_{2t}, ..., \varepsilon_{nt})$ 是 $n \times 1$ 的残差向量，其中的 ε_{it} 是呈独立同分布

的，其方差是 σ^2。W 和 M 都是 $n\times n$ 的空间权重矩阵。随机效应模型需要符合两个前提条件：其一是严格外生性，即 $E(u_{nt}|Z_n, c_n)=0$；其二是独立性假设，即 $E[c_n|Z_n]=E[c_n]=0$。

在 Stata 中，随机效应的空间面板模型还有另一种估计方法，就是采用 sarpanel 的选项进行估计，其回归方程式如下：

$$y_{nt}=\rho W y_{nt}+Z_{nt}\beta+c_n+u_{nt}$$
$$u_{nt}=\lambda M u_{nt}+c_n+\epsilon_{nt} \qquad t=1, 2, ..., T$$

也就是说，采用这种估计方法，随机效应 c_n 就进入到了残差函数中。若 c_n 是个固定效应，那么，sarpanel 估计法得到的回归结果，与普通的固定效应空间面板模型的回归结果是一样的。若 c_n 是个随机效应，那么结果就会有所不同了。

总之，在随机效应模型中，个体效应与模型中的自变量之间不相关，即个体效应是独立随机存在的，是个随机变量。对于特定空间观测点上的观测值而言，无论这些观测值过去、现在和未来如何，个体效应与此都没有任何关系。但是，个体效应却与这个特定空间观测点有关系，是这个特定空间观测点上的一个随机变量。由此可见，在随机效应模型中，影响因变量的因素包括了可以观测到的自变量的因素，也包括了可能不易观测到的随机变量的因素。从哲学上来说，随机效应模型体现了系统性和随机性的统一，即特定时空下的社会现象既有必然性，也有偶然性，是随机系统的产物。

固定效应

与随机效应不同，固定效应空间面板模型的个体效应尽管也是个随机变量，但与自变量之间存在着某种相关关系。也就是说，个体效应是个随机变量，并非是独立存在着。固定效应空间面板模型的公式如下：

$$y_{nt}=\rho W y_{nt}+X_{nt}\beta+c_n+u_{nt}$$
$$u_{nt}=\lambda M u_{nt}+\epsilon_{nt} \qquad t=1, 2, ..., T$$

其中，$y_{nt}=(y_{1t}, y_{2t}, ..., y_{nt})$ 是一个在时间 t 时刻因变量观察值的 $n\times 1$ 的向量。X_{nt} 是在时间 t 时刻的 $n\times k$ 的矩阵，这是一个非随机的但是随时间变化的自变量观察值所组成的矩阵。也就是说，X_{nt} 不能包含不随时间变化的变量。如果 X_{nt} 中包含不随时间变化的变量，那么就无法识别这些变量的影响。这里特别要注意，所谓不随时间变化的变量，是指所有的空间样本单位上的观察值都不随时间的变化而变化。但是，如果其中有部分空间样本单位上的观察值随着时间的变化而变化，那么这样的变量就可以包含进来。这是进行固定效应估计与回归的重要前提条件，需要牢记。此外，这个自变量矩阵还可能包括外生性协变量（exogenous covariates）的空间滞后。c_n 是 $n\times1$ 的个体效应向量。u_{nt} 是 $n\times1$ 的空间滞后误差。其中 $\varepsilon_{nt}=(\varepsilon_{1t}, \varepsilon_{2t}, ..., \varepsilon_{nt})$ 是 $n\times1$ 的残差向量，其中的 ε_{it} 是呈独立同分布，其方差是 σ^2。W 和 M 都是 $n\times n$ 的空间权重矩阵。

可见，固定效应一般具有三个特征。其一是 X_{nt} 所包含的自变量并非是时间不变的变量。其二是固定效应变量 c_n 代表着是一个随时间固定不变的效应，即固定效应，且这个效应中自身就包含着来自时间的固定效应。其三是要有随时间和个体变化的特异性误差（idiosyncratic error）。与随机效应模型相比，固定效应模型少了独立性假设，因此一般情况下，固定效应回归结果比随机效应回归结果更加稳健（Millo, Piras, 2012）。

第二节 随机效应回归

随机效应模型在经济学中是常用的模型。诺贝尔经济学奖得主罗伯特·索洛（Robert Merton Solow）在研究发展经济学的过程中，提出了著名的经济增长模型，即索洛经济增长模型（solow growth model），又称新古典经济增长模型、外生经济增长模型，是在新古典经济学框架内的经济增长模型（Acemoglu, 2012）。在宏观经济学教材中，索洛经济增长模型是不可缺少的内容，足见这个模型的重要性和影响力。经济增长也存在着随机效应，因此，当用随机效应来估计索洛经济增长模型时，会发现经济增长的动态空间面板模型的估计效果更加理想（Parent, LeSage, 2012）。这说明随机效应模型往往能够让经典的理论产生更大的活力，尤其是和空间面板数据相结合时，经济增长的时空特征和效应就会显现，经济增长理论的内涵也就更加丰富。当然，这种应用不仅体现在经济学领域中，还体现在很多社会学科的研究中（Gu, 2022a; Hortas-Rico, Rios, 2020）。当随机效应和空间面板数据相结合时，就会产生多种表现形式，这一方面体现了随机效应的灵活性，另一方面也说明时空因素对于社会现象的影响是深远而复杂的，因此，研究这些影响就需要有多样的实证研究模型和具体方法（Baltagi et al., 2013; Li, Yang, 2021）。

空间面板滞后模型

随机效应和固定效应，在面板数据建模中一般都会遇到。但是，在空间面板数据模型中，还会遇到一些新的问题，出现一些新的特征。无论何种空间面板模型，都是从问题和现象出发。对于空间面板数据，空间滞后模型就是把因变量的空间滞后项作为一个自变量引入到模型之中（Gu, 2021；钟国辉，姚金海，2022）。这里继续以城市经济学中的社会时空为例进行研究和展示。在城市经济发展的过程中，通过对 286 个地级市的相关指标进行多个年份的观测，得到的是空间面板数据。中国地级市是空间面板分析的常用对象（Gu, 2022b）。地级市的空间位置以及社会经济等数据相对而言比较容易获得，而且即便是面板数据，总数据量也不是很大（李金锴，钟昌标，2022）。因此，在社会时空研究中，地级市往往是很好的研究对象（Fan et al., 2023; Ren et al., 2023）。这里以 286 个地级市的空间样本观测点为例，通过观测 2014 年、2015 年和 2016 年的相关指标来分析城市经济发展的影响因素以及机制。

如果因变量具有空间滞后效应，那么空间面板模型的回归方程式如下：

$$Y_t = \rho WY_t + \alpha l_N + X_t\beta + u_t$$

为了探究 2014 年、2015 年和 2016 年城市经济发展情况，就用 286 个地级市的数据组成了一个面板数据。Y 是因变量，这里是指城市的国内生产总值（亿元）；X_1 是一个自变量，是指第二产业占 GDP 的比重（%）；X_2 是另一个自变量，是指职工平均工资（元）。数据来自 2015 年、2016 年和 2017 年的《中国城市统计年鉴》，研究样本共有 286 个地级市。由于是 3 个年份，因此，总观察值是 858 个。

本例子中，具有因变量空间滞后效应的空间面板模型方程式如下：

$$Y_t = \rho WY_t + \alpha l_N + X_{1t}\beta_1 + X_{2t}\beta_2 + u_t$$

其中，$t = 2014$，2015 和 2016。为了考察不同年份的影响，因此，把年份作为虚拟变量引入到因变量中，进行回归分析。

在做空间面板回归之前，先做没有空间效应的回归，作为参照，其 Stata 语句如下：

```
. xtreg GDP INDUSTRY WAGE i.year, re
```

这个回归的具体方法是随机效应广义最小二乘法（random-effects GLS regression）。回归得到的组内 R^2 值是 0.247，组间 R^2 值是 0.244，总体 R^2 值是 0.219。Wald chi2（4）值是 194.01，$Prob > chi2 = 0.000$。回归得到的 sigma_u 值是 2444.699，sigma_e 值是 305.271，而 rho 值是 0.985。

例子中的数据是空间面板数据，但先用不带空间效应的面板模型进行回归，可以基本了解数据的情况，也可以与接下来的空间面板模型结果进行比较。如表 7–1 所示，可以发现第二产业比重和平均工资水平，对于城市经济发展的影响都是正向且显著的。这说明，对于一个城市而言，第二产业比重与城市经济发展之间是正向关系，平均工资水平与经济发展之间也是正向关系。根据 2015 年和 2016 年的虚拟变量回归系数来看，都是正向的，但只有 2016 年的回归系数是显著的。这说明，2015 年的城市经济水平与 2014 年差不多，但 2016 年的城市经济情况则比 2014 年的要明显好转。

表 7–1　随机效应面板模型回归结果

	回归系数（Coef.）	标准误（Std. Err.）	Z 值	$P>\|z\|$
截距项	–122.112	384.035	–0.32	0.751
X_1	22.727	6.551	3.47	0.001
X_2	0.028	0.004	7.06	0.000
year				
2015	42.378	39.982	1.06	0.289
2016	120.078	59.817	2.01	0.045

接下来，把空间滞后因变量引入到模型中，成为其中的一个自变量，这就是空间滞后模型，其 Stata 语句如下：

```
. spxtregress GDP INDUSTRY WAGE i.year,re dvarlag(W)
```

在进行空间回归时，需要给定空间权重矩阵，这里采用的空间权重矩阵是邻近矩阵。进行随机效应空间面板模型回归之后，得到的结果如下：Wald chi2（5）值是 265.96，$Prob > chi2 = 0.000$，“准 R^2”（Pseudo R^2）值是 0.133。对数似然函数（Log likehood）值是 –6939.081。对于这个空间误差项的 Wald 检验，其 chi2（1）值为 34.29，$Prob > chi2 = 0.000$。回归得到的 sigma_u 值是 3095.681，sigma_e 值是 298.387。

比较表 7–1 和表 7–2，加入空间滞后因变量的空间面板模型，X_1 和 X_2 的回归系数基本上相似，而且都是显著的。只有 2015 年和 2016 年的虚拟变量的回归系数有点变化。此外，WY_t 的回归系数是显著的，而且系数为正。这说明，从 2014 年到 2016 年整体上来看，城市经济的发展存在着空间滞后效应，而且是正效应。这意味着一个城市经济的发展，往往对邻近城市的经济发展产生正面影响。当然，对于这种空间溢出效应还是要谨慎分析，需要从不同的角度和方法进行多视角剖析，才能真正揭示现象背后的规律和因素之间的关系。

表 7–2　随机效应空间面板模型结果（空间滞后因变量）

	回归系数（Coef.）	标准误（Std. Err.）	Z 值	$P>\|z\|$
截距项	–33.555	2365.696	–0.92	0.356
X_1	21.048	6.112	3.44	0.001
X_2	0.022	0.004	5.88	0.000
year				
2015	37.791	37.037	1.02	0.308
2016	99.274	57.525	1.73	0.084
WY_t	0.287	0.049	5.986	0.000

在因变量存在空间滞后效应的情况下，自变量对于因变量的影响可以分为直接影响和间接影响，采用的是德尔塔方法（delta method），其 Stata 语句如下：

```
. estat impact INDUSTRY
```

计算自变量 X_1 对于因变量的影响，得到表 7–3。

表 7–3 自变量对因变量的影响

	影响系数（dy/dx）	标准误（Std. Err.）	Z 值	P>|z|
直接效应	21.347	6.179	3.46	0.001
间接效应	7.057	2.547	2.97	0.003
总效应	28.404	8.253	3.5	0.000

如表 7–3 所示，第二产业比重的增加对于城市经济发展所产生的直接效应是 21.347，间接效应是 7.057，总效应是 28.404。而且不论是直接效应、间接效应还是总效应，都是显著的。

若在空间面板回归模型中，改变空间权重矩阵，用逆距离权重空间矩阵替换邻近空间权重矩阵，其 Stata 语句如下：

```
. spxtregress GDP INDUSTRY WAGE i.year,re dvarlag(M)
```

得到的结果如下：Wald chi2（5）值是 297.34，$Prob > chi2 = 0.000$，“准 R^2”（Pseudo R^2）值是 0.088。对数似然函数（Log likehood）值是 –6936.816。对于这个空间误差项的 Wald 检验，其 chi2（1）值为 65.04，$Prob > chi2 = 0.000$。回归得到的 sigma_u 值是 3095.838，sigma_e 值是 298.14。

比较表 7–2 和表 7–4，发现采用逆距离空间权重矩阵之后，空间面板模型回归得到的系数估计值，X_1 的系数值变小，X_2 的系数值变化很小。此外，2015 年虚拟变量的系数估计值都是不显著的，而 2016 年虚拟变量的系数估计值从之前的显著为正变成现在的显著为负。此外，还有一个很重要的区别是，用逆距离空间矩阵之后，空间滞后因变量的系数都是显著为正的，数值却有明显的增加。这说明，采用逆距离空间权重矩阵之后，城市经济的空间溢出效应变得更大了。

表 7–4 随机效应空间面板模型结果（逆距离权重）

	回归系数（Coef.）	标准误（Std. Err.）	Z 值	$P>\|z\|$
截距项	–1557.665	405.791	–3.84	0.000
X_1	20.788	6.075	3.42	0.001
X_2	0.024	0.004	6.49	0.000
year				
2015	–43.281	39.489	–1.1	0.273
2016	–85.369	405.791	–3.84	0.000
WY	0.779	0.097	8.06	0.000

在采用逆距离空间权重矩阵的情况下，再来计算自变量 X_1 对于因变量的影响，得到表 7–5。

表 7–5 自变量对因变量的影响（逆距离权重）

	影响系数（dy/dx）	标准误（Std. Err.）	Z 值	$P>\|z\|$
直接效应	21.029	6.126	3.43	0.001
间接效应	65.174	38.631	1.69	0.092
总效应	86.203	41.369	2.08	0.037

比较表 7–3 和表 7–5，发现用逆距离空间权重矩阵替换邻近空间权重矩阵，X_1 对因变量的影响会受到比较大的影响，尤其是其间接效应明显增大，从 7.057 增加到 65.174，增加的幅度很大。这说明，在逆距离空间权重矩阵情况下，X_1 对因变量的间接影响，可以被有效测量出来。与之相对的是，直接效应则略有下降，从之前的 21.347 下降到了 21.029。由于间接效应较大幅度增加，那么，总效应也水涨船高，从之前的 28.404 提高到 86.203。可见，不同的空间权重矩阵，对于测量自变量对因变量的影响效应会有所不同。

在空间面板模型中，当需要考虑交互作用时，可以把自变量之间的交互作用引入模型中。例如，在本例子中，第二产业比重很可能与年份存在着交互作用，就把这种交互作用引入模型到自变量，采用逆距离空间权重矩阵进行回归，其 Stata 语句如下：

```
. spxtregress GDP INDUSTRY WAGE i.year c.INDUSTRY##i.year,re dvarlag(M)
```

得到的结果如下：Wald chi2（7）值是 370.98，$Prob > chi2 = 0.000$，“准 R^2”（Pseudo R^2）值是 0.04。对数似然函数（Log likehood）值是 –6928.021。对于这个空间误差项的 Wald 检验，其 chi2（1）值为 127.54，$Prob > chi2 = 0.000$。回归得到的 sigma_u 值是 3136.036，sigma_e 值是 292.857。

如表 7–6 所示，年份和 X_1 的交互作用是显著的，而且其回归系数估计值都是负数。这说明，第二产业比重与年份之间会产生交互作用，这种交互作用会对城市经济发展产生负面影响。比较表 7–4 和表 7–6，发现年份虚拟变量的回归系数估计值都不显著，这说明城市经济在不同年份变化的幅度并没有之前的那么明显，即之前的变化幅度其实包括了年份与第二产业比重的交互作用。把这部分交互作用区分出来，单纯的年份对城市经济的影响就会减弱。

表 7–6　随机效应空间面板模型结果（空间滞后因变量和交互作用）

	回归系数（Coef.）	标准误（Std. Err.）	Z 值	$P>\|z\|$
截距项	–2688.245	426.688	–6.3	0.000
X_1	20.163	6.102	3.3	0.001
X_2	0.021	0.004	5.64	0.000
year				
2015	144.237	129.778	1.11	0.266
2003	188.726	146.637	1.29	0.198
Year#c.X_1				
2015	–5.387	2.58	–2.09	0.037
2016	–9.526	2.724	–3.5	0.000
WY	1.359	0.12	11.29	0.000

在这种情况下，再来估计自变量 X_1 对于因变量的影响，得到表 7–7。

表 7–7　自变量对因变量的影响分析（逆距离权重）

	影响系数（dy/dx）	标准误（Std. Err.）	Z 值	$P>\|z\|$
直接效应	15.033	5.962	2.52	0.012
间接效应	–49.936	25.251	–1.98	0.048
总效应	–34.903	20.315	–1.72	0.086

比较表 7–5 和表 7–7，直接效应变小，间接效应和总效应变成负的。这是因为之前的效应之中包含了与年份的交互效应。当把交互作用区分出去后，X_1 对因变量的影响就会出现变化。

空间面板杜宾模型

在做空间面板模型回归时，因变量空间滞后效应是常见的情形，这是因为在单独的年份情况下，样本空间观测点上的因变量观测值本身就存在着空间滞后效应（Hoffer et al., 2019）。这在本文上一章的内容中已经证实。随着不同年份的累计，因变量的这种空间滞后效应往往不会随之消失，而是会继续存在，甚至会更加明显。所以，一般空间面板模型都会有因变量的空间滞后效应。其实，空间面板数据还有可能存在着自变量滞后效应。

在进行空间面板回归时，自变量也可能存在空间效应。与横截面数据的空间杜宾模型类似，带有自变量空间效应的空间面板模型，本例子中的回归方程式如下：

$$Y_t = \rho WY_t + \alpha l_N + X_{1t}\beta_1 + \gamma_1 WX_{1t} + X_{2t}\beta_2 + \gamma_2 WX_{2t} + u_t$$

这里，两个自变量空间滞后项可以同时引入模型之中，也可以单独引入模型。

在空间滞后模型的基础上，把空间滞后因变量引入模型，成为其中的一个自变量，这就是空间杜宾模型。例如，这里把第二产业比重的空间滞后项引入到模型中，进行估计的 Stata 语句如下：

```
. spxtregress GDP INDUSTRY WAGE i.year,re dvarlag(M) ivarlag(M:INDUSTRY)
```

进行随机效应空间面板模型回归之后，得到的结果如下：Wald chi2（5）值是 360.48，$Prob > chi2 = 0.000$，“准 R^2”（Pseudo R^2）值是 0.112。对数似然函数（Log likehood）值是 –6932.533。对于这个空间误差项的 Wald 检验，其 chi2（1）值为 129.29，$Prob > chi2 = 0.000$。回归得到的 sigma_u 值是 3063.002，sigma_e 值是 298.537。如表 7–8 所示。

表 7–8　随机效应空间面板模型结果（空间滞后因变量和空间滞后自变量）

	回归系数（Coef.）	标准误（Std. Err.）	Z 值	$P>\|z\|$
截距项	–1620.749	650.274	–2.49	0.013
X_1	16.791	6.113	2.75	0.006
X_2	0.025	0.004	6.85	0.000
year				
2015	–182.441	51.837	–3.52	0.000
2016	–372.215	90.228	–4.13	0.000
WX_1	–22.897	12.806	–1.79	0.074
WY	1.327	0.117	11.36	0.000

引入第二产业比重空间滞后项，其回归系数是显著为负。这说明一个城市的

第二产业比重的增加，会对邻近其他城市的经济发展产生负面影响，这是一种负的空间溢出效应。

如果把平均工资水平的空间滞后项引入模型中，进行估计的 Stata 语句如下：

```
. spxtregress GDP INDUSTRY WAGE i.year,re dvarlag(M) ivarlag(M: WAGE)
```

进行随机效应空间面板模型回归之后，得到的结果如下：Wald chi2（5）值是 340.63，$Prob > chi2 = 0.000$，“准 R^2”（Pseudo R^2）值是 0.062。对数似然函数（Log likehood）值是 –6927.29。对于这个空间误差项的 Wald 检验，其 chi2（1）值为 104.79，$Prob > chi2 = 0.000$。回归得到的 sigma_u 值是 3068.792，sigma_e 值是 296.092。如表 7–9 所示。

表 7–9　随机效应空间面板模型结果（空间滞后因变量和空间滞后自变量）

	回归系数（Coef.）	标准误（Std. Err.）	Z 值	$P>\|z\|$
截距项	–1613.749	490.918	–3.29	0.001
X_1	17.506	6.083	2.88	0.004
X_2	0.023	0.004	6.35	0.000
year				
2015	40.01	60.246	0.66	0.507
2016	20.127	104.221	0.19	0.847
WX_2	–0.05	0.014	–3.65	0.000
WY	1.879	0.216	8.69	0.000

引入平均工资空间滞后项，其回归系数也是显著为负。这说明，一个城市的工资水平的提升，会对邻近其他城市的经济发展产生负面影响，这是一种负的空间溢出效应。一个城市工作水平的提升，会从邻近其他城市吸引人才进来，导致人才从这些邻近其他城市流失，对这些城市的经济发展不利。

如果把这两个自变量的空间滞后项同时引入模型中，进行估计的 Stata 语句如下：

```
. spxtregress GDP INDUSTRY WAGE i.year, re dvarlag(M) ivarlag(M: INDUSTRY WAGE)
```

进行随机效应空间面板模型回归之后，得到的结果如下：Wald chi2（5）值是 344.59，$Prob > chi2 = 0.000$，“准 R^2”（Pseudo R^2）值是 0.093。对数似然函数（Log likehood）值是 –6925.959。对于这个空间误差项的 Wald 检验，其 chi2（1）值为 109.82，$Prob > chi2 = 0.000$。回归得到的 sigma_u 值是 3047.666，sigma_e 值是 296.369。如表 7–10 所示。

表 7–10　随机效应空间面板模型结果（空间滞后因变量和空间滞后自变量）

	回归系数（Coef.）	标准误（Std. Err.）	Z 值	$P>\|z\|$
截距项	–841.811	677.908	–1.24	0.214
X_1	17.972	6.095	2.95	0.003
X_2	0.024	0.004	6.48	0.000
year				
2015	–14.168	68.966	–0.21	0.837
2016	–78.444	120.882	–0.65	0.516
WX_1	–20.685	12.645	–1.64	0.102
WX_2	–0.05	0.014	–3.64	0.000
WY	1.917	0.214	8.94	0.000

当第二产业比重和工资水平的空间滞后项同时引入模型后，如表 7–10 所示，第二产业比重空间滞后项的回归系数不显著，而工资水平空间滞后项的回归系数是显著为负的。这说明，当这两个自变量的空间滞后项同时进入模型后，发挥空间溢出效应的是工资水平而非第二产业比重。当然，对于这种现象背后的机制，需要进行进一步研究才能更好地确定。

空间面板误差模型

在进行空间面板回归时，残差也可能存在空间效应。有时候，空间滞后模型和空间误差模型一起用，彼此可以进行补充和互相验证（Rong et al., 2023）。与空间误差模型类似，带有空间效应的误差的空间面板模型，本例子中的回归方程式如下：

$$Y_t = \alpha l_N + X_{1t}\beta_1 + X_{2t}\beta_2 + (I - \gamma W)^{-1} u_t$$

当残差存在空间滞后效应时，就是空间误差模型。在采用邻近空间权重矩阵，进行随机效应空间面板模型回归时，其 Stata 语句如下：

```
. spxtregress GDP INDUSTRY WAGE i.year, re errorlag(W)
```

得到的结果如下：Wald chi2（4）值是 137.83，$Prob > chi2 = 0.000$，"准 R^2"（Pseudo R^2）值是 0.185。对数似然函数（Log likehood）值是 −6944.52。对于这个空间误差项的 Wald 检验，其 chi2（1）值为 23.19，$Prob > chi2 = 0.000$。回归得到的 sigma_u 值是 3168.293，sigma_e 值是 298.389。如表 7–11 所示。

表 7–11　随机效应空间面板模型结果（空间误差）

	回归系数（Coef.）	标准误（Std. Err.）	Z 值	$P>\|z\|$
截距项	312.185	390.484	0.8	0.424
X_1	20.025	6.53	3.07	0.002
X_2	0.022	0.004	5.87	0.000
year				
2015	75.962	44.129	1.72	0.085
2016	185.331	61.252	3.03	0.002
$W\epsilon$	0.312	0.065	4.82	0.006

值得注意的是，$W\epsilon$ 的回归系数估计值是正数而且是显著的，说明在这个例子中，存在正向的残差空间滞后效应。这再次说明邻近城市之间在经济发展上存在着正向的空间溢出效应，这为开展区域一体化发展战略提供了实证上的支撑。

若采用逆距离空间权重矩阵，进行随机效应空间面板模型回归，其 Stata 语句如下：

```
. spxtregress GDP INDUSTRY WAGE i.year, re errorlag(M)
```

得到的结果如下：Wald chi2（4）值是 253.82，$Prob > chi2 = 0.000$，"准 R^2"（Pseudo R^2）值是 0.204。对数似然函数（Log likehood）值是 −6939.212。对于这个空间误差项的 Wald 检验，其 chi2（1）值为 78.85，$Prob > chi2 = 0.000$。

回归得到的 sigma_u 值是 3162.006，sigma_e 值是 297.616。如表 7–12 所示。

表 7–12　随机效应空间面板模型结果（空间误差和逆距离权重）

	回归系数（Coef.）	标准误（Std. Err.）	*Z* 值	$P>\|z\|$
截距项	444.264	388.132	1.14	0.252
X_1	17.353	6.459	2.69	0.007
X_2	0.022	0.004	5.84	0.000
year				
2015	74.055	35.187	2.1	0.035
2016	195.565	53.951	3.62	0.000
$W\epsilon$	2.114	0.238	8.89	0.000

比较表 7–11 和表 7–12，用逆距离空间权重矩阵替换邻近空间权重矩阵后，残差空间滞后项的回归系数从之前的 0.312 增加到 2.114。这些变化说明不同类型的空间权重矩阵对于空间面板模型的回归结果会产生影响。在本例子中，一个明显的影响结果是城市经济发展的空间溢出效应变强了。

在本例子中，当年末单位从业人员数与年份存在着交互作用时，采用逆距离空间权重矩阵进行回归，其 Stata 语句如下：

```
. spxtregress GDP INDUSTRY WAGE i.year c.INDUSTRY##i.year,re error(M)
```

得到的结果如下：Wald chi2（6）值是 1124.46，$Prob > chi2 = 0.000$，“准 R^2”（Pseudo R^2）值是 0.087。对数似然函数（Log likehood）值是 –6930.762。对于这个空间误差项的 Wald 检验，其 chi2（1）值为 292.89，$Prob > chi2 = 0.000$。回归得到的 sigma_u 值是 3169.661，sigma_e 值是 291.895。如表 7–13 所示。

表 7–13　随机效应空间面板模型结果（空间误差和交互作用）

	回归系数（Coef.）	标准误（Std. Err.）	*Z* 值	$P>\|z\|$
截距项	662.169	385.593	1.72	0.086
X_1	16.802	6.472	2.6	0.009
X_2	0.018	0.004	4.66	0.000

续表

	回归系数（Coef.）	标准误（Std. Err.）	Z值	$P>\|z\|$
year				
2015	376.905	135.344	2.78	0.005
2016	759.927	150.977	5.03	0.000
Year#c.X_1				
2015	−5.831	2.693	−2.17	0.030
2016	−11.19	2.827	−3.96	0.000
$W\epsilon$	3.406	0.199	17.11	0.000

如表 7–13 所示，年份和 X_1 的交互作用是显著的，而且其回归系数估计值都是负数。2015 年和 2016 年的虚拟变量的回归系数都是显著为正，这说明城市经济呈现持续上升的趋势。但是，年份和第二产业比重的交互项的回归系数都是显著为负的，这说明第二产业比重具有调节作用，会使得城市经济增长速度变缓。

空间面板混合模型

有的研究会把空间滞后模型、空间误差模型和空间杜宾模型一起使用（赵淑英 et al., 2015），这样，研究的内容看上去就会很饱满和丰富。其实，这三个模型并不一定要分开使用。空间面板模型也可以把空间滞后效应、空间误差效应以及空间杜宾模型都结合起来进行混合回归。例如，可以把空间滞后模型和空间误差模型组合起来，那么本例子回归方程式如下：

$$Y_t = \rho WY_t + \alpha l_N + X_{1t}\beta_1 + X_{2t}\beta_2 + (I - \gamma W)^{-1} u_t$$

在采用邻近空间权重矩阵，进行随机效应空间面板模型回归之后，得到的结果如下：Wald chi2（5）值是 276.37，$Prob > chi2$ = 0.000，“准 R^2”（Pseudo R^2）值是 0.12。对数似然函数（Log likehood）值是 −6938.941。对于这个空间误差项的 Wald 检验，其 chi2（1）值为 36.63，$Prob > chi2$ = 0.000。回归得到的 sigma_u 值是 3093.612，sigma_e 值是 297.288。

```
. spxtregress GDP INDUSTRY WAGE i.year, re dvarlag(W) errorlag(W)
```

表 7–14　随机效应空间面板模型结果（空间混合效应）

	回归系数（Coef.）	标准误（Std. Err.）	Z 值	$P>\|z\|$
截距项	−433.331	398.123	−1.09	0.276
X_1	21.494	6.054	3.55	0.000
X_2	0.021	0.004	5.76	0.000
year				
2015	34.172	36.163	0.94	0.345
2003	90.231	58.392	1.55	0.122
WY	0.328	0.091	3.62	0.000
$W\epsilon$	−0.077	0.147	−0.53	0.599

根据表 7–14 所示，在同时引入空间滞后因变量和空间误差效应之后，经过检验发现因变量的空间滞后效应是显著的，而空间误差效应是不显著的。也就是说，在这个例子中，可以不考虑空间误差效应。但是，在得出这个结论时，还是需要谨慎，因为采用不同的空间权重矩阵，可能会使结果发生变化。

如同横截面数据上的空间混合模型，在面板数据上，在同一个模型中也可以同时采用不同的空间权重矩阵。这里，因变量空间滞后项采用的是邻近空间权重矩阵，而残差项的空间权重矩阵采用逆距离空间权重矩阵，进行随机效应空间面板模型回归，其 Stata 语句如下：

```
. spxtregress GDP INDUSTRY WAGE i.year, re dvarlag(W) errorlag(M)
```

得到的结果如下：Wald chi2（5）值是 156.96，$Prob > chi2 = 0.000$，“准 R^2”（Pseudo R^2）值是 0.1948。对数似然函数（Log likehood）值是 −6935.602。对于这个空间误差项的 Wald 检验，其 chi2（1）值为 53.55，$Prob > chi2 = 0.000$。回归得到的 sigma_u 值是 3109.918，sigma_e 值是 297.746。

表 7–15　随机效应空间面板模型结果（空间混合效应和逆空间权重）

	回归系数（Coef.）	标准误（Std. Err.）	Z 值	$P>\|z\|$
截距项	167.907	398.822	0.42	0.674
X_1	16.113	6.462	2.49	0.013
X_2	0.022	0.004	5.85	0.000

续表

	回归系数（Coef.）	标准误（Std. Err.）	*Z* 值	$P>\|z\|$
year				
2015	45.126	43.122	1.05	0.295
2003	129.075	66.529	1.94	0.052
WY	0.158	0.058	2.7	0.007
$W\epsilon$	1.817	0.354	5.13	0.000

比较表 7–14 和表 7–15，发现空间滞后因变量的回归系数从 0.328 变成了 0.158，而且都是显著的。这说明在这个空间面板数据模型，不能忽视因变量的空间滞后效应。而且，因变量空间滞后项的回归系数变小了，城市经济的发展对于邻近其他城市的溢出效应变弱了。之所以出现这种情况，是因为 $W\epsilon$ 的回归系数的变化。在表 7–14 中，$W\epsilon$ 的回归系数不显著。但在表 7–15 中，$W\epsilon$ 的回归系数是显著为正的。也就是说，因变量的一部分空间溢出效应分离到了残差项中，因此导致因变量的溢出效应减弱。在这个例子中，不能简单忽略空间误差效应的存在和作用，因为在采用逆距离空间权重矩阵的情况下，这种空间误差效应是显著存在的。

此外，在采用两种空间权重矩阵的情况下，Stata 还可以通过 sarpanel 选项进行随机效应空间面板模型回归。这个选项假设面板层面上的效应与时间层面上的误差一样具有自回归特征。也就是说，通过指定 sarpanel 选项而使用估计量的替代形式，其中面板层级效应具有与时间误差相同的自回归形式。用这个选项进行空间面板模型的回归，其 Stata 语句如下：

```
. spxtregress GDP INDUSTRY WAGE i.year,re sarpanel dvarlag(W) errorlag(M)
```

得到的结果如下：Wald chi2（5）值是 222.31，$Prob > chi2 = 0.000$，“准 R^2”（Pseudo R^2）值是 0.206。对数似然函数（Log likehood）值是 –6930.217。对于这个空间误差项的 Wald 检验，其 chi2（1）值为 102.51，$Prob > chi2 = 0.000$。回归得到的 sigma_u 值是 3064.251，sigma_e 值是 297.466。如表 7–16 所示。

表 7–16　Sarpanel 选项的随机效应空间面板模型结果（空间混合效应）

	回归系数（Coef.）	标准误（Std. Err.）	Z 值	$P>\|z\|$
截距项	472.959	412.875	1.15	0.252
X_1	16.142	6.46	2.5	0.012
X_2	0.021	0.004	5.74	0.000
year				
2015	65.247	38.075	1.71	0.087
2003	175.8	60.188	2.92	0.003
WY	0.051	0.062	0.82	0.41
$W\epsilon$	2.024	0.232	8.74	0.000

比较表 7–15 和表 7–16，发现采用 sarpanel 选项后，$W\epsilon$ 的回归系数从之前的 1.817 增加到了现在的 2.024，而且都是显著的。但是，WY 的回归系数从之前的显著变成了现在的不显著。可见，当面板层面上的效应也具有自回归特征时，回归结果就会有所不同。

如果该模型中的两个空间权重矩阵都采用逆距离空间权重矩阵，通过 Sarpanel 选项进行随机效应空间面板模型回归，其 Stata 语句如下：

```
. spxtregress GDP INDUSTRY WAGE i.year, re sarpanel dvarlag(M) errorlag(M)
```

得到的结果如下：Wald chi2（5）值是 194.11，$Prob > chi2 = 0.000$，“准 R^2”（Pseudo R^2）值是 0.159。对数似然函数（Log likehood）值是 –6927.893。对于这个空间误差项的 Wald 检验，其 chi2（2）值为 91.53，$Prob > chi2 = 0.000$。回归得到的 sigma_u 值是 3049.44，sigma_e 值是 296.912。如表 7–17 所示。

表 7–17　Sarpanel 的随机效应空间面板模型结果（空间混合效应与逆距离权重）

	回归系数（Coef.）	标准误（Std. Err.）	Z 值	$P>\|z\|$
截距项	–523.364	580.307	–0.9	0.367
X_1	15.38	6.435	2.39	0.017
X_2	0.022	0.004	5.92	0.000

续表

	回归系数（Coef.）	标准误（Std. Err.）	Z 值	P>|z|
year				
2015	–1.528	48.8	–0.03	0.975
2003	22.009	88.381	0.25	0.803
WY	0.467	0.184	2.53	0.011
$W\epsilon$	1.902	0.241	7.9	0.000

比较表 7–16 和表 7–17，一个很显著的不同就是 *WY* 的回归系数从之前的不显著变成了现在的显著。这种情形在之前的模型中也出现过。这种情形反复出现表明，当用逆距离空间权重矩阵替换邻近空间权重矩阵时，由于空间权重的定义发生了变化，可能会导致空间效应的作用路径发生变化。在空间邻近权重矩阵中，只有邻近县之间在经济发展上会发生互相影响的情形，如果县与县之间不相邻，那么这些不相邻的县之间就不会发生互相影响和作用。在逆距离空间权重矩阵中，尽管县与县之间不相邻，但也会存在着彼此互相作用和影响的情形，只不过彼此之间距离比较远的县的作用会弱一些。在这种情况下，即便相邻县之间的影响是不显著的，但是，加上不相邻之间的县的影响，总体上影响就有可能是显著的。

第三节 固定效应回归

在开展时空社会科学研究时，除了检验随机效应之外，往往也需要对固定效应进行检验和估计。在复杂多变的社会时空中，有些因素是时刻变化着的，有些因素是不会随着时间的变化而变化的。如在多个空间样本观测点进行儿童营养干预试验研究，比较三种不同的营养品对于儿童生长与发展的影响效果。这三种营养品不是从很多种营养品中抽样出来的，其试验结论也不是想要推广到其他营养品上去，即试验研究的结论仅限于这三种营养品。这类研究设计一般采用的是固定效应设计，即这三类营养品在试验过程中是固定不变的，是事先给定的，不是随机抽样选取的。在这个例子中，通过观察不同空间点上采用三种不同营养品的儿童生长发育情况，就可以获得相关的空间面板数据，就可以通过固定效应模型来进行实证研究和检验。

空间面板滞后模型

空间面板滞后模型是很常用的空间面板数据模型（Wisnumurti et al., 2019）。在做固定效应的空间面板回归之前，先做没有空间效应的回归，作为参照，其 Stata 语句如下：

```
. xtreg GDP  INDUSTRY WAGE   i.year, fe
```

回归得到的组内值是 0.267，组间值是 0.03，总体值是 0.03。F 值是 51.75，$Prob > F = 0.000$。回归得到的 sigma_u 值是 3264.415，sigma_e 值是 305.271，而 rho 值 0.991。如表 7–18 所示。

表 7–18　固定效应面板模型结果

	回归系数（Coef.）	标准误（Std. Err.）	Z 值	$P>\|z\|$
截距项	–102.402	333.446	–0.31	0.759
X_1	36.748	6.393	5.75	0.000
X_2	0.014	0.004	3.64	0.000
year				
2015	152.658	37.184	4.11	0.000
2016	327.887	56.524	5.8	0.000

比较表 7–1 和表 7–18，发现通过固定模型进行回归，X_1 的回归系数从之前的 22.727 变成了现在的 36.748。X_2 的回归系数尽管依然是显著的，但其值明显变小了，从之前的 0.028 变成了现在的 0.014。

这里，也可以把年份和第二产业比重的交互项引入模型中，估计时所采用的 Stata 语句如下：

```
. xtreg GDP  INDUSTRY WAGE   c.INDUSTRY#i.year, fe
```

回归得到的组内 R^2 值是 0.251，组间 R^2 值是 0.097，总体 R^2 值是 0.092。

F 值是 47.7，$Prob > F = 0.000$。回归得到的 sigma_u 值是 3213.321，sigma_e 值是 308.517，而 rho 值 0.991。如表 7–19 所示。

表 7–19　固定效应面板模型结果（交互项）

	回归系数（Coef.）	标准误（Std. Err.）	Z 值	$P>\|z\|$
截距项	–7.109	335.525	–0.02	0.983
X_1	29.051	6.061	4.79	0.000
X_2	0.2	0.004	5.85	0.000
Year# c.INDUSTRY				
2015	1.98	0.711	2.78	0.006
2016	4.823	1.054	4.57	0.000

如表 7–19 所示，年份和第二产业比重的回归系数都是显著为正的，这说明在固定效应估计中，第二产业比重具有调节作用，会让城市经济增长态势加速。

把空间滞后因变量引入模型，成为其中的一个自变量，再采用邻近空间权重矩阵进行固定效应空间面板模型回归，其 Stata 语句如下：

```
. spxtregress GDP  INDUSTRY WAGE  c.INDUSTRY#i.year,fe dvarlag(W)
```

得到的结果如下：Wald chi2（5）值是 229.62，$Prob > chi2 = 0.000$，“准 R^2”（Pseudo R^2）值是 0.078。对数似然函数（Log likehood）值是 –4076.162。对于这个空间误差项的 Wald 检验，其 chi2（1）值为 26.02，$Prob > chi2 = 0.000$。回归得到的 sigma_e 值是 298.646。如表 7–20 所示。

表 7–20　固定效应空间面板模型结果（空间滞后因变量）

	回归系数（Coef.）	标准误（Std. Err.）	Z 值	$P>\|z\|$
X_1	23.631	6.001	3.77	0.000
X_2	0.018	0.003	5.57	0.000
Year# c.INDUSTRY				
2015	1.003	0.714	1.4	0.16
2016	2.6	1.11	2.34	0.019
WY	0.31	0.061	5.1	0.000

加入空间滞后因变量后，固定效应空间面板模型的回归结果显示，因变量空间滞后效应是显著为正的。这说明，即便是在固定效应中，城市经济的正向的空间溢出效应也依然显著。从年份和第二产业比重交互项的回归系数来看，2015年不显著，2016年则显著为正。这说明不同年份的交互效应有所不同。

若在空间面板回归模型中，改变空间权重矩阵，用逆距离权重空间矩阵替换邻近空间权重矩阵，其Stata语句如下：

```
. spxtregress GDP  INDUSTRY WAGE  c.INDUSTRY#i.year,fe dvarlag(M)
```

得到的结果如下：Wald chi2（5）值是302.12，$Prob > chi2 = 0.000$，“准R^2”（Pseudo R^2）值是0.003。对数似然函数（Log likehood）值是–4060.345。对于这个空间误差项的Wald检验，其chi2（1）值为89.94，$Prob > chi2 = 0.000$。回归得到的sigma_e值是292.545。如表7–21所示。

表7–21 固定效应空间面板模型结果（空间滞后因变量与逆距离权重）

	回归系数（Coef.）	标准误（Std. Err.）	Z值	$P>\|z\|$
X_1	23.551	5.776	4.08	0.000
X_2	0.017	0.003	5.19	0.000
Year # INDUSTRY				
2015	–2.467	0.821	–3	0.003
2016	–5.929	1.511	–3.92	0.000
WY	1.607	0.17	9.48	0.000

比较表7–20和表7–21，X_1的回归系数和X_2的回归系数都是变化不大。此外，从WY的回归系数来看，变化则比较大，从之前的0.31增加到了现在的1.607。

空间面板杜宾模型

在空间滞后模型的基础上，把空间滞后因变量引入模型，成为其中的一个自变量，这就是空间杜宾模型（赵金金，2016）。这里，采用的是逆距离空间权重矩阵。例如，这里把第二产业比重的空间滞后项引入模型中，进行估计的Stata

语句如下：

```
. spxtregress GDP INDUSTRY WAGE c.INDUSTRY#i.year,fe dvarlag(M) ivarlag(M:INDUSTRY)
```

进行固定效应空间面板模型回归之后，得到的结果如下：Wald chi2（6）值是 298.57，$Prob > chi2 = 0.000$，“准 R^2”（Pseudo R^2）值是 0.041。对数似然函数（Log likehood）值是 –4067.922。对于这个空间误差项的 Wald 检验，其 chi2（1）值为 90.35，$Prob > chi2 = 0.000$。回归得到的 sigma_e 值是 295.316。如表 7–22 所示。

表 7–22　固定效应空间面板模型结果（空间滞后因变量和空间滞后自变量）

	回归系数（Coef.）	标准误（Std. Err.）	Z 值	$P>\|z\|$
X_1	27.999	6.05	4.63	0.001
X_2	0.018	0.003	5.45	0.000
Year # INDUSTRY				
2015	–1.484	1.128	–1.32	0.188
2016	–2.861	1.909	–1.5	0.134
WX_1	–28.184	23.99	–1.17	0.24
WY	0.849	0.099	8.54	0.000

引入第二产业比重空间滞后项，其回归系数是不显著的。这说明，一个城市的第二产业比重的增加，在固定效应估计下，不会对邻近其他城市的经济发展产生显著影响。

如果把平均工资水平的空间滞后项引入模型，进行估计的 Stata 语句如下：

```
. spxtregress GDP INDUSTRY WAGE c.INDUSTRY#i.year,fe dvarlag(M) ivarlag(M:WAGE)
```

进行固定效应空间面板模型回归之后，得到的结果如下：Wald chi2（6）值是 265.89，$Prob > chi2 = 0.000$，“准 R^2”（Pseudo R^2）值是 0.023。对数似然函数（Log likehood）值是 –4063.524。对于这个空间误差项的 Wald 检验，其 chi2

（1）值为 55.59，$Prob > chi2 = 0.000$。回归得到 sigma_e 值是 55.59。如表 7–23 所示。

表 7–23　固定效应空间面板模型结果（空间滞后因变量和单空间滞后自变量）

	回归系数（Coef.）	标准误（Std. Err.）	Z 值	$P>\|z\|$
X_1	27.994	5.864	4.77	0.000
X_2	0.016	0.003	4.89	0.000
Year # INDUSTRY				
2015	–3.325	1.132	–2.85	0.004
2016	–6.393	2.047	–3.12	0.002
WX_2	0.038	0.013	2.86	0.004
WY	0.652	0.207	3.15	0.002

引入平均工资空间滞后项，其回归系数是显著为正的。这说明，一个城市的工资水平的提升，会对邻近其他城市的经济发展产生正面影响，这是一种正的空间溢出效应。这个结果与之前的随机效应估计恰好相反，前者是显著为负的。这说明，采用固定效应估计和采用随机效应估计，对于估计的结果可能会有一定的影响。如果从固定效应估计这个视角来解释，就是一个城市工资水平的提高，会导致劳动力成本的提高，使得一些企业为了降低用工成本而把企业向附近的工资水平较低的其他城市转移，进而促进了这些城市经济的发展。

如果把这两个自变量的空间滞后项同时引入模型中，进行估计的 Stata 语句如下：

```
. spxtregress GDP  INDUSTRY WAGE  c.INDUSTRY#i.year,fe dvarlag(M) ivarlag(M:INDUSTRY WAGE)
```

进行固定效应空间面板模型回归之后，得到的结果如下：Wald chi2（7）值是 274.7，$Prob > chi2 = 0.000$，“准 R^2”（Pseudo R^2）值是 0.017。对数似然函数（Log likehood）值是 –4059.621。对于这个空间误差项的 Wald 检验，其 chi2（1）值为 61.79，$Prob > chi2 = 0.000$。回归得到的 sigma_e 值是 292.045。如表 7–24 所示。

表 7–24 固定效应空间面板模型结果（空间滞后因变量和双空间滞后自变量）

	回归系数（Coef.）	标准误（Std. Err.）	Z 值	$P>\|z\|$
X_1	21.668	6.269	3.46	0.001
X_2	0.015	0.003	4.5	0.000
Year # INDUSTRY				
2015	–2.555	1.157	–2.21	0.027
2016	–6.014	2.044	–2.94	0.003
WX_1	–124.831	44.608	2.8	0.005
WX_2	0.089	0.023	3.81	0.000
WY	0.562	0.245	2.3	0.022

当第二产业比重和工资水平的空间滞后项同时引入到模型中时，如表 7–24 所示，这两个自变量的空间滞后项的回归系数都是显著为正。在表 7–22 中，第二产业比重的空间滞后项的回归系数是不显著的，但在这里却是显著为正。这说明，当这两个自变量的空间滞后项同时进入模型后，可能对其中之一的自变量的空间溢出效应产生影响。当然，对于这种现象背后的机制，需要进行进一步研究才能更好地确定。从因变量的空间滞后项的回归系数来看，是显著为正的，这与之前的模型估计结果总体上是一致的。

空间面板误差模型

在研究固定效应时，残差空间滞后效应也可以进行研究（Firman et al., 2021）。在采用邻近空间权重矩阵，进行固定效应空间面板模型回归时，其 Stata 语句如下：

```
. spxtregress GDP  INDUSTRY WAGE  c.INDUSTRY#i.year,fe errorlag(W)
```

得到的结果如下：Wald chi2（4）值是 106.92，$Prob > chi2 = 0.000$，“准 R^2”（Pseudo R^2）值是 0.154。对数似然函数（Log likehood）值是 –4079.972。对于这个空间误差项的 Wald 检验，其 chi2（1）值为 17.89，$Prob > chi2 = 0.000$。回归得到的 sigma_e 值是 301.031。如表 7–25 所示。

表 7–25　固定效应空间面板模型结果（空间误差效应）

	回归系数（Coef.）	标准误（Std. Err.）	Z 值	$P>\|z\|$
X_1	20.187	6.615	3.05	0.002
X_2	0.02	0.003	5.87	0.000
Year # INDUSTRY				
2015	1.425	0.849	1.68	0.093
2016	3.742	1.17	3.2	0.001
$W\epsilon$	0.285	0.067	4.23	0.000

如表 7–25 所示，$W\epsilon$ 的回归系数是显著的，这说明在固定效应中也存在着正的空间溢出效应。

若采用逆距离空间权重矩阵，进行固定效应空间面板模型回归，其 Stata 语句如下：

```
. spxtregress GDP  INDUSTRY WAGE  c.INDUSTRY#i.year,fe errorlag(M)
```

得到的结果如下：Wald chi2（4）值是 50.84，$Prob > chi2 = 0.000$，“准 R^2”（Pseudo R^2）值是 0.108。对数似然函数（Log likehood）值是 –4069.618。对于这个空间误差项的 Wald 检验，其 chi2（1）值为 618.59，$Prob > chi2 = 0.000$。回归得到的 sigma_e 值是 295.375。如表 7–26 所示。

表 7–26　固定效应空间面板模型结果（空间误差效应加逆距离权重）

	回归系数（Coef.）	标准误（Std. Err.）	Z 值	$P>\|z\|$
X_1	25.92	6.069	4.27	0.000
X_2	0.017	0.003	5.16	0.000
Year # INDUSTRY				
2015	–2.025	1.769	–1.14	0.252
2016	–4.4	1.96	–2.24	0.025
$W\epsilon$	0.932	0.038	24.87	0.000

比较表 7–25 和表 7–26，$W\epsilon$ 的回归系数也显著增强，从 0.285 增加到了 0.932。这说明当采用逆距离空间权重矩阵后，空间误差效应变得更强了。

空间面板混合模型

在固定效应的空间面板模型中，也可以同时引入空间滞后因变量和空间误差，这就是空间混合效应，即可能同时存在这两种空间效应。为了检验这两种空间效应是否存在以及可能的影响，就需要在进行空间面板模型的回归中，对于这两类空间效应进行检验。

在采用邻近空间权重矩阵进行固定效应空间面板模型回归时，其 Stata 语句如下：

```
. spxtregress GDP INDUSTRY WAGE c.INDUSTRY#i.year,fe dvarlag(W)
errorlag(W)
```

得到的结果如下：Wald chi2（5）值是 687.13，$Prob > chi2 = 0.000$，“准 R^2”（Pseudo R^2）值是 0.006。对数似然函数（Log likehood）值是 –4069.674。对于这个空间误差项的 Wald 检验，其 chi2（2）值为 117.73，$Prob > chi2 = 0.000$。回归得到的 sigma_e 值是 117.73。如表 7–27 所示。

表 7–27 固定效应空间面板模型结果（空间混合效应）

	回归系数（Coef.）	标准误（Std. Err.）	Z 值	$P>\|z\|$
X_1	21.493	4.899	4.39	0.000
X_2	0.134	0.003	4.58	0.000
Year # INDUSTRY				
2015	0.528	0.516	1.02	0.306
2016	1.263	0.892	1.42	0.157
WY	0.673	0.07	9.64	0.000
$W\epsilon$	–0.632	0.137	–4.62	0.000

如表 7–27 所示，固定效应下进行空间面板模型的回归，发现 WY 和 $W\epsilon$ 的回归系数估计值都显著，这说明在目前这种情况下，同时存在这两种空间滞后效应。但是，$W\epsilon$ 的回归系数估计值为负，这个与表 7–26 的结果恰好相反，因为两者的空间权重矩阵采用的是不同的空间权重矩阵。

这里，如果采用逆距离空间权重矩阵进行固定效应空间面板模型回归，其Stata 语句如下：

```
. spxtregress GDP  INDUSTRY WAGE  c.INDUSTRY#i.year,fe dvarlag(M) errorlag(M)
```

得到的结果如下：Wald chi2（5）值是 58.27，$Prob > chi2 = 0.000$，“准 R^2”（Pseudo R^2）值是 0.036。对数似然函数（Log likehood）值是 –4066.388。对于这个空间误差项的 Wald 检验，其 chi2（2）值为 64.95，$Prob > chi2 = 0.000$。回归得到的 sigma_e 值是 294.011。如表 7–28 所示。

表 7–28　固定效应空间面板模型结果（空间混合效应与逆距离权重）

	回归系数（Coef.）	标准误（Std. Err.）	Z 值	$P>\|z\|$
X_1	22.739	6.287	3.62	0.000
X_2	0.017	0.003	5.06	0.000
Year # INDUSTRY				
2015	–1.877	1.75	–1.07	0.284
2016	–3.807	2.353	–1.62	0.106
WY	0.68	0.228	2.98	0.003
$W\epsilon$	1.18	0.15	7.87	0.000

比较表 7–28 和表 7–27，$W\epsilon$ 的回归系数也从 –0.632 变成了 1.18，不仅符号发生了改变，而且绝对值也显著增加。可见，当空间权重矩阵变换之后，空间面板模型的回归结果也会出现较大变化。

小　结

社会时空进行动态分析的方法是多种的，其中一种重要的方法就是通过空间面板模型来进行模拟和估计。在进行空间面板模型的实证研究时，需要区分随机效应和固定效应的影响，根据不同的需要和研究设计进行有针对性的回归与估计。无论是随机效应还是固定效应，空间面板模型都可以根据空间效应的具体情况，进行滞后效应、空间杜宾效应、误差效应或者混合效应回归。这些模型使时空社会科学研究的动态分析更具有多样性，可以对于复杂多变的社会时空进行更多视角的动态检验。

思考题

1. 如何建构平衡的空间面板数据？
2. 如何建构空间面板数据的空间权重矩阵？
3. 空间面板数据的随机效应模型和固定效应模型有何区别？
4. 如何估计空间面板滞后模型？
5. 如何估计空间面板杜宾模型？
6. 如何估计空间面板误差模型？
7. 如何估计空间面板混合模型？
8. 如何比较上述模型的随机效应和固定效应的参数估计的异同？
9. 如何估计直接效应、间接效应和总效应？
10. 如何选择是随机效应模型还是固定效应模型？

参考文献

[1] Acemoglu D. Introduction to economic growth [J]. Journal of economic theory, 2012, 147(2): 545-550.

[2] Baltagi B H, Egger P, Pfaffermayr M. A Generalized Spatial Panel Data Model with Random Effects [J]. Econometric Reviews, 2013, 32(5-6): 650-685.

[3] Elhorst J P. Specification and estimation of spatial panel data models [J]. International regional science review, 2003, 26(3): 244-268.

[4] Fan W, Wang F, Liu J, et al. Environmental effects of financial agglomeration under dual correlations of industry and space: Evidence from 286 prefecture-level cities in China [J]. Environmental Impact Assessment Review, 2023, 98: 106-978.

[5] Firman S, Suparman Y, Ginanjar I. A Fixed Effect Panel Spatial Error Model in Identifying Factors of Poverty in West Java Province [J]. Journal of Physics: Conference Series, 2021, 1776(1): 120-162.

[6] Gu J. Spatiotemporal context and firm performance: The mediating effect of strategic interaction [J]. Growth & Change, 2021, 52(1): 371-391.

［ 7 ］Gu J. Do neighbours shape the tourism spending of rural households? Evidence from China［ J ］. Current Issues in Tourism, 2022a, 26(3): 2217-2221.
［ 8 ］Gu J. Sharing economy, technological innovation and carbon emissions: Evidence from Chinese cities［ J ］. Journal of Innovation & Knowledge, 2022b, 7(2): 100228.
［ 9 ］Hoffer A, Humphreys B R, Ruseski J E State cigarette taxes and health expenditures: Evidence from dynamic spatial lag panel models［ J ］. Papers in Regional Science, 2019, 98(2): 925-950.
［10］Holly S, Pesaran M H, Yamagata T. A spatio-temporal model of house prices in the USA［ J ］. Journal of Econometrics, 2010, 158(1): 160-173.
［11］Hortas-Rico M, Rios V. Is there an optimal size for local governments? A spatial panel data model approach［ J ］. Regional Studies, 2020, 54(7): 958-973.
［12］Lee L-f, Yu J. Some recent developments in spatial panel data models［ J ］. Regional Science and Urban Economics, 2010, 40(5): 255-271.
［13］Li L, Yang Z. Spatial dynamic panel data models with correlated random effects［ J ］. Journal of Econometrics, 2021, 221(2): 424-454.
［14］Millo G, Piras G. splm: Spatial panel data models in R［ J ］. Journal of Statistical Software, 2012, 47(1): 1-38.
［15］Parent O, LeSage J P. Spatial dynamic panel data models with random effects［ J ］. Regional Science and Urban Economics, 2012, 42(4): 727-738.
［16］Ren X, Zeng G, Gozgor G. How does digital finance affect industrial structure upgrading? Evidence from Chinese prefecture-level cities［ J ］. Journal of Environmental Management, 2023, 330: 117-125.
［17］Rong J, Liu Y, Qin Y. Empirical likelihood for spatial dynamic panel data models with spatial lags and spatial errors［ J ］. Communications in Statistics: Theory and Methods, 2023, 52(18): 6658-6683.
［18］Wisnumurti R D, Pratiwi H, Handajani S S. Spatial Lag Fixed Effect Panel Model with Weights Queen Contiguity for Economic Growth Data of ASEAN Member Countries［ J ］. Journal of Physics: Conference Series, 2019, 1306(1): 12033.
［19］Yu J, Lee L-f. Convergence: A spatial dynamic panel data approach［ J ］. Global Journal of Economics, 2012, 1(1): 1250006.
［20］余曼，李拓 . 基本公共服务均等化、财政分权与推进共同富裕——基于中国 285 个城市面板数据的动态空间计量检验［ J ］. 经济问题探索，2023, 10(16-30).
［21］李金锴，钟昌标 . 中国城市空间结构的经济效率和平衡效应研究——基于 2001—2017 年地级市面板数据的实证检验［ J ］. 城市问题，2022, 3, 95-

103.
[22] 赵淑英，何丽霞，孙永波 . 低碳约束下我国能源供应保障的空间效应研究［J］. 资源开发与市场，2015, 31(4): 401-405.
[23] 赵金金 . 中国区域旅游经济增长的影响因素及其空间溢出效应研究——基于空间杜宾面板模型［J］. 软科学，2016, 10, 53-57.
[24] 钟国辉，姚金海 . 房价波动对技术创新影响的空间效应分析——基于省级面板空间滞后模型［J］. 价格月刊，2022, 4, 24-31.

第八章

研究的实例

时空社会科学是一种跨学科的研究范式。由于任何一种社会现象，都在特定的时空下存在和发展着，因此，时空社会科学研究的基本范式，可以应用到几乎所有社会现象的研究中。这里通过城市创新力、社区健康和省际竞争这三个例子，说明时空社会科学的研究发展在具体研究中的应用以及特点。在使用这种范式进行社会科学研究的过程中，需要根据具体问题进行设计和研究，不能生搬硬套，否则不仅不能发挥这种方法的优势和特长，还可能产生具有误导性的研究结果，不利于发现和探究社会现象背后的规律。所以，在使用这种方法的过程中，要具体问题具体分析。从方法论上来说，任何一种方法都有其局限性。如何发挥时空分析的特长和优势，这是研究者在采用此种方法进行社会科学研究时需要深入思考的事情。

第一节 城市创新力研究

一个城市是否具有活力，主要看其是否具有创新能力（郑琼洁，张鸿雁，2021）。城市中聚集了各式各样的人才，在这方面，具有乡村所无法比拟的优势。但是，有的城市发展快，有的城市则逐渐开始落伍。伴随着城市的落后，很多人才流向了更具有创新力的城市，进一步推动了这些城市的发展，使得城市与城市之间的差距逐渐拉大（Wood, 2002）。在信息和交通高度发达的现代化社会中，城市居民“以足投票”的情形越来越普遍。当一个城市的创新能力越来越强时，这个城市就会展现出蓬勃发展的态势，就会吸引越来越多的人才入驻这个城市，文化多样性会为城市创新提供营养（Sahin et al., 2009）。相反，若一个城市的创新能力越来越弱，很多人才就会采用“以足投票”的方式离开这个城市，到有前途的城市去发展。可见，创新能力对于现代城市的发展具有重要的作用。因此，世界各地的城市都在大力推动本地创新能力的建设，希望吸引更多的人才、资金和资源来入驻，从而在城市创新力发展上具有领先优势（McFarlane et al., 2023; Yang et al., 2020）。

研究背景

在区域研究中，有个“灯下黑”现象，是指某个中心城市发展得越来越好，其周围的城市则发展得越来越暗淡。造成这种“灯下黑”现象的一个重要原因，是这个中心城市在发展过程中，不断从周围城市吸引人才、资金和资源，导致这个中心城市汇集了越来越多的优势资源，周围城市的资源则越来越有限。这就是所谓的虹吸效应（柳卸林 et al., 2022）。从城市创新力的角度来看，这样的中心城市往往具有旺盛的创造力，而周围城市的创新能力则无法获得有效提升，甚至出现走下坡路的情形。城市创新力的研究，不仅是为了提升某个特定城市的创新力，而且要从区域整体发展的角度去提升城市的综合创新力，并在地区上不同城市之间形成有效的分工，建立起综合的城市创新体系，这才是城市创新力研究的核心和重点。可见，城市创新力研究，不仅是为了服务特定城市的发展，更为重要的是服务地区总体的创新能力的提升，推动地区整体的经济与社会的可持续发展。

城市创新力的研究，需要放在地区创新系统的框架下来进行。这是一种地区系统观，不仅要研究单个城市的创新力提升问题，而且要研究城市与城市之间在创新力发展上的互动关系，以及彼此的分工与协作。在此基础上，建立起高效的区域创新系统，推动整个地区创新能力的提升，进而为整个地区经济与社会的发展提供驱动力。也就是说，城市是区域创新系统中的重要节点，而区域创新系统是个网络，对于城市创新力的研究，需要在区域创新网络整体的框架下进行，才能有效避免出现“灯下黑”的情形，避免地区资源在少数几个城市高度聚集的情形出现。这是地区经济社会均衡可持续发展的客观需求，也是城市创新力研究所面临的重要课题。

从时空社会科学的视角来看，城市创新力研究的目的，其实就是要研究建构城市在创新方面上的有效而可持续的社会时空，从而既能够提升本城市的创新能力，又可以对周边城市产生溢出效应，促进周边地区整体创新能力的提升，进而实现协调可持续的发展。创新能力的提升取决于创新人才的会聚和创新性知识的产生与扩散，那么就需要研究创新人才流动和创新性知识扩散的社会时空网络。这种社会时空网络是否通畅和有效率，会对城市创新力的形成和提升产生重要的影响。此外，在这个社会时空网络中，城市管理当局、企业等创新机构、创新者个人都具有各自的社会时空身份，扮演着各自的角色。这些角色是否能够发挥其应有的作用，也是值得深入研究的问题。

相关理论

在知识经济时代，智慧城市（smart city）建设成为一种社会潮流。在国家甚至国际经济与社会体系中，创新能力强的城市往往成为知识共享和扩散的重要集散地（Simmie, 2003）。知识的扩散和溢出，是城市创新的重要体现。城市作为人才、资金和资源的聚集地，不仅通过创新形成新知识，而且会把这些新知识源源不断地向周围地区和城市进行扩散，实现知识的传递。知识传递的过程，其实就是创新能力的传递和扩散（Pedersen, 1970）。可见，创新扩散理论本身就包括了知识在空间上的扩散和传播，而这种知识扩散和传播是需要时间的。因此，时间和空间因素都包含在创新扩散理论之中，是其重要的内生因素。所以对于城市创新过程中所产生的新知识及其扩散路径，需要进行空间上的管理和组织，使其在区域经济和社会均衡可持续发展上发挥出更大的作用（Teirlinck, Spithoven, 2008）。这个过程不是静态的过程，而是动态的过程，因此需要在时空框架下来进行分析和组织。

城市创新力建设和提升的过程，其实也是创新扩散的过程。一个城市不断提升其创新力，往往会对周围的城市形成外部性（externalities），创新的知识通过空间溢出效应传播到邻近的城市和地区，导致邻近城市的创新能力也能够随之提高（Paci, Usai, 1999）。当然，这种创新扩散并非没有障碍。在现实世界中，因为邻近城市在经济发展程度、科技发展程度、教育发展情况以及工人工资收入情况等的不同，往往在创新知识吸收方面存在着差异。因为存在着这些物理以及制度层面上的阻碍，有时候，创新知识不一定能够很有效地传播到邻近城市，导致地区创新能力整体上提升缓慢，创新活动对于经济、社会发展的推动作用有限。这些都是创新力研究的范畴和所需要破解的问题。城市创新理论需要能够精准识别这些现实中的问题，并通过研究找出解决问题的方案，为现实中城市创新力的提升提供重要的理论依据。

每个城市都有其特定的空间位置以及空间上的规模，城市与城市之间的互动和交流以及创新知识的传递，需要克服彼此之间物理上的距离，也需要克服其他方面上的阻碍。因此，创新知识在传递上具有时间差，有的传递速度快，从一个城市传递到邻近的另一个城市所需的时间就短。有的传递速度就慢，城市之间的传播需要花很长的时间。如中国古代的“四大发明”传播到西方的城市，在当时的交通、通信和文化差异的条件下，就花费了上百年，甚至是数百年。当然，在现代化通信和交通的条件下，现在城市之间的知识传递就快得多。但是，无论多快，依然受到特定的时空的限制，所以，还是需要从时空框架下来研究城市创新力问题，才能透过现象看本质，找出现象背后的规律。

数据、变量与方法

中国的城市数量比较多，对于当地影响力比较大的城市包括地级市。具体而言，地级市是指中华人民共和国的第二级行政区划，因层次上与“地区”相同而被称为地级市，属于地级行政区的一种。地级市一般是人口规模较大、所辖空间较大、对于地区经济社会的发展影响也比较大的城市。与一般城市相比，地级市所聚集的创新资源更多，创新能力普遍比较强。本研究选取了 2017 年到 2019 年的 265 个地级市的数据作为样本，数据来源为《中国城市统计年鉴》《中国区域经济统计年鉴》及各城市统计年鉴等。

一个城市的科技创新能力用专利授权数来衡量。一般而言，一个城市的专利授权数越多，说明这个城市创新越活跃，创新能力也就越强。影响一个城市创新能力的因素包括经济水平、科技投入、教育投入以及工资水平，分别用人均 GDP（元）、科学支出（亿元）、教育支出（亿元）、平均工资（元）这四个指标来进行测量。这些变量的描述统计如表 8–1 所示。

表 8–1 城市创新指标及其影响因素的描述统计量

年份	变量	观察值	均值	标准差	最小值	最大值
2017	专利授权数	297	5659.811	12615.74	2	106948
2017	人均 GDP	297	56884.48	32791.68	11693	198487
2017	科学支出	297	129984.3	406718.6	973	3898971
2017	教育支出	297	792475.1	979037.2	41249	9645817
2017	平均工资	297	65834.35	14604.06	16460.4	134994
2018	专利授权数	297	7683.717	16851.1	2	140202
2018	人均 GDP	297	60299.92	34705.59	12656	191942

续表

年份	变量	观察值	均值	标准差	最小值	最大值
2018	科学支出	297	155526.9	510114.7	918	5549817
2018	教育支出	297	842234.2	1051960	49846	10300000
2018	平均工资	297	72131.07	15701.12	16460.4	149843
2019	专利授权数	297	8154.822	18449.55	2	166609
2019	人均 GDP	297	62833.25	35978.13	13636	203489
2019	科学支出	297	176863.1	529498.3	973	5484249
2019	教育支出	297	915817.7	1171902	44775	11400000
2019	平均工资	297	78015.06	17626.74	16460.4	173205

如表 8–1 所示，从 2017 年到 2019 年，城市平均到专利授权数从 5659.811 增加到了 8154.822，呈现递增的趋势。这说明这些年中，整体而言，中国城市在科技创新方面的综合能力在不断提升。创新能力是城市核心竞争能力的重要构成。为了确保在激烈的竞争中能够保持优势，各大城市无不在科技创新上加大力度，提升自己的创新能力，不断强化自己的核心竞争力。这是大势所趋，也是竞争的需要。

从 4 个解释变量的情况来看，从 2017 年到 2019 年，其均值都呈现出递增的趋势。这说明，无论是经济发展水平、还是在科技和教育上的投入，总体而言，中国城市都呈现出蓬勃发展的趋势，经济在走强，科技与教育投入在加大。同时，总体工资水平也在不断上升。这说明，城市居民的生活水平在提升，劳动者的生产效率也在不断提升。

横截面回归模型及其比较

为了研究不同年份的城市创新能力的影响因素及其作用，在进行线性回归时，从不同年份的数据区分来看，分别进行回归。这是考察时间因素影响的一种方法，尽管比较简略，但其结果可以用来作为参照，而且回归得到的残差可以用来进行空间效应的检验。对三个年份分别进行回顾，得到的结果如表 8–2 所示。

表 8–2　线性回归结果

年份	2017	2018	2019
截距项	–4506.403***	–4389.759**	–2977.87***
人均 GDP	0.083***	0.117***	0.097***
科学支出	0.015***	0.016***	0.022***
教育支出	0.005***	0.006***	0.004***
平均工资	–0.003	–0.031	–0.031

注：*** 表示 $p < 0.01$。

根据表 8–2 所示，2017 年回归模型的 R^2 是 0.866，其残差进行 Moran 检验，chi2（1）值是 46.97，且 $Prob > chi2 = 0.000$，因此是显著的，这说明存在着空间滞后或误差效应，有必要进行空间回归。从回归系数来看，除了平均工资之外，其余三个自变量对于城市创新能力的影响都是正向的，且都是显著的。2018 年回归模型的 R^2 是 0.856，其残差进行 Moran 检验，chi2（1）值是 90.3，且 $Prob > chi2 = 0.000$，因此是显著的。从回归系数来看，除了平均工资之外，其余三个自变量对于城市创新能力的影响都是正向的，且都是显著的。这与 2017 年的情况基本上类似。2019 年回归模型的 R^2 是 0.902，其残差进行 Moran 检验，chi2（1）值是 78.42，且 $Prob > chi2 = 0.000$，因此是显著的。除了平均工资之外，其余三个自变量对于城市创新能力的影响都是正向的，且都是显著的。

若考虑空间误差效应，那么采用最大似然法，对于各年的数据进行空间误差模型回归，得到的结果如表 8–3 所示。

表 8–3　空间误差回归结果（最大似然法）

年份	2017	2018	2019
截距项	–2357.099*	–1015.865	–10780.39
人均 GDP	0.062***	0.085***	0.043***
科学支出	0.012***	0.013***	86.288***
教育支出	0.006***	0.007***	91.503***
平均工资	–0.02	–0.053*	0.083
空间误差	3.04***	2.668***	1.197***

注：*** 表示 $p < 0.01$; ** 表示 $p < 0.05$; ** 表示 $p < 0.1$。

2017 年空间误差模型的回归结果，Wald chi2（4）值是 1843.45，$Prob >$

*chi*2 = 0.000，“准 R^2”（Pseudo R^2）值是 0.864。对数似然函数（Log likehood）值是 –2899.86。对于这个空间项的 Wald 检验，其 chi2（1）值为 393.84，*Prob* > *chi*2 = 0.000。可见，在 2017 年，人均 GDP、科技支出和教育支出对于城市创新能力的影响都是正的，且都是显著的。平均工资的回归系数是不显著的。此外，空间误差回归系数是正的且显著。2018 年，情况有所不同。空间误差模型的回归结果，Wald chi2（4）值是 1790.47，*Prob* > *chi*2 = 0.000，“准 R^2”（Pseudo R^2）值是 0.852。对数似然函数（Log likehood）值是 –2988.342。对于这个空间项的 Wald 检验，其 chi2（1）值为 1292.35，*Prob* > *chi*2 = 0.000。人均 GDP、科技支出和教育支出对于城市创新能力的影响都是正的，且都是显著的。这与 2017 年的情况类似。但是，平均工资的回归系数是显著为负，这与 2017 年的情况有所不同。此外，空间误差回归系数是正的且是显著的，但数值比 2017 年的要小一些。2019 年空间误差模型的回归结果，Wald chi2（4）值是 2793.03，*Prob* > *chi*2 = 0.000，“准 R^2”（Pseudo R^2）值是 0.899。对数似然函数（Log likehood）值是 –2959.239。对于这个空间项的 Wald 检验，其 chi2（1）值为 426.1，*Prob* > *chi*2 = 0.000。可见，2019 年的相关自变量的回归系数情况与 2018 年相似。此外，空间误差回归系数是正的且显著，但数值比 2018 年还要小一些。

若考虑空间误差效应，采用广义空间二阶最小二乘法，对各年的数据进行空间误差模型回归，得到的结果如表 8–4 所示。

表 8–4 空间误差回归结果（广义空间二阶最小二乘法）

年份	2017	2018	2019
截距项	–20907.623**	–1467.004	–936.613
人均 GDP	0.068***	0.091***	0.078***
科学支出	0.012***	0.014***	0.02***
教育支出	0.005***	0.006***	0.0005***
平均工资	–0.018	–0.053*	–0.046*
空间误差	2.414***	3.545***	2.575***

注：*** 表示 $p < 0.01$; ** 表示 $p < 0.05$; ** 表示 $p < 0.1$。

2017 年空间误差模型的回归结果，Wald chi2（4）值是 1859.82，*Prob* > *chi*2 = 0.000，“准 R^2”（Pseudo R^2）值是 0.866。对于这个空间项的 Wald 检验，

其 chi2（1）值为 33.65，$Prob > chi2 = 0.000$。可见，在 2017 年，人均 GDP、科技支出和教育支出对于城市创新能力的影响都是正的，且都是显著的。平均工资的回归系数是负的，且并不显著。此外，空间误差回归系数是正的且显著。2018 年的总体情况基本上与 2017 年相似。空间误差模型的回归结果，Wald chi2（4）值是 1782.36，$Prob > chi2 = 0.000$，"准 R^2"（Pseudo R^2）值是 0.853。对于这个空间项的 Wald 检验，其 chi2（1）值为 62.37，$Prob > chi2 = 0.000$。2019 年空间误差模型的回归结果，Wald chi2（4）值是 2766.08,，"准 R^2"（Pseudo R^2）值是 0.901。对于这个空间项的 Wald 检验，其 chi2（1）值为 31.56，$Prob > chi2 = 0.000$。可见在 2019 年，人均 GDP、科技支出、教育支出和平均工资对于城市创新能力的影响都是正的，且都是显著的。此外，空间误差回归系数是正的且显著。这些与之前的年份总体上是一致的。但与之前年份不同的是，2019 年平均工资的回归系数是显著的。

根据表 8–3 和表 8–4，2017 年和 2018 年的回归结果比较相似，而 2019 年回归结果与众不同。这说明不同年份的相关情况和内部联系有所不同，即存在着时间效应。对于这些年份的数据而言，既要考虑空间效应，又要考虑时间效应。时间因素和空间因素都会对于城市创新能力的形成和发展产生重要的影响。因此在实证研究中，有必要把时间和空间因素整合起来进行研究。

空间面板模型

对于城市创新面板数据的分析，可以分成两类。一类是没有空间效应的面板模型，另一类是有空间效应的模型。每类模型都可以分成固定效应模型和随机效应模型。在普通面板模型的基础上，引入空间滞后误差，就可以检验是否存在空间误差效应及其具体影响。在这里，计算空间效应时，采用的都是逆距离空间权重矩阵。具体回归的结果如表 8–5 所示。

表 8–5　城市创新力的面板模型结果

	普通面板回归（固定效应）	普通面板回归（随机效应）	空间面板回归（固定效应）	空间面板回归（随机效应）
截距项	−7910.337	−7035.981***		−6113.595***
人均 GDP	0.001	0.06***	−0.01	0.059***
科学支出	0.016***	0.018***	0.014***	0.017***

续表

	普通面板回归（固定效应）	普通面板回归（随机效应）	空间面板回归（固定效应）	空间面板回归（随机效应）
教育支出	0.014***	0.006***	0.015***	0.006***
平均工资	0.005	0.04***	0.003	0.024
空间误差			1.387***	1.538***

注：*** 表示 $p < 0.01$; ** 表示 $p < 0.05$。

根据表 8–5 所示，空间误差效应是显著的，这说明有必要引入空间误差因素。

引入空间滞后效应，情况可能会有所不同。为了检验交互作用，也可以引入年份和科学支出的交互项。具体回归的结果如表 8–6 所示。

表 8–6　城市创新力面板数据的空间滞后效应

	空间面板回归（固定效应）	空间面板回归（随机效应）	空间面板回归（固定效应）	空间面板回归（随机效应）
截距项		–5516.971***		–2878.103***
人均 GDP	–0.019	0.044***	–0.019	0.046***
科学支出	0.016***	0.018***	0.005***	0.011***
教育支出	0.014***	0.006***	0.007***	0.007***
平均工资	–0.081***	–0.03**	–0.066***	–0.059***
年份 # 科学支出				
2015			0.005***	0.004***
2016			0.007***	0.005***
空间滞后	0.612***	0.616***	0.566***	0.51***

注：*** 表示 $p < 0.01$; ** 表示 $p < 0.05$。

如表 8–6 所示，把空间滞后因变量引入模型之后，在固定效应模型中，空间滞后回归系数显著。在随机效应模型中，空间滞后效应也都是显著的。加入年份与科学支出的交互项后，其回归系数都显著，这说明年份与科学支出存在着交互作用，共同对城市的创新能力产生影响。

讨论与结论

知识经济时代，创新能力是城市的核心竞争力的重要构成。没有创新力，哪有竞争力？这是城市管理者的一个普遍共识。一个城市创新能力的强与弱，与其自身的条件和资源有关，也与其所处的空间位置有关。也就是说，城市创新力的形成和提升受到城市内部因素和外部因素的共同影响。城市内部因素包括经济发展程度、科技上的投入、教育上的投入以及工资收入等因素，这些因素从内部影响一个城市创新力的发展水平。所以，对于特定城市而言，需要强化内部投入，为提升创新力提供必要的内部保障。

城市创新力的培养和提升，会受到时间因素的影响。创新体现在新技术、新发明、新专利等之上，而这些成果的产生和确认，都存在着与时间赛跑的紧迫性。比如，在专利注册上稍微落后，专利就成为了别人的专利。可见，城市创新力的形成和提升，不仅受到时间的影响，而且要跑赢时间，跑到别的竞争者前头，比别的竞争者更快地获得成果并且更快地获得法定的确认（Caragliu et al., 2016）。时间对城市创新力的影响有短期和长期之分。有的关键性科技的创新和突破，需要长期积累才能完成，因此城市在产业布局和科技投入上要有长远的战略规划，要能够打持久战，赢得最终的胜利。这类科技创新需要厚积薄发，投入大、周期长，但是一旦成功，就可以为城市带来巨大的收益。除了这些长期项目之外，城市在科技创新布局上，需要做到长期和短期结合。有些科技研发项目属于短、频、快的类型，能够很快见效，这类短期研发和创新项目，也是城市创新力建设的一个重要组成部分。

区域空间对城市创新力的影响是不容忽视的。当前，绝大多数城市是区域性的，对于周围地区的发展产生辐射性，同时也受到周边地区发展的影响和约束（杨轩宇 et al., 2023）。研究表明，城市创新力在一定程度上存在着空间滞后效应。也就是说，邻近城市之间在创新方面会互相影响，存在着彼此依赖的关系。现代创新体系，是个系统工程，需要各方面的投入和支持。一个城市关起门来搞创新，这种闭门造车式的创新方法很难奏效。在这个大数据时代，邻近的几个城市往往通过分工与合作，打破城市边界的约束，形成创新共同体，实现数据共享和共同利用，共建开放的创新系统，从而显著提升创新的效率和质量。

第二节 社区健康研究

社区健康建设是基层卫生与预防建设的重要组成部分（Weinstein et al., 2017）。社会卫生保健具有不同的层次，根据不同的情况有针对性地实施相关的卫生保健活动，提供对应的卫生保健服务（McKenzie et al., 2016）。一般而言，社会卫生保健体系可以分为三级：一级卫生保健（primary healthcare）、二级医疗服务（secondary healthcare）和三级医疗服务（tertiary healthcare）。社区层面上的卫生保健是一级卫生保健的重要支撑。为了确保国家的卫生保健政策能够真正覆盖到社会的所有人群，基层卫生保健的建设显得尤为重要。因为社区是面向居民和广大人民群众的社会基层组织，只有建设和完善社区健康体系，才能真正让国家的相关政策落地，才能真正让老百姓享受到具体的卫生保健服务。国家在社区上持续加大投入，提高社区在卫生保健上的响应能力，切实帮助社区居民改善其健康状况，取得了良好的成绩，社区居民的满意度也在持续提高。当然，在社区健康建设上，也面临着挑战，出现了一些新的问题，需要及时加以研究和总结。

一 研究背景

实现全民健康覆盖是世界各国在 2015 年讨论通过可持续发展目标时所设定的目标之一，是联合国可持续发展目标之卫生目标的关键基石。中国将全民健康覆盖放在优先发展的战略地位。2015 年，“健康中国”上升为国家战略；2016 年，《“健康中国 2030”规划纲要》印发；2017 年，习近平总书记所作的党的十九大报告提出“实施健康中国战略”，强调“人民健康是民族昌盛和国家富强的重要标志”；2018 年政府工作报告中，推进健康中国战略被纳入提高保障和改善民生水平的重点工作；2019 年，《国务院关于实施健康中国行动的意见》印发。党的十八大以来，在以人民健康为中心的大卫生、大健康的理念指导下，中国的卫生事业取得了令世界瞩目的成就。中国拥有世界上规模最大的、覆盖城乡的基本医疗保障系统，大病保险制度惠及 13.5 亿多居民。这些数据表明，我国面向全体社会人群的卫生健康体系在不断完善和壮大，所覆盖的面积越来越广，人民群众的健康程度也获得了很好的改善。

我国的卫生体制改革，遵循了“从上到下、从下到上和上下结合”的基本原则。国家把健康上升到战略高度，从战略层面来进行顶层设计，制定覆盖全社会的卫生健康政策，并在全社会进行实施和贯彻，这是从上到下的过程。同时，及时掌握和了解广大人民群众的需求和健康情况，把卫生保健的重点放在基层，这是从下到上的过程。这两方面的工作，最终要汇集在一起，这是上下结合的过程。《“健康中国 2030”规划纲要》提到，“共建共享、全民健康”，是建设健康中国的战略主题。核心是以人民健康为中心，坚持以基层为重点，以改革创新为动力，预防为主，中西医并重，把健康融入所有政策，坚持人民共建共享的卫生与健康工作方针，针对生活行为方式、生产生活环境以及医疗卫生服务等健康影响因素，坚持政府主导与调动社会、个人的积极性相结合，推动人人参与、人人尽力、人人享有，落实预防为主，推行健康生活方式，减少疾病发生，强化早诊断、早治疗、早康复，实现全民健康。这里特别强调“坚持以基层为重点”的卫生保健思想和理念，与社区健康建设的思路是完全吻合的（隋梦芸 et al., 2023）。社区是社会重要的基层组织，也是广大老百姓生活、休息和社交的重要场域。因此，加强社区健康建设，是实施《“健康中国 2030”规划纲要》的重要内容。

数据、变量和方法

本研究数据源自北京大学中国社会科学调查中心的中国家庭追踪调查（China Family Panel Studies，CFPS）。CFPS 是一项全国性、综合性的社会追踪调查项目，旨在通过追踪调查的方式来系统性地收集个体、家庭、社区三个层次的数据，反映中国社会、经济、人口、教育和健康的现状及其变迁轨迹和未来发展的趋势，从而为学术研究和公共政策分析提供数据基础。

2010 年 CFPS 的基线调查，调查对象是全国 25 个省（市）、161 个区县、649 个村居，总共有 1.5 万户家庭、57155 个人。CFPS 的样本覆盖我国除香港、澳门、台湾、新疆、西藏、青海、内蒙古、宁夏和海南之外的 25 个省 / 市 / 自治区的人口。这 25 个省 / 市 / 自治区的人口约占全国总人口（不含港、澳、台）的 95%，因此，CFPS 的样本可以视为一个全国代表性样本（吕萍，2017）。从实际执行的情况来看，CFPS 在全国 25 个省 / 市 / 自治区正式实施基线调查，共发放样本 19986 户，最终完成了 14960 户家庭、33600 名成人、8990 名少儿的访问。由于人口流动较快，到2016年，就有2897个村居，69799人。

为了弥补村居问卷不连续的不足，本研究采用另一条思路来进行社区相关指标的测量与估计工作，就是根据CFPS的家庭和成人问卷，利用村居内的样本均值以实现对村居发展程度的度量和估计。每一轮CFPS调查，都要对样本家庭和个人进行追踪，根据家庭和个人的社区编码，就可以识别出其所在的社区。因此，可以通过计算社区中的家庭和个人在相关指标上的均值的方式，来估算和测量社区的相关指标。2010年的基线调查共涉及全国15个省市649个村居的样本。但是，后面的追踪调查，有些社区已经无法接受再次调查，因此需要删掉。结果，本研究仅保留了2010年、2012年、2014年和2016年这四轮调查中均有受访家庭的共549个村居，以实现对村居发展监测在时间上的连续性。

社区健康是通过社区内受访者对于其身体健康自我评价的均值来衡量。受访者身体状况自我评价打分分为三类，其中1=健康，2=一般，3=不健康。因此，其得分均值为1~3，越接近于3，总体而言越不健康。为了方便分析，这里对健康得分均值进行反向计算，用3减去上述健康得分均值，得到社区健康的测量值。这个值为0~2，越接近2，说明社区健康程度越好。自变量是人均教育支出，单位是万元。这里也是以社区为单位，计算人均教育支出的社区均值，将其作为社区在教育支出上的测量指标。这两个变量的描述统计汇总在表8–7。

表8–7　不同年份的描述统计分析

变量	年份	均值	标准差	最小值	最大值
社区健康	2010	1.344	0.205	0.790	1.921
	2012	1.500	0.206	0.779	2.000
	2014	1.550	0.204	0.908	2.000
	2016	1.453	0.211	0.640	2.000
教育支出	2010	0.081	0.083	0.001	1.119
	2012	0.086	0.122	0.001	2.342
	2014	0.094	0.077	0.002	0.659
	2016	0.118	0.146	0.003	2.388

如表8–7所示，社区健康从2010年的1.344上升到2016年的1.453，其中2012年和2014年的得分还超过了1.5。由于这个得分是在0到2之间，所以总

体而言，从2010年以来，社区健康处于较好的状况，呈现出上升趋势。同时也表明，时间对于社区健康有所影响，因为不同年份的社区健康程度有所不同。当然，这种时间效应的影响不一定就是线性的，比如2010年到2014年，社区呈现健康趋势，但是，2016年的得分反而比2014年有所减少。这说明，时间对社区健康的影响，也是比较复杂的。

从教育支出的指标变量来看，总体呈现出递增的趋势。也就是说，从2010年以来，社区在人均教育支出上越来越多，社区居民越来越重视教育，愿意在教育上花费更多的钱。这里的教育也包括健康卫生教育。随着社区居民对于健康的重视程度的增加，愿意花钱去接受与健康相关的知识和学习，因此导致人均教育支出的总体上涨。

时空效应研究

社区健康不是一成不变的，而是会因为不同的地理空间和不同的时间呈现出不同的变化。这就是时空效应对于社区健康的影响，需要通过实证研究来进行检验和分析。为了分析时空因素和社会因素对社区健康的影响，这里采用了随机效应模型。因变量是社区健康，自变量是教育支出以及年份虚拟变量。年份虚拟变量的引入，有助于分析不同年份上的社区健康的变化情况及其趋势，可以直观地判断时间对于社区健康的直接影响。

此外，时间对社区健康的影响还可能通过交互作用来实现，因此就需要引入交互变量进行实证检验。在这里，通过教育支出和年份虚拟变量的交互作用来进行检验，看这种交互作用是否显著。若这种交互作用显著，就意味着时间对社区健康的影响，本身还会受到其他因素的影响或者干扰。也就是说，时间和教育支出会交织在一起共同影响社区健康（表8–8）。

表8–8　社区健康的面板数据模型结果

	普通面板回归（随机效应）	普通面板回归（随机效应）	空间面板回归（随机效应）	空间面板回归（随机效应）
截距项	1.335***	1.323***	1.317***	1.306***
教育支出	0.11***	0.253***	0.098**	0.239***
年份				
2012	0.156***	0.162***	0.154***	0.159***

续表

	普通面板回归（随机效应）	普通面板回归（随机效应）	空间面板回归（随机效应）	空间面板回归（随机效应）
2014	0.205***	0.195***	0.201***	0.192***
2016	0.105***	0.131***	0.104***	0.13***
交互				
2012		–0.076		–0.072
2014		0.087		0.087
2016		–0.266**		–0.263***
空间滞后			0.055***	0.054***

注：*** 是指 99.00% 显著，** 是指 95.00% 显著，* 是指 90.00% 显著。

如表 8–8 所示，社区人均教育支出对于社区健康的影响是正向且显著的。这意味着人均教育支出越高的社区，其整体健康程度也就越好。一般受过良好教育的人，更注重健康的生活环境和生活习惯，因此其健康状况比较好。当受过良好教育的人居住在同一个社区时，对于社区环境的要求也就更高，希望社区的环境适合居住的同时，也能有益于身心的健康。这个过程是双向的，受过良好教育的人选择在有良好的居住环境的社区居住，这种社区有利于其身心健康。此外，注重教育的居民，重视知识的力量，会主动去学习与健康相关的知识，并在其所居住的社区内进行交流，从而促进健康社区的建设。

社区健康的发展，具有明显的空间滞后效应。根据表 8–8 所示，空间滞后回归系数都是正的，而且都是显著的。这说明邻近社区之间在健康建设上是互动的，也是互相影响的。当一个社区在健康环境、健康设施等方面的软件和硬件都进行升级并获得了明显的成效时，这种做法很容易传到邻近的社区去，使得邻近社区也开始效仿着进行健康社区的建设与发展。邻近社区的这些做法，又会反过来促进目标社区在健康社区建设上的投入力度。如此，邻近社区之间在健康社区建设上，就形成良性的循环和反馈系统，结果彼此互相学习和激励，共同推动了健康社区的建设。邻近社区之间在这方面的互相学习机制和成效，体现在空间滞后的回归系数上。

当然，除了空间因素之外，对健康社区的建设还有一个很重要的因素，就是时间。如表 8–8 所示，从 2010 年以来，社区健康呈现出逐年递增的趋势。在上述四个模型中，所有年份虚拟变量的回归系数都是正的，而且都是显著的。这说明时间对于社区健康的影响是很明显的，这种趋势表明健康社区建设存在着积累和学习的过程。人们在社区健康建设的实践中不断摸索，及时总结，找到提升社区健康水平的方法，使得社区健康水平逐年提升。

时间除了直接影响社区健康建设之外，还通过交互作用对健康社区建设产生影响。根据社区人均教育支出与年份变量而形成的交互变量的回归系数来看，2016 年是显著的且回归系数是负数。这说明 2016 年社区人均教育支出与时间的交互作用是负向的，也就是说时间对于社区健康建设的影响因为社区人均教育支出因素而减弱了，也可以认为社区人均教育支出对于社区健康的影响因为时间的因素而减弱了。这两种解释都是因为交互变量回归系数为负且显著的结果。这可以视为时间与社会系统之间的相互作用。当然，当存在空间滞后效应时，这种相互作用会更为复杂，已经不单纯是时间和社会系统之间的互动，而是时空和社会系统之间的互动与相互作用了。

在 Stata 中，采用 contrasts 命令对于教育支出与时间的交互作用进行进一步检验，得到的结果显示其 chi2（3）值为 14.57。可见，在影响社区健康程度上，社区的人均教育支出与时间存在着显著的交互作用。因此，有必要进一步分析不同年份社区人均教育支出的直接效应和间接效应，并进行不同年份的比较（表 8–9）。

表 8–9　不同年份社区人均教育支出影响分析

	2010 年	2012 年	2014 年	2016 年
直接效应	0.239***	0.167***	0.325***	–0.0247
间接效应	0.003*	0.002*	0.005**	–0.0003
总效应	0.242***	0.169***	0.33***	–0.025

根据表 8–9 所示，从 2010 年到 2014 年，无论是直接效应还是间接效应，社区人均教育支出对于社区健康的影响都是正的，而且都是显著的。这说明社区人均教育支出越多，该社区的健康程度也就越高。但是到了 2016 年，无论是直接效应还是间接效应，都变成了负的，不过都不显著。也就是说，到了 2016 年，社区人均教育支出对于社区健康的影响可以忽略不计。当然，这个结论还需要进一步的证实，因为这里分析的是单变量的影响与作用。当进行多变量、多元分析时，如加入时间年份变量以及交互变量，那么结果就会有所不同。如表 8–8 通过空间面板模型来进行多元回归，考察的是从 2010 年到 2016 年总体上的关系，

结果表明社区人均教育支出对于社区健康的影响不仅是正向且显著的，而且还有交互作用。

讨论与结论

社区健康是社会初级卫生保健体系的重要基层支撑。社区健康建设的好坏，会直接影响社会健康系统的运行效率，也会直接影响社会的基层民生状况。当前，国家实施“以人民健康为中心”的健康国家战略，明确提出“重心在基层”的健康服务体系建设的思路，为全覆盖的社会卫生保健系统打好扎实的社会地基。“健康中国”体现的是大卫生、大健康的发展思路，社区建设是“健康中国”国家战略的重要社会基层支撑与保障，其重要性不言而喻。不同社区的具体情况有所不同，因此在社区健康建设上，要因地制宜，采取有针对性的政策。同一个社区，在不同的时间上也会有所不同。也就是说，现实社会中的社区，都是在特定时空下的社区，是具体的社区，而不是抽象的社区概念。对于具体问题，需要具体分析。在“健康中国”国家战略的指导下，不同社区的健康建设不能搞“一刀切”，而是应该有针对性，而且需要与时俱进。

本研究发现，社区健康与社区人均教育支出有关，社区人均支出教育越高，社区健康程度越好。社区人均教育支出体现了社区居民在教育上的投入程度，也反映了社区居民重视知识、努力好学的程度。所以，社区要鼓励居民求知好学，努力建设“学习型社区”。这种“学习型社区”的建设，对社区健康建设会直接产生有益的促进和推动作用，因为两者之间存在着内在的关联。在“学习型社区”的建设过程中，要与时俱进，因为时间因素是影响社区建设的重要因素。不同的年份，社区所处的环境会变化，社区建设的策略也需要调整（顾佳峰，2021）。此外，社区教育支出与时间之间存在着交互作用，会对社区健康建设产生显著的影响。因此，要妥善处理与管控好社区健康建设活动的各项进展，有条不紊地推进相关建设事项。

空间因素是社区健康建设重要的影响因素。处于不同地理空间上的社区，所处的外部环境是不一样的。在空间位置上，邻近社区之间存在着互相作用和互相依赖的关系。这种空间邻近性，对于社区健康建设，会产生显著影响。邻近社区之间在健康建设上，会存在互相学习的效应。一个社区好的做法，会很快被邻近社区所掌握，并通过学习和借鉴的方式应用到本社区的健康建设上来。这就是邻近社区健康建设的学习效应。在实证模型中，空间滞后效应是显著的。也就是说，邻近社区之间在健康建设上彼此不可分割，社区健康建设会突破社区的物理边界而传播到邻近社区中去，从而以点带面，形成地区性特色。

第三节 省际竞争研究

在地区的经济与社会发展上，往往存在着不均衡的现象，有的地区发展快，有的地区发展慢。比如在中国，东部地区发展比较快，西部地区发展比较慢。在全国经济持续增长的趋势下，各地在发展经济上，存在着你追我赶的竞争局面（Yang et al., 2023）。比如邻近省市之间，往往存在省际竞争。彼此在人才、资金、材料等方面互相竞争。这种竞争有积极的一面，就是促进了各省市加快自身的经济、社会建设，提高自身的竞争优势和吸引力，优化本地的产业结构，从而吸引高质量资金和高素质人才。当然，任何事物都需要辩证看待。省际竞争也会有对社会不利的结果，比如造成省市在发展上的重复建设，以及为了招商引资而进行的恶意竞争（Chen, 2015）。这些做法都不利于社会资源和生产要素在省际层面上的优化配置，因此对社会经济的发展而言具有消极作用。对于省际竞争的研究，一个主要的目的就是如何发挥省际竞争的积极作用，避免省际竞争的消极作用。

研究背景

经济学里有一个基本假设，就是完全竞争市场假设。在这个假设中，市场是没有分割的，是完全竞争的，是信息对称的。但是，现实中的市场却是分割的，是不完全竞争的，是信息不对称的。比如现实中的国家，内部都有具体的行政区划和物理边界，这些物理边界从行政意义上把国内市场分割成了不同的部分。当然，这种市场分割也有积极的一面，比如对辖区内的经济活动进行更专业的管理、不同地区的专业分工可以更加明确和细分等等。除了这些之外，学术界对省际竞争很感兴趣。省际竞争是邻近省市之间的互相竞争。因为社会资源是有限的，所以在跨省配置上，有的省会获得和吸引更多的社会资源，因此经济和社会发展得更快，但有的省仅能吸引比较有限的社会资源，会限制其发展。在这种情况下，各个省市都努力建立自己的竞争优势，试图在省际竞争中获得主动、赢得胜利。

在知识经济时代，各地在人才竞争上的投入越来越大，人才竞争也愈演愈烈。各地在人才竞争上的策略主要有两个方向，其一就是从外地吸引人才进来，其二就是本地兴办高等教育来培养人才。一般地方上都是双管齐下，努力在上述两个方面投入力量和资金，从而获得更多的人才来建设本地，提升经济发展速度的同时也能够提升经济发展的质量，推动本地经济的结构优化和产业升级，进而实现长期可持续发展。在这方面，有的地方提出了从人口大省迈向人才大省的发展战略，并投入了大量的人力、物力、财力。从省际竞争的角度来看，这是为了在地区竞争中占据人才的制高点，从而主导地区性竞争的全局，并在竞争中占据持续性的竞争优势（曹祯庭，2022）。

从省际博弈的视角来看，若邻省之间都采取了相似的竞争策略去争夺人才，那么结果就不好预测了。这就是所谓的竞争的趋同性，同质化的竞争策略使得省际博弈变得更加不好预测，也更加激烈。从空间因素来看，省际竞争的活动具有跨空间边界的特征。邻省之间的竞争既有省内竞争，也有省际竞争，而且这两种竞争会交织在一起，让局面更加复杂多变（余升国 et al., 2022）。因此，这种空间博弈比一般的博弈模型还要复杂。而且，省际的这种空间博弈本身也是动态的，属于动态博弈的范畴，即空间博弈会受到时间因素的影响，会随着时间的变化而呈现出不同的博弈局面和策略。要了解这种动态的空间博弈，就需要对于省际博弈进行时空分析，揭示其时空特征和影响机制，才能揭示省际竞争的本质。

数据、变量和方法

这里通过实证的方法，模拟省际竞争中的空间博弈。根据《新中国六十五年》得到了全国 31 个省、市、自治区从 1996 年到 2008 年共 13 年的数据（见表 8-10）。也就是说，这是个多阶段的动态空间博弈。在这个多阶段动态空间博弈中，时间和空间的因素发挥着重要的角色，因为任何现实中的博弈，都是在特定时空下发生和继续的，因此相较于一般的动态博弈模型，多阶段的动态空间博弈更贴近现实的世界。

因变量是每万人口在校大学生数（人），这是用来衡量一个地区教育发展情况，也是衡量地区人力资源质量的重要指标。自变量是人均 GDP（亿元）和城乡居民储蓄存款（亿元）。前者是衡量地区经济发展程度的重要指标，后者是衡量地区居民存款意愿的重要指标。

表 8–10　1996—2008 年每万人在校大学生数描述统计分析

年份	观察值	均值	标准差	最小值	最大值
1996	31	36.882	55.789	10.05	319
1997	31	37.922	56.429	10.67	323
1998	31	40.69	61.882	11.63	355
1999	31	46.711	66.36	15.22	382
2000	31	58.13	74.814	21	432
2001	31	73.118	82.09	26	474
2002	31	89.62	94.711	31.99	546
2003	31	106.906	100.69	38.62	583
2004	31	124.26	106.453	45.43	620
2005	31	142.452	113.405	45.07	658
2006	31	157.414	116.218	56.01	690
2007	31	166.809	113.637	60.8	683
2008	31	176.357	102.283	70.53	623

表 8–10 是从 1996 年到 2008 年各地区每万人在校大学生人数的情况，其均值从 1996 年每万人约 37 个在校大学生持续增加到 2008 年每万人约 177 个在校大学生，保持了逐渐持续增长的态势。其间，也是中国高等教育规模不断扩张的时期，大学生扩招以后，在校生规模持续扩大，在校大学生在全国总人口中的比例也持续上升。随着高等教育规模的扩张，地区之间在发展高等教育上的差异也在加大。如表 8–10 所示，标准差从 1996 年的约 56 增加到了 2008 年的约 102，这说明地区之间的差距在扩大。

如表 8–11 所示，我国人均 GDP 从 1996 年的 5880 元增加到 2008 年的 25410 元，增加幅度明显，增加的速度也很快。总体而言，人均 GDP 在 1996 年以来都是逐年增加的，这表明总体而言，我国经济发展态势良好，呈现出了蓬勃发展的态势。随着经济水平的不断提高，对于人力资源的要求也会随着不断提高，尤其是对于受过高等教育的高素质人才的需求，成为经济增长的内在需求。

表 8–11　历年人均 GDP 描述统计分析

年份	观察值	均值	标准差	最小值	最大值
1996	31	0.588	0.400	0.003	2.065
1997	31	0.659	0.456	0.004	2.340
1998	31	0.712	0.501	0.005	2.521
1999	31	0.760	0.547	0.006	2.707
2000	31	0.841	0.613	0.008	3.005
2001	31	0.919	0.668	0.009	3.233
2002	31	1.019	0.748	0.011	3.545
2003	31	1.168	0.858	0.012	4.013
2004	31	1.386	1.004	0.012	4.676
2005	31	1.600	1.127	0.014	5.206
2006	31	1.835	1.260	0.017	5.770
2007	31	2.165	1.438	0.018	6.637
2008	31	2.541	1.585	0.021	7.312

如表 8–12 所示，从 1996 年以来，城乡居民储蓄存款总体上呈现逐渐递增的趋势。随着经济的发展和收入的提高，人们储蓄的意愿依然很强烈。城乡居民储蓄存款的持续增加，一方面表明老百姓的投资渠道比较少，除了部分投资到股票市场之外，很大一部分都存到了银行；另一方面，老百姓风险规避的储蓄动机比较明显，存钱主要为了未来买房子或者为了子女的教育。这些都是为了家庭的长远发展着想，为了未来的保障而存钱。

表 8–12　城乡居民储蓄存款描述统计分析

年份	观察值	均值	标准差	最小值	最大值
1996	31	1014.078	823.708	0.009	2817.711
1997	31	1196.586	988.448	0.010	3265.733
1998	31	1371.306	1130.656	0.012	3735.377
1999	31	1545.962	1273.243	0.013	4131.980
2000	31	1681.397	1377.466	0.015	4466.715
2001	31	1928.309	1577.614	0.018	5172.830
2002	31	2267.198	1863.024	0.021	6276.200
2003	31	2694.125	2231.002	0.024	7638.180

续表

年份	观察值	均值	标准差	最小值	最大值
2004	31	3092.619	2561.650	0.031	8863.100
2005	31	3653.870	3039.289	0.036	10581.270
2006	31	4189.071	3501.794	0.042	12183.470
2007	31	4483.887	3744.960	0.047	13014.920
2008	31	5691.127	4813.305	0.061	16721.180

在实证研究方法上，采用随机效应的空间面板模型来进行回归，用的是逆距离空间权重矩阵。在自变量中，除了人均 GDP 和城乡居民储蓄存款之外，考虑到时间效应，引入了年份虚拟变量，从 1997 年到 2008 年共 13 个年份虚拟变量，旨在考察这些年份对于各地高等教育发展的影响。省际竞争是推动地区发展的重要外部因素。邻近省和地区之间，往往存在着互动和竞争，这种空间效应就需要引入到实证模型中进行检验和研究。在本研究中，既要考察因变量的空间滞后效应，又要考察自变量的空间滞后效应，还要考察空间误差效应，因此，在空间面板模型中，这些空间效应都一起被纳入到了模型中进行回归和检验。当时间期数比较少时，比如三期，一般不用自变量滞后效应。但是，本研究中时间期数是十三期，所以有足够的信息用来进行自变量滞后效应的检验和研究。这里，对除年份虚拟变量之外的两个自变量的空间滞后效应进行检验，进而分析这些自变量在地区高等教育和人力资源竞争中的作用和影响机制。

时空分析

省际竞争与互动，受到时间和空间因素的影响。这是因为经济往来是在特定的时空下进行的，经济与社会系统的运行，不仅具有时空特征，也是时空因素影响的产物。从某种意义上来说，对于社会经济系统的运行及其结果，时空因素是外因，因为社会系统都是在给定的时空环境下运行的，所以时空因素可以是外生变量。但是，社会系统和时空之间还会存在着互动，尤其是社会系统会在一定程度上改变人们对于时空的感知。在这种情况下，时空也可以被视为社会系统的内在变量，即是社会系统的内生因素。比如在省际竞争与互动的过程中，邻近地区在高等教育发展和本地人力资源提升的竞争上，往往是互相影响的，这种影响会受到本地经济社会发展情况的影响，也会因为地缘关系而受到邻近地区的发展情况的影响，即存在空间滞后效应。邻近地区在人才竞争上，可能还会受到一些未被识别因素的影响，因此可能存在空间误差效应。这些空间效应又会因为特定的年份而有所不同，即会受到时间效应的影响。这里采用随机效应模型进行估计。通过空间面板模型来进行回归和估计，对于这些时间与空间效应进行检验，回归的结果汇总在表 8–13。

表 8–13　省级面板数据空间回归分析

	系数	标准误	Z 值	P 值
截距项	59.523	9.747	6.11	0.000
人均 GDP	8.496	4.445	1.91	0.056
城乡居民储蓄存款	0.006	0.001	5.29	0.000
年份				
1997	–6.557	4.844	–1.35	0.176
1998	–8.548	4.931	–1.73	0.083
1999	–4.427	5.025	–0.88	0.378
2000	18.589	5.147	3.61	0.000
2001	39.674	5.707	6.95	0.000
2002	60.635	6.785	8.94	0.000
2003	75.530	7.783	9.7	0.000
2004	100.427	8.517	11.79	0.000
2005	111.987	9.694	11.55	0.000
2006	117.892	10.691	11.03	0.000
2007	137.722	12.445	11.07	0.000
2008	80.662	14.501	5.56	0.000
空间滞后				
人均 GDP	–88.249	19.667	–4.49	0.000
城乡居民储蓄存款	0.069	0.007	9.94	0.000
万人在校大学生数	–1.084	0.137	–7.89	0.000
空间误差	2.050	0.026	79.4	0.000

如表 8–13 所示，人均 GDP 的回归系数是正的且是显著的，说明地区经济越发达，对于地区高质量人力资源的需求就越高，对于发展高等教育越重视，因

此，每万人大学在校生的人数就会越多。从中国的情况来看，高校主要聚集在北京、上海、广东、浙江、武汉和西安等地，这些地区往往也是经济相对发达的地区。一般而言，高等教育的发达程度与地区经济发展程度呈现出正相关性，这种正向关系，在这个实证研究结果中也获得了印证。此外，城乡居民储蓄存款的回归系数是正的且也是显著的。这说明居民储蓄额越高，储蓄意愿越强，家庭对于教育的投入也就越大，当地的高等教育也会比较发达。

地区人力资源的提升和高等教育的发展，有个积累和发展的过程，因此一般都会具有时间效应。如表 8–13 所示，从年份虚拟变量的回归系数及其显著性来看，从 1997 年到 2000 年，地区高等教育发展并不显著。但是，到了 2000 年之后，年份虚拟变量回归系数都是正的，而且都是显著的。这说明进入千禧年以后，地区在提升人力资源质量以及发展高等教育方面，呈现出逐年递增的趋势。知识经济的作用越来越明显，地区之间在人力资源培养和开发上的竞争越来越激烈，各地都在大力发展高等教育，努力提升本地的人力资源存量和质量。

除了时间效应之外，空间效应的存在也使得地区之间在人力资源上的竞争变得更为复杂。如表 8–13 所示，存在着三类空间滞后效应。这三类空间滞后效应分别是因变量的空间滞后效应以及两个自变量的空间滞后效应。也就是说，从每万人在校大学生这个因变量来说，其空间滞后系数是负的且显著，这说明邻近地区在培养和开发本地人力资源上存在着所谓的人才“虹吸”效应。从自变量来看，人均 GDP 的空间滞后系数是负的且显著，这说明邻近地区在发展经济时会产生负向的溢出效应。但是，城乡居民储蓄存款的空间滞后系数是正的且显著，这说明一个地区的居民储蓄额上升，有助于邻近其他地区发展高等教育和提升其人力资源质量。

除了这三种空间滞后效应，还存在着空间误差效应。如表 8–13 所示，空间误差系数为正且显著，说明地区在发展教育提升本地人力资源质量的同时，会受到邻近地区的影响。相邻地区在人力资源竞争上，存在着良性循环，是种正面促进作用。也就是说，邻近地区在发展高等教育上，有竞争也有合作，是竞争与合作并存的局面。在当前地区之间联系越来越紧密的时代中，谁也不可能关起门来搞教育，高等教育所生产的知识本身就具有地区扩散性，这种扩散不仅对于本地的人力资源提升和经济社会发展有利，还会促进周边地区的共同发展。

讨论与结论

在知识经济时代，人才的创造力成为一种稀缺资源。为了在创新创业上获得领先优势，各地无不参与各种各样的人才争夺战，而且这种竞争愈演愈烈。邻省因为地缘因素，彼此的竞争会更加激烈。这种省际竞争在一定程度上促进了各省的发展，形成你追我赶的良性竞争局面。研究发现，一般经济实力越强的省，在人才竞争中的优势越牢固，越可能吸引人才。此外，若省内的居民储蓄额越高，对发展本地高等教育越有利。这种情形值得关注，因为很多居民储蓄存款的目的其实是规避未来的风险，现在储蓄是为了将来子女能够接受高等教育。在这种情况下，可能导致当下家庭在高等教育上的投资有限。但是，对于未来本地高等教育的发展应该是有利的。所以，在考察省际竞争过程中，需要考察省内的情况，并且考虑到现在和未来的时间效应的影响。

由于存在着省际竞争和省内竞争，所以一个省的人力资源情况，不可能是一成不变的，而是会随着年份的变化而进行变化。这就是时间的直接效应，即不同年份的情况是不一样的。实证研究表明，从 1996 年以来，总体情况是各省人力资源质量呈现不断上升的趋势，但有的年份上升明显，有的年份并不明显。此外，空间因素的影响也很重要。邻省之间在人才竞争上的空间博弈，会在不同的层面展开。研究表明，因变量存在着空间滞后效应，即邻省之间在人才上的省际竞争效应很显著，但这种省际竞争和博弈所产生的效果却是积极的，对于地方上提升人力资源质量而言，都有促进作用。与之不同的是，尽管自变量也存在着显著的空间滞后效应，但造成的结果却不同。邻省在经济发展上的博弈，有助于地区发展人力资源，但是，在居民存款上的博弈，对于地方上的人力资源的发展，却起到了限制作用。研究还表明，除了空间滞后效应之外，还存在着空间误差效应。这说明省际竞争是复杂而多元的，动态空间博弈的过程也是复杂的。

小　结

本章用三个具体的例子，演示了时空社会科学研究的基本范式和方法。无论是城市创新力、社区健康还是省际竞争，都发生在特定的时间和空间下，都会受到时空因素的影响。因此相关的研究，都需要结合时空因素进行展开，才能发现这些社会现象背后的规律。对于社会现象的时空分析，有多种具体的方法，应用过程中要根据研究的问题和对象进行有针对性的使用。时间因素可以是以年份虚拟变量的方式引入实证模型，也可以用交互变量的方式进行深入研究。空间因素则通过各种空间效应来进行研究和检验，如空间滞后效应、空间误差效应等。当然，时空因素对于社会现象的影响往往是复杂的，因此，在对时空效应进行实证研究和检验时，需要采用多组模型，从多个角度来进行检验。此外，在对实证研究的结果进行解释时，需要结合对社会现象的深入研究，才可能做到有的放矢，真正找出现实世界中的社会规律。

思考题

1. 在时空社会科学研究时，如何选题？
2. 如何形成适合时空模型的研究问题？
3. 如何形成合适的实证研究策略？
4. 如何完成时空分析的数据准备？
5. 如何根据研究问题选择合适的空间计量模型？
6. 如何对实证结果进行解释？
7. 如何对空间溢出效应进行合理解释？
8. 如何对空间分析的结果进行讨论？
9. 如何利用研究的结果提出政策性建议？
10. 如何论述时空社会科学研究结果的外部效应？

参考文献

[1] CARAGLIU A, DEL BO C F, KOURTIT K, et al. The winner takes it all: forward looking cities and urban innovation [J] . The Annals of Regional Science, 2016, 56(3): 617-645.
[2] CHEN J, et al. Interprovincial Competitiveness and Economic Growth: Evidence from Chinese Provincial Data (1992—2008) [J] . Pacific Economic Review, 2015, 20(3): 388-414.
[3] MCFARLANE C, LANGLEY P, PAINTER J, et al. Interrogating ‘urban social innovation’: relationality and urban change in Berlin [J] . Urban Geography, 2023, 44(2): 337-357.

[4] MCKENZIE J. F, Pinger R. R, Seabert D, et al. An introduction to community & public health [J] . Jones & Bartlett Learning, 2016.

[5] PACI R, Usai S, et al. Externalities, knowledge spillovers and the spatial distribution of innovation [J] . GeoJournal, 1999, 49(4): 381-390.

[6] PEDERSEN P. O, et al. Innovation diffusion within and between national urban systems [J] . Geographical Analysis, 19, 2(3): 203-254.

[7] SAHIN M, NIJKAMP P, Rietdijk M, et al. Cultural diversity and urban innovativeness: personal and business characteristics of urban migrant entrepreneurs [J] . Innovation, 2009, 22(3): 251-281.

[8] Simmie J, et al. Innovation and urban regions as national and international nodes for the transfer and sharing of knowledge [J] . Regional studies, 2003, 37(6-7): 607-620.

[9] Teirlinck P, Spithoven A. The spatial organization of innovation: Open innovation, external knowledge relations and urban structure [J] . Regional studies, 2008, 42(5): 689-704.

[10] WEINSTEIN J. N, GELLER A, NEGUSSIE Y, et al. Communities in Action: Pathways to Health Equity [M] . The National Academies Press, 2017.

[11] WOOD P, et al. Knowledge-intensive Services and Urban Innovativeness [J] . Urban Studies, 2002, 39(5/6): 993-1002.

[12] YANG L, YU Z, ZHU N, et al. Local government competition, environmental regulation, and green development in China: Empirical analysis based on regional heterogeneity and path mechanisms [J] . Sustainable Development, 2023, 31(5): 3553-3565.

[13] YANG S, LI Z, LI J, et al. Fiscal decentralization, preference for government innovation and city innovation: Evidence from China [J] . Chinese Management Studies, 2020, 14(2): 391-409.

[14] 余升国，赵秋银，许可 . 博弈视角下中国地方政府环境规制竞争——来自省际层面的空间分析证据 [J] . 海南大学学报（人文社会科学版），2022, 40(2): 148-160.

[15] 吕萍 . 抽样信息在复杂调查数据中的应用研究 [J] . 统计研究，2017, 34(1): 108-118.

[16] 曹祯庭 . 地区异质性对我国省际 FDI 空间竞争的非对称效应研究 [J] . 经济问题，2022, 7, 102-111.

[17] 杨轩宇，任胜钢，靳海攀 . 中国 287 个城市创新的空间分异与溢出效应 [J] . 经济地理，2023, 43(9): 52-61.

[18] 柳卸林，王宁，吉晓慧，等 . 中心城市的虹吸效应与区域协调发展 [J] . 中国软科学，2022, 4: 76-86.

[19] 郑琼洁，张鸿雁 . 基于“五力模型”的城市创新力指标体系研究 [J] . 现代城市研究，2021, 1: 1-8.

[20] 隋梦芸，张晟，程旻娜，等 . 上海市实施整合式慢性病社区健康管理模式的促进和障碍因素 [J] . 中国卫生资源，2023, 26(4): 346-351.

[21] 顾佳峰 . 社区民生监测与治理研究：“五大发展理念”与社区民展指数 [M] . 经济日报出版社，2021.

第九章

空间双重差分模型

在社会时空系统中，事物之间的关联性是普遍存在着的。正如地理学第一定律所指出的那样，世界上事物之间往往是互相联系的，但是，距离近的事物之间的联系往往会更密切。这描述的是一种相关性，即事物之间并非独立存在，而是存在着内在的关联。但是，在现实世界中，对于社会时空系统的探究，不能仅仅停留在相关性上，而是要进一步确定是否存在着因果关系（顾佳峰，2020）。智者畏因，愚者畏果。从相关性中进一步区分因果性，不仅能够更深入认识社会时空系统的运行规律，而且还具有重要的现实实践意义，便于从问题的源头进行应对和着力，进而从根本性上来解决问题。在存在着空间溢出效应的情况下，空间双重差分模型（spatial difference-in-differences model）无疑提供了一种有效的分析工具，为揭示和检验社会时空系统运行过程中的因果关系提供了强有力的实证方法。

第一节 基本原理

要说清楚空间双重差分模型，还得需要从一般的双重差分模型入手。双重差分模型就是通过实验组和控制组来进行因果关系检验。由于在社会时空系统中，很难像在实验室一样对实验条件和过程进行控制，因此双重差分模型其实是一种准实验（quasi-experimentation）研究方法（Sunak, Madlener, 2016）。这种准实验研究方法相对于实验室中的实验研究而言，控制水平要低，严谨程度也会有所降低，但是，这种方法灵活性比较强，可以适合不同的社会系统，因此在社会科学的研究中具有广泛的应用性。不过，传统的双重差分模型并没有考虑空间溢出效应，因此，当用于社会时空系统的模拟和因果推断上，就会存在着偏差（Du, Huang, et al., 2022）。在这种情况下，就需要采用空间双重差分模型（Gu, 2021a）。

问题的起源

在进行双重差分模型研究社会现象时，首先就是分组，即把所研究的全体样本分成两组。一组是实验组，就是受到特定外部干预的那一组。另一组是控制组或对照组，就是没有受到该外部干预的这一组。假设这两组在实验之前是相似的，而且在实验过程中，除了外部干预之外，两组的其他影响都是相同的。那么，两组的变化就可以用来检验该项外部干预是否是导致两组差异的原因。这就是双重差分模型的基本逻辑。要完成这个实证研究的过程，需要经过两次差分。第一次差分是分别计算两组在干预前后的差值，就是看两组在时间维度上的变化。但是，时间上的差异可能是因为实验组和控制组原生的差异所致。因此需要在此基础上，进行第二次差分，就是对上述两组的差值进行差法。第二次差分的目的是消除实验组和控制组原生的差异，进而得到干预带来的净效应。利用双重差分模型进行因果检验，其基本原理如图 9–1 所示。根据这个简单的图示，可以说明外部干预的确起到了作用，这体现在干预增量之上。这里的干预增量就是实验的净效应。

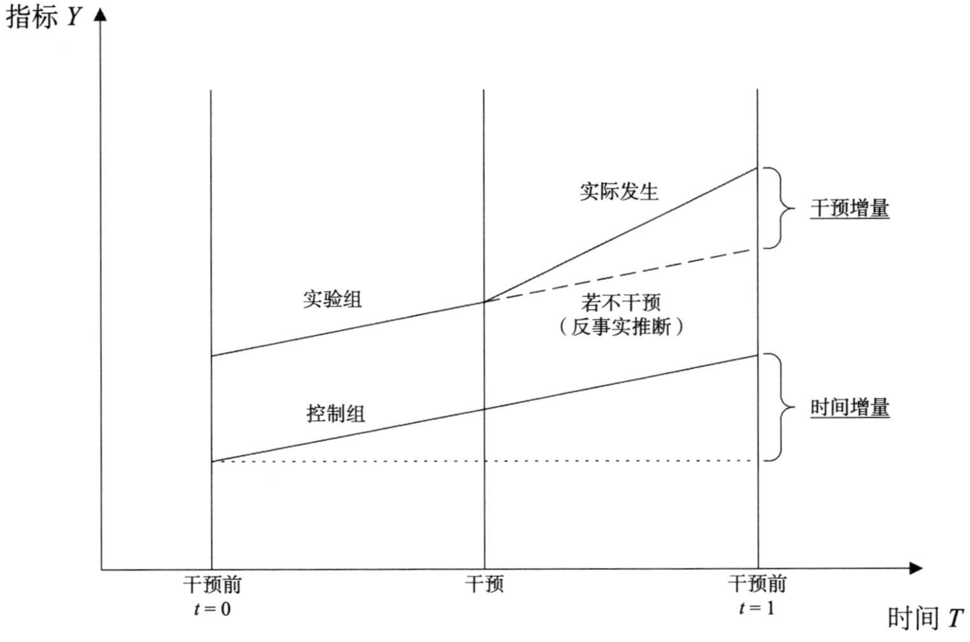

图 9–1　双重差分模型基本原理示意图

在通过双重差分模型进行估计时，如果图 9–1 中的干预增量是显著的，那么说明干预是产生干预增量的前因，干预增量是干预的后果。这样，因果关系就确立了。但是，上述逻辑存在着一个基本假设，就是实验组和控制组彼此独立，互相并没有关联。如果实验组和控制组存在着关联，那么即便经过上述两次差分，也依然无法获得干预带来的净效应。因为所谓的干预带来的净效应中已经包括了空间溢出效应（Butts, 2021）。也就是说，此时的干预增量并不都是因为干预所造成的，导致干预增量产生的另一个原因是空间溢出效应。很明显，在图 9–1 中，并没有考虑空间溢出效应。在这种情况下，单纯使用传统的双重差分模型进行估计，就会得到有偏估计，所得到的因果关系就需要谨慎对待，因为可能是一种伪的因果关系（郭炳南 et al., 2023）。

为了说明这个道理，这里举一个例子。比如两组同学进行考试，一组采用的是 A 卷，就是普通的卷子，这是一个控制组。另一组则采用 B 卷，B 卷的前半部分和 A 卷的前半部分是一模一样的，后半部分则与 A 卷的后半部分完全不同，这就是一次干预，这一组就是实验组。如果这两组任何两个同学在考试上都是彼此独立的，也就是不存在作弊和互相交换信息的可能，那么两组得到的考试成绩能客观反映两组同学的真实水平，考卷的变化是导致两组同学考试成绩差异的原因。对于这个例子，采用一般的双重差分模型就可以对考卷和学生成绩之间的因果关系进行检验。但是，如果存在着作弊，即至少有两个同学在考试过程中互相交换信息，那么如果不把这个信息纳入到实验设计之中并进行检验，通过一般的双重差分模型得到的结论就是有偏差的，因为此时，考卷变化很可能已经不再是导致学生成绩差异的原因。也就是说，针对这种情况，一般的双重差分模型很可能就失效了。当然，这里也不是说传统的双重差分模型不行。传统的双重差分模型其实还是有用的，尤其是空间溢出效应不显著的时候，空间双重差分模型得到的估计结果和传统的双重差分模型的估计结果差不多。因此有时这两种方法可以一起用，彼此互相补充（李玉娟 et al., 2023）。

解决方法

遇到这种情况，空间双重差分模型就可以登场了（Diao et al., 2017）。在上面考试的例子中，从社会时空视角来看，学生之间的作弊行为其实就是邻近学生之间的溢出。此时，这类学生之间已经存在着空间相关性了。处理此类问题，空间计量模型是很在行的。例如，在这个例子中，只要把学生作弊的行为也纳入实验，并在因果关系检验中，把作弊行为从净效应中剔除出去，就可以检验考卷变化与学生成绩的因果关系。这就是空间双重差分模型，即在一般的双重差分模型中加入空间滞后项，把空间溢出效应也纳入实验分析中。这是一个基本思路，这个思路与空间计量模型和一般线性回归模型之间的差异类似。因为一般线性回归模型无法解决空间溢出的问题，所以空间计量模型就出现了。在因果关系分析和检验中，一般的双重差分模型也无法解决空间溢出的问题，因此，需要空间双重差分模型来进行处理。

但是，现实中的社会时空系统是复杂的，空间溢出效应也是多样的（Xu et al., 2022）。例如，继续用这个考试的例子来进行说明，学生之间的作弊可以是多种多样的，比如同组学生之间存在着作弊，但可能不同组的学生之间也存在着作弊，即实验组和控制组的学生之间在考试时可能存在着彼此交换信息的情形。更为复杂的是，这两种作弊行为还有可能同时存在。这么复杂的空间溢出效应，使得实验控制变得更加困难。在现实的社会时空系统中，空间溢出效应的存在是一个普遍现象（Gu, 2021b）。随着现代通信信息技术的日新月异，社会时空系统中的空间溢出成本就更低了，空间溢出的强度也会更大，空间溢出的类型也会更多。这既是现实的存在，也是不可避免的发展趋势。

在这种情况下，除了要尽可能强化实验控制，还对空间双重差分模型提出了更高的要求。空间双重差分模型不仅要处理某一类空间溢出效应，而且还可能需要处理多种类型的空间溢出效应。也就是说，空间双重差分模型需要尽可能把空间溢出效应从实验的净效应中剔除出去，确保原因和结果之间再没有多余的干扰（Han et al., 2018）。要做到这一点，就需要空间双重差分模型具有一定的灵活性，能够根据空间溢出效应的不同和多样性进行灵活而有针对性的处理。除此之外，空间双重差分模型还可以用来处理多元干预的情况（Bardaka et al., 2019）。可见，空间双重差分模型的功能还是挺强大的。因此，在环境（Du, Feng, et al., 2022）、房地产（Sunak, Madlener, 2016）、地区经济（Zhang, Wang, 2023）、交通经济学（Li et al., 2023）等领域都在应用空间双重差分模型开展研究。

模型与类型

双重差分模型一般都是面板数据模型，但有时也会有横截面数据模型。这里，聚焦于面板数据模型，因为这是准实验设计中最常用的模型设定。一般的传统双重差分模型的模型设定如下：

$$Y_{it} = \alpha + \beta \times DiD_{it} + \gamma \times X_{it} + \mu_{it}$$

这里的 Y_{it} 就是所要研究的对象，指的是特定时间的样本观测点目标变量的观测值。X_{it} 是自变量，是特定时间的样本观测点自身的相关属性，这些也是准实验研究中的控制变量。μ_{it} 就是残差项。双重差分模型的核心信息体现在 DiD_{it} 上。这个变量的生成依据公式如下：

$$DiD_{it} = (D_{it}^{(1)} - \overline{D}^{(1)}) \times (D_{it}^{(2)} - \overline{D}^{(2)})$$

DiD_{it} 是两个虚拟变量减去各自的均值后的乘积。一个虚拟变量 $D_{it}^{(1)}$ 用来区分实验组和控制组，实验组为 1 而控制组为 0。另一个虚拟变量 $D_{it}^{(2)}$ 用来标识干预开始的时间。对于一个样本观测点而言，从某个时间点开始给予干预，那么，从这个时间点开始为 1，而在这个时间点之前为 0。一旦有了这两个虚拟变量，两者减去其各自的均值之后相乘就得到了 DiD_{it}。因果关系检验因此就集中在 β 参数的估计上（Pan et al., 2023）。如果 β 参数显著，则存在因果关系；反之，则不存在因果关系。

如果存在着空间溢出效应，就需要把空间溢出效应也纳入模型中，就是空间双重差分模型。根据空间溢出的不同类型，可以得到空间双重差分模型的不同类型。如果空间溢出以因变量空间滞后项进入模型，就是双重差分空间自回归模型（Gu, 2023a），具体模型设定如下：

$$Y_{it} = \alpha + \rho W \times Y_{it} + \beta \times DiD_{it} + \gamma \times X_{it} + \mu_{it}$$

可见，与传统双重差分模型相比，这里的模型多了一个因变量的空间滞后项 $W \times Y_{it}$，其余的都一样。W 就是空间权重矩阵。

如果在残差项中引入空间结构，就是双重差分空间误差模型，具体的模型设定如下：

$$Y_{it} = \alpha + \beta \times DiD_{it} + \gamma \times X_{it} + \mu_{it}$$

$$\mu_{it} = \lambda \times W \times \mu_{it} + \varepsilon_{it}$$

可见，这里的模型其实就是在传统双重差分模型的基础上，在其残差项中加入了空间溢出效应。

如果把自变量的空间滞后项引入模型，就是双重差分空间杜宾模型，具体模型设定如下：

$$Y_{it} = \alpha + \beta \times DiD_{it} + \gamma \times X_{it} + \delta \times W \times X_{it} + \mu_{it}$$

可见，与传统双重差分模型相比，这里的模型就是多了自变量的空间滞后项 $W \times X_{it}$，其余的都一样。

有的时候，在社会时空系统中，空间溢出效应是多元且复杂的，此时，在空间双重差分模型的设定上，就需要有更多的变化。对此，就可以把上述三个模型进行混合，得到双重差分空间混合模型，具体模型设定如下：

$$Y_{it} = \alpha + \rho W \times Y_{it} + \beta \times DiD_{it} + \gamma \times X_{it} + \delta \times W \times X_{it} + \mu_{it}$$
$$\mu_{it} = \lambda \times W \times \mu_{it} + \varepsilon_{it}$$

这是一个一般化的空间双重差分模型，因变量空间滞后项、自变量空间滞后项和残差空间滞后项都纳入双重差分模型，从而可以尽可能把空间溢出效应在准实验研究中的净效应中剔除出去。在实际操作上，可以根据所研究的问题以及特定的社会时空系统，对于三类空间滞后项进行有针对性的组合使用。这一方面提供给研究者更多的选项，另一方面可以从更多的角度来对社会时空系统进行多方面检验和解释，便于揭示其内在的运行规律。

有的研究则多种模型并用，如同时采用双重差分空间自回归模型、双重差分空间误差模型和双重差分空间杜宾模型（Yang, Wang, 2021）。这样做的好处是可以从多个角度考察干预对实验结果的影响。但不利之处是，由于考察了不同类型的空间溢出效应，因此对干预的实证检验可能会得出不同甚至是截然相反的结果。这对于解释而言，显然提出了很大的挑战。一般情况下，空间双重差分模型采用其中的一种即可（Chai et al., 2023）。但是，也有可能使用其中的两种，比如使用双重差分空间自回归模型和双重差分空间误差模型（Kaneko et al., 2019）。

第二节 实例演示

对于空间双重差分模型的理解，除了掌握其基本原理之外，更重要的就是通过实际操作来对于应用这种模型开展研究产生自己的心得。要达成这个目标，就是需要通过实例演示的途径，帮助学习者自己体会空间双重差分模型的内涵以及其对现实中的社会时空系统的解释能力。因此，这是一种手脑并用的学习方法，通过反复练习，学习者自己就会有体会。所以，这种教学方法其实是学习者自己教育自己，自己教会自己。课本上的知识仅仅是提供了演示和引导的作用，关键还是学习者自己的体会和领悟。

双重差分空间自回归模型

随着全球化和贸易自由化的不断发展，各国以及各地都纷纷通过建立自由贸易区（free trade area）来促进贸易。自由贸易区是指签订自由贸易协定的成员国相互彻底取消商品贸易中的关税和数量限制，使商品在各成员国之间可以自由流动的一片区域。中国自 2013 年 9 月开始建立上海自由贸易区，截至 2023 年 5 月，已经相继批设了六个批次的 21 个自贸试验区。自贸区设立对属地省份的贸易发展具有正向促进作用（周祥军，高宇颖，2020）。但是，自贸区设立对属地省份的数字经济发展的影响，缺乏相关的研究。为此，本例子将利用省级面板数据，通过空间双重差分模型来检验自贸区设立对属地省份的数字经济发展的因果关系。在应用空间双重差分模型时，省级面板数据是常用的数据（史亚东，2022；邓荣荣 et al., 2022）。首先采用双重差分空间自回归模型，具体模型设定如下：

$$DE_{it} = \alpha + \rho W \times DE_{it} + \beta \times DiD_{it} + \gamma_1 URB_{it} +$$
$$\gamma_2 POP_{it} + \gamma_3 COR_{it} + \gamma_4 MOR_{it} + \gamma_4 IND_{it} + \mu_{it}$$

其中，DE_{it} 是 i 省在 t 年的数字经济发展水平，采用的是谢云飞（2022）的省级数字经济发展指数。URB_{it} 是 i 省在 t 年的城镇化率，用城镇人口与地区人口的比值作为城镇化率的代理变量；POP_{it} 是 i 省在 t 年的人口规模，用各省年末人口总数表示，并取对数；COR_{it} 是 i 省在 t 年的碳排放强度，为各省碳排放量与各省实际 GDP 的比值；MOR_{it} 是 i 省在 t 年的市场化程度，参考王小鲁等（2019）编制的《中国分省份市场化指数报告》，选取其中的市场化指数来衡量各省市场化程度，并取对数；IND_{it} 是 i 省在 t 年的产业结构，选取各省第三产业增加值与第二产业增加值的比值来表示。

在样本选择上，本例子不包括香港、澳门和台湾地区。由于西藏没有碳排放的数据，因此也没有把西藏包括在内。所以，样本中的省份总共是 30 个。由于我国最早的自贸试验区是在 2010 年建立的，因此，本例子起始时间是 2011 年。第五批自贸试验区是在 2019 年 8 月 26 日正式公布的。考虑到从公布到实施还需要一段时间，因此第五批自贸试验区真正起作用也得等到 2020 年以后。所以，本例子考察的时间终期是 2019 年。其间，我国共建设了四批次 12 个自贸试验区。

接下来，就是估计相关的参数。在估计之前，首先需要进行数据合并和处理。这里调用例子中所用的省级面板数据 SDiD.dta，并将其与第六章省级空间权重矩阵建构所采用的数据 sp002.dta 进行合并，具体语句如下：

```
.use SDiD.dta,replace
.sort fips 年份
.merge m:1 fips using sp002
.keep if _merge == 3
.drop _merge
.save SDiD001.dta,replace
.use SDiD001.dta,replace
.xtset fips 年份
.spbalance
```

这些数据准备好之后，就可以任选一年的横截面数据用于建构空间逆距离权重矩阵，具体语句如下：

```
.preserve
.keep if 年份 == 2011
```

```
.spmatrix create idistance M
.spmatrix dir
.restore
```

然后就是建构 DiD_{it} 变量了。这是由两个虚拟变量而来的，因此需要一个一个地建构这两个虚拟变量。先来建构区分实验组和控制组的虚拟变量 $D1$，从 2013 年到 2018 年，共有四批次 12 个省建立了自贸试验区，因此这 12 个省就赋值为 1，其余 18 个省则赋值为 0。这样，虚拟变量 $D1$ 就生成了。具体语句如下：

```
.gen D1 = 0
.replace D1=1 if fips == 24 | fips == 6 | fips == 27 | fips == 4 | fips == 18 | fips == 31 |
fips == 12 | fips == 13 | fips == 3 | fips == 26 | fips == 22 | fips == 12
```

然后，再来建构第二个虚拟变量 $D2$，即用来识别设立自贸试验区的时间及其延续。2013 年，上海设立自贸试验区；2015 年，天津、广东和福建设立自贸试验区；2017 年，辽宁、浙江、河南、湖北、重庆、四川和陕西设立自贸试验区；2018 年，海南设立自贸试验区。根据这些时间点，就可以建构虚拟变量 $D2$，具体语句如下：

```
.gen D2 = 0
.replace D2=1 if fips == 24 & 年份 > 2012
.replace D2=1 if fips == 6 & 年份 > 2014
.replace D2=1 if fips == 27 & 年份 > 2014
.replace D2=1 if fips == 4 & 年份 > 2014
.replace D2=1 if fips == 18 & 年份 > 2016
.replace D2=1 if fips == 31 & 年份 > 2016
.replace D2=1 if fips == 12 & 年份 > 2016
.replace D2=1 if fips == 13 & 年份 > 2016
.replace D2=1 if fips == 3 & 年份 > 2016
.replace D2=1 if fips == 26 & 年份 > 2016
.replace D2=1 if fips == 22 & 年份 > 2016
```

```
.replace D2=1 if fips == 12 & 年份 > 2017
```

一旦这两个虚拟变量生成之后，就可以分别计算其均值，进而分别计算其均值的差值，再把这两个虚拟变量的差值进行相乘，就得到了 DiD_{it} 变量，具体语句如下：

```
.egen avrd1= mean(D1)
.gen D11=D1-avrd1
.egen avrd2= mean(D2)
.egen D21=D2-avrd2
.gen DiD = D11 * D21
```

一切准备就绪，现在就可以用跑模型来估计空间双重差分模型了，这里采用分步估计的方法，逐步加入自变量，具体语句如下：

```
.spxtregress DE DiD,re dvarlag(M)
.spxtregress DE DiD URB,re dvarlag(M)
.spxtregress DE DiD URB POP,re dvarlag(M)
.spxtregress DE DiD URB POP COR,re dvarlag(M)
.spxtregress DE DiD URB POP COR MAR,re dvarlag(M)
.spxtregress DE DiD URB POP COR MAR IND,re dvarlag(M)
```

这里采用的是随机效应模型。估计的结果汇总在表 9–1。如表 9–1 所示，在所有六个模型中，*DiD* 的回归系数都是显著为正的。这说明设立自贸试验区对于所在地区的数字经济发展有着显著的促进作用。此外，在所有六个模型中，因变量空间滞后项的回归系数 ρ 都是显著为正的，说明一个地区数字经济的发展会对邻近地区产生正向的溢出效应，会促进邻近地区数字经济的发展。在这些模型中，考虑了空间溢出效应之后，设立自贸试验区对所在地区数字经济发展的正效应都是显著的，这说明设立自贸试验区在一定程度上是促进当地数据经济发展的一个重要的前因。

表 9–1　双重差分空间自回归模型（随机效应模型）

	(1)	(2)	(3)	(4)	(5)	(6)
DiD	0.015***	0.012**	0.013***	0.012***	0.013***	0.011**
	(2.92)	(2.51)	(2.68)	(2.61)	(2.7)	(2.57)
URB		0397***	0.401***	0.408***	0.378***	0.341***
		(10.49)	(10.64)	(10.56)	(8.23)	(8.29)
POP			–0.029	–0.024	–0.028	–0.005
			(–1.33)	(–1.06)	(–1.19)	(–0.25)
COR				–0.006	–0.007	–0.002
				(–0.81)	(–0.86)	(–0.3)
MAR					0.014	0.010
					(1.18)	(0.97)
IND						0.042***
						(9.11)
_cons	0.097***	–0.001	0.237	0.228	0.243	0.09
	(3.47)	(–0.02)	(1.32)	(1.27)	(1.34)	(0.57)
ρ	0.924***	0.673***	0.677***	0.673***	0.678***	0.527***
	(51.41)	(18.93)	(19.08)	(18.83)	(18.94)	(14.11)
Obs	270	270	270	270	270	270
N	30	30	30	30	30	30
Pseudo R^2	0.095	0.264	0.282	0.286	0.281	0.393
Wald test of spatial terms	2642.7***	358.22***	363.92***	354.68***	358.77***	199***

注：*** 表示 $p < 0.01$; ** 表示 $p < 0.05$。

由于本质上，空间双重差分模型其实就是基于空间面板数据的实证检验和分析，就是空间面板数据模型。不过与一般的空间面板数据模型不同的是，空间双重差分模型有一个特殊的自变量，即用于刻画干预的 *DiD* 变量。因此，空间双重差分模型可以视为本书第七章的一个延伸。也就是说，空间双重差分模型除了用随机效应模型之外，还有固定效应模型。接下来，用固定效应模型进行估计，具体的语句如下：

```
.spxtregress DE DiD,fe dvarlag(M)
```

```
.spxtregress DE DiD URB,fe dvarlag(M)
.spxtregress DE DiD URB POP,fe dvarlag(M)
.spxtregress DE DiD URB POP COR,fe dvarlag(M)
.spxtregress DE DiD URB POP COR MAR,fe dvarlag(M)
.spxtregress DE DiD URB POP COR MAR IND,fe dvarlag(M)
```

固定效应模型的估计结果，汇总在表 9–2。从 *DiD* 变量的估计系数以及显著程度上来看，表 9–2 和表 9–1 基本上是一致的。从 p 的估计系数来看，表 9–2 和表 9–1 总体上也是一致的。这说明，无论采用随机效应模型还是固定效应模型，估计的结果都是一致的。在考虑了因变量的空间溢出效应后，自贸区设立对属地省份的数字经济发展具有明显的促进作用。

表 9–2 双重差分空间自回归模型（固定效应模型）

	(1)	(2)	(3)	(4)	(5)	(6)
DiD	0.013***	0.01**	0.01**	0.01**	0.01**	0.008*
	(2.67)	(2.08)	(2.08)	(2.01)	(2.12)	(1.94)
URB		0369***	0.371***	0.378***	0.344***	0.314***
		(9.76)	(9.62)	(9.56)	(7.39)	(7.46)
POP			-0.009	-0.003	-0.007	0.018
			(-0.26)	(-0.09)	(-0.2)	(0.58)
COR				-0.006	-0.007	-0.002
				(-0.83)	(-0.9)	(-0.5)
MAR					0.015	0.011
					(1.35)	(1.13)
IND						0.04***
						(8.58)
ρ	0.938***	0.712***	0.712***	0.708***	0.714***	0.567***
	(57.21)	(20.49)	(20.47)	(20.16)	(20.31)	(15.27)
Obs	270	270	270	270	270	270
N	30	30	30	30	30	30
Pseudo R^2	0.496	0.244	0.333	0.313	0.339	0.279
Wald test of spatial terms	3272.58***	419.65***	419.15***	406.27***	412.31***	233.1***

注：*** 表示 $p < 0.01$; ** 表示 $p < 0.05$; * 表示 $p < 0.1$。

双重差分空间误差模型

空间溢出效应也可能出现在残差项中，这时候，就需要采用双重差分空间误差模型了。在本例子中，如果采用双重差分空间误差模型，具体的模型设定如下：

$$DE_{it} = \alpha + \beta DiD_{it} + \gamma_1 URB_{it} + \gamma_2 POP_{it} + \gamma_3 COR_{it} + \gamma_4 MOR_{it} + \gamma_4 IND_{it} + \mu_{it}$$
$$\mu_{it} = \lambda \times W \times \mu_{it} + \varepsilon_{it}$$

由于前面部分在进行双重差分空间自回归模型估计时，已经完成了数据的前期准备，因此，这里就比较容易了。对于该模型的估计，先采用随机效应模型，具体语句如下：

```
.spxtregress DE DiD URB POP COR MAR IND,fe errorlag(M)
```

得到的结果汇总在表 9–3。该模型的 Pseudo R^2 是 0.702，Wald test of spatial terms 是 3299.95，是显著的。根据表 9–3，*DiD* 变量的估计系数是显著为正，这与之前的结果是一致的。此外，残差中的空间滞后项的回归系数也是显著为正，这说明存在着正的空间溢出效应。

表 9–3　双重差分空间误差模型（随机效应模型）

	Coef.	Std. Err.	*z*	*P* > *z*	[95% Conf.	Interval]
DiD	0.01	0.004	2.5	0.012	0.002	0.017
URB	0.254	0.036	7.14	0.000	0.184	0.323
POP	0.013	0.006	1.97	0.049	0.000	0.025
COR	0.003	0.005	0.66	0.511	–0.006	0.012
MAR	0.006	0.009	0.66	0.507	–0.012	0.025
IND	0.044	0.004	11.37	0.000	0.036	0.051
_cons	0.266	0.048	5.54	0.000	0.172	0.360
λ	0.941	0.016	57.45	0.000	0.909	0.973

对于该模型的估计，接下来采用固定效应模型，具体语句如下：

```
.spxtregress DE DiD URB POP COR MAR IND,fe errorlag(M)
```

得到的结果汇总在表 9–4。该模型的 Pseudo R^2 是 0.577，Wald test of spatial terms 是 1175.58，是显著的。比较表 9–4 和表 9–3，两者总体上是一致的。

表 9–4 双重差分空间误差模型（固定效应模型）

	Coef.	Std. Err.	z	$P > z$	[95% Conf.	Interval]
DiD	0.012	0.004	3.09	0.002	0.004	0.020
URB	0.456	0.044	10.42	0.000	0.370	0.542
POP	0.074	0.030	2.49	0.013	0.016	0.133
COR	–0.015	0.006	–2.43	0.015	–0.027	–0.003
MAR	–0.003	0.010	–0.3	0.766	–0.022	0.016
IND	0.057	0.004	13.11	0.000	0.049	0.066
λ	0.905	0.026	34.29	0.000	0.853	0.957

从回归系数的大小来看，自贸试验区设立对数字经济发展的影响，固定效应模型的估计要比随机效应模型的估计大一些。此外，空间溢出效应，固定效应模型的估计要比随机效应模型的估计强一些。这些说明在本例子中，采用随机效应模型还是采用固定效应模型，对估计的结果基本上是一致的，但所估计参数的大小，会有一定的差异。

双重差分空间杜宾模型

从变化的花样上来看，在所有空间双重差分模型中，双重差分空间杜宾模型是最灵活的，可以有很多种变化的可能，提供了很多种选项。双重差分空间杜宾模型其实就是把自变量的空间滞后项引入双重差分模型。由于一般自变量的个数都比较多，因此引入自变量空间滞后项的选项也就比较多。比如，有三个自变量，选取其中任意一个自变量的空间滞后项进入模型，就有三种选择。如果选择其中任意两个自变量的空间滞后项进入模型，就有另外三种选项。如果选择三个自变量的空间滞后项进入模型，就是另外一种情况。可见，三个自变量，共有六种选择，可以建构多个双重差分模型。这里可以区分一下狭义的双重差分空间杜宾模型和广义的双重空间杜宾模型，前者特指所有自变量空间滞后项都进入模型的情形，二者是指至少有一个自变量的空间滞后项进入模型。这里指的是后者。对于双重差分空间杜宾模型而言，假设有 n 个自变量，那么理论上说，可以建构的双重差分空间杜宾模型的数量是 Σ_n^2。但是，在实际操作过程中，一般不会去把所有这些模型都跑一遍，而是根据研究需要和研究目的选择其中的某些模型进行估计。比如在本例子中，根据表 9–1 结果，城市化以及产业结构这两个变量的回归系数是显著的，因此分别把城市化自变量和产业结构自变量的空间滞后项引入到模型中，模型设定分别如下：

$$DE_{it} = \alpha + \delta_1 W \times URB_{it} + \beta \times DiD_{it} + \gamma_1 URB_{it} + \gamma_2 POP_{it} + \gamma_3 COR_{it} + \gamma_4 MOR_{it} + \gamma_4 IND_{it} + \mu_{it}$$

$$DE_{it} = \alpha + \delta_2 W \times IND_{it} + \beta \times DiD_{it} + \gamma_1 URB_{it} + \gamma_2 POP_{it} + \gamma_3 COR_{it} + \gamma_4 MOR_{it} + \gamma_4 IND_{it} + \mu_{it}$$

在估计上，除了采用随机效应模型之外，还采用固定效应模型。对于这两个模型的估计，具体语句如下：

```
.spxtregress DE DiD  URB POP COR MAR IND,re ivarlag(M:URB)
.spxtregress DE DiD  URB POP COR MAR IND,fe ivarlag(M:URB)

.spxtregress DE DiD  URB POP COR MAR IND,re ivarlag(M:IND)
.spxtregress DE DiD  URB POP COR MAR IND,fe ivarlag(M:IND)
```

得到的估计结果，汇总在表 9–5。其中，列（1）和列（2）对应的是前面的第一个模型的随机效应模型和固定效应模型的估计结果，列（3）和列（4）对应的是后面的第二个模型的随机效应模型和固定效应模型估计结果。根据表 9–5 所示，在所有模型中，*DiD* 的估计系数都是显著为正的，这与之前的结果是一致的。此外，自变量空间滞后项的回归系数 δ_1 和 δ_2 也都是显著为正的，这说明一个省在城市化以及产业结构上的调整，会对邻近省的数字经济发展产生显著影响。

表 9–5 双重差分空间杜宾模型

	(1)	(2)	(3)	(4)	(5)	(6)
DiD	0.015***	0.009*	0.021***	0.018***	0.015***	0.008
	(2.74)	(1.7)	(3.77)	(3.18)	(2.7)	(1.67)
URB	0.449***	0.355***	0.489***	0.541***	0.45***	0.314***
	(7.81)	(6.03)	(8.97)	(9.15)	(7.8)	(6.28)
POP	–0.006	–0.01	0.018	0.056	–0.005	–0.021
	(–0.23)	(–0.25)	(1.07)	(1.3)	(–0.21)	(–0.52)
COR	–0.002	–0.001	0.002	–0.005	–0.002	–0.003
	(–0.22)	(–0.11)	(0.23)	(–0.54)	(–0.2)	(–0.35)
MAR	0.003	0.008	0.008	0.005	0.004	0.003
	(0.26)	(0.64)	(0.59)	(0.33)	(0.28)	(0.27)
IND	0.05***	0.04***	0.059***	0.061***	0.05***	0.039***
	(7.57)	(6.1)	(9.93)	(9.56)	(7.37)	(6.04)
_cons	0.052		–0.013		0.051	
	(0.28)		(–0.1)		(0.28)	
δ_1	0.491***	0.693***			0.475***	0.932***
	(5.74)	(8.34)			(2.88)	(7.37)
δ_2			0.055***	0.049***	0.002	–0.039**
			(5.56)	(4.35)	(0.11)	(–2.49)
Obs	270	270	270	270	270	270
N	30	30	30	30	30	30
Pseudo R^2	0.475	0.356	0.67	0.62	0.48	0.325
Wald test of spatial terms	32.95***	69.53***	30.92***	18.93***	32.96***	77.52***

注：*** 表示 $p < 0.01$; ** 表示 $p < 0.05$; * 表示 $p < 0.1$。

当然，也可以把这两个自变量的空间滞后项同时引入模型，这时，空间滞后效应就会显得比较复杂，对于结果的影响也会出现一些新的变化。此时的模型设定如下：

$$DE_{it} = \alpha + \delta_1 W \times URB_{it} + \delta_1 W \times IND_{it} + \beta \times DiD_{it} +$$
$$\gamma_1 URB_{it} + \gamma_2 POP_{it} + \gamma_3 COR_{it} + \gamma_4 MOR_{it} + \gamma_4 IND_{it} + \mu_{it}$$

这里，继续通过随机效应模型和固定效应模型进行估计，具体语句如下：

```
.spxtregress DE DiD   URB POP COR MAR IND,re ivarlag(M:URB IND)
.spxtregress DE DiD   URB POP COR MAR IND,fe ivarlag(M:URB IND)
```

得到的结果分别汇总在表 9–5 的列（5）和列（6）中。这两列的结果显示，同时加入这两个自变量的空间滞后项后，估计结果发生了一些变化，而且这种变化和采用随机效应模型还是固定效应模型有关。如采用了随机效应模型，根据列（5）所示，*DiD* 的回归系数依然显著为正，参数 δ_1 的估计值也是依然显著为正，但是参数 δ_2 的估计值却是不显著的。此外，根据列（6）的结果显示，*DiD* 的回归系数已经不再是显著了，而且参数 δ_2 的估计值显著为负。这些结果表明，当更多的自变量空间滞后项被引入模型之后，意味着所研究的社会时空系统会变得更加复杂，因此，结果也会出现更多的变化。当然，对于研究者而言，这也并非是坏事，至少提供了更多视角来分析和探究目标社会时空系统的可能的运行规律。

在空间双重差分模型中，除了上述所提到的常规的自变量之外，还有一个极为关键的自变量，那就是准实验设计中的干预的自变量，即 *DiD* 变量。在一般的双重差分模型中，不是无法探究干预的溢出效应，而是假设实验干预不具有溢出效应。但现实的社会时空系统中，准实验干预往往具有空间溢出效应。这种现象还挺常见。例如，对一个县的儿童进行早餐干预，提供更有营养的早餐。在实验过程中，这个消息会很快传到邻近的县，导致邻近的县据此提高儿童的早餐预算，改善了儿童的早餐伙食。诸如此类的现象并不少见。在这种情况下，就需要考虑干预的溢出效应。在本例子中，如果把干预的空间溢出效应引入到模型中，模型的设定就变成：

$$DE_{it} = \alpha + \delta_0 W \times DiD_{it} + \beta \times DiD_{it} + \gamma_1 URB_{it} +$$
$$\gamma_2 POP_{it} + \gamma_3 COR_{it} + \gamma_4 MOR_{it} + \gamma_4 IND_{it} + \mu_{it}$$

分别进行随机效应模型和固定效应模型的估计，对应的语句如下：

```
.spxtregress DE DiD   URB POP COR MAR IND,re ivarlag(M:DiD)
.spxtregress DE DiD   URB POP COR MAR IND,fe ivarlag(M:DiD)
```

得到的结果分别呈现在表 9–6 的列（1）和列（2）中。此外，可以把城市化以及产业结构这两个自变量的空间滞后项也分别引入模型，得到的模型分别是：

$$DE_{it}=\alpha+\delta_0 W\times DiD_{it}+\delta_1 W\times URB_{it}+\beta\times DiD_{it}+$$
$$\gamma_1 URB_{it}+\gamma_2 POP_{it}+\gamma_3 COR_{it}+\gamma_4 MOR_{it}+\gamma_4 IND_{it}+\mu_{it}$$

$$DE_{it}=\alpha+\delta_0 W\times DiD_{it}+\delta_2 W\times IND_{it}+\beta\times DiD_{it}+$$
$$\gamma_1 URB_{it}+\gamma_2 POP_{it}+\gamma_3 COR_{it}+\gamma_4 MOR_{it}+\gamma_4 IND_{it}+\mu_{it}$$

对应的语句如下：

```
.spxtregress DE DiD  URB POP COR MAR IND,re ivarlag(M:DiD URB)
.spxtregress DE DiD  URB POP COR MAR IND,fe ivarlag(M:DiD URB)

.spxtregress DE DiD  URB POP COR MAR IND,re ivarlag(M:DiD IND)
.spxtregress DE DiD  URB POP COR MAR IND,fe ivarlag(M:DiD IND)
```

对应的结果分别汇总在表 9–6 的列（3）与列（4）以及列（5）与列（6）中。如表 9–6 所示，在所有六个模型中，*DiD* 自变量的回归系数都是显著为正的，这与之前的结果是一致的。从 *DiD* 自变量的空间滞后项的估计系数 δ_0 来看，在六个模型中，除了列（4），其余五个模型都是显著为正的。这说明总体而言，一个省设立自贸试验区，对于邻近其他省的自由贸易发展也是有促进作用的，有利于邻近省也获得设立自贸试验区的机会。也就是说，设立自贸试验区具有一定的空间集聚性。

表 9–6　双重差分空间杜宾模型（干预自变量）

	(1)	(2)	(3)	(4)	(5)	(6)
DiD	0.02***	0.018***	0.017***	0.009*	0.019***	0.017***
	(3.49)	(3.17)	(3.00)	(1.7)	(3.33)	(2.94)
URB	0.391***	0.562***	0.43***	0.356***	0.383***	0.506***
	(5.32)	(10.02)	(7.91)	(5.98)	(6.24)	(8.41)
POP	0.015	0.066	0.009	–0.01	0.011	0.054
	(1.15)	(1.56)	(0.5)	(–0.26)	(0.84)	(1.29)

续表

	(1)	(2)	(3)	(4)	(5)	(6)
COR	0.006	–0.009	0.001	–0.001	0.005	–0.005
	(0.73)	(–0.98)	(0.08)	(–0.11)	(0.66)	(–0.58)
MAR	0.013	0.002	0.008	0.008	0.014	0.006
	(0.9)	(0.11)	(0.58)	(0.63)	(1.01)	(0.46)
IND	0.056***	0.064***	0.054***	0.04***	0.054***	0.059***
	(9.08)	(10.7)	(8.48)	(6.1)	(9.13)	(9.29)
_cons	0.092		0.069		0.109	
	(0.89)		(0.54)		(1.07)	
δ_0	0.145***	0.082***	0.089***	–0.001	0.108***	0.052**
	(5.6)	(4.32)	(2.61)	(–0.04)	(4.02)	(2.32)
δ_1			0.187	0.695***		
			(1.45)	(6.87)		
δ_2					0.025**	0.032**
					(2.2)	(2.38)
Obs	270	270	270	270	270	270
N	30	30	30	30	30	30
Pseudo R^2	0.788	0.67	0.666	0.355	0.755	0.653
Wald test of spatial terms	31.31***	18.65***	49.64***	69.54***	50.62***	24.74***

注：*** 表示 $p < 0.01$; ** 表示 $p < 0.05$; * 表示 $p < 0.1$。

当然，在这个模型的基础上，也可以把这两个自变量的空间滞后项一起引入模型。但是，随着自变量空间滞后项数量的增加，社会时空系统中的空间溢出效应就会变得更复杂，出现的结果也会更复杂。在这种情况下，反而会增加解释的难度。因此，并不是进入模型的自变量空间滞后项越多越好，而是能对所研究的社会时空系统进行恰当合理解释即可。

双重差分空间混合模型

上述这些空间双重差分模型，还可以组合起来用，就是双重差分空间混合模型。例如，可以把因变量空间滞后项和干预自变量的空间滞后项同时引入模型，模型的设定如下：

$$DE_{it} = \alpha + \rho W \times DE_{it} + \delta_0 W \times DiD_{it} + \beta \times DiD_{it} +$$
$$\gamma_1 URB_{it} + \gamma_2 POP_{it} + \gamma_3 COR_{it} + \gamma_4 MOR_{it} + \gamma_4 IND_{it} + \mu_{it}$$

随机效应模型和固定效应模型可以通过如下语句进行估计：

```
.spxtregress DE DiD  URB POP COR MAR IND,re dvarlag(M) ivarlag(M:DiD)
.spxtregress DE DiD  URB POP COR MAR IND,fe dvarlag(M) ivarlag(M:DiD)
```

得到的结果分别汇总在表 9–7 的列（1）和列（2）中。比较列（1）和列（2）的结果，*DiD* 的回归系数都是显著为正的，因变量空间滞后项的回归系数也都是显著为正的，但是，干预变量空间滞后项的回归系数 δ_0 为负，而且在随机效应模型中不显著，仅仅在固定效应模型中显著。可见，采用固定效应模型和采用随机效应模型在估计上有所差别。

如果把因变量空间滞后项和残差空间滞后项一起引入到模型中，模型设定如下：

$$DE_{it} = \alpha + \rho W \times DE_{it} + \beta \times DiD_{it} + \gamma_1 URB_{it} + \gamma_2 POP_{it} + \gamma_3 COR_{it} +$$
$$\gamma_4 MOR_{it} + \gamma_4 IND_{it} + \mu_{it},\ \mu_{it} = \lambda \times W \times \mu_{it} + \varepsilon_{it}$$

随机效应模型和固定效应模型可以通过如下语句进行估计：

```
.spxtregress DE DiD URB POP COR MAR IND, re dvarlag(M) errorlag(M)
.spxtregress DE DiD URB POP COR MAR IND, fe dvarlag(M) errorlag(M)
```

得到的结果分别汇总在表 9–7 的列（3）和列（4）中。比较列（3）和列（4）的结果，*DiD* 的回归系数都是显著为正的，残差空间滞后项的回归系数 λ 也都是显著为正的，但是，因变量空间滞后项的回归系数 ρ 在随机效应模型中不显著，而在固定效应模型中显著为正。

表 9–7　双重差分空间混合模型（两重混合）

	(1)	(2)	(3)	(4)	(5)	(6)
DiD	0.011***	0.009**	0.01**	0.009**	0.016***	0.017***
	(2.66)	(2.18)	(2.5)	(2.39)	(3.88)	(4.11)
URB	0.355***	0.346***	0.255***	0.37***	0.223***	0.418***
	(8.33)	(7.95)	(6.87)	(8.43)	(7.02)	(9.36)
POP	–0.004	0.02	0.013*	0.063**	0.008	0.067**
	(–0.19)	(0.64)	(1.9)	(2.16)	(1.46)	(2.26)
COR	–0.003	–0.004	0.003	–0.013**	0.004	–0.015**
	(–0.39)	(–0.64)	(0.63)	(–2.15)	(0.83)	(–2.41)
MAR	0.008	0.009	0.006	–0.0001	0.005	–0.002
	(0.85)	(0.86)	(0.67)	(–0.01)	(0.54)	(–0.18)
IND	0.043***	0.042***	0.044***	0.054***	0.043***	0.057***
	(9.28)	(9.00)	(11.28)	(12.44)	(11.71)	(12.17)
_cons	0.063		0.264***		0.303***	
	(0.38)		(5.29)		(7.00)	
ρ	0.557***	0.62***	–0.005	0.47***		
	（12.45）	（14.67）	（–0.15）	（7.7）		
δ_0	–0.019	–0.039**			0.127***	0.095***
	(–1.14)	(–2.41)			(3.86)	(3.24)
λ			0.94***	0.709***	0.912***	0.86***
			(54.59)	(9.74)	(30.79)	(21.89)
Obs	270	270	270	270	270	270
N	30	30	30	30	30	30
Pseudo R^2	0.376	0.234	0.703	0.235	0.816	0.652
Wald test of spatial terms	206.12***	250.35***	3292.79***	169.2***	1184.21***	586.98***

注：*** 表示 $p < 0.01$; ** 表示 $p < 0.05$; * 表示 $p < 0.1$。

如果把干预变量空间滞后项和残差空间滞后项一起引入模型，那么，模型设定如下：

$$DE_{it}=\alpha+\delta_0W\times DiD_{it}+\beta\times DiD_{it}+\gamma_1URB_{it}+\gamma_2POP_{it}+\gamma_3COR_{it}+$$
$$\gamma_4MOR_{it}+\gamma_4IND_{it}+\mu_{it},\ \mu_{it}=\lambda\times W\times\mu_{it}+\varepsilon_{it}$$

随机效应模型和固定效应模型可以通过如下语句进行估计：

```
.spxtregress DE DiD  URB POP COR MAR IND,re ivarlag(M:DiD) errorlag(M)
.spxtregress DE DiD  URB POP COR MAR IND,fe ivarlag(M:DiD) errorlag(M)
```

得到的结果分别汇总在表 9–7 的列（5）和列（6）中。比较列（5）和列（6）的结果，*DiD* 的回归系数都是显著为正的，残差空间滞后项的回归系数 λ 也都是显著为正的，而且干预变量空间滞后项的回归系数 δ_0 也都是显著为正。所以在这个模型中，随机效应模型和固定效应模型总体上结论一致。

当然，上述这个模型还可以合并成一个模型，就是同时引入因变量空间滞后项、干预变量空间滞后项和残差空间滞后项，这个双重差分空间混合模型的设定如下：

$$DE_{it}=\alpha+\rho W\times DE_{it}+\beta\times DiD_{it}+\delta_0W\times DiD_{it}+\gamma_1URB_{it}+\gamma_2POP_{it}+$$
$$\gamma_3COR_{it}+\gamma_4MOR_{it}+\gamma_4IND_{it}+\mu_{it},\ \mu_{it}=\lambda\times W\times\mu_{it}+\varepsilon_{it}$$

随机效应模型和固定效应模型可以通过如下语句进行估计：

```
.spxtregress DE DiD  URB POP COR MAR IND,re dvarlag(M) ivarlag(M:DiD)
errorlag(M)
.spxtregress DE DiD  URB POP COR MAR IND,fe dvarlag(M) ivarlag(M:DiD)
errorlag(M)
```

得到的结果分别汇总在表 9–8 中。比较列（1）和列（2）的结果，*DiD* 的回归系数都是显著为正的，残差空间滞后项的回归系数也都是显著为正的。但是，干预变量空间滞后项的回归系数 δ_0 在随机效应模型中显著为正，在固定效应模型中则不显著。此外，因变量空间滞后项的回归系数在随机效应模型中显著为负，但是在固定效应中则显著为正。

表 9–8 双重差分空间混合模型（三重混合）

	(1)	(2)
DiD	0.018***	0.01**
	(4.18)	(2.34)
URB	0.228***	0.368***
	(6.97)	(8.24)
POP	0.011*	0.063**
	(1.74)	(2.14)
COR	0.004	–0.013**
	(0.74)	(–2.16)
MAR	0.006	0.000
	(0.68)	(0.00)
IND	0.043***	0.054***
	(11.69)	(12.45)
_cons	0.295***	
	(6.7)	
ρ	–0.045*	0.451***
	（–1.73）	（5.19）
δ_0	0.149***	0.01
	(4.31)	(0.31)
λ	0.896***	0.717***
	（29.85）	（9.48）
Obs	270	270
N	30	30
Pseudo R^2	0.838	0.248
Wald test of spatial terms	1251.76***	172.46***

注：*** 表示 $p < 0.01$; ** 表示 $p < 0.05$; * 表示 $p < 0.1$。

当然，双重差分空间混合模型还可以有其他更多种的组合，可以和不同类型的空间滞后项进行多重组合。而且在一个模型之中，空间权重矩阵可以是多个。也就是说，不同的空间滞后项的空间权重矩阵可以是不同的。这样，又多了一种类型的组合，那就是空间权重矩阵的组合。结果，可以组合成很多种类的模型。这一方面说明社会时空系统的复杂性，另一方面说明方法的多样性和灵活性。时空社会科学研究，既有科学性，又有艺术性。关于科学性，没必要多说了。关于艺术性，一些读者可能会有疑问。其实道理很简单，要找到一个能科学地解释社会时空系统的模型，这个过程其实就具有艺术性，因为要从那么多种可能的组合中找出一个很具有说服力的模型，有时候甚至需要凭借直觉。这个过程，只可意会不可言传。

第三节 安慰剂检验

双重差分模型中获得的因果关系是不是确实存在，或者是一种表象。这就需要做安慰剂检验（placebo test）。这是来自医学实验中的一个名词。为了检验某种药物的效果，会对其中一组患者提供外表看起来和药物一模一样的安慰剂，告诉患者这就是某种药物，对治愈疾病有作用。如果这组患者服用这种安慰剂达到了服用药物一样的效果，那是否说明这种药物其实是没有什么效果，即服用这种药物与治愈疾病之间并不存在因果关系。在 1955 年发表的《强大的安慰剂》论文中，通过分析 15 种安慰剂的临床试验结果显示，在一般情况下，安慰剂会对大约 35% 的病人产生作用（Beecher, 1955）。在社会时空系统的研究中，也需要进行这种安慰剂检验，以识别是否存在真正的因果关系。在空间双重差分模型中，安慰剂检验是在考虑了空间溢出效应的情况下，为了排除准实验过程中的非政策因素对研究结果的影响，避免研究对象因提前得知政策将要实施这一信号而产生了主观上的变化，从而导致政策效应或者干预效应存在误差。

主要方法

在安慰剂检验中，比较常见的方法有两种（余文涛 et al., 2023）。第一种方法是个体安慰剂检验，就是通过绘制核密度图进行观测。这是一种直观目测的方法，虽然不是很精准，但可以提供一个大致的判断。一般来说，所绘制的核密度图的点越集中在横轴零点附近，说明通过了安慰剂检验，空间双重差分模型的政策效应就越稳健。在技术上，现在有绘制这种核密度图的 Stata 外部命令，下载安装后就可以进行绘图，比较方便。但是，这其实是一种经验判断，感觉不够有说服力。因此，就需要更多的检验。对空间双重差分模型而言，现有的 permute 命令并不直接与空间回归命令相兼容，而与该命令兼容的一般是常规的回归命令，如 reg、xtreg 和 reghdfe。因此，无法通过这种方法直接检验空间双重差分模型的安慰剂效应。如果用 xtreg 或 reghdfe 对空间双重差分模型进行安慰剂检验，得到的结果仅仅具有一些参考价值，因为并未考虑空间溢出效应的检验结果。

于是，第二种方法就应运而生，那就是通过改变干预的时间来看干预的效果。具体来说，就是假设实验中把干预时间提前或者延后，看干预是否产生显著效果（辛大楞，彭志远，2023）。假设把干预的时间提前，空间双重差分模型的干预变量的回归系数不显著，就说明这个干预起作用了，即干预与结果之间存在着因果关系；反之，回归系数是显著的，则说明这个干预是不起作用的。假设把干预的时间延后，空间双重差分模型的干预变量的回归系数不显著，那么更加说明这个干预起作用了，即干预与结果之间存在的因果关系是稳健的；但是，如果回归系数依然显著，其回归系数绝对值也会增加，这说明干预的效果是明显的，而且具有一定的持续性，这在一定程度上也肯定了干预与结果之间的因果关系。

总而言之，要通过假设干预时间的提前或延后进行检验干预的因果关系是否成立，首先是检验假设干预时间提前的情形。如果此时回归系数是不显著的，那么就可以肯定干预与结果之间存在着因果性。其次就是检验假设干预时间延后的情形。若此时回归系数不显著，则加固了之前因果关系的判断；若此时回归系数显著，那么也是维持之前关于因果关系的判断，而且可以说明干预的影响具有持续性。这样，就可以把这个安慰剂检验说清楚了。这种方法对于一般的双重差分模型管用，对于空间双重差分模型也管用（Gu, 2023b）。

实例演示

这里延续上文中的例子，对于双重差分空间自回归模型进行安慰剂检验。

首先，假设设立自贸试验区的时间都提前一年，就先建构政策设立的时间变量，并生成政策自变量 *DiD1*，具体语句如下：

```
.gen D201 = 0
.replace D201=1 if fips == 24 & 年份 > 2011
```

```
……
.replace D201=1 if fips == 12 & 年份 > 2016
.egen avrd201= mean(D201)
.gen D2011=D201-avrd201
.gen DiD1 = D11 * D2011
```

中间省略了部分语句，结构雷同没有必要都列出来。等生成政策自变量之后，就可以进行随机效应模型和固定效应模型的估计了，具体语句如下：

```
.spxtregress DE DiD1  URB POP COR MAR IND,re dvarlag(M)
.spxtregress DE DiD1  URB POP COR MAR IND,fe dvarlag(M)
```

得到的结果汇总在表 9–9 的列（1）和列（2）中。

表 9–9　提前一期和二期的安慰剂检验结果

	(1)	(2)	(3)	(4)
DiD	0.004	0.002	0.002	–0.0001
	(1.05)	(0.49)	(0.47)	(–0.03)
URB	0.335***	0.309***	0.337***	0.311***
	(8.04)	(7.28)	(8.02)	(7.28)
POP	–0.001	0.029	0.002	0.034
	(–0.05)	(0.91)	(0.07)	(1.06)
COR	–0.003	–0.004	–0.003	–0.004
	(–0.38)	(–0.59)	(–0.41)	(–0.64)
MAR	0.009	0.01	0.008	0.01
	(0.89)	(1.03)	(0.8)	(0.97)
IND	0.043***	0.04***	0.043***	0.04***
	(9.11)	(8.59)	(9.15)	(8.62)
_cons	0.054		0.034	
	(0.33)		(0.21)	
ρ	0.544***	0.581***	0.548***	0.583***
	(14.81)	(15.89)	(14.98)	(16.02)

续表

	(1)	(2)	(3)	(4)
Obs	270	270	270	270
N	30	30	30	30
Pseudo R^2	0.377	0.227	0.373	0.213
Wald test of spatial terms	219.22***	252.65***	224.48***	256.53***

注：*** 表示 $p < 0.01$。

其次，假设设立自贸试验区的时间都提前两年，就先建构政策设立的时间变量，并生成政策自变量新的 *DiD* 变量，并进行随机效应和固定效应模型的估计，具体语句如下：

```
.gen D20121 = 0
.replace D20121=1 if fips == 24 & 年份 > 2010
    ……
.replace D20121=1 if fips == 12 & 年份 > 2015
.egen avrd20121= mean(D20121)
.gen D20112=D20121-avrd20121
.gen DiD12 = D11 * D20112
.spxtregress DE DiD12   URB POP COR MAR IND,re dvarlag(M)
.spxtregress DE DiD12   URB POP COR MAR IND,fe dvarlag(M)
```

得到的结果汇总在表 9–9 的列（3）和列（4）中。如表 9–9 所示，在所有四个模型中，政策自变量的回归系数都是不显著的。可见，在本例子中，前文的研究结果都表明，如果政策执行时间不提前的话，那么政策自变量 *DiD* 得到的回归结果是显著的，而政策执行时间提前得到的结果是不显著的，这就能说明设立自贸试验区的“政策效应”是真实存在的，因果推断能让人信服，结果是稳健的。

再次，可以假设延迟一年设立自贸试验区，检验政策效应是否显著。具体语句如下：

```
.gen D202 = 0
```

```
.replace D202=1 if fips == 24 & 年份 > 2013
……
.replace D202=1 if fips == 12 & 年份 > 2018
.egen avrd202= mean(D202)
.gen D2012=D202-avrd202
.gen DiD2 = D11 * D2012
.spxtregress DE DiD2  URB POP COR MAR IND,re dvarlag(M)
.spxtregress DE DiD2  URB POP COR MAR IND,fe dvarlag(M)
```

得到的结果汇总在表 9–10 的列（1）和列（2）。

最后，假设设立自贸试验区的时间都延后两年，就先建构政策设立的时间变量，生成政策自变量新的 *DiD* 变量，并进行随机效应和固定效应模型的估计，具体语句如下：

```
.gen D203 = 0
.replace D203=1 if fips == 24 & 年份 > 2014
……
.replace D203=1 if fips == 12 & 年份 > 2019
.egen avrd203= mean(D203)
.gen DiD2013=D203-avrd203
.spxtregress DE DiD2013  URB POP COR MAR IND,re dvarlag(M)
.spxtregress DE DiD2013  URB POP COR MAR IND,fe dvarlag(M)
```

得到的结果汇总在表 9–10 的列（3）和列（4）。根据表 9–10 所示，在所有四个模型中，政策自变量的回归系数都是显著为正。这与本研究前文的研究结果是一致的，如果政策执行时间不提前的话，那么政策自变量 *DiD* 得到的回归结果是显著的，而政策执行时间提前得到的结果是不显著的，但是政策执行时间延后得到的结果是显著的。综合这些安慰剂检验，可以得出结论，认为设立自贸试验区对当地数字经济的发展具有因果关系。

表 9–10　延后一期和二期的安慰剂检验结果

	(1)	(2)	(3)	(4)
DiD	0.015***	0.013***	0.013***	0.011***
	(3.48)	(2.83)	(4.12)	(3.57)
URB	0.356***	0.328***	0.374***	0.346***
	(8.68)	(7.77)	(9.07)	(8.12)
POP	–0.005	0.016	–0.002	0.018
	(–0.25)	(0.5)	(–0.08)	(0.6)
COR	–0.002	–0.004	–0.005	–0.006
	(–0.34)	(–0.53)	(–0.73)	(–0.87)
MAR	0.009	0.011	0.009	0.011
	(0.94)	(1.12)	(0.87)	(1.06)
IND	0.042***	0.04***	0.041***	0.04***
	(9.14)	(8.61)	(9.08)	(8.56)
_cons	0.091		0.076	
	(0.59)		(0.5)	
ρ	0.509***	0.551***	0.499***	0.538***
	（13.42）	（14.57）	（13.17）	（14.17）
Obs	270	270	270	270
N	30	30	30	30
Pseudo R^2	0.408	0.307	0.417	0.311
Wald test of spatial terms	180.21***	212.17***	173.36***	200.69***

注：*** 表示 $p < 0.01$。

其他类型

安慰剂检验还有一些其他的做法。上文演示的是干预提前或延后一定的固定期限，但是提前或延后的期限也可以是随机的。比如在本例子中，假定设立自贸试验区的省份不变，如果现实中 i 省在 t 年设立了自贸试验区，那么从 2011 年到 $t-1$ 年的时间范围内（包括这两个时间）随机抽取任意一年作为省设立自贸试验区的时间，据此重新生成干预变量，并进行空间双重差分模型的估计。如果此时干预变量的回归系数明显低于基线模型中的干预变量的回归系数，说明随机提前自贸试验区的设立时间会导致所在省份的数字经济的带动效应出现明显下降，这从反事实角度证实了自贸试验区设立后确实提高了所在省份的数字经济发展水平。当然，也可以随机设定自贸试验区延后设立的时间。在本例子中，可以从 $t+1$ 年到 2019 年的时间范围内（包括这两个时间）随机抽取任意一年作为省设立自贸试验区的时间，据此重新生成干预变量，并进行空间双重差分模型的估计。

在结果的判断上，与前文类似，重点看自贸试验区设立时间随机提前后的结果。当然，这不是说设立时间随机延后的结果不重要。两者的结果都重要，但相比而言，前者的结果更重要。即便是随机确定设立时间，也会有人为的因素导致并不是随机确定的。对此的一个解决办法就是不断重复上述随机确定设计的过程，如重复 1000 次，那么人为设定的因素就会被排除干净。在这种情况下，可以通过计算 1000 次随机设定设立时间的干预变量的回归系数的均值和基线模型中干预变量的回归系数值的大小，来确定设立自贸试验区对当地数字经济发展的影响。

此外，还可以通过随机化实验组和控制组的方法来进行安慰剂检验。采用这种方法，是把原来实验组中设立自贸试验区的省份作为新的控制组，即在准实验中的身份角色发生了变化。同时，保持自贸试验区设立的时间不变，如果在某年有个省设立了自贸试验区，那么从当年以及以前从未设立过自贸试验区的省份中随机抽取个省作为新的处理组。在此基础上生成干预变量，进行空间双重差分模型的估计。如果此时得到的干预变量的估计值小于基线模型中的干预变量的估计值，那么，可以说明设立自贸试验区对所在省份数字经济的发展具有促进和带动作用。为了克服人为因素，采用这种方法时，也可以通过随机来选取，如重复 1000 次，计算干预变量得到的估计值的均值，并与基线模型干预变量的估计值进行比较。

小　结

当存在空间溢出时，传统的双重差分模型就会出现有偏估计。在这种情况下，就可以采用空间双重差分模型来进行因果推断。空间双重差分模型有多种类型，取决于空间滞后项的引入情况。常见的有双重差分空间自回归模型、双重差分空间误差模型、双重差分空间杜宾模型和双重差分空间混合模型。根据研究的需要以及准实验的场景，研究者采用合适的空间双重差分模型。在进行空间双重差分模型估计时，安慰剂检验不可缺少。常用的安慰剂检验就是假设干预的时间提前或者延后。当然，空间双重差分法也是处于不断完善的过程之中的。

思考题

1. 什么是准实验？
2. 为什么要采用空间双重差分模型？
3. 空间双重差分模型具有何种优势和特长？
4. 如何构建空间双重差分模型？
5. 空间双重差分模型的种类有哪些？
6. 如何对不同类型的空间双重差分模型进行估计？
7. 如何检验空间双重差分模型中的因果关系？
8. 什么是安慰剂检验？
9. 在空间双重差分模型中，常用的安慰剂检验方法是什么？
10. 还有其他的安慰剂检验吗？

参考文献

[1] BARDAKA E, DELGADO M S, FLORAX, R J G M. A spatial multiple treatment/multiple outcome difference-in-differences model with an application to urban rail infrastructure and gentrification [J]. Transportation Research Part A: Policy and Practice, 2019, 121: 325-345.

[2] BEECHER H K. The powerful placebo [J]. Journal of the American Medical Association, 1955, 159(17): 1602-1606.

[3] BUTTS K. Difference-in-Differences Estimation with Spatial Spillovers [J]. 2021, 1-35.

[4] CHAI J, Tian L, Jia R. New energy demonstration city, spatial spillover and carbon emission efficiency: Evidence from China's quasi-natural experiment [J]. Energy Policy, 2023, 173: 113-389.

[5] DIAO M, Leonard D, Sing T F. Spatial-difference-in-differences models for impact of new mass rapid transit line on private housing values [J]. Regional

Science and Urban Economics, 2017, 67: 64-77.
[6] DU M, FENG R, Chen Z. Blue sky defense in low-carbon pilot cities: A spatial spillover perspective of carbon emission efficiency [J] . The Science of the Total Environment, 2022, 846, 157509.
[7] Du M, Huang C, Chen Z. Evaluating the water-saving and wastewater-reducing effects of water rights trading pilots: Evidence from a quasi-natural experiment [J] . Journal of Environmental Management, 2022, 319, 115706.
[8] Gu, J. Effects of Patent Policy on Outputs and Commercialization of Academic Patents in China: A Spatial Difference-in-Differences Analysis [J] . Sustainability, 2021a, 13(23): 13459.
[9] Gu J. Spatiotemporal context and firm performance: The mediating effect of strategic interaction [J] . Growth & Change, 2021b, 52(1): 371-391.
[10] Gu J. High-Speed Rails and City Innovation System: Empirical Evidence from China [J] . Systems, 2023a, 11(1): 24.
[11] Gu J. The impact of national tourism day festivals on inbound tourism: A spatial difference-in-differences approach [J] . Tourism Economics, 2023b, 000(000): 1-25.
[12] Han M, Mihaescu O, Li Y, Rudholm, N. Comparison and one-stop shopping after big-box retail entry: A spatial difference-in-difference analysis [J] . Journal of Retailing and Consumer Services, 2018, 40: 175-187.
[13] Kaneko Y, Nakagawa T, Phun V. K, et al. Impacts of Urban Railway Investment on Regional Economies: Evidence from Tokyo using Spatial Difference-in-Differences Analysis [J] . Transportation Research Record, 2019, 2673(10): 129-140.
[14] Li R, Xu M, Zhou H. Impact of high-speed rail operation on urban economic resilience: Evidence from local and spillover perspectives in China [J] . Cities, 2023, 141, 104498.
[15] Pan M, Zou W, Lv K, et al. Can environmental protection interview policy reduce air pollution? -A spatial difference-in-differences approach [J] . Applied Economics, 2023, 55(11): 1217-1233.
[16] Sunak Y, Madlener R. The impact of wind farm visibility on property values: A spatial difference-in-differences analysis [J] . Energy Economics, 2016, 55, 79-91.
[17] Xu J, Ma X, Xu X. Spatial spillover effects and action paths of electricity consumption driven by China's financial development based on global co-integration [J] . Environmental Science and Pollution Research International, 2022, 29(35): 53137-53157.

[18] Yang F, Wang C. Clean energy, financial development, and economic growth: Evidence from spatial spillover effects and quasi-natural experiments [J]. Journal of Cleaner Production, 2021, 322, 129045.

[19] Zhang T, Wang W. The spatial spillover effects of establishing free trade pilot zones on FDI: Empirical evidence from China [J]. Heliyon, 2023, 9(10): e20587.

[20] 余文涛，杜博涵，王雅云 . 数字经济政策对产学研协同创新的影响研究 [J]. 软科学，2024，01: 86-91.

[21] 史亚东 . 公众环境关心、中央环保督察与地方环保支出——采用空间双重差分模型的实证分析 [J]. 西部论坛，2022, 32(1): 66-82.

[22] 周祥军，高宇颖 . 自贸区是地区贸易发展中的“制度高地”还是“政策洼地”——基于空间双重差分模型的检验 [J]. 哈尔滨商业大学学报（社会科学版）2020, (6): 38-56.

[23] 李玉娟，常艳萍，彭仕兰 . 长江经济带战略对区域经济增长效应研究——基于双重差分和空间双重差分的实证考察 [J]. 调研世界，2023, (4): 16-26.

[24] 王小鲁，樊纲，胡李鹏 . 中国分省份市场化指数报告（2018）[M]. 北京：社会科学文献出版社，2019.

[25] 谢云飞 . 数字经济对区域碳排放强度的影响效应及作用机制 [J]. 当代经济管理，2022, 44(2): 68-78.

[26] 辛大楞，彭志远 .“宽带中国”战略试点政策对城市绿色创新的影响 [J]. 中国人口 · 资源与环境，2023, 33(9): 159-170.

[27] 邓荣荣，张翱祥，陈鸣 . 低碳试点政策对生态效率的影响及溢出效应——基于空间双重差分的实证分析 [J]. 调研世界，2022, 1: 38-47.

[28] 郭炳南，冯雨，张浩 . 碳排放权交易对企业全要素生产率的影响及溢出效应——基于空间双重差分模型的实证分析 [J]. 中国环境管理，2023, 15(3): 84-92.

[29] 顾佳峰 . 时空社会科学：理论与方法 [M]. 北京：经济日报出版社，2020.

第十章

空间联立方程模型

在现实的世界中，事物之间的联系往往是错综复杂的，不是简单一个方程就能解释和模拟的，因此需要一组方程来进行模拟。事物之间的关系往往不是单向的，而是双向的，是彼此影响的。要解决这两个问题，就需要使用联立方程。当所研究对象不同观测点之间存在着关联时，就需要考虑可能的空间溢出效应，因此就需要在传统的联立方程模型中引入空间滞后项，这就构成了空间联立方程模型（spatial simultaneous equation model）。在时空社会科学的研究中，鉴于社会关系的复杂性和多元性，空间联立方程模型的应用也日趋广泛 (Amba et al., 2023; Jeanty et al., 2010)。从本质上来看，空间联立方程模型其实是对社会时空系统的一种模拟，具有较强的预测能力。

第一节 空间联立方程模型概述

空间联立方程模型的横空出世并非是偶然的。当时空与社会的交融成为研究不可避免的课题时，必然要求从方法上进行突破以捕获深藏在社会时空里面的规律。当传统的常规方法不能达成这个目标时，新的创新性的方法就会应运而生。在这种背景下，空间联立方程模型的诞生与发展，是大势所趋。当社会时空作为一个整体的系统进入研究者的视野时，就需要用一种系统性的方法来进行分析和实证检验。在这个方面上，空间联立方程模型就提供了一个很好的具有系统性分析功能的工具（Yang, Lee, 2017）。

基本特点

要理解空间联立方程模型，先要从传统的联立方程模型入手。传统的联立方程模型具有四个特点：便于描述复杂的双向关系；由单方程模型组合而成；含有恒等方程；含有随机解释变量。这些特点，空间联立方程模型都具备。除此之外，空间联立方程模型还有传统的联立方程模型所不具备的特点，那就是含有空间滞后项（Yang, Lee, 2019）。具体来说，就是把内生变量的空间滞后项作为解释变量，进入方程模型之中。可见，空间联立方程模型具有上述五个特点，比传统的联立方程要多出一个特点，而这个新增的第五个特点，恰恰是极为关键的一个特点（Y. Wang et al., 2022）。空间联立方程模型的很多学问都集中在这个特点之中。

一般而言，常用的空间联立方程模型由两个行为方程组成。如果是三个及以上的行为方程，那么这样的空间联立方程模型会极为复杂，不仅操作起来难度陡增，就连解释起来也非常具有挑战性。因此，一般采用由两个行为方程组成的空间联立方程模型。行为方程描述的是变量之间的关系的方程，方程左侧是被解释变量，方程右侧是解释变量。由于是联立方程，因此一个方程的被解释变量成为另一个方程的解释变量。除此之外，被解释变量的空间滞后项也会作为解释变量出现在行为方程的右侧（周五七，2023）。空间联立方程模型的一般结构如下：

$$Y_1 = \alpha_0 + \alpha_1 W \times Y_1 + \alpha_2 W \times Y_2 + \alpha_3 Y_2 + \alpha_4 X + \varepsilon \qquad \text{式（1）}$$

$$Y_2 = \beta_0 + \beta_1 W \times Y_2 + \beta_2 W \times Y_1 + \beta_3 Y_1 + \beta_4 X + \epsilon \qquad \text{式（2）}$$

上述两个方程，构成了一个空间联立方程。在这个空间联立方程中，Y_1 和 Y_2 就是研究所要探究的对象，即 Y_1 和 Y_2 是如何互相影响的。在方程的右侧，出现了这两个变量的空间滞后项，分别是 $W \times Y_1$ 和 $W \times Y_2$，其中 W 就是空间权重矩阵。因此，就单个方程而言，其实与空间滞后模型比较接近。X 是外生变量，是外生给定的自变量，也可以是控制变量。ε 和 ϵ 都是残差项。由此可见，与传统的联立方程模型相比，空间联立方程模型多出了 $W \times Y_1$ 和 $W \times Y_2$ 这两项。但恰恰是多出了这两项，使得模型对现实的解释更为丰富。当然，式（1）和式（2）的变量可以相同，也可以不相同。

在式（1）中，α_1 其实就是被解释变量的空间滞后项对被解释变量的影响系数，这个与空间滞后模型是一样的。同样的道理，在式（2）中，β_2 也是相同意义上的参数。如果是一个空间邻近矩阵，那么，α_1 和 β_2 都是用来估计邻近影响的。这个在之前的空间滞后模型中都阐述过了，对于这两个参数的解释也与之前的空间滞后模型是一样的。

值得注意的是，在空间联立方程模型中，还出现了另两个重要的参数，就是 α_2 和 β_1 参数 α_2 是 Y_2 的空间滞后项对 Y_1 的影响。如果 W 是一个空间邻近矩阵，

参数 α_2 其实就是邻近地区的 Y_2 对 Y_1 的影响，这其实就是一种交叉溢出效应。打个比方，假设 Y_1 是省的经济水平，而 Y_2 是省的外来投资额，那么参数 α_2 就是衡量邻近省的外来投资额对目标省的经济水平的影响，这其实就是一种邻近地区之间的交叉溢出效应。这种交叉溢出效应，与空间杜宾模型中自变量空间滞后项的回归系数的解释是一个道理。同样的，参数 β_1 也是交叉溢出的一种刻画。

传统的联立方程模型，主要的参数是 α_3 和 β_3，是通过对这两个参数的估计来探究 Y_1 和 Y_2 之间的关系。从分析层次上来说。这是当地的层次（local level），不涉及与当地相邻的邻近层次。但是，空间联立方程模型除了有当地层次，还有邻近层次（neighborhood level），因此是多层次的研究（王亮，刘凌燕，2022）。随着研究层次的拓展，研究的内容变得更为丰富，对于关系的探讨也就更为全面深入。这说明，从传统的联立方程模型到空间联立方程模型，体现的是一个重大的飞跃，从单层次研究到多层次研究的飞跃。这些关系就体现在图 10–1 中。

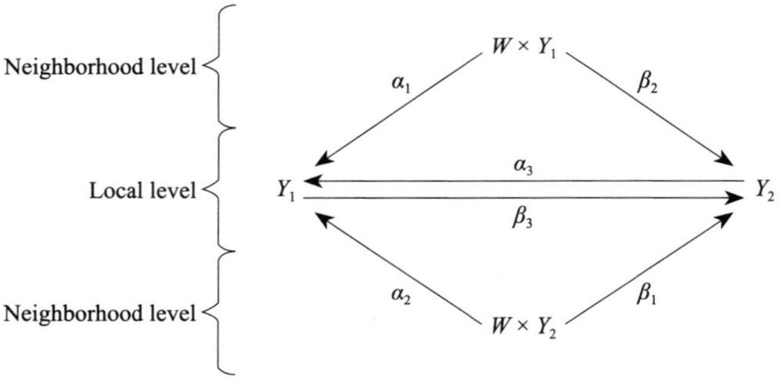

图 10–1　空间联立方程模型的关系

图 10–1 呈现的是由两个行为方程所构成的空间联立方程模型的关系。可见，由三个及以上的行为方程所构成的空间联系方程模型会是多么复杂，已经很难用图来呈现出来了。对于过于复杂的社会现象，在开展时空分析时，需要抓住主要矛盾，并最终使其能够通过两个关键的行为方程来进行刻画，这样就可以通过空间联立方程模型来进行模拟和预测。这个过程就是归纳的过程，通过化繁为简，使得两个行为方程足以解释事物之间的主要关系。当完成了空间联立方程模型的估计时，就可以对社会现象进行解释和预测，这就是演绎的过程。可见，运用空间联立方程模型开展时空社会科学的研究，其实是归纳法和演绎法的整体性应用，体现了人类认识世界的过程。

估计方法

空间联立方程模型可以应用在横截面数据的时空分析上，也可以应用在面板数据的时空分析上。无论是横截面数据还是面板数据，在进行空间联立方程模型的估计上，一般都是采用的广义空间三阶段最小二乘法（Generalized Spatial Three Stage Least Squares，GS3SLS）进行估计。在第六章中，空间横截面数据模型的估计，就有广义空间二阶段最小二乘法（GS2SLS，或简称 GSTSLS）。这两种估计法，虽然就相差一个阶段，但是，彼此之间还是有很大的差异的，不能混淆使用。当然，两者之间的联系也是显而易见的。GS3SLS 是从 GS2SLS 扩展出来的（Muslim et al., 2019）。具体而言，GS3SLS 估计中的第一步是先进行 GS2SLS 估计，第二步是采用似不相关回归（Seemingly Unrelated Regression，SUR）。在空间联立方程模型中，由于不同的行为方程式之间的残差是彼此相关的，因此，这就违背了最小二乘法估计所需要遵循的独立同分布的经典假设。对此，GS3SLS 就是所谓“完全信息估计法”，可以利用空间联立方程模型的所有可用的信息，同时估计模型中的所有方程。这样，就可以有效解决 OLS 估计在联立方程模型估计上的局限性。

所谓的完全信息估计法，就是系统估计法，是在考虑整个模型的结构以及施加在每个方程上的约束条件的前提下，对联立方程模型系统中所有方程同时进行估计的方法。此外，另一种常用的系统估计法是完全信息极大似然法（Full Information Maximum Likelihood，FIML）。FIML 的估计量具有一致性和渐进有效性，在估计过程中充分利用了模型中提供的信息，但是计算量很大，而且，在许多情况下可能遇到自由度上的困难。在空间联立方程模型的估计上，由于加入了空间溢出效应，因此计算量就更大了。在这种情况下，GS3SLS 显然更有优势（Jiang et al., 2022）。GS3SLS 估计法一方面可以充分利用联立方程所提供的所有信息，另一方面可以有效估计空间溢出效应，考察空间邻近的可能影响。GS3SLS 估计法既可以应用在空间横截面数据的估计上，也可以应用在空间面板数据模型的估计上。

在空间面板联立方程模型中，不仅不同观测点之间的数据可能存在着空间自相关性，而且不同时期的数据之间可能存在着关联性，因此需要结合自回归估计。于是，出现了广义空间自回归估计（Generalized Spatial Three Stage Least

Squares Autoregressive，GS3SLSAR）。在不同的文献中，关于这种方法的称呼也会有所不同。另一种称呼是空间自回归广义空间三阶段最小二乘（Spatial Autoregressive Generalized Spatial Three Stage Least Square，SAR-GS3SLS）估计法（Arisanti et al., 2023）。其实，这两种称呼说的是同一个估计法。一旦空间面板数据存在着动态性，即不同期数据之间存在着关联，那么，就需要引入自回归估计来模拟数据运行的背后规模。由此可见，GS3SLSAR 估计法体现的是对空间和时间的共同效应的估计，本质上是对社会时空的估计和模拟。因此，空间联立方程模型其实就是一个社会时空系统。在这个社会时空系统中，不同因素之间存在着双向影响，也存在着溢出效应和时间自回归性。可见，这是一个比较复杂的社会时空系统，但对于现实中的社会时空运行规律的解释比较全面。

应用场景

空间联立方程模型的应用范围很广（Jiang et al., 2022）。首先，传统联立方程模型可以研究的事物或现象，只要能够建构空间权重矩阵，就可以用空间联立方程模型再重新做一遍。可见，空间联立方程模型是完全能覆盖传统联立方程模型的应用范围的。不仅如此，空间联立方程模型还能进入传统联立方程模型所无法涉及的领域和范畴。在传统的联立方程模型中，无法探究观测点之间的溢出效应，更不能探究不同变量之间的交叉溢出效应。但是，在客观现实中，这些溢出效应都是客观存在着的（Liu & Hao, 2023）。如果假设这些溢出效应不存在，那么得到的估计就会产生偏差，就是有偏估计。要消除估计的偏差，就需要把这些溢出效应都考虑在内，进行真正意义上的完全信息估计。这种意义上的完全信息估计，不是指利用联立方程模型的信息进行的估计，而是指尽可能贴近客观现实的估计。任何模型，归根到底其实就是对于客观现实的一种近似描述。只有越接近、越符合客观现实的模型，预测能力才越强。在这方面，空间联立方程模型肯定要优于传统的联立方程模型（M. Wang et al., 2022）。

在应用空间联立方程模型中，需要先确定内生变量和外生变量（于伟 et al., 2020）。内生变量是具有某种概率分布的随机变量，既是由模型系统决定的，也对模型系统产生影响。内生变量之间的关系，就是空间联立方程模型所需要探究的重点内容之一。从方程的位置上来看，空间联立方程左边的变量都是内生变量。空间联立方程模型中，行为方程的个数和内生变量的个数一般是一致的。有几个行为方程，就有几个内生变量。值得注意的是，在空间联立方程模型中，内生变量往往既出现在方程的左边，又出现在方程的右边。也就是说，内生变量既是被解释变量，也是解释变量。这种同一变量兼具两种身份的功能，使得内生变量之间的关系变得更加丰富。在应用空间联立方程模型开展对社会时空系统的研究时，就需要确定所要研究的社会现象，并进行操作性定义，获得可供实证检验的内生变量。

在空间联立方程模型中，与内生变量对应的就是外生变量。外生变量一般是确定性变量，或者是具有临界概率分布的随机变量。尽管对于确定性变量的定义，学界依然存在着争论，并未有一个权威性的定义。但一般而言，认为确定性变量是指受确定性因素影响的变量。因为受到确定性因素的影响，而且具体影响的方式也是明确的，所以确定性变量是可解释的或可人为控制的变量，而且变量的变化方向和变动程度是可确定的。此外，外生变量也可能是具有临界概率分布（asymptotic probability distribution）的变量。这种分布被翻译为"渐进概率分布"，是指当数据很大时，样本的近似概率分布，或者是样本的极限分布。在空间联立方程模型中，外生变量是社会时空系统之外的变量。外生变量会对社会时空系统产生影响，但本身不受社会时空系统的影响。对于空间联立方程模型而言，外生变量一般是从外部影响目标社会时空系统的经济社会变量、条件变量、政策变量等。当然，外生变量和内生变量的区分并不是绝对的，而是相对的，这取决于所要研究的社会时空系统的边界（Lu, 2023）。随着社会时空系统边界的向外扩展，原先的外生变量就可能变成内生变量。

此外，还有一个概念就是先决变量。在传统的联立方程模型中，先决变量仅仅与时间先后有关，是指在当期之前就已经决定的变量，因此，就有时间滞后的概念。但是，在空间联立方程模型中，先决变量不仅与时间先后有关，而且与空间远近有关。因为在空间联立方程模型中，需要引入内生变量的空间滞后项，这就是先决变量。对于邻近的观测点而言，这是已经决定的变量，即所谓的空间滞后。在应用空间联立方程模型研究社会时空系统时，一旦空间权重矩阵建立起来，那么空间滞后内生变量也就可以生成并进入系统，成为先决变量。空间滞后内生变量是空间联立方程模型中不可或缺的一部分变量，用来反映社会时空系统的时空动态性和连续性（王雅洁，韩孟亚，2021）。如果没有空间滞后内生变量，那么空间联立方程模型就会简化为传统的联立方程模型。应用空间联立方程模型时，需要对所要研究的社会时空进行系统化，这本身就是一个社会时空系统。这个社会时空系统通过内生变量、外生变量和先决变量来进行模拟，估计结构参数，进而确定社会时空系统的运行规律。

第二节 空间横截面联立方程模型

对于社会时空系统的研究，遵循由简入繁的原则，先从空间横截面数据入手，再到更为复杂的空间面板数据。空间横截面数据所描绘的社会时空系统是一个二维的静态系统，相当于三维立体系统在二维平面上的投影。虽然这是一个二维平面上的投影系统，但对于了解和认识社会时空系统的运行规律，有很大的帮助。如器官解剖，往往从器官中取出一个切面进行研究，根据对这个切面的研究可以判断整个器官运行的情况。对于空间横截面数据开展联立方程模型的研究，也是出于同样的道理，通过对社会时空系统的某个切面进行分析和检验，进而判断这个社会时空系统的运行规律以及当前的情况，并预测其未来的运行走向。所以，空间横截面联立方程模型虽然是个静态的模型，但依然具有重要的价值和启示，对于认识社会时空系统可以提供重要的信息。

模型设定

这里，结合具体例子来演示空间横截面联立方程模型。城市是碳排放的主要场域，因此，控制城市碳排放是实现“双碳”目标的关键。城市是控制碳排放的主阵地。自从实施低碳城市建设以来，我国在控制城市的碳排放上取得了一系列成果（Gu, 2023）。但是要真正实现零碳排放的目标，还任重道远。城市是一个典型的社会时空系统，具有空间上的边界以及时间上的状态。城市碳排放系统与包括共享经济在内的其他系统之间，往往存在着彼此的关联，共同构成城市社会时空系统。共享经济的迅猛发展，为控制碳排放提供了新的路径。一方面，共享经济的发展，使得多余的物件或服务可以被有效利用，有助于减少碳排放；另一方面，共享经济依赖数据存储与传输系统，会制造一定的碳排放。所以，有必要研究共享经济与碳排放之间的关系。

本例子的数据截取自之前笔者在《创新和知识期刊》（*Journal of Innovation*

& Knowledge）上发表的论文（Gu, 2022）。在该论文中，实证方法采用的是空间滞后模型，并未采用空间联立方程模型。这里，作为教学案例和数据，截取该论文的部分数据来进行演示。研究的问题是城市社会时空系统中，共享经济与碳排放之间存在着何种联系？为进行空间横截面联立方程模型的演示，这里取其 2017 年的 275 个地级市的横截面数据。这里省略了理论阐述和假设开发，直接进入模型设定环节。具体的空间横截面联立方程模型设定如下：

$$Carbon_i = C + \rho_{11}W \times Carbon_i + \rho_{12}W \times Credit_i + \beta_{11}Credit_i + \beta_{12}Digit_i + \beta_{13}Patent_i + \beta_{14}GDP_i + \beta_{15}Population_i + \varepsilon_i, \varepsilon_i \sim N(0, \sigma^2) \quad \text{式（3）}$$

$$Credit_i = C + \rho_{21}W \times Carbon_i + \rho_{22}W \times Credit_i + \beta_{21}Carbon_i + \beta_{22}Digit_i + \beta_{23}Patent_i + \beta_{24}GDP_i + \beta_{25}Population_i + \epsilon_i, \epsilon_i \sim N(0, \sigma^2) \quad \text{式（4）}$$

这里的 $Credit_i$ 是城市的二氧化碳排放量，单位是百万吨，数据来自国家地球物理数据中心（National Geophysical Data Center）。$Cresit_i$ 是 i 城市的征信业务指数，用来测量共享经济的发展情况。一般而言，征信业务使用越频繁，基于征信的共享经济越发达，因为电子支付、电子钱包等都需要用到征信业务；$Dight_i$ 是 i 城市的数字支持服务程度指数。这两个变量的数据来自北京大学数字金融研究中心所编的北京大学数字普惠金融指数。$Patent_i$ 是 i 城市的专利授权数，单位是千件。GDP_i 是 i 城市的地区生产总值，单位是千亿元，$Population_i$ 是 i 城市的年末总人口数，单位是万人。这四个变量的数据来自《中国城市统计年鉴》。此外，$i = 1, ..., 275$。

这样，式（3）和式（4）就构成了一个空间横截面联立方程模型。在这个空间横截面联立方程模型中，*Carbon* 和 *Credit* 是内生变量，方程右侧其余变量都是外生变量，包括两个空间滞后内生变量 $W \times Carbon$ 和 $W \times Credit$。这是一个比较典型的空间横截面联立方程模型，所有的结构参数都已经在里面了。实证研究的目标就是估计这些结构参数，进而确定内生变量之间的关系，以及可能的溢出效应。

可见，在本例子中，这个空间横截面联立方程模型所要探究的城市社会时空系统，既包括了碳排放和共享经济，又包括了数字化、创新、经济和人口，是一个综合性的社会时空系统。当然，该模型重点探究的是碳排放系统和共享经济系统之间的关系以及可能的溢出效应。一旦确定了这些关系和溢出效应，就可以有效认识城市社会时空系统的运行规律，进而为更好地控制碳排放提供决策依据。

估计过程

进行空间横截面联立方程模型的估计，还是建构空间权重矩阵。这里采用 spmat 命令来进行建构。spmat 命令用于创建、管理和存储空间加权矩阵，能以一般和带状形式（banded form）存储空间加权矩阵（Drukker et al., 2013）。

要使用 spmat 命令，就需要在 Stata 提前安装 st0292.pkg。具体操作是在 Stata 中 find it spmat 或者 search spmat，就会自动转到 st0292.pkg，点进去安装即可。估计空间横截面联立方程的具体步骤如下。

第一步，建立所需的空间权重矩阵。这里，利用 spmat 命令，建立一个行归一化的空间逆距离权重矩阵，并描述这个空间逆距离权重矩阵的基本情况以及链接的情况。空间数据存储 city10.dta 中，需要调用这种文件，具体的语句如下：

```
.use city10.dta
.spmat idistance M1 _CX _CY, id(NID) norm(row)
.spmat summarize M1
.spmat summarize M1, links
```

根据这个矩阵描述情况，这是一个 275 乘以 275 的对称矩阵，矩阵元素最大值是 0.066，最小值是 0，平均值是 0.004。从链接情况来看，总链接是 75350 个，最大链接数和最小链接数都是 274 个。接下来，要把这个空间权重矩阵输出到本地电脑以 M1.txt 文件格式存储；然后在 Stata 中读入这个 .txt 文件，并最终另存为 .dta 文件。具体的语句如下：

```
.spmat export M1 using "M1.txt", noid replace
.import delimited "M1.txt", delimiter(space) rowrange(2) clear
.save "M1.dta", replace
```

如此，就建立了一个 M1.dta 的空间逆距离权重文件，这个文件是以一般的 .dta 文件格式存储的。这个数据文件共有 v1 到 v275 个变量，样本数也是 275 个。因此，这是 275 乘以 275 的数据集，也是本研究所建构的空间逆距离权重矩阵。

第二步，就是进行空间自相关检验。在这个步骤中，通过全局莫兰指数（global Moran's I）和局部莫兰指数（local Moran's I）来对空间联立方程模型中的内生变量的空间自相关性进行检验。全局莫兰指数的命令是 spatgsa，而局部莫兰指数的命令是 spatlsa。由于这两个命令所用的空间权重矩阵都是 spatwmat 生成的空间权重矩阵，因此在进行空间自相关检验时，需要把 spmat 生成的空间权重矩阵转化为 spatwmat 的空间权重矩阵。数据变量存储在 ssem1.dta 文件中，通过调用这个文件，并计算全局莫兰指数，具体语句如下：

```
.use ssem1.dta,replace
.spatwmat using "M1.dta", name(M11)
.spatgsa Carbon Credit, w(M11) moran
```

这个语句运行之后，就得到这两个内生变量的全局莫兰指数，相关的结果汇总在表 10–1 中。根据表 10–1 所示，Carbon 的全局莫兰指数是 0.069，而 Credit 的全局莫兰指数是 0.233。而且这两个全局莫兰指数都是显著的。这些结果说明，这两个内生变量都存在着空间自相关性，因此，有必要引入这些内生变量的空间滞后项进入模型。

表 10–1　全局莫兰指数

Variables	I	E(I)	sd(I)	z	p–value
Carbon	0.069	–0.004	0.005	15.142	0.000
Credit	0.233	–0.004	0.005	49.08	0.000

此外，还需要继续进行局部莫兰指数（local Moran's I）的检验，那就是 LISA 检验。LISA 是 Local Indicators of Spatial Association 的英文缩写，意思是空间关联的局部指标（Anselin, 1995）。在进行 Spatlsa 命令进行 LISA 检验之前，需要对空间权重矩阵行归一化。然后，就可以计算，具体语句如下：

```
.spatwmat using "M1.dta", name(M12) standardize
.spatlsa Carbon, weights(M12) moran
.spatlsa Carbon, weights(M12) moran graph(moran) symbol(n)
```

```
.spatlsa Credit, weights(M12) moran
.spatlsa Credit, weights(M12) moran graph(moran) symbol(n)
```

根据上述语句，可以分别对两个内生变量进行 LISA 检验，每个城市都会计算其局部莫兰指数，并检验其显著性。在此基础上，还可以生成莫兰散点图。这是一个四象限的散点图，可以区分高—高、低—低、低—高和高—低四种空间聚集类型。通过全局莫兰指数和局部莫兰指数的检验，可以确定本研究中的两个内生变量存在着显著的空间自相关性，因此，空间联立方程模型要优于传统的联立方程模型。

第三步，就是对空间横截面联立方程模型的估计。这一步就一个语句解决问题。采用的 spregcs 命令。spregcs 是一个完整的用于空间截面回归模型估计的工具软件包，应用于多种类型的空间自相关问题。这里采用 GS3SLS 来进行估计，具体语句如下：

```
.spregcs  Carbon Digit Patent GDP Population, var2(Credit Digit Patent GDP Population) wmfile(M1.dta) model(gs3sls) eq(1) mfx(lin) order(1)
```

运行之后得到的结果汇总在表 10–2 中。这是对式（3）的回归结果。其中 w1y_Carbon 就是 $W \times Carbon_i$，而 w1y_Credit 就是 $W \times Credit_i$，即分别是这两个内生变量的空间滞后项。Credit 的回归系数为负且显著，即式（3）中的 β_{11} 显著为负，这说明城市共享经济的发展有助于减少碳排放。w1y_Carbon 的回归系数显著为正，即式（3）中的 ρ_{11} 显著为正，这说明一个城市的碳排放具有溢出效应，会对邻近其他城市的碳排放产生正影响，即一个城市的碳排放的增加或减少会导致邻近其他城市的碳排放的增加或减少。w1y_Credit 的回归系数是显著为正，即式（3）中的 ρ_{12} 显著为正，这说明一个城市的共享经济的发展，会加剧邻近其他城市碳排放的增加。这是一种交叉溢出效应。

表 10–2　空间横截面联立方程模型的第一个方程式的估计结果

Carbon	Coef.	Std. Err.	t	$P > t$	[95% Conf.	Interval]
w1y_Carbon	1.339	0.567	2.36	0.019	0.222	2.456
w1y_Credit	14.088	1.610	8.75	0.000	10.917	17.258
Credit	–5.650	0.535	–10.55	0.000	–6.704	–4.595

续表

Carbon	Coef.	Std. Err.	t	$P>t$	[95% Conf.	Interval]
Digit	−0.263	0.131	−2.000	0.046	−0.522	−0.005
Patent	−0.589	0.418	−1.41	0.16	−1.412	0.234
GDP	11.079	1.546	7.16	0.000	8.034	14.124
Population	0.026	0.007	3.5	0.001	0.011	0.041
_cons	−1383.263	189.309	−7.31	0.000	−1755.991	−1010.536

从外生变量来看，数字化对城市碳排放有显著负影响。可见，数字化的发展有利于城市的碳减排。专利数对城市碳排放的影响不显著。经济总量和人口总量对城市碳排放的影响都是显著为正的。接下来对式（4）进行估计，具体语句如下：

.spregcs Carbon Digit Patent GDP Population, var2(Credit Digit Patent GDP Population) wmfile(M1.dta) model(gs3sls) eq(2) mfx(lin) order(1)

运行之后得到的结果汇总在表 10–3。根据表 10–3 所示，Carbon 的回归系数为负且显著，即式（4）中的 β_{21} 显著为负，这说明城市碳排放与城市共享经济的发展呈负相关。w1y_Credit 的回归系数是显著为正，即方程（4）中的 ρ_{22} 显著为正，这说明一个城市的共享经济的发展，会对邻近城市的共享经济的发展产生促进作用。w1y_Carbon 的回归系数显著为正，即方程（4）中的 ρ_{21} 显著为正，这说明一个城市的碳排放具有溢出效应，会对邻近其他城市的共享经济产生正影响，即一个城市的碳排放的增加会对邻近其他城市共享经济的发展有正向影响。这是一种交叉溢出效应。

表 10–3　空间横截面联立方程模型的第二个方程式的估计结果

Carbon	Coef.	Std. Err.	t	$P>t$	[95% Conf.	Interval]
w1y_Carbon	0.237	0.104	2.27	0.024	0.031	0.443
w1y_Credit	2.494	0.130	19.21	0.000	2.238	2.749
Carbon	−0.177	0.015	−11.58	0.000	−0.207	−0.147
Digit	−0.047	0.023	−2.05	0.041	−0.091	−0.002
Patent	−0.104	0.075	−1.38	0.168	−0.252	0.044
GDP	1.960	0.286	6.85	0.000	1.397	2.524
Population	0.005	0.001	3.46	0.001	0.002	0.007
_cons	−244.848	22.321	−10.97	0.000	−288.796	−200.900

从外生变量的情况来看，数字化对共享经济的影响是显著为负的，而专利数的影响是不显著的。此外，经济总量和人口总量对共享经济的影响都是显著为正的。

综合表 10–2 和表 10–3 的结果，就可以对城市社会时空系统的运行规律有一定的把握。城市共享经济的发展与城市碳排放之间的关系是负向的，这说明发展共享经济可以有效降低城市的碳排放，因此城市可以大力推动共享经济的发展。但无论是共享经济的发展，还是碳排放，都存在着溢出效应，会对邻近其他城市产生影响。因此，在发展城市共享经济和控制碳排放的过程中，要区域综合协调规划，从整体进行综合治理。可见，尽管这个例子中所研究的城市社会时空系统是以每一个城市为对象的，但同时考察了邻近城市社会时空系统之间的关系，因此，这是区域性的跨城市的社会时空系统。

进一步探讨

如果对于空间权重矩阵进行重新定义，那么可能会影响估计的结果。下面就来演示如果采用空间邻近权重矩阵，空间横截面方程模型的估计结果会有哪些变化。这里，用 spwmatrix 命令来建构空间邻近去做矩阵。前期进行测试，发现当临界值设定为 900 千米时，275 个城市都有邻近城市了，也就不会出现孤立的城市样本。因此，在这里把临界值设定为 900 千米。当两个城市之间的距离小于或等于 900 千米时，其权重为 1；当两个城市之间的距离大于 900 千米时，其权重为 0。据此可以建构一个由 0 和 1 构成的空间邻近权重矩阵。具体运行的语句如下：

```
. spwmatrix gecon _CY _CX , wn(M2) wtype(bin) db(0 900) xport(M2,txt)
```

这是一个没有归一化的空间权重矩阵，因此除了可以做 Moran's I 指数检验之外，还可以用来做 Geary's c 以及 Getis & Ord's G 检验。这里需要提醒的是，Geary's c 以及 Getis & Ord's G 检验需要用到的是没有进行归一化的空间权重矩阵，而 Moran's I 指数检验则没有此要求，归一化或没有归一化的空间权重矩阵都可以使用。这些检验都是全局空间自相关性检验。具体语句如下：

```
. spatgsa Carbon Credit, w(M2) moran geary go
```

运行后的结果，出来三个数据表，对于这三个数据表进行整合，得到表10-4。如表10–4所示，总体而言，这两个内生变量的全局空间自相关性检验都是显著的，因此，应该引入这些内生变量的空间滞后项。

表10–4　全局空间自相关的三种检验

Moran's I	Variables	I	E(I)	sd(I)	z	p–value
	Carbon	0.014	–0.004	0.006	18.479	0.000
	Credit	0.331	–0.004	0.006	52.375	0.000
Geary's c	Variables	c	E(c)	sd(c)	z	p–value
	Carbon	0.907	1.000	0.057	–1.622	0.052
	Credit	0.529	1.000	0.037	–12.823	0.000
Getis & Ord's G	Variables	G	E(G)	sd(G)	z	p–value
	Carbon	0.396	0.341	0.013	4.109	0.000
	Credit	0.346	0.341	0.001	3.855	0.000

接下来，可以做局部空间自相关性检验，语句如下：

```
. spatlsa Carbon, weights(M2) moran
. spatlsa Credit, weights(M2) moran
```

为了呈现直观的结果，还可以用spatlsa命令做出莫兰散点图。但此时需要用到的是行归一化的空间权重矩阵。因此，首先需要生成行归一化的空间权重矩阵，再利用这个矩阵做莫兰散点图。具体语句如下：

```
. spwmatrix gecon _CY _CX , wn(M21) wtype(bin) db(0 900) row xport(M21,txt)
. spatlsa Carbon, weights(M21) moran graph(moran) symbol(n)
. spatlsa Credit, weights(M21) moran graph(moran) symbol(n)
```

然后，把生成的行归一化的空间权重矩阵转化为Stata数据文件，具体语句如下：

```
. spmat import M21s using M21.txt
```

```
. spmat export M21s using "M21s.txt", noid replace
. import delimited "M21s.txt", delimiter(space) rowrange(2) clear
. save "M21s.dta", replace
```

最后，水到渠成，就可以做空间横截面联立方程模型的估计了。先来估计第一个方程，具体语句如下：

```
. use ssem1.dta,replace
. spregcs  Carbon  Digit Patent GDP Population, var2(Credit Digit Patent GDP Population) wmfile(M21s.dta)  model(gs3sls) eq(1) mfx(lin) order(1)
```

得到的估计结果，汇总在表 10–5 中。

表 10–5　空间横截面联立方程模型第一个方程式结果（空间邻近权重矩阵）

Carbon	Coef.	Std. Err.	t	$P>t$	[95% Conf.	Interval]
w1y_Carbon	0.787	0.122	6.44	0.000	0.547	1.028
w1y_Credit	1.137	0.818	1.39	0.165	–0.471	2.744
Credit	–1.428	0.659	–2.17	0.031	–2.722	–0.133
Digit	–0.043	0.060	–0.71	0.477	–0.160	0.075
Patent	–0.641	0.218	–2.94	0.003	–1.070	–0.213
GDP	7.947	0.789	10.07	0.000	6.397	9.496
Population	0.015	0.004	4.24	0.000	0.008	0.022
_cons	40.743	35.847	1.14	0.256	–29.675	111.161

比较表 10–5 和表 10–2 的结果，发现里面有一个重要的变化就是 w1y_Credit 的回归系数从之前的显著为正变成了不显著。也就是说，方程（3）中的参数 ρ_{12} 变成了 0。

接下来估计第二个方程，具体语句如下：

```
. spregcs  Carbon  Digit Patent GDP Population, var2(Credit Digit Patent GDP Population) wmfile(M21s.dta)  model(gs3sls) eq(2) mfx(lin) order(1)
```

得到的估计结果，汇总在表 10–6 中。

表 10–6　空间横截面联立方程模型第二个方程式结果（空间邻近权重矩阵）

Carbon	Coef.	Std. Err.	t	$P > t$	[95% Conf.	Interval]
w1y_Carbon	0.314	0.201	1.57	0.119	–0.081	0.710
w1y_Credit	0.977	0.161	6.08	0.000	0.661	1.293
Carbon	–0.404	0.241	–1.67	0.095	–0.878	0.071
Digit	–0.027	0.027	–1.000	0.318	–0.080	0.026
Patent	–0.182	0.233	–0.78	0.433	–0.640	0.275
GDP	3.479	1.723	2.02	0.045	0.086	6.872
Population	0.005	0.004	1.2	0.229	–0.003	0.014
_cons	2.577	24.886	0.1	0.918	–46.421	51.575

比较表 10–6 和表 10–3 的结果，发现里面有一个重要的变化就是 w1y_Carbon 的回归系数从之前的显著为正变成了不显著。也就是说，式（4）中的参数 ρ_{21} 变成了 0。如此一来，由式（3）和式（4）所组成的空间联立方程模型，就可以简化为如下模型：

$$Carbon_i = C + \rho_{11} W \times Carbon_i + \beta_{11} Credit_i + \beta_{12} Digit_i + \beta_{13} Patent_i + \beta_{14} GDP_i + \beta_{15} Population_i + \varepsilon_i, \varepsilon_i \sim N(0, \sigma^2) \quad \text{式（5）}$$

$$Credit_i = C + \rho_{22} W \times Credit_i + \beta_{21} Carbon_i + \beta_{22} Digit_i + \beta_{23} Patent_i + \beta_{24} GDP_i + \beta_{25} Population_i + \epsilon_i, \epsilon_i \sim N(0, \sigma^2) \quad \text{式（6）}$$

当空间权重矩阵从空间逆距离权重矩阵改成以 900 千米为临界值的空间邻近权重矩阵后，参数 ρ_{12} 和参数 ρ_{21} 由之前的正数都变成了 0。这两个参数体现的是交叉溢出效应，因此，空间权重矩阵调整后，交叉溢出效应就没有了。这说明，本研究中的交叉溢出效应，受到空间距离的影响。由于本研究是以 900 千米之内为邻近，这个距离其实是比较远的，因此，交叉溢出效应可能因为距离比较远而变得不显著。

第三节 | 空间面板联立方程模型

对于面板数据，可以采用空间面板数据联立方程模型（曾燕妮 et al., 2022）。由于社会时空系统是动态变化着的，因此不同时间上的社会时空系统的运行规律也是比较复杂的。为了揭示动态变化着的社会时空系统的运行规律，并检验其是否存在着空间溢出效应，就需要采用空间面板联立方程模型来进行模拟和预测（胡亚南 et al., 2020）。如果说空间横截面数据联立方程模型是个切面，那么空间面板联立方程模型就是很多切面组成的一个整体，这种关系犹如面包的切片和面包整体之间的关系。这是一个部分与总体、静态与动态的关系。

模型设定

这里延续上一节的例子，只不过从之前的横截面数据变成了现在的面板数据。时间跨度是从 2014 年到 2017 年，共 4 个年度，1100 个观测值。这是一个平衡面板数据。研究的目的还是探究城市中的共享经济和碳排放之间的关系。这时，需要建立空间面板联立方程模型。具体的模型与式（3）和式（4）大致相同，只不过变量的下标都多了个时间，其余都一样。本例子中的空间面板联立方程模型设定如下：

$$Carbon_{it} = C + \rho_{11} W \times Carbon_{it} + \rho_{12} W \times Credit_{it} + \beta_{11} Credit_{it} + \beta_{12} Digit_{it} + \beta_{13} Patent_{it} + \beta_{14} GDP_{it} + \beta_{15} Population_{it} + \varepsilon_{it} \quad \text{式（7）}$$

$$Credit_{it} = C + \rho_{21} W \times Carbon_{it} + \rho_{22} W \times Credit_{it} + \beta_{21} Carbon_{it} + \beta_{22} Digit_{it} + \beta_{23} Patent_{it} + \beta_{24} GDP_{it} + \beta_{25} Population_{it} + \epsilon_{it} \quad \text{式（8）}$$

其中 $\varepsilon_{it} \sim N(0, \sigma^2 I_n)$ 以及 $\epsilon_{it} \sim N(0, \sigma^2 I_n)$，这些都是残差项。相关变量的定义，与上一节的例子是一样的。

在研究不同的社会时空系统中，由于研究的侧重点以及社会时空系统的结构会有所不同，因此，式（7）和式（8）的外生变量可以是完全相同的，如本例子的设定，也可以完全不同，还可以介于两者之间，即有部分外生变量是相同的。这三种设定都是空间面板联立方程模型可供选择的设定，彼此之间并无优劣之分。研究者根据研究的需要，可以任选其一作为模型设定。但一般而言，外生变量完全一致的模型设定，由于结构对称，是一种常用的模型设定。这也是本例子所研究的模型设定。

在空间联立方程模型设定上，无论是横截面数据模型还是面板数据模型，都存在着方程是否可识别的问题。方程可识别，需要满足阶条件，也就是必要条件。如果一个空间联立方程没有满足阶条件，那么就无法识别，就不能继续估计。但即便满足了阶条件，也不能确保空间联立方程一定可以识别，因为，还需要满足充要条件，那就是识别的秩条件。空间联立方程模型的识别程序，与一般的联立方程模型的识别程序是一样的。第一步是先看阶条件是否成立，如果不成立，就无法识别，估计就自动中断了。如果阶条件成立，那么就看秩条件是否成立。如果秩条件不成立，方程仍然不可识别，估计到这步也自动中断。如果秩条件成立，那么方程就可识别，就可以继续估计下去，而且还可以进一步确定是过度识别还是恰好识别。

在空间联立方程模型的实际估计中，并不需要研究者自己动手去判断是否满足阶条件和秩条件，Stata 会自动提示。如果没有满足阶条件，Stata 会提示说“Equation is not identified — does not meet order conditions”，并自动终止估计。如果满足阶条件和秩条件，Stata 在估计时会运行到出来结果为止。当然，空间联立方程模型比传统的联立方程模型要复杂些，即便没有把外生变量的空间滞后项放入行为模型中，比如在式（7）和式（8）中，都只加入了内生变量的空间滞后项，但是在估计过程中，Stata 还会自动把外生变量的空间滞后项也算为外生变量。这与传统的联立方程模型是不同的。这里虽然讲的是空间面板联立方程模型，但在方程可识别上，空间横截面联立方程模型和空间面板联立方程模型是一样的，所以放在此处讲这个问题也是合适的。

估计过程

这里继续采用上一节例子中的空间逆距离权重（W0001.dta）作为起始的权重。但这是一个针对横截面数据的空间权重矩阵，并不能直接应用在面板数据的分析和估计上。因此，需要对横截面数据的空间权重矩阵进行扩展，以便与面板数据相匹配。这个过程需要用到矩阵的克罗内克积。具体方法就是让这个针对横截面数据的空间逆距离矩阵以克罗内克积的方式乘以一个单位矩阵，这个单位矩阵的阶数就是面板数据时间上的期数。如果 A 是一个 $m \times n$ 的矩阵，而 B 是一个 $p \times q$ 的矩阵，那么，这两个矩阵的克罗内克积就是 $A \otimes B$ 是一个 $mp \times nq$ 的分快矩阵。⊗就是克罗内克积的符号。

在本例中，因为面板数据的期数就是 4，因此建构一个 4×4 的单位矩阵。初始矩阵是一个 275×275 的方阵，再乘上这个 4×4 的单位矩阵，就获得了 1100×1100 的分块矩阵。这个分块矩阵的阶数就与面板数据的观测值的数量完全一致了，因此可以用来估计空间面板联立方程模型了。在 Stata 上，通过如下语句实现矩阵的克罗内克积：

```
. spatwmat using M1.dta,name (W4)
. mat E = I(4)
. mat EWd = E # W4
. svmat EWd,names(EWd)
. keep EWd1-EWd1100
. save EWd_distance
```

首先是调用基于横截面数据所建构的空间逆距离权重矩阵（W0001.dta），并命名为 W4。然后，生成一个 4×4 的单位矩阵。再把上述这两个矩阵求其克罗内克积，得到一个新的分快矩阵。然后，通过 svmat 命令把这个矩阵转化为变量。在 Stata 中，svmat 命令与 mkmat 命令恰恰相反，后者是将数值型变量中的观测值转变为矩阵。一旦把矩阵转化为变量，就取从第 1 个变量到第 1100 个变量，然后保存，这样就是一个由 1100 个变量和 1100 个观测点的数据。这个数据就可以用于包括空间面板联立方程模型在内的空间面板数据模型的估计。

接下来，就可以通过 GS3SLS 命令开展空间面板联立方程模型的估计了。变量数据存储在 ssem2.dta 文件中，因此需要先调用这个数据。具体语句如下：

```
. use ssem2.dta,replace
. gs3sls Carbon Digit Patent GDP Population, var2(Credit Digit Patent GDP Population) wmfile(EWd_distance) eq(1) order(1) mfx(lin)
```

在调用面板数据之后，就是对式（7）进行估计。得到的结果如表 10–7 所示。

表 10–7　空间面板联立方程模型第一个方程式结果

	Coef.	Std. Err.	t	$P>t$	[95% Conf.	Interval]
w1y_Carbon	0.752	0.044	17.15	0.000	0.666	0.838
w1y_Credit	–0.13	0.067	–1.93	0.054	–0.261	0.002
Credit	–0.196	0.052	–3.76	0.000	–0.298	–0.094
Digit	0.091	0.032	2.87	0.004	0.029	0.153
Patent	–0.445	0.078	–5.69	0.000	–0.598	–0.292
GDP	6.471	0.325	19.94	0.000	5.834	7.107
Population	0.022	0.002	13.42	0.000	0.019	0.026
_cons	6.577	9.682	0.68	0.497	–12.410	25.563

比较表 10–7 和表 10–2，在前三行的核心结果上，总体上是一致的。在控制变量上，除了数字化之外，其余都是一致的。在数字化的回归系数上，表 10–2 是显著为负，但表 10–7 是显著为正。可见，两者恰好相反。当然，对于空间联立方程而言，研究的重点是前三行的回归系数。但是，也要意识到，同一个模型，空间横截面联立方程模型的估计结果有可能与空间面板联立方程的估计结果是不同的，这也是正常的，因为数据发生了变化，从一期变成了多期，从静态变成了动态，那么，城市社会时空中的其中一些因素的影响是有可能发生变化的。

通过运行如下语句，得到式（8）的估计的结果，汇总在表 10–8 中。

```
. gs3sls Carbon Digit Patent GDP Population, var2(Credit Digit Patent GDP Population) wmfile(EWd_distance) eq(2) order(1) mfx(lin)
```

根据表 10–8 所示，从前三行的结果来看，与之前表 10–3 的结果是一致的。所以，结合空间横截面联立方程模型和空间面板联立方程模型的结果来看，主要结果总体上是一致的。这说明，对于城市社会时空系统而言，碳排放与共享经济之间的关系是稳健存在着的，而且溢出效应也是显著存在着的。这对于理解城市社会时空系统的运行规律，具有重要的理论价值和现实意义。

表 10–8　空间面板联立方程模型的第二个方程式的估计结果

	Coef.	Std. Err.	*t*	*P* > *t*	[95% Conf.	Interval]
w1y_Credit	0.676	0.140	4.84	0.000	0.402	0.951
w1y_Carbon	0.86	0.263	3.27	0.001	0.344	1.375
Credit	−1.176	0.318	−3.7	0.000	−1.8	−0.553
Digit	0.561	0.020	27.78	0.000	0.521	0.6
Patent	−0.159	0.246	−0.65	0.518	−0.642	0.324
GDP	8.187	2.151	3.81	0.000	3.966	12.408
Population	0.034	0.008	4.47	0.000	0.019	0.048
_cons	−111.28	17.411	−6.39	0.000	−145.442	−77.118

如果采用上一节的空间邻近权重矩阵，同样的方法，通过克罗内克积进行权重矩阵拓展，然后用 GS3SLS 命令对式（7）进行估计，相关语句如下：

```
. spatwmat using M21s.dta,name (W4)
. mat E = I(4)
. mat EWds = E # W4
. svmat EWds,names(EWds)
. keep EWds1-EWds1100
. save EWds_distance
. use ssem2.dta,replace
. gs3sls Carbon Digit Patent GDP Population, var2(Credit Digit Patent GDP Population) wmfile(EWds_distance) eq(1) order(1) mfx(lin)
```

这是对第一个方程的估计，估计的结果汇总在表 10–9 中。比较表 10–9 和表 10–5 前三行的结果，在回归系数和显著性上是一致的。这说明，空间横截面联立方程模型和空间面板联立方程模型的主结果是一致的。

表 10–9　空间面板联立方程模型第一个方程式结果（空间邻近权重矩阵）

Carbon	Coef.	Std. Err.	*t*	*P* > *t*	[95% Conf.	Interval]
w1y_Carbon	0.594	0.044	13.42	0.000	0.507	0.680
w1y_Credit	−0.134	0.096	−1.39	0.163	−0.323	0.055

续表

Carbon	Coef.	Std. Err.	t	$P>t$	[95% Conf.	Interval]
Credit	−0.206	0.082	−2.52	0.012	−0.367	−0.046
Digit	0.096	0.049	1.96	0.051	0.000	0.192
Patent	−0.452	0.082	−5.52	0.000	−0.613	−0.292
GDP	6.648	0.350	19.02	0.000	5.962	7.333
Population	0.021	0.002	11.62	0.000	0.017	0.025
_cons	12.109	13.864	0.87	0.383	−15.078	39.297

接下来，可以通过运行如下语句对式（8）进行估计：

```
. gs3sls Carbon Digit Patent GDP Population, var2(Credit Digit Patent GDP Population) wmfile(EWds_distance) eq(2) order(1) mfx(lin)
```

得到第二个方程的估计结果，汇总在表 10–10 中。

表 10–10　空间横截面联立方程模型第二个方程式结果（空间邻近权重矩阵）

Carbon	Coef.	Std. Err.	t	$P>t$	[95% Conf.	Interval]
w1y_Carbon	0.558	0.250	2.23	0.026	0.067	1.048
w1y_Credit	0.732	0.161	4.55	0.000	0.417	1.048
Carbon	−0.984	0.381	−2.59	0.01	−1.731	−0.238
Digit	0.563	0.021	26.89	0.000	0.522	0.604
Patent	−0.208	0.266	−0.78	0.436	−0.729	0.314
GDP	7.481	2.558	2.92	0.003	2.465	12.497
Population	0.028	0.008	3.45	0.001	0.012	0.044
_cons	−112.331	20.927	−5.37	0.000	−153.371	−71.292

比较表 10–10 和表 10–6，发现结果存在着一些差异。从 w1y_Carbon 的回归系数来看，在表 10–6 中虽然系数为正但是不显著，在表 10–10 中系数是显著为正。也就是说，在采用空间邻近权重矩阵时，在空间横截面联立方程模型中，碳排放对共享经济的交叉溢出效应是不存在的，但在空间面板联立方程模型中，碳排放对共享经济的交叉溢出效应是显著存在着的。导致这种差异的一个重要

原因是城市社会时空系统从静态变成了动态，内部的关系就会出现一些新的变化。类似的情形，也出现在碳排放的回归系数上。在表 10–6 和表 10–10 中，尽管 Carbon 的回归系数都是负的，也都显著，但是在显著程度上，显然空间联立方程模型要比空间横截面联立方程模型更显著，前者的 *P* 值为 0.01，而后者的 *P* 值仅为 0.095。

稳健性检验

对于空间面板数据模型，可以进行稳健性检验。不同的时间跨度，往往会影响实证研究的结果。因此，可以选择不同的时间跨度进行稳健性检验。前面，对于 2014 年到 2017 年这 4 年的时间跨度进行了分析。这里，分别采用 2014 年到 2016 年以及 2015 年到 2017 年这 3 年的时间跨度进行分析。空间权重矩阵采用的是空间逆距离权重矩阵。

从建构空间权重矩阵开始。由于是三年的时间跨度，因此，可以通过如下语句实现空间逆距离权重矩阵的拓展：

```
. spatwmat using M1.dta,name (W4)
. mat E = I(3)
. mat E3Wd = E # W4
. svmat E3Wd,names(E3Wd)
. keep E3Wd1-E3Wd825
. save E3Wd_distance,replace
```

这是一个矩阵，对应的是 825 个观测值，也就是 275 个观测点连续三年的观测值。一旦建成了这个矩阵，就可以估计三年时间跨度的空间面板联立方程模型。首先，可以做从 2014 年到 2016 年的空间面板联立方程模型，具体语句如下：

```
. use ssem2.dta,replace
. keep if 年份 < 2017
. gs3sls Carbon Digit Patent GDP Population, var2(Credit Digit Patent GDP Population) wmfile(E3Wd_distance) eq(1) order(1) mfx(lin)
```

```
. gs3sls Carbon Digit Patent GDP Population, var2(Credit Digit Patent GDP Population) wmfile(E3Wd_distance) eq(2) order(1) mfx(lin)
```

接下来可以做从 2015 年到 2017 年的空间面板联立方程模型，具体语句如下：

```
. use ssem2.dta,replace
. keep if 年份 > 2014
. gs3sls Carbon Digit Patent GDP Population, var2(Credit Digit Patent GDP Population) wmfile(E3Wd_distance) eq(1) order(1) mfx(lin)
. gs3sls Carbon Digit Patent GDP Population, var2(Credit Digit Patent GDP Population) wmfile(E3Wd_distance) eq(2) order(1) mfx(lin)
```

上述两个空间联立方程模型的估计结果，汇总在表 10–11 中。把表 10–11 的结果和表 10–6 以及表 10–7 的结果进行比较，发现共享经济和碳排放的负向关系都是显著的，这说明这个发现具有稳健性。此外，一个城市碳排放对邻近其他城市的碳排放和共享经济的正向影响也都是显著的，这说明这些发现也具有稳健性。一个城市对邻近其他城市碳排放的负向影响，也都是显著的，这说明这一发现也具有稳健性。但是，一个城市共享经济对邻近其他城市共享经济的影响，却存在着差异。在表 10–8 中是显著正向影响，但是，时间跨度从 4 年改为 3 年，该影响就不再显著了。这说明，这一发现的稳健性还不够。

表 10–11　三年时间跨度的空间面板联立方程模型

	2014—2016		2015—2017	
	Carbon	Credit	Carbon	Credit
w1y_Carbon	0.748***	1.862***	0.783***	1.392**
	(14.71)	(4.67)	(14.94)	(2.22)
w1y_Credit	–0.358***	–0.348	–0.662***	–0.491
	(–3.48)	(–0.79)	(–4.62)	(–0.61)
Credit	–0.266***		–0.263***	
	(–6.39)		(–3.42)	

续表

	2014—2016		2015—2017	
	Carbon	Credit	Carbon	Credit
Carbon		–2.556***		–1.885**
		(–5.41)		(–2.53)
Digit	0.109***	0.445***	0.052*	0.248***
	(4.68)	(16.28)	(1.68)	(4.91)
Patent	–0.42***	–0.829**	–0.576***	–0.851
	(–4.76)	(–2.23)	(–6.16)	(–1.53)
GDP	7.285***	18.549***	7.026***	13.529***
	(19.14)	(5.11)	(19.51)	(2.61)
Population	0.024***	0.067***	0.021***	0.041***
	(12.63)	(6.11)	(11.66)	(2.6)
_cons	33.257***	16.507	107.564***	127.322
	(2.66)	(0.34)	(5.99)	(1.12)

注：*** 表示 $p < 0.01$; *** 表示 $p < 0.05$。

小结

社会时空系统在运行过程中是很复杂的，不同变量之间的关系往往不是单向的，而是双向的，是彼此互相影响的。在这种情况下，就需要用空间联立方程模型来进行模拟和估计。根据数据的类型，可以有空间横截面联立方程模型和空间面板联立方程模型。在空间联立方程模型中，还可以考察内生变量的空间溢出效应和交叉空间溢出效应，这也是这个模型的优势之一。因此，空间联立方程模型为探究社会时空系统的动态运行规律和特征提供了重要的实证方法。在使用这种方法时，需要重复考察所要研究的社会时空系统的特点，并有针对性地选取内生变量和外生变量，进而确定联立方程的系统运行机制。由于空间联立模型机制比较复杂，因此，在对结果的解释上，就需要结合模型回归的结果和所研究社会时空系统的特征，进行深入探究才能做出科学合理的解读。

思考题

1. 什么是空间联立方程模型？
2. 什么样的情况下适合采用空间联立方程模型？
3. 空间联立方程模型的优势和特长有哪些？
4. 空间联立方程模型的变量类型有哪些？
5. 如何确定空间联立方程模型的内生变量和外生变量？
6. 空间联立方程中的空间溢出效应有哪些？
7. 如何估计空间横截面联立方程模型？
8. 如何对面板数据进行空间自相关性检验？
9. 如何估计空间面板联立方程模型？
10. 如何解释空间联立方程模型的回归结果？

参考文献

[1] AMBA M C O, MBRATANA T, LE G J. Spatial panel simultaneous equations models with error components [J]. Empirical Economics, 2023, 65(3): 1149-1196.

[2] ANSELIN L. Local Indicators of Spatial Association—LISA [J]. Geographical Analysis, 1995, 27(2): 93-115.

[3] ARISANTI R, UTAMI E R, MUSLIM A, et al. The relationship between economic growth and e-commerce at the beginning of covid-19 pandemic in east Java [J]. Decision Science Letters, 2023, 12(1): 149-162.

[4] DRUKKER D M, PENG H, PRUCHA I R, et al. Creating and managing spatialweighting matrices with the spmat command [J]. The Stata Journal, 2013, 13(2): 242-286.

[5] GU J. Sharing economy, technological innovation and carbon emissions: Evidence from Chinese cities [J]. Journal of Innovation & Knowledge, 2022, 7(2), 100228.

[6] GU J. The impacts of the low-carbon city policy on urban air pollution in China [J]. Energy & Environment, 2023: 1-20.

[7] JEANTY P W, PARTRIDGE M, IRWIN E. Estimation of a spatial simultaneous equation model of population migration and housing price dynamics [J]. Regional Science and Urban Economics, 2010, 40(5), 343-352.

[8] JIANG S, TAN X, Hu P, et al. Air pollution and economic growth under local

government competition: Evidence from China, 2007—2016［J］. Journal of Cleaner Production, 2002, 334, 130-231.
［9］LIU, Y, HAO Y. How does coordinated regional digital economy development improve air quality? New evidence from the spatial simultaneous equation analysis［J］. Journal of Environmental Management, 2023, 342: 118-235.
［10］LU, L. Simultaneous Spatial Panel Data Models with Common Shocks［J］. Journal of Business & Economic Statistics, 2023, 41(2): 608-623.
［11］MUSLIM A, FITRIANTO A, DJURAIDAH A. Generalized Spatial Three-Stage Least Square (GS3SLS) for Unemployment Rate and Economic Growth Modelling in East Java［J］. IOP Conference Series: Earth and Environmental Science, 2019, 299(1): 120-132.
［12］WANG M, Li Y, Liao G. Spatial Spillover and Interaction Between High Tech Industrial Agglomeration and Urban Ecological Efficiency［J］. Frontiers in Environmental Science, 2022, 10: 829-851.
［13］WANG Y, YIN S, FANG X, et al. Interaction of economic agglomeration, energy conservation and emission reduction: Evidence from three major urban agglomerations in China［J］. Energy, 2022, 241: 122-519.
［14］YANG, K, LEE L. Identification and estimation of spatial dynamic panel simultaneous equations models［J］. Regional Science and Urban Economics, 2019, 76: 32-46.
［15］YANG, K, LEE, L-f. Identification and QML estimation of multivariate and simultaneous equations spatial autoregressive models［J］. Journal of Econometrics, 2019, 196(1): 196-214.
［16］于伟，张鹏，姬志恒．中国省域农村教育人力资本与农业全要素生产率的空间交互效应——基于空间联立方程的经验分析［J］. 中国农业大学学报，2020，25(3): 192-202.
［17］周五七．长三角一体化大市场与环境治理的交互影响研究——基于空间联立方程模型的实证分析［J］. 长江流域资源与环境，2023, 32(6): 1165-1175.
［18］曾燕妮，王森，韩铭辉，等．涟漪效应还是空间互动——基于空间面板联立方程模型的房价与地价关系研究［J］. 运筹与管理，2022, 31(7): 234-239.
［19］王亮，刘凌燕．数字普惠金融与区域创新的交互影响及空间溢出——基于空间联立方程和异质性 SDM 的实证检验［J］. 金融发展研究，9, 26-35.
［20］王雅洁，韩孟亚．高技术产业集聚与创新绩效的交互影响及空间溢出效应——创新价值链视角下的空间联立方程研究［J］. 科技进步与对策，2021, 38(12): 59-68.
［21］胡亚南，王金天，田茂再．对外贸易、技术进步与经济增长——基于空间面板联立方程的实证研究［J］. 数理统计与管理，39(5): 771-787.

第十一章

空间分类变量模型

社会时空系统中的关系是复杂的，相关变量可以是连续变量，也可以是分类变量。在进行回归分析时，因变量可以是连续变量，也可以是分类变量。分类变量（categorical variable）是说明事物类别的一个名称，其取值是分类数据。例如，常用的“性别”一般就是一个分类变量，其变量值为“男”或“女”。分类变量可以用作自变量，也可以用作因变量。比如，要研究诸如是否结婚、是否生二胎、是否买新能源车、是否晋升、是否被处罚等问题，那么，这些分类变量就会用作因变量。在这种情况下，因变量都是非此即彼的二元选择问题，一般是由 0 和 1 构成的变量。此时，最为常用的是 Logit 或 Probit 模型，二者虽然形式上有差异，在系数解释、概率预测方面的差异却很小。但是，这些传统的 Logit 或 Probit 模型都假设所研究的社会时空系统中并不存在空间自相关性，因此，都无法检验空间自相关性的影响。空间自回归 Logit 或 Probit 模型的出现，填补了这个方面的不足 (Spinelli, 2022)。在称呼上，空间自回归 Logit 或 Probit 模型都属于二元空间自回归（the binary spatial autoregressive, BSAR）模型，本章主要以 spatbinary 为主介绍空间自回归 Logit 或 Probit 模型的估计，但是，后续也会用 spregcs 来进行探讨。

第一节 空间自回归 Logit 模型

空间自回归 Logit 模型（spatial autoregressive Logit model）在英语文献中有不同的名称。例如，在有的论文中（Baltagi et al., 2018），称之为 SAR logit model，其实是一回事。这个模型所处理的问题是被解释变量是分类变量，而且这个分类变量存在着空间自相关性。从形式上来看，对于这类问题的处理，就是空间滞后模型的强项。因此，基本处理的思路就是把这个分类变量的空间滞后项引入到 Logit 模型中，作为这个 Logit 模型的一个自变量（徐晔，欧阳婉桦，2022）。但是这样一来，对于带有空间自相关性的 Logit 模型的估计，就不能用传统的没有空间自相关性的 Logit 模型的估计法，否则就会出现有偏估计。所幸现在已经有相关的命令来解决这个问题。当然，空间 Logit 模型并不都是空间自回归 Logit 模型（邓欧 et al., 2012）。空间自回归 Logit 模型是需要通过引入空间滞后效应进入模型的实证方法，这里将通过这些命令来演示具体如何进行空间自回归 Logit 模型的设定以及估计。

基本模型

从形式上来看，空间自回归 Logit 模型的设定，其实和空间滞后模型很相似。一般而言，空间自回归 Logit 模型的设定如下：

$$Y^* = \lambda W \times Y^* + X\beta + \mu$$
$$Y = 1\ (Y^* > 0)$$

这里，Y^* 是一个潜在的连续变量，衡量二元选择问题中两种不同结果的选择倾向。这是一个隐变量，不能被直接观察到。W 是空间权重矩阵，而 $W \times Y^*$ 就是这个隐变量的空间滞后项。也就是说，Y^* 不仅不能被直接观察到，而且存在着空间自相关性，会受到邻近其他观测点的选择的影响。但是，研究者可以观察到 Y，这是一个由 0 和 1 构成的变量。如果 $Y^* > 0$，那么 Y 就是 1；否则，Y 就是 0。X 是自变量或控制变量。μ 是均值为 0 且方差为 σ^2 分布的残差项。

上述模型可以转成简化式模型，具体如下：

$$Y^* = (I - \lambda W)^{-1} X\beta + (I - \lambda W)^{-1}\mu$$

由于空间自回归 Logit 模型适用于横截面数据，因此，Y^* 就是一个 $n \times 1$ 的向量，μ 也是一个 $n \times 1$ 的向量。如果有 k 个自变量，那么，X 就是一个 $n \times k$ 的矩阵。W 则是一个 $n \times n$ 的矩阵，是空间权重矩阵，用来刻画不同观测点之间的关系，尤其是距离远近关系。除此之外，也可以刻画不同观测点之间的网络关系等。具体怎样使用，取决于研究的目的。

实例演示

在农村，农机租赁是农业发展的一个重要途径。当农户缺乏足够资金购买农机时，就会通过租赁的方式来获得农机并进行农业生产。由于农机租赁市场的存在，使得更多的农户在投入少量资金的情况下就能获得必要的农机服务，这对于提高农业生产率而言，具有促进作用。那么，什么样的农户会选择农机租赁？对于这个问题的研究，有助于设计更有效的农机租赁促进政策，推动农村农机租赁市场的进一步完善和发展。针对这个研究问题，可以采用空间自回归 Logit 模型，具体模型设定如下：

$$Y^* = \lambda W \times Y^* + \beta_1 Inv + \beta_2 Gov + \beta_3 Siz + \beta_4 Sex + \beta_5 Age + \beta_6 Edu + \mu$$

$$Y = 1\ (Y^* > 0)$$

在这个模型中，可观察到的因变量 Y 是农户机器租赁，具体是指农户是否有农机租出或租入。如果农户有农机租出或租入，该变量则为 1；反之为 0。所以，这是一个由 1 和 0 组成的分类变量。

在自变量中，家庭层面的因素包括三个方面：*Inv* 是家庭拥有的农用机械总价值加上 1 后的对数值，用来衡量农户自家在农机上的投资。*Gov* 是用来衡量农户有没有收到政府补贴的虚拟变量。如果农户收到政府补贴，该变量为 1；否则，为 0。*Siz* 是家庭规模，就是家庭的人口数。户主层面的因素也有三个方面：*Sex* 是指关于户主性别的虚拟变量。如果户主是男性，该变量为 1；反之，该变量为 0。*Age* 是户主年龄。在本例子中，户主年龄为 25 岁到 50 岁，包括 25 岁和 50 岁。*Edu* 是指户主接受教育的年数。

本例子的数据来自中国家庭追踪调查（China Family Panel Studies，CFPS）2018 年的数据。根据问卷中是否从事农业生产，选出从事农业生产的家庭样本。删去了相关变量的缺失值，并且把户主年龄控制在了 [25,50]，得到的家庭样本数为 1938 户，这就是本例子的家庭样本。*W* 就是空间权重矩阵。这里采用是否同村来建构空间权重矩阵。如果两个家庭拥有一个相同的社区编码，则可以认为这两户是同村，因此，其权重就是 1；反之，其权重就是 0。所以，这是一个由 1 和 0 构成的空间邻近权重矩阵。

要对上述空间自回归 Logit 模型进行估计，首先需要先安装 spatbinary 命令。在 Stata 中运行 search spatbinary 语句，就会转到 st0672 页面，点击链接进去安装即可。接下来，通过如下语句建构空间权重矩阵：

```
. use case1,replace
```

```
. bys cid18:gen number=_N
. drop if cid18==.
. drop if cid18<0
. drop if number == 1
. egen nnn=group(cid18)
. egen nid=group(fid18)
. sort nid nnn
. sort nid
. spwmatrix socio nnn, wname(w11) wtype(socnet) idvar(nid) xport(w11,txt)
. spmatrix import W11 using w11.txt
. spmatrix normalize W11, normalize(spec)
. spset,clear
. spset nid
```

这样，根据是否是同村邻居建立起了空间权重矩阵。有了这个空间权重矩阵，就可以进行空间自回归 Logit 模型的估计。这里，控制了省固定效应，并逐步加入自变量进行分步回归，因此，得到四个回归结果，对应的语句如下：

```
. spatbinary ma  i.provcd18, wmat(W11)
. spatbinary ma  lnv gov i.provcd18, wmat(W11)
. spatbinary ma  lnv gov inc siz i.provcd18, wmat(W11)
. spatbinary ma  lnv gov inc siz sex age edu i.provcd18, wmat(W11)
```

这四个模型的结果汇总在表 11–1 中。空间自回归 Logit 模型的估计是否合适，就需要 Hansen's J 检验，这是关于是否过度识别的检验。原假设是否存在过度识别。如果 Hansen's J 是显著的，则拒绝原假设，即模型存在过度识别问题；如果 Hansen's J 是不显著的，则接受原假设，即模型不存在过度识别问题，模型就是可行的。在表 11–1 中，所有四个模型中的 Hansen's J 都是安全不显著的，这表明这些工具是相关的，即模型是可行的。

在所有四个模型中，关键参数 ρ 都是显著为正，这说明在农机租赁上，同村农户之间存在着正的溢出效应。也就是说，农户在农机租赁决策上，并非是彼此独立的，而是会互相影响的。当同村一个农户进行农机租赁时，这个行为被同村其他农户看到之后，这些邻居农户也会效仿这种做法而进行农机租赁行为。这种现象，在农村是比较常见的，与农村的熟人社会网络有关，也与农户彼此的学习和攀比有关。

表 11–1　空间自回归 Logit 模型的估计结果

	(1)	(2)	(3)	(4)
Inv		–0.032**	–0.033***	–0.033***
		(–2.61)	(–2.63)	(–2.62)
Gov		0.369***	0.376***	0.372***
		(3.23)	(3.28)	(3.23)
Inc			0.11*	0.096
			(1.75)	(1.49)
Siz			–0.046	–0.033
			(–1.52)	(–1.07)
Sex				–0.052
				(–0.51)
Age				0.008
				(0.95)
Edu				0.013
				(0.86)
_cons	0.545	0.362	–0.638	–0.882
	(0.44)	(0.28)	(–0.43)	(–0.57)
ρ	1.922***	2.223***	2.361***	2.248***
	(4.73)	(6.01)	(6.69)	(6.62)
provincial fixed effect	Yes	Yes	Yes	Yes
Obs	1938	1938	1938	1938
Hansen's J	15.442	15.279	16.255	16.747

注：*** 表示 $p < 0.01$; *** 表示 $p < 0.05$。

从自变量的情况来看，家中农用机械总价值越高的农户，参与农机租赁的可能性越低。但是，获得政府补贴的农户，参与农机租赁的可能性越高。自己农机比较多时，从别人家租来农机进行耕作的需求就比较少，租赁农机也就比较少了。政府对农户的农业补贴，有的本身就包括了农机租赁补贴，这显然会促进农户对农机租赁的需求，增加其租赁农机的可能性。此外，家庭收入和家庭规模对农机租赁的影响不是很明显，户主的属性对农机租赁行为的影响也不明显。

延伸性探究

空间自回归 Logit 模型虽然没有引入自变量的空间滞后项，但由于 ρ 是显著的，因此，同村邻居的行为就会影响到其他村民的行为。也就是说，一家农户的农机租赁行为，不仅受到自家因素的影响以及邻居农机租赁行为的影响，还有可能受到邻居家因素的影响，如邻居家的农机总价值及邻居家是否收到政府补贴。在空间杜宾模型中，通过引入对应的自变量的空间滞后项可以直接检验邻居家因素的影响。虽然空间自回归 Logit 模型在当前的情况下，还不能直接引入自变量的空间滞后项，但是，可以通过区分总效应、直接效应和间接效应的方式来检验邻居家因素的影响。在本例子中，要检验邻居家拥有的农机总价值的影响，可以采用如下语句：

```
. quietly spatbinary ma lnv gov inc siz sex age edu i.provcd18, wmat(W11)
. spatbinary_impact lnv, dydx
```

需要注意的是，当样本数量比较多的时候，这个命令所消耗的时间比较长。比如，在本例子中，共有 1938 个样本，运行上述语句时，就需要花费一定的时间。在运行过程中，需要研究者耐心等待，不要中断运行。最终，得到表 11–2。如表 11–2 所示，总效应和直接效应是显著的，而间接效应是不显著的。

表 11–2　边际效应分析

	dydx	std. err.	z	p>z	[95 conf.	interval]
total	–0.005	0.003	–1.938	0.053	–0.010	0.000
direct	–0.005	0.002	–2.650	0.008	–0.009	–0.001
indirect	0.000	0.002	–0.014	0.989	–0.004	0.004

考虑到可能的内生性问题，在空间计量模型中，除了采用一阶的空间权重矩阵，还有可能采用二阶、三阶等多阶空间权重矩阵。在本例子中，一阶的空间权重矩阵是只把直接邻居记为 1；二阶不仅把直接的邻居记为 1，而且把邻居的邻居记为 1；以此类推。高阶的空间权重矩阵有助于捕获住更为复杂的空间自相关性，有助于消除内生性问题（Arbia, 2014），可以获得更为准确的估计。

在二元分类自变量空间自回归模型中，可以通过 impower（ ）选项来设定所用的空间权重矩阵的阶数。在前面的模型中，并没有设定 impower（ ），采用的是一阶的空间权重矩阵。接下来，分别采用二阶、三阶和四阶的空间权重矩阵，对应的语句分别是：

```
. spatbinary ma lnv gov inc siz sex age edu i.provcd18, wmat(W11)  impower(2)
. spatbinary ma lnv gov inc siz sex age edu i.provcd18, wmat(W11)  impower(3)
. spatbinary ma lnv gov inc siz sex age edu i.provcd18, wmat(W11)  impower(4)
```

得到的估计结果，分别汇总在表 11–3 的列（2）、列（3）和列（4）中。列（1）是采用一阶空间权重矩阵的结果，就是表 10–1 的列（4）。根据表 10–3 所示，在所有四个模型中，ρ 的回归系数都是显著为正，而且数字差距不大。此外，从自变量的回归系数来看，也都是大同小异，总体上是一致的。这说明，无论采用何阶的空间权重矩阵，对于估计的结果并没有太大影响。这说明本例子中的结果具有稳健性。

表 11–3　空间自回归 Logit 模型的估计结果（多阶空间权重矩阵）

	(1)	(2)	(3)	(4)
lnv	–0.033***	–0.033***	–0.033***	–0.033***
	(–2.62)	(–2.62)	(–2.66)	(–2.67)
Gov	0.372***	0.385***	0.393***	0.399***
	(3.23)	(3.33)	(3.4)	(3.45)
Inc	0.096	0.092	0.088	0.1
	(1.49)	(1.44)	(1.37)	(1.56)
Siz	–0.033	–0.032	–0.032	–0.033
	(–1.07)	(–1.02)	(–1.01)	(–1.06)

续表

	(1)	(2)	(3)	(4)
Sex	–0.052	–0.053	–0.043	–0.04
	(–0.51)	(–0.52)	(–0.42)	(–0.39)
Age	0.008	0.007	0.008	0.007
	(0.95)	(0.9)	(0.93)	(0.88)
Edu	0.013	0.013	0.012	0.012
	(0.86)	(0.86)	(0.83)	(0.79)
_cons	–0.882	–0.842	–0.811	–0.924
	(–0.57)	(–0.55)	(–0.53)	(–0.6)
ρ	2.248***	2.272***	2.271***	2.246***
	(6.62)	(6.68)	(6.68)	(6.61)
provincial fixed effect	Yes	Yes	Yes	Yes
Obs	1938	1938	1938	1938
Hansen's J	16.747	29.19	42.503	50.946

注：*** 表示 $p < 0.01$; ** 表示 $p < 0.05$; * 表示 $p < 0.1$。

此外，spatbinary 命令除了做上述线性估计之外，还提供了非线性两阶段最小二乘法的选项。但有的时候，N2SLS 准则函数的梯度向量具有奇异协方差矩阵，其概率接近于 1，且 N2SLS 估计的某些成分收敛速度较慢，其渐进分布也不标准（Jin, Lee, 2018）。例如，在本例子中，采用 N2SLS 来估计，语句是：

```
. spatbinary ma  lnv gov inc siz sex age edu i.provcd18, wmat(W11) n2sls
```

但是，Hansen's J 的值是 463.74，是显著的。这说明拒绝了模型不存在过度识别问题的原假设，该模型存在着过度识别问题，因此，无法进行有效的估计。

第二节 空间自回归 Probit 模型

空间自回归 Probit 模型（spatial autoregressive Probit model）与空间自回归 Logit 模型比较相似，其实是二元空间自回归模型中的姊妹模型。从某种意义上来说，这两个模型更像是双胞胎模型。例如，在车辆事故中，普遍存在着空间异质性和空间关联性，因此，有必要在传统的 Probit 模型中，引入空间溢出效应（胡郁葱 et al., 2023）。在这种情况下，采用空间自回归 Probit 模型有助于对交通事故及其严重程度进行精准预测。例如，空气质量具有空间溢出性，因此，在研究居民满意度时，也可以把空间溢出效应纳入 Probit 模型进行考察（马佳羽 et al., 2020）。此外，这种方法也应用在交通领域（Zhou et al., 2016）、零售业（Olwert et al., 2020）、金融业（吕勇斌 et al., 2020）等。

一、基本模型

从形式上来看，空间自回归 Probit 模型与前文的空间自回归 Logit 模型的设定是一样的。因此在一些情况下，这两种模型往往可以互相交替使用，便于对估计结果进行稳健性分析。当然，两者也存在着不同之处。即便是双胞胎，彼此之间具有诸多相似性，但彼此之间也是独立的个体，差异性也是会必然存在。这两个模型的差异，主要体现在如下三个方面。

首先，两者的模型形式不同。空间自回归 Logit 模型使用 Logistic 分布函数来连接自变量和二元响应变量之间的关系，而空间自回归 Probit 模型则使用正态分布函数。空间自回归 Logit 模型就是将线性分布塞入 Logistic 分布函数中导致变成分类模型。Logistic 分布的形状与正态分布的形状相似，但是 Logistic 分布的尾部更长，所以可以使用 Logistic 分布来建模比正态分布具有更长尾部和更高波峰的数据分布。空间自回归 Logit 模型中常用到的 Sigmoid 函数就是 Logistic 分布函数的一种特殊形式。但是，空间自回归 Probit 模型使用的是正态分布函数。所以，两者的差别和相似性都取决于 Logistic 分布和正态分布的差别和相似程度。

其次，这两种模型的拟合效果不同。将同样的数据分别采用空间自回归Probit模型与空间自回归Logit模型进行拟合，这两个模型得到的结果会不一样，但通常情况下这两者之间的差异并不明显。这个也好理解，因为两者所采用的分布函数既是彼此不同的又是彼此相似的。这种差异性决定了采用两个模型进行拟合的结果必然会有所不同，但是，这种相似性同样决定了采用这两个模型进行拟合的结果差异不会很大。

最后，对于模型回归系数的解释会有所不同。当解释一个空间自回归Probit模型时，各系数代表着在该变量上提高了多少标准差对$P(Y=1)$的影响。当解释空间自回归Logit模型时，每个自变量的回归系数表示因为该自变量单位变化而导致的对数发生比（log odds）的变化大小。

实例演示

这里，继续采用上文的例子。不过，为了演示总效应、直接效应和间接效应，把之前的家庭样本的户主年龄进行更加窄的限制，仅选择户主年龄在[25,34]的这个区间，最终家庭样本是204户。因为样本越多，估计边际效应时所消耗的时间越长。为了演示这个功能，特意把研究的样本数从前文的1938户减少到204户。数据存储在case2.dta文件中，需要先调用case2.dta文件，并据此建构空间权重矩阵。具体语句如下：

```
. use case2.dta, replace
. bys cid18:gen number=_N
. drop if cid18==.
. drop if cid18<0
. drop if number == 1
. egen nnn=group(cid18)
. egen nid=group(fid18)
. sort nid nnn
. sort nid
. spwmatrix socio nnn, wname(w111) wtype(socnet) idvar(nid) xport(w111,txt)
. spmatrix import W111 using w111.txt
```

```
. spmatrix normalize W111, normalize(spec)
. spset,clear
. spset nid
```

在空间自回归 Probit 模型估计上，就是在空间自回归 Logit 模型的语句上加上 probit 选项即可。其实，上文中的空间自回归 Logit 模型的语句也可以加上 logit 选项。如果没有加这两个选项中的任何一个，就是自动选择了。现在，来进行空间自回归 Probit 模型的根据，具体语句如下：

```
. spatbinary ma  i.provcd18, probit wmat(W111)
. spatbinary ma  lnv gov  i.provcd18, probit wmat(W111)
. spatbinary ma  lnv gov inc siz  i.provcd18, probit wmat(W111)
. spatbinary ma  lnv gov inc siz sex age edu i.provcd18, probit wmat(W111)
```

对于上述四个模型，得到的结果分别对应地汇总在表 11–4 中的列（1）到列（4）。根据表 11–4 所示，在所有四个模型中，Hansen's J 值都是不显著的，这说明模型不存在过度识别问题，是可用的。此外，ρ 的估计值都是显著为正，这与前文的结果是一致的。从自变量的情况来看，农户拥有的农机总价值对其农机租赁行为并无显著影响，这和前文的结果有所不同。但是，政府补贴的回归系数都是显著为正的，这与前文的结果是一致的。

表 11–4　空间自回归 Probit 模型的估计结果

	(1)	(2)	(3)	(4)
Inv		–0.003	–0.004	–0.011
		(–0.12)	(–0.18)	(–0.49)
Gov		0.396**	0.388**	0.402**
		(2.18)	(2.13)	(2.19)
Inc			–0.051	–0.073
			(–0.44)	(–0.57)
Siz			0.038	0.04
			(0.9)	(0.88)

续表

	(1)	(2)	(3)	(4)
Sex				–0.162
				(–1.00)
Age				–0.102***
				(–2.9)
Edu				–0.016
				(–0.65)
_cons	–0.252	–0.297	0.026	3.671*
	(–0.68)	(–0.79)	(0.02)	(1.86)
ρ	2.591***	2.278***	2.188***	2.234***
	(4.24)	(4.44)	(4.31)	(5.44)
provincial fixed effect	Yes	Yes	Yes	Yes
Obs	204	204	204	204
Hansen's J	6.772	7.022	12.712	11.08

注：*** 表示 $p < 0.01$; ** 表示 $p < 0.05$; * 表示 $p < 0.1$。

接下来，分别采用一阶、二阶、三阶和四阶的空间权重矩阵，对应的语句分别是：

```
. spatbinary ma lnv gov inc siz sex age edu i.provcd18, probit wmat(W111) impower(1)
. spatbinary ma lnv gov inc siz sex age edu i.provcd18, probit wmat(W111) impower(2)
. spatbinary ma lnv gov inc siz sex age edu i.provcd18, probit wmat(W111) impower(3)
. spatbinary ma lnv gov inc siz sex age edu i.provcd18, probit wmat(W111) impower(4)
```

得到的估计结果，分别汇总在表 11–5 的列（2）、列（3）和列（4）。列（1）是采用一阶空间权重矩阵的结果，就是表 11–4 中的列（4）。根据表 11–5 所示，在所有四个模型中，ρ 的回归系数都是显著为正，而且数字差距不大。此外，从自变量的回归系数来看，也都是大同小异，总体上是一致的。这说明，无论采用何阶的空间权重矩阵，对于估计的结果都没有太大影响。这说明本例子中的结果具有稳健性。此外，比较列（3）和列（4）的结果，两者非常接近。这说明，当样本量比较少时，采用三阶或四阶空间权重矩阵进行估计，结果没有差别。

表 11-5　空间自回归 Probit 模型的估计结果（多阶空间权重矩阵）

	(1)	(2)	(3)	(4)
Inv	−0.011	−0.013	−0.016	−0.016
	(−0.49)	(−0.58)	(−0.69)	(−0.69)
Gov	0.402**	0.401**	0.381**	0.381**
	(2.19)	(2.09)	(1.96)	(1.96)
Inc	−0.073	−0.08	−0.091	−0.001
	(−0.57)	(−0.6)	(−0.66)	(−0.66)
Siz	0.04	0.035	0.033	0.033
	(0.88)	(0.77)	(0.7)	(0.7)
Sex	−0.162	−0.175	−0.138	−0.138
	(−1.00)	(−1.02)	(−0.78)	(−0.78)
Age	−0.102***	−0.094***	−0.088**	−0.088**
	(−2.9)	(−2.59)	(−2.36)	(−2.36)
Edu	−0.016	−0.016	−0.013	−0.013
	(−0.65)	(−0.59)	(−0.48)	(−0.48)
_cons	3.671*	3.539*	3.465*	3.465*
	(1.86)	(1.76)	(1.67)	(1.67)
ρ	2.234***	1.917***	1.895***	1.895***
	（5.44）	（4.74）	（4.52）	（4.52）
provincial fixed effect	Yes	Yes	Yes	Yes
Obs	204	204	204	204
Hansen's J	11.08	24.259	34.243	34.243

注：*** 表示 $p < 0.01$; ** 表示 $p < 0.05$; * 表示 $p < 0.1$。

边际效应

接下来，分别估计两个自变量的边际效应，对应的语句如下：

```
. quietly spatbinary ma  lnv gov inc siz sex age edu i.provcd18, probit wmat(W111)
. spatbinary_impact lnv, dydx
. spatbinary_impact gov, dydx
```

关于农户农机总价值的边际效应的估计结果，汇总在表 11–6。根据表 11–6 所示，无论是总效应、直接效应还是间接效应，农机总价值的影响都不显著，这和表 11–4 的结果是一致的。

表 11–6　农户农机总价值的边际效应

	dydx	std. err.	z	$p > z$	[95 conf.	interval]
total	0.001	0.002	0.490	0.624	–0.004	0.006
direct	–0.001	0.003	–0.488	0.626	–0.007	0.004
indirect	0.003	0.005	0.493	0.622	–0.007	0.012

关于政府补贴的边际效应的估计结果，汇总在表 11–7。如表 11–7 所示，政府补贴对农户的农机租赁的直接效应是显著为正的，但对农户农机租赁的间接效应却是显著为负的。两者加起来的总效应是负的。由于表 11–4 中的估计，已经把邻居溢出的间接效应分离出来了，因此，政府补贴的回归系数更多的是直接效应，这与表 11–7 的直接效应在符号上是一致的。

表 11–7　政府补贴的边际效应

	dydx	std. err.	z	$p > z$	[95 conf.	interval]
total	–0.044	0.027	–1.649	0.099	–0.097	0.008
direct	0.048	0.023	2.133	0.033	0.004	0.093
indirect	–0.092	0.042	–2.175	0.030	–0.176	0.000

当采用的空间权重矩阵从一阶变成二阶时，自变量的边际效应可能会发生变化。这里，估计采用二阶空间权重矩阵时政府补贴的边际效应，语句如下：

```
. quietly spatbinary ma  lnv gov inc siz sex age edu i.provcd18, probit wmat(W111)
impower(2)
. spatbinary_impact gov, dydx
```

得到的结果汇总在表 11–8。通过与表 11–7 进行比较发现，采用二阶空间权重矩阵之后，政府补贴的直接效应从之前的 0.048 增加到了 0.075，而且都是显著的。政府补贴的间接效应都是显著为负，其绝对值从之前的 0.092 减少到 0.033。还有一个重要的区别就是总效应的变化，从之前的 –0.044 变成了 0.041，但是不显著。这说明，当所采用的空间权重矩阵的阶数调整之后，自变量的边际效应也会出现某种变化。

表 11–8　政府补贴的边际效应（二阶空间权重矩阵）

	dydx	std. err.	z	$p > z$	[95 conf.	interval]
total	0.041	0.026	1.617	0.106	–0.009	0.092
direct	0.075	0.035	2.142	0.032	0.006	0.143
indirect	–0.033	0.020	–1.655	0.098	–0.073	0.006

此外，空间自回归 Probit 模型也可以进行非线性两阶段最小二乘法（N2SLS）的估计。在本例子中，该估计显示 Hansen's J 检验是显著的，因此存在过度识别问题。

第三节　空间 Tobit 模型

在二元空间自回归模型中，除了空间自回归 Logit 模型和空间自回归 Tobit 模型之外，还有在这些模型上衍生出来的其他类型的模型，其中空间 Tobit 模型是比较常用的一种。空间 Tobit 模型是指因变量虽然在正值上大致连续分布，但包含一部分以正概率取值为 0 的观察值以及存在着空间溢出效应的一类模型。例如，在任一给定年份，有相当多数量家庭的医疗保险费用支出为 0，因此，虽然年度家庭商业保险费用支出的总体分布散布于一个很大的正数范围内，但在数字 0 上却相当集中。同时，这些样本家庭之间并非是彼此独立的，而是存在着关联，比如同处一个社区的邻居家庭之间存在着彼此影响。对于这类问题，可以用空间 Tobit 模型来进行模拟、分析和预测。从广义上来说，空间 Tobit 模型属于截尾回归模型或删失回归模型（censored regression model），也是受限因变量（limited dependent variable）回归的一种。受限因变量指因变量的观测值是连续的，但是受到某种限制，得到的观测值并不完全反映因变量的实际状态。但是，与一般 Tobit 模型不同的是，空间 Tobit 模型所分析的对象之间往往存在着空间自相关性，因此需要在一般 Tobit 模型中引入相关的空间滞后项。当然，并不是空间分析和 Tobit 模型进行结合就是空间 Tobit 模型，如先进行空间分析再进行 Tobit 模型的估计（秦炳涛，柳佳男，2022），就不是空间 Tobit 模型。只有把空间滞后项引入 Tobit 模型之中，才是空间 Tobit 模型（Xu, Lee, 2015）。

基本模型

空间 Tobit 模型是在传统的 Tobit 模型的基础上，通过引入空间滞后项而得到的。根据所引入的空间滞后项的不同，空间 Tobit 模型还可以进一步细分为空间滞后 Tobit 模型、空间杜宾 Tobit 模型、空间误差 Tobit 模型和空间自回归 Tobit 模型。一般而言，空间 Tobit 滞后模型设定如下：

$$y^* = \rho W \times y^* + \beta' x_i + \mu_i$$
$$y_i^* = \begin{cases} y_i \ if\, y_i^* > 0 \\ 0 \ if\, y_i^* \le 0 \end{cases}$$

在这个模型中，y^* 是个隐变量，即是一个潜在因变量。当这个潜在因变量大于 0 时，就会被观察到，其观测值就是 y_i。这个时候，这个因变量就从隐变量变成了一个显变量。但当这个潜在因变量小于或等于 0 时，就不会被观察到，此时，就在 0 处截尾，即假设其不被观察到的值都是 0。这就是观测值受限的概念。W 就是空间权重矩阵。

当然，截尾处也不一定都是 0，也可以是其他值。事实上截尾临界点可以为 c_i。这个截尾临界点对所有的 i 都是一样的，即一个固定值。但是，在多数情况下，c_i 会随着特征而变化。并且，在截尾的方向上，既可以从左边截尾，也可以从右边截尾，还可以两边同时截尾。这些特征，要求空间 Tobit 模型具有更大的灵活性，能够适应不同的情境。

x_i 是自变量向量，而 β 是系数向量。如果除了引入自变量空间滞后项之外，x_i 中的变量空间滞后项也被引入模型中，那么这个模型就是空间杜宾 Tobit 模型。空间杜宾 Tobit 模型设定如下：

$$y^* = \rho W \times y^* + \rho' W \times x_i + \mu_i$$
$$y_i^* = \begin{cases} y_i \; if \, y_i^* > 0 \\ 0 \; if \, y_i^* \le 0 \end{cases}$$

需要注意的是，空间 Tobit 杜宾模型其实有两种模型设定。除了上述这种模型设定之外，还有一种空间 Tobit 杜宾模型是仅引入了自变量空间滞后项，而没有引入因变量空间滞后项。

μ_i 是误差项，独立且服从正态分布，即 $\mu_i \sim N(0, \sigma^2)$。如果 μ_i 不服从独立和正态分布，那么可以在误差项的空间滞后项引入模型中，此时，这个模型就是空间误差 Tobit 模型。空间误差 Tobit 模型设定如下：

$$y^* = \beta' x_i + (I - \lambda W)^{-1} \varepsilon_i$$
$$y_i^* = \begin{cases} y_i \; if \, y_i^* > 0 \\ 0 \; if \, y_i^* \le 0 \end{cases}$$

此时，$\varepsilon_i \sim N(0, \sigma^2)$。

此外，如果把自变量空间滞后项和残差空间滞后项同时引入模型，就是空间自回归 Tobit 模型，其模型设定如下：

$$y^* = \rho W \times y^* + \beta' x_i + (I - \lambda W)^{-1} \varepsilon_i$$
$$y_i^* = \begin{cases} y_i \; if \, y_i^* > 0 \\ 0 \; if \, y_i^* \le 0 \end{cases}$$

此时，$\varepsilon_i \sim N(0, \sigma^2)$。

实例与准备

家庭在购买商业保险上，每年所支付的商业保险费，不同家庭会有明显的差距。如果没有购买商业保险，那么家庭在商业保险费支出就为 0。买了商业保险之后，家庭在一般情况下需要每年有一笔保险支出。但是在中国农村，没有购买商业保险的家庭占主导，购买商业保险的家庭占比不高。在这种情况下，从每年家庭商业保险支出金额上来看，就存在着明显的左侧受限，在数字 0 上相当集中。要探究哪些因素会对家庭商业保险支出产生影响，就需要采用左侧受限点为 0 的空间 Tobit 模型。

在本例子中，继续采用 CFPS2018 年数据进行演示。为了减少运行速度，把户主年龄控制在 [30，40]，去掉缺失值以及社区家庭样本数为 1 的家庭，最终得到 457 户家庭样本。之所以要去掉社区样本数为 1 的家庭，是为了确保每一个社区至少有两户家庭样本，这样，每个家庭就确保至少有一户邻居。此时，看一下因变量家庭商业保险支出额，发现在 457 户家庭样本中，有 270 户家庭的支出额为 0，占了样本家庭的 59%。因此，有必要采用左侧受限点为 0 的空间 Tobit 模型进行估计和模拟。

所以空间计量模型，前期准备的关键一步就是建构空间权重矩阵。在这个例子中，同村邻居之间往往存在着关联，即所谓的邻居性溢出，因此可以通过如下语句，建构基于同一个社区的空间邻近权重矩阵：

```
. use case3.dta,replace
. spwmatrix socio nnn, wname(w112) wtype(socnet) idvar(nid) xport(w112,txt)
```

然后，通过 spmat 命令，把生成的存在 txt 文件上的空间邻近权重矩阵转化为 dta 文件，相关语句如下：

```
. spmat import w112 spmat using w112.txt
. spmat export w112 spmat using "w112 spmat.txt", noid replace
. import delimited "w112 spmat.txt", delimiter(space) rowrange(2) clear
. save "w112 spmat.dta", replace
```

这样，对于这个例子的空间 Tobit 模型的前期准备已经就绪了。

空间横截面 Tobit 模型

根据具体模型设定的不同，空间横截面 Tobit 模型包括了空间滞后 Tobit 模型、空间误差 Tobit 模型、空间自回归 Tobit 模型和空间杜宾 Tobit 模型。

本例子中的空间滞后 Tobit 模型，具体设定如下：

$$CS^* = \rho W \times CS^* + \beta_1 TRE_i + \beta_2 LNV_i + \beta_3 GOV_i + \beta_4 INC_i + \beta_5 SIZ_i + \beta_6 SEX_i + \mu_i$$

$$CS_i^* = \begin{cases} CS_i, & CS_i^* > 0 \\ 0, & CS_i^* \leq 0 \end{cases}$$

在这个模型中，可观察到的因变量 *CS* 是家庭商业保险支出，其操作性定义是家庭年商业保险支出额加 1 之后的对数值。

自变量中，家庭层面的因素包括四个。*TRE* 是家庭旅游支出，其操作性定义是家庭年旅游支出额加 1 之后的对数值。*LNV* 是家庭拥有的农用机械总价值加上 1 后的对数值，用来衡量农户自家在农机上的投资。*GOV* 是用来衡量农户有没有收到政府补贴的虚拟变量。如果农户受到政府补贴，该变量为 1；否则，为 0。*INC* 是家庭年收入加上 1 后的对数值，用来衡量农户家庭经济状况。*SIZ* 是家庭规模，就是家庭的人口数。户主层面的因素有一个：*SEX* 是一个关于户主性别的虚拟变量。如果户主是男性，该变量为 1；反之，该变量为 0。

接下来，就可以采用如下语句来估计这个空间滞后 Tobit 模型：

```
. spregcs ins tra lnv gov inc siz sex , model(sar) tobit ll(0) wmfile(w112spmat)
```

运行的结果，汇总在表 11–9。根据表 11–9 所示，ρ 的估计值是显著为负，这说明在商业保险支出上，同村邻居之间存在着负的溢出效应。这是一种有意思的现象。对于这种现象的解释，可以从文化、经济、社会、习俗等多个角度来进行。

表 11–9　空间滞后 Tobit 模型的估计结果

	Coef.	Std. Err.	*z*	*P>z*	[95% Conf.	Interval]
TRE	0.063	0.026	2.43	0.015	0.012	0.114
LNV	0.052	0.020	2.52	0.012	0.012	0.092
GOV	–0.295	0.190	–1.55	0.121	–0.669	0.078
INC	0.366	0.112	3.27	0.001	0.146	0.585
SIZ	–0.081	0.047	–1.7	0.089	–0.173	0.012
SEX	–0.262	0.178	–1.47	0.142	–0.612	0.087
_cons	4.254	1.226	3.47	0.001	1.852	6.656
ρ	–0.026	0.011	–2.28	0.023	–0.049	–0.004

此外，旅游支出对商业保险支出的影响显著为正。一般出去旅游，都会买一些商业意外险之类的保险。此外，家庭拥有的农机总数越多，支付的商业保险费越高，这主要是与财产险有关。农机是重要的固定资产，因此，一般都会购买商业财产险用来保障。家庭收入和家庭规模对商业保险支出的影响都是显著为正的。

继续上述这个例子，其空间误差 Tobit 模型，设定如下：

$$CS^* = \beta_1 TRE_i + \beta_2 LNV_i + \beta_3 GOV_i + \beta_4 INC_i + \beta_5 SIZ_i + \beta_6 SEX_i + (I-\lambda W)^{-1}\varepsilon_i$$

$$CS_i^* = \begin{cases} CS_i \ if\ CS_i^* > 0 \\ 0 \quad if\ CS_i^* \le 0 \end{cases}$$

接下来，就可以采用如下语句来估计这个空间误差 Tobit 模型：

```
. spregcs ins tra lnv gov inc siz sex , model(sem) tobit ll(0) wmfile(w112spmat)
```

运行的结果，汇总在表 11–10。根据表 11–10 所示，λ 的估计值是显著为负，这说明在商业保险支出上，同村邻居之间存在着负的溢出效应。这与之前的空间滞后 Tobit 模型的结果是一致的。从自变量的情况来看，与之前的空间滞后 Tobit 模型的估计结果基本上是一致的。

表 11–10 空间误差 Tobit 模型的估计结果

	Coef.	Std. Err.	z	$P>z$	[95% Conf.	Interval]
TRE	0.069	0.026	2.67	0.008	0.018	0.120
lNC	0.048	0.020	2.39	0.017	0.009	0.088
GOV	–0.301	0.190	–1.59	0.112	–0.673	0.070
INC	0.339	0.121	2.81	0.005	0.102	0.576
SIZ	–0.096	0.048	–2.01	0.045	–0.190	–0.002
SEX	–0.286	0.178	–1.61	0.108	–0.635	0.063
_cons	4.353	1.335	3.26	0.001	1.737	6.969
λ	–0.027	0.013	–2.02	0.044	–0.052	–0.001

如果把空间滞后 Tobit 模型和空间误差 Tobit 模型结合起来，就是空间自回

归 Tobit 模型，其设定如下：

$$CS^* = \rho W \times CS^* + \beta_1 TRE_i + \beta_2 LNV_i + \beta_3 GOV_i + \beta_4 INC_i + \beta_5 SIZ_i + \beta_6 SEX_i + (I - \lambda W)^{-1}\varepsilon_i$$

$$CS_i^* = \begin{cases} CS_i, & CS_i^* > 0 \\ 0, & CS_i^* \le 0 \end{cases}$$

接下来，就可以采用如下语句来估计这个空间自回归 Tobit 模型：

```
. spregcs ins tra lnv gov inc siz sex , model(sac) tobit ll(0) wmfile(w112spmat)
```

运行的结果，汇总在表 11–11。根据表 11–11 所示，此时 ρ 和 λ 的估计值不再是显著的，这说明在商业保险支出上，如果同时引入因变量和残差项的空间滞后项，同村邻居之间就不会存在溢出效应。这与之前的空间滞后 Tobit 模型的结果以及空间误差 Tobit 模型都不一致。这是因为同时引入了因变量空间滞后项和残差空间滞后项，使得空间滞后关系变得更加复杂，有可能彼此抵消而都变得不显著了。从自变量的情况来看，与之前的空间滞后 Tobit 模型以及空间误差 Tobit 模型的估计结果基本上是一致的。

表 11–11　空间自回归 Tobit 模型的估计结果

	Coef.	Std. Err.	*z*	*P* > *z*	[95% Conf.	Interval]
TRE	0.065	0.026	2.49	0.013	0.014	0.116
lNC	0.051	0.020	2.48	0.013	0.011	0.090
GOV	–0.293	0.190	–1.54	0.123	–0.666	0.079
INC	0.371	0.117	3.18	0.001	0.143	0.600
SIZ	–0.087	0.049	–1.8	0.073	–0.182	0.008
SEX	–0.277	0.179	–1.55	0.122	–0.628	0.074
_cons	4.131	1.279	3.23	0.001	1.624	6.639
ρ	–0.018	0.017	–1.11	0.269	–0.051	0.014
λ	–0.011	0.018	–0.61	0.542	–0.046	0.024

如果在空间滞后 Tobit 模型的基础上，再把自变量的空间滞后项都加上，那么，就产生了空间杜宾 Tobit 模型，其设定如下：

$$CS^* = \rho W \times CS^* + \beta_1 TRE_i + \beta_2 LNV_i + \beta_3 GOV_i + \beta_4 INC_i + \beta_5 SIZ_i + \beta_6 SEX_i +$$
$$\gamma_1 W \times TRE_i + \gamma_2 W \times LNV_i + \gamma_3 W \times GOV_i + \gamma_4 W \times INC_i +$$
$$\gamma_5 W \times SIZ_i + \gamma_6 W \times SEX_i + \varepsilon_i$$
$$CS_i^* = \begin{cases} CS_i, & CS_i^* > 0 \\ 0, & CS_i^* \leq 0 \end{cases}$$

接下来，就可以采用如下语句来估计这个空间杜宾 Tobit 模型：

```
. spregcs ins tra lnv gov inc siz sex , model(sdm) tobit ll(0) wmfile(w112spmat)
```

运行的结果，汇总在表 11–12。根据表 11–12 所示，此时 ρ 的估计值是显著为负，这与之前的空间滞后 Tobit 模型的结果是一致的。可见，即便引入了自变量空间滞后项，因变量空间滞后项的回归系数并没有受到太大影响。从自变量的情况来看，家庭旅游支出对商业保险支出的影响依然是显著为正，同时，其空间滞后项回归系数不显著。家庭农机价值对商业保险支出的影响此时变得不显著了，但是，其空间滞后项回归系数却是显著为正。这说明该变量对因变量的影响主要是间接影响。政府补贴的回归系数以及其空间滞后项的回归系数都不显著，这说明政府补贴对家庭商业保险支出的直接影响和间接影响都不存在。家庭收入对家庭商业保险支出的直接影响和间接影响都是显著为正。家庭规模对家庭商业保险支出只有直接影响，没有间接影响。户主性别对家庭保险支出的直接影响和间接影响都不显著。

表 11–12　空间杜宾 Tobit 模型的估计结果

	Coef.	Std. Err.	*z*	*P* > *z*	[95% Conf.	Interval]
TRE	0.051	0.025	2.05	0.04	0.002	0.100
lNC	0.026	0.022	1.21	0.226	–0.016	0.068
GOV	–0.291	0.185	–1.57	0.116	–0.654	0.072
INC	0.406	0.113	3.59	0.000	0.185	0.627
SIZ	–0.085	0.046	–1.83	0.067	–0.176	0.006
SEX	–0.137	0.181	–0.76	0.447	–0.491	0.217

续表

	Coef.	Std. Err.	z	$P>z$	[95% Conf.	Interval]
γ_1	−0.009	0.022	−0.39	0.696	−0.053	0.035
γ_2	0.030	0.012	2.46	0.014	0.006	0.053
γ_3	−0.103	0.122	−0.84	0.401	−0.342	0.137
γ_4	0.051	0.019	2.74	0.006	0.015	0.088
γ_5	−0.110	0.029	−3.73	0.000	−0.167	−0.052
γ_6	−0.030	0.119	−0.25	0.801	−0.264	0.204
_cons	3.904	1.263	3.09	0.002	1.429	6.378
ρ	−0.034	0.013	−2.66	0.008	−0.059	−0.009

此外，空间杜宾 Tobit 模型还有另一种设定，就是不引入因变量空间滞后项，而都是自变量空间滞后项，即空间杜宾受限因变量模型，其设定如下：

$$CS^* = \beta_1 TRE_i + \beta_2 LNV_i + \beta_3 GOV_i + \beta_4 INC_i + \beta_5 SIZ_i + \beta_6 SEX_i + \gamma_1 W \times TRE_i + \gamma_2 W \times LNV_i + \gamma_3 W \times GOV_i + \gamma_4 W \times INC_i + \gamma_5 W \times SIZ_i + \gamma_6 W \times SEX_i + \varepsilon_i$$

$$CS_i^* = \begin{cases} CS_i, & CS_i^* > 0 \\ 0, & CS_i^* \le 0 \end{cases}$$

此时，需要采用如下语句来估计这个空间杜宾 Tobit 模型：

```
. spregcs ins tra lnv gov inc siz sex , model(durbin) ll(0) wmfile(w112spmat) run(tobit)
```

运行的结果，汇总在表 11–13。根据表 11–13 所示，此时已经没有了 ρ 参数的估计值，因为这个模型并未引入因变量空间滞后项。从自变量来看，教育支出对商业保险支出的直接影响显著为正，而间接影响不显著，这与之前的空间杜宾 Tobit 模型的结果是一致的。农机价值对商业保险支出的间接影响不显著，这与之前的空间杜宾 Tobit 模型的结果是不一致的。政府补贴的直接效应和间接效应都是不显著的，这与之前的空间杜宾 Tobit 模型的结果是一致的。收入、家庭规模对商业保险支出的间接影响不显著，这与之前的空间杜宾 Tobit 模型的结果是不一致的。户主性别对商业保险支出的间接影响是显著为正，这与之前的空间杜宾 Tobit 模型的结果是不一致的。

表 11–13　空间杜宾受限因变量模型的估计结果

	Coef.	Std. Err.	z	$P>z$	[95% Conf.	Interval]
TRE	0.586	0.135	4.36	0.000	0.322	0.851
lNC	0.160	0.103	1.56	0.119	–0.042	0.363
GOV	0.120	0.884	0.14	0.892	–1.618	1.859
INC	2.782	0.555	5.01	0.000	1.692	3.872
SIZ	–0.007	0.238	–0.03	0.978	–0.474	0.461
SEX	0.369	0.832	0.44	0.658	–1.267	2.005
γ_1	0.051	0.100	0.51	0.611	–0.145	0.247
γ_2	–0.052	0.055	–0.95	0.343	–0.159	0.056
γ_3	0.566	0.569	0.99	0.32	–0.552	1.685
γ_4	–0.037	0.083	–0.44	0.659	–0.201	0.127
γ_5	–0.039	0.137	–0.29	0.775	–0.309	0.230
γ_6	0.006	0.504	0.01	0.99	–0.985	0.997
_cons	–31.889	6.120	–5.21	0.000	–43.918	–19.861

空间面板 Tobit 模型

如果是空间面板数据，那么只需要在上述模型中把下标改成 it 就可以了。其中 i 代表观测点，t 代表观测时间。空间面板 Tobit 模型的应用很广泛，比如可以用来研究公共治理（贺宝成，熊永超，2022）、地区创新（姜琪，马超群，2021）、生产效率（Cheng et al., 2019）、旅游业（Li, Zhang, 2022）等领域。本例将探究省级碳生产率的影响因素，利用的是 2011 年到 2019 年我国 31 个省份的面板数据。

本例子中的空间滞后面板 Tobit 模型，就是把因变量的空间滞后项引入到模型中，具体设定如下：

$$CP^* = \rho W \times CP^* + \beta_1 DE_{it} + \beta_2 EL_{it} + \beta_3 UL_{it} + \beta_4 IS_{it} + \beta_5 OP_{it} + \beta_6 MR_{it} + \mu_{it}$$

$$CP_{it}^* = \begin{cases} CP_{it}, CP_{it}^* > 0 \\ 0 \quad , CP_{it}^* \le 0 \end{cases}$$

其中 CP_{it} 是 i 省在 t 时间上的二氧化碳生产率，其操作性定义是省 GDP 与省碳排放总量的比值。DE_{it} 是 i 省在 t 时间上的数字经济的发展水平，其操作性定义是各省的选取数字经济基础设施、数字经济发展潜力、数字经济运用能力与数字经济发展环境四个一级指标和对应的二级指标对数字经济进行测度，并采用熵权法计算数字经济综合指数。EL_{it} 是 i 省在 t 时间上的经济发展水平，其操作性定义就是各省人均 GDP。UL_{it} 是 i 省在 t 时间上的城市化水平，其操作性定义是各省城镇人口与总人口的比值。IS_{it} 是 i 省在 t 时间上的产业结构经济，其操作性定义是各省工业增加值与各省 GDP 的比值。OP_{it} 是 i 省在 t 时间上的对外开放程度，其操作性定义是各省进出口总额与其 GDP 的比值。MR_{it} 是 i 省在 t 时间上的市场化程度，其操作性定义是各省非国有职工人数与其职工人数的比值。其中 EL_{it} 是取其自然对数值进入模型，而 MR_{it}、UL_{it}、IS_{it}、OP_{it} 和 MR_{it} 进行了 1% 水平上的缩尾处理。

在模型估计上，需要事先安装 sptobitsarxt 命令（ssc install sptobitsarxt）。这里，采用的是我国 31 个省份的空间逆距离权重矩阵。具体语句如下：

```
. sptobitsarxt CP DE EL UL IS OP MR,nc(31) wmfile(M11.dta) ll(0)
```

得到的估计结果汇总在表 11–14。从结果来看，Rho 的回归系数是显著为负，这说明邻近省份之间在碳生产率上存在着负的溢出效应。此外，数字经济的发展促进了碳生产率的提升。经济发展水平对碳生产率的影响不显著。对外开放程度和市场化程度都会促进碳生产率的提升，但是，城市化和第二产业比重都会对碳生产率产生负面影响。

表 11–14　空间滞后面板 Tobit 模型的估计结果

	Coef.	Std. Err.	z	$P > z$	[95% Conf.	Interval]
DE	0.612	0.107	5.73	0.000	0.402	0.821
EL	0.023	0.021	1.06	0.288	–0.019	0.065
UL	–0.310	0.054	–5.75	0.000	–0.415	–0.204
IS	–0.157	0.039	–4.03	0.000	–0.234	–0.081
OP	0.095	0.015	6.3	0.000	0.065	0.124
MR	0.167	0.032	5.21	0.000	0.104	0.230
_cons	–0.397	0.165	–2.4	0.017	–0.721	–0.072
/Rho	–0.233	0.096	–2.44	0.015	–0.421	–0.046
/Sigma	0.039	0.002	23.27	0.000	0.035	0.042

接下来，可以对空间误差面板 Tobit 模型进行估计。此处，对应的模型的公式就省略了。空间面板误差 Tobit 模型就是把误差项的空间滞后项引入到模型中。估计时，需要事先安装 sptobitsemxt 命令（ssc install sptobitsemxt）。具体语句是：

```
. sptobitsemxt CP DE EL UL IS OP MR, nc(31) wmfile(M11.dta) ll(0)
```

得到的估计结果汇总在表 11–15。从结果来看，Lambda 的回归系数不显著，这说明在残差项中不存在溢出效应。

表 11–15 空间误差面板 Tobit 模型的估计结果

	Coef.	Std. Err.	z	$P > z$	[95% Conf.	Interval]
DE	0.458	0.101	4.54	0.000	0.260	0.655
EL	0.045	0.022	2.08	0.038	0.003	0.087
UL	–0.321	0.055	–5.89	0.000	–0.428	–0.214
IS	–0.178	0.040	–4.46	0.000	–0.256	–0.100
OP	0.103	0.015	6.94	0.000	0.074	0.132
MR	0.146	0.032	4.58	0.000	0.083	0.208
_cons	–0.535	0.167	–3.2	0.001	–0.863	–0.207
/Lambda	–0.009	0.017	–0.51	0.613	–0.043	0.025
/Sigma	0.039	0.002	23.28	0.000	0.036	0.042

如果把因变量的空间滞后项和误差项的空间滞后项同时引入模型，就是空间自回归面板 Tobit 模型。估计时，需要事先安装 sptobitsacxt 命令（ssc install sptobitsacxt）。具体语句如下：

```
. sptobitsacxt CP DE EL UL IS OP MR,nc(31) wmfile(M11.dta) ll(0)
```

得到的估计结果汇总在表 11–16。从结果来看，Rho 和 Lambda 的回归系数都是显著为负，这说明邻近省份之间在碳生产率上存在着负的空间溢出效应。

表 11–16　空间自回归面板 Tobit 模型的估计结果

	Coef.	Std. Err.	z	P > z	[95% Conf.	Interval]
DE	0.617	0.096	6.46	0.000	0.430	0.805
EL	0.038	0.018	2.12	0.034	0.003	0.073
UL	–0.302	0.050	–6	0.000	–0.401	–0.203
IS	–0.179	0.038	–4.72	0.000	–0.253	–0.104
OP	0.071	0.016	4.56	0.000	0.041	0.102
MR	0.167	0.028	5.95	0.000	0.112	0.221
_cons	–0.517	0.140	–3.69	0.000	–0.792	–0.242
/Rho	–0.671	0.146	–4.59	0.000	–0.957	–0.384
/Lambda	–0.112	0.037	–3	0.003	–0.186	–0.039
/Sigma	0.037	0.002	23.17	0.000	0.034	0.040

如果把因变量和自变量的空间滞后项都引入到模型中，就是空间杜宾面板 Tobit 模型。估计时，需要事先安装 sptobitsdmxt 命令（ssc install sptobitsdmxt）。具体语句如下：

```
. sptobitsdmxt CP DE EL UL IS OP MR,nc(31) wmfile(M11.dta) ll(0)
```

得到的估计结果汇总在表 11–17。从结果来看，Rho 的回归系数都是显著为负，这说明邻近省份之间在碳生产率上存在着负的空间溢出效应。此外，经济水平、城市化以及对外开发程度的空间滞后项的回归系数都是显著为正的，这说明一个省份的这些因素的提升都会对邻近其他省份的碳生产率产生正向的促进作用。数字经济以及市场化程度的空间滞后项的回归系数都是显著为负的，这说明一个省份的这些因素的提升会对邻近其他省的碳生产率产生负面影响。产业结构空间滞后项的回归系数不显著，说明一个省份产业结构的变化不会对邻近其他省份的碳生产率产生影响。

表 11–17　空间杜宾面板 Tobit 模型的估计结果

	Coef.	Std. Err.	z	P > z	[95% Conf.	Interval]
DE	0.784	0.118	6.65	0.000	0.553	1.016
EL	0.036	0.021	1.75	0.081	–0.004	0.077

续表

	Coef.	Std. Err.	z	P > z	[95% Conf.	Interval]
UL	−0.286	0.051	−5.6	0.000	−0.387	−0.186
IS	−0.224	0.041	−5.45	0.000	−0.304	−0.143
OP	0.068	0.017	3.97	0.000	0.035	0.102
MR	0.189	0.031	6.03	0.000	0.127	0.250
w1x_DE	−0.910	0.225	−4.05	0.000	−1.351	−0.470
w1x_EL	0.033	0.016	2.14	0.032	0.003	0.064
w1x_UL	0.635	0.202	3.14	0.002	0.239	1.031
w1x_IS	−0.287	0.211	−1.36	0.175	−0.700	0.127
w1x_OP	0.198	0.087	2.28	0.023	0.028	0.368
w1x_MR	−0.155	0.083	−1.86	0.062	−0.319	0.008
_cons	−0.666	0.166	−4.01	0.000	−0.992	−0.341
/Rho	−0.543	0.243	−2.23	0.025	−1.019	−0.067
/Sigma	0.035	0.002	23.08	0.000	0.032	0.038

由于社会时空系统运行的复杂性，在进行时空模型估计上，还可以估算 Tobit（m-STAR）空间多参数时空自回归模型（Spatio-Temporal Autoregressive Regression，STAR）。也就是说，在运用混合空间截面数据研究时空自回归模型时，既要考虑到空间维度的多向效应，也要兼顾时间维度的单向效应。这里，以空间滞后面板 Tobit 模型（STAR）估计时，需要事先安装 sptobitmstarxt 命令（ssc install sptobitmstarxt）。具体语句如下：

```
. sptobitmstarxt  CP DE EL UL IS OP MR,nc(31) wmfile(M11.dta) ll(0)
```

得到的结果与表 11–14 的结果是一样的。可见，在本例子中，sptobitmstarxt 命令估计与 sptobitsarxt 命令估计是一样的。

若估计空间杜宾面板 Tobit 模型（STAR），需要事先安装 sptobitmstardxt 命令（ssc install sptobitmstardxt）。具体语句如下：

```
. sptobitmstardxt  CP DE EL UL IS OP MR, nc(31) wmfile(M11.dta) ll(0)
```

得到的结果与表11–17的结果是一样的。可见，在本例子中，sptobitmstardxt命令估计与sptobitsdmxt命令估计是一样的。

但是，如果在上述空间杜宾面板Tobit模型（STAR）上考虑异方差，估计的结果就会不同。估计时，需要事先安装sptobitmstardhxt命令（ssc install sptobitmstardhxt）。具体语句如下：

```
. sptobitmstardhxt  CP DE EL UL IS OP MR,nc(31) wmfile(M11.dta) ll(0)
```

得到的估计结果汇总在表11–18。在表11–18中，对Hetero部分的参数估计结果，就是相关变量的异方差参数的估计结果。比较表11–18和表11–17，发现加入自变量的异方差参数之后，因变量空间滞后项的回归系数变得不显著了。所以在这个例子中，异方差的影响不可忽视。

表11–18　空间杜宾面板异方差Tobit模型的估计结果

	Coef.	Std. Err.	z	$P>z$	[95% Conf.	Interval]
DE	0.934	0.176	5.3	0.000	0.588	1.279
EL	–0.018	0.107	–0.17	0.866	–0.227	0.191
UL	–0.153	0.322	–0.48	0.633	–0.784	0.477
IS	–0.012	0.136	–0.09	0.928	–0.279	0.254
OP	0.022	0.031	0.72	0.473	–0.039	0.083
MR	0.211	0.034	6.14	0.000	0.144	0.279
w1x_DE	–1.087	0.525	–2.07	0.039	–2.117	–0.057
w1x_EL	0.032	0.022	1.49	0.137	–0.010	0.075
w1x_UL	0.719	0.431	1.67	0.095	–0.125	1.563
w1x_IS	0.020	0.432	0.05	0.962	–0.827	0.867
w1x_OP	–0.063	0.101	–0.63	0.529	–0.261	0.134
w1x_MR	–0.163	0.072	–2.28	0.023	–0.304	–0.023
_cons	–0.309	0.985	–0.31	0.754	–2.241	1.622
Hetero						
DE	2.666	1.821	1.46	0.143	–0.903	6.236
EL	–0.087					

续表

	Coef.	Std. Err.	z	P > z	[95% Conf.	Interval]
UL	1.222	6.594	0.19	0.853	−11.701	14.145
IS	−1.273					
OP	−0.959	3.187	−0.3	0.764	−7.206	5.288
MR	0.769	1.904	0.4	0.686	−2.963	4.501
/Rho	−0.245	0.470	−0.52	0.602	−1.167	0.676
/Sigma	0.011	0.050	0.21	0.83	−0.087	0.109

需要注意的是，所采用的 STAR 模型，其空间权重矩阵是固定不变的，而不是时变空间权重矩阵。如果考虑动态性，更好的方法就是采用时变空间权重矩阵，进而刻画不同时期的不同空间权重矩阵对回归结果的影响。当然，建构时变空间权重矩阵的难度会更大，对于数据格式的要求会更高。但是，从信息使用效率的角度来看，使用时变空间权重矩阵显然要比使用固定不变的空间权重矩阵要更具有说服力。事实上，空间权重矩阵本身也在动态变化着，不可能是一成不变的。时空社会科学研究最终是要把这种动态变化着的空间权重矩阵所提供的信息给充分利用和释放，因此，采用时变空间权重矩阵是时空社会科学研究的一个重要的未来发展趋势。

小　结

社会时空系统在运行过程中，会产生一系列分类变量，这是体现事物类别的变量。对于这些分类变量的估计，常用的模型就是空间自回归 Logit 模型和空间自回归 Probit 模型。这两类模型，具有一定的相似性，所分析的是空间横截面数据。现阶段这两个模型还没有用于空间面板数据的分析。此外，社会时空系统在运行过程中，往往会有一定的限制与约束，因此，所研究的变量就会是受限变量。在这种情况下，就需要采用空间 Tobit 模型。根据数据类型的不同，这个模型还可以分为空间横截面 Tobit 模型和空间面板 Tobit 模型，分别适用于空间横截面数据和空间面板数据。在开始时空社会科学研究的过程中，可以根据所研究的问题以及数据的类型和结构，有针对性地采用合适的模型。

思考题

1. 什么是分类变量？
2. 什么是空间自回归 Logit 模型？
3. 什么是空间自回归 Probit 模型？
4. 上述这两个模型有何异同？
5. 如何估计空间自回归 Logit 模型？
6. 如何估计空间自回归 Probit 模型？
7. 什么是受限因变量模型？
8. 如何估计空间横截面 Tobit 模型？
9. 如何估计空间面板 Tobit 模型？
10. 什么是空间多参数时空自回归模型（STAR）？

参考文献

[1] ARBIA G. A Primer for Spatial Econometrics: With Applications in R [M]. Palgrave Macmillan, 2014.

[2] BALTAGI B H, DENG Y, Ma X. Network effects on labor contracts of internal migrants in China: a spatial autoregressive model [J]. Empirical Economics, 2018, 55(1): 265-296.

[3] CHENG Y, SHAO T, LAI H, et al. Total-factor eco-efficiency and its influencing factors in the yangtze river delta urban agglomeration, China [J]. International Journal of Environmental Research and Public Health, 2019, 16(20): 3814.

[4] JIN, F, LEE, L. Irregular N2SLS and LASSO estimation of the matrix exponential spatial specification model [J]. Journal of Econometrics, 2018, 206(2): 336-358.

[5] LI Y, ZHANG Y. Spatial-temporal evolution and influencing factors of tourism eco-efficiency in China's Beijing-Tianjin-Hebei region [J]. Frontiers in Environmental Science, 2022, 10: 1067835.

[6] OLWERT C T, WANG C-H, ARELLANO V, et al. Retailer Behavior Near Fixed Transit Lines in Los Angeles: A Spatial Autoregressive Probit Model to Evaluate Retail Clustering [J]. Journal of Planning Education and Research, 2023,

43(4):799-814.

[7] SPINELLI, D. Fitting spatial autoregressive logit and probit models using Stata: The spatbinary command [J] . The Stata Journal, 2022, 22(2): 293-318.

[8] XU X, LEE, L-f. Maximum likelihood estimation of a spatial autoregressive Tobit model [J] . Journal of Econometrics, 2015, 188(1): 264-280.

[9] ZHOU Y, WANG, X, HOLGUÍN-VERAS J. Discrete choice with spatial correlation: A spatial autoregressive binary probit model with endogenous weight matrix (SARBP-EWM) [J] . Transportation Research Part B: Methodological, 2016, 94: 440-455.

[10] 吕勇斌，袁子寒，付宇 . 村镇银行设立的攀比效应和竞争效应——基于空间 Probit 模型的经验研究 [J] . 国际金融研究，2020, 10: 55-65.

[11] 姜琪，马超群 . 文化环境、制度约束如何影响地区创新水平及效率？——基于空间面板及 Tobit 模型的检验 [J] . 天津商业大学学报，2021, 41(3): 44-55.

[12] 徐晔，欧阳婉桦 . 空间动态面板非线性 Logistic 模型的稳健 LM 检验及应用 [J] . 数量经济技术经济研究，2022, 39(6): 140-160.

[13] 秦炳涛，柳佳男 . 长三角绿色发展效率时空演变及空间溢出分析——基于 Super-SBM 模型和 Tobit 回归 [J] . 生态经济，2022, 38(11): 64-71.

[14] 胡郁葱，韦湖，曾强 . 基于空间广义有序 Probit 模型的高速公路事故严重程度分析 [J] . 华南理工大学学报（自然科学版），2023, 51(1): 114-122.

[15] 贺宝成，熊永超 . 地方政府竞争对治理效率的影响——基于 Tobit 空间杜宾模型的计量分析 [J] . 南京审计大学学报，2022, 19(1), 100-111.

[16] 邓欧，李亦秋，冯仲科，等 . 基于空间 Logistic 的黑龙江省林火风险模型与火险区划 [J] . 农业工程学报，2012, 28(8): 200-205.

[17] 马佳羽，韩兆洲，蔡火娣 . 空气质量对生活满意度的效应研究——基于序数分层空间自回归 Probit 模型 [J] . 统计研究，2020, 37(11): 30-43.

第十二章

时空模型的发展

社会时空系统是复杂的，因此，用于分析其运行规律的方法也必然是多种多样的。随着空间计量经济学的发展，不断有新的时空模型产生。空间分位数模型可以从不同的分位数点来考察空间的影响，有助于更加精细地分析时空的作用机制和影响程度。空间随机前沿模型则在传统的随机前沿模型的基础上，加入了空间的影响，考察存在空间溢出效应情况下的随机前沿效率等问题，使得对社会时空系统运行效率的研究获得了有效的拓展和丰富。地理加权回归模型则从局部的视角来分析时空对局部社会系统的影响，这种局部视角有助于加深对社会时空系统的局部运行机制的理解。这些模型和方法，都有助于从多个角度和层次上揭示社会时空系统的运行规律，是开展时空社会科学的重要工具。

第一节 空间分位数回归模型

顾名思义，空间分位数回归模型就是把空间自相关性结合到分位数回归模型之中。当然，也可以反过来想，就是把分位数回归的思想融入空间计量模型之中。之所以这样做，就是要克服传统的分位数回归模型中可能存在着空间溢出效应的影响。如果存在着空间自相关性，在分位数模型中，无法体现这种存在，那么传统的分位数回归模型就会产生有偏的估计。为了克服这种局限，有必要在传统的分位数回归模型中，加上空间溢出效应，这就是空间分位数回归（spatial quantile regression）模型。这个逻辑与在传统最小二乘法回归模型基础上做空间回归模型的逻辑是一致的，都是在解决同一个问题。其实，整个时空社会科学都是在围绕和解决这个问题，因为这是社会时空系统中的一个核心问题。

一 基本原理

传统的分位数回归模型是建立在分位数函数的基础上的。对于一个连续的随

机变量 Y，其分布函数就是 $F(y) = P(Y \leqslant y)$。如果将这个随机变量的概率分布范围分为几个等份的数值点，常用的有中位数（二分位数）、四分位数、百分位数等，那么，这个数值点就是分位点，与此对应的函数就是分位点函数。比如这个变量 Y 的第 τ 分位点的分位数函数就是：$Q(\tau) = inf\{y{:}F(y) \geqslant \tau\}$。这个分位点函数看起来有点复杂，但是转化为具体模型后，其实也不难理解。在实证研究中，分位数回归模型是：$y = \beta_\tau x + \varepsilon$。这个模型看起来和常规的最小二乘法回归模型很相似，就是回归系数标识有点不同。在分位数回归模型中，β_τ 就是第 τ 分位点的待估计的系数，ε 就是随机扰动项。

由于社会时空系统往往存在着地理学第一定律所描述的现象，即邻近观测点上的社会现象之间往往存在着空间依赖性。由于存在着这种邻近性，因此社会时空系统中的事物之间往往会有空间溢出效应。但传统的分位数回归模型尚未考虑此空间的自相关性。作为应对，就可以把因变量的空间滞后项引入模型（Zietz et al., 2008）。空间分位数回归模型就是在传统的分位数回归模型中加入了因变量空间滞后项。空间分位数模型具有比较广泛的应用性，可以用来研究停车位的价格（Seya et al., 2020）、保险（Pai et al., 2022）、短租屋价格（Bernardi，Guidolin, 2023）、居民幸福感（陈之常，马亚东，2022）等问题。空间分位数回归模型的基本模型设定如下：

$$y = \rho_\tau Wy + \beta_\tau x + \varepsilon$$

在空间分位数回归模型中，除了需要估计参数 β_τ 之外，还有一个很重要的任务是估计参数 ρ_τ。这个参数用来刻画第 τ 分位点的因变量的空间溢出效应（Zhang, 2016）。如果回归结果显示 ρ_τ 不显著，那么，这就是一个常规的分位数回归模型，因为不存在空间溢出效应。如果回归结果显示 ρ_τ 是显著的，那么这就是一个空间分位数回归模型。如果 ρ_τ 显著为正，就说明因变量存在着正向的空间溢出效应；如果 ρ_τ 显著为负，就说明因变量存在着负向的空间溢出效应。

模型设定

在这个例子中，将探讨房价是否会对离婚率产生影响。房价是城市研究中的一个重要课题。之前，通过空间分位数模型来研究学校对房价的影响（Qiu et al., 2020）。这里将采用空间分位数模型来进行实证研究，一方面可以探究在不同离婚率的情况下，房价对离婚率会有何种影响；另一方面，可以同时检验离婚率是否存在着空间溢出效应。这是空间分位数回归模型擅长检验和探究的问题，体现了空间分位数回归模型的特点和优势。本例子以 2011 年到 2019 年共 9 年的省级面板数据为例，进行研究。具体而言，本例子的空间分位数回归模型的设定如下：

$$Dr_{it} = \alpha_{\tau} + \rho_{\tau} W \times Dr_{it} + \beta_{\tau 1} Hp_{it} + \beta_{\tau 2} El_{it} + \beta_{\tau 3} Er_{it} + \beta_{\tau 4} Ul_{it} + \beta_{\tau 5} Ea_{it} + \\ \beta_{\tau 6} Mr_{it} + \beta_{\tau 7} Sb_{it} + \beta_{\tau 8} Gr_{it} + \varepsilon_{it}$$

本研究因变量是 Dr_{it}，就是 t 省在 i 年的离婚率。在操作性定义上，用粗离婚率来衡量，粗离婚率是指某一年离婚总对数除以该年年终总人口数。核心自变量 Hp_{it} 是 t 省在 i 年的房价，用商品房屋住宅平均销售价格来衡量。El_{it} 是 t 省在 i 年的经济发展水平，用人均实际 GDP 来衡量。Er_{it} 是 t 省在 i 年的就业率，用就业人数与经济活动总人数的比值来衡量。Ul_{it} 是 t 省在 i 年的城市化水平，用城镇人口数占总人口数的比重来衡量。Ea_{it} 是 t 省在 i 年的受教育程度，用平均受教育程度衡量。Mr_{it} 是 t 省在 i 年的结婚率，用结婚对数与总人口数之比来衡量。Sb_{it} 是 t 省在 i 年的社会负担系数，用 0~14 岁人口数与 65 岁及以上人口数之和除以总人口数来衡量。Gr_{it} 是 t 省在 i 年的性别比，用男性与女性人数之比来衡量。W 就是空间权重矩阵，本例子采用空间邻近权重矩阵。两个省接壤，其权重为 1；不接壤，其权重为 0。ε_{it} 是随机扰动项。

这个模型一个很重要的参数就是 τ，即分位数点。在不同的研究中，根据研究的需要以及具体的社会时空系统，τ 可以有不同的取值，代表不同的分位点。在本例子中，取值为 0.25、0.5 和 0.75。此外，也可以取中位数（二分位数）、四分位数、百分位数等。此外，关于分位数点的取值，还取决于研究者的经验判断。本例子以省级层面的社会时空系统作为研究对象，上述分位点就已经够用了。

过程演示

在估计上，这里采用 ivqreg 命令来进行。这是 Stata 的一个外部命令，需要把 ivqrstata.zip 里的文件全部复制到 plus 目录下。一般操作就是把该文件解压之后，全部复制到 Stata 的 ado 目录下的 base 目录下的 i 目录下。然后就可以开始进行空间分位数回归模型的估计了。

第一步就是进行数据准备。本例子中所用的数据存在 house.dta 文件中。调用出来之后，与第六章中省 shp 数据文件生成的数据 sp002.dta 进行合并。然后，存到 house1.dta 文件中。具体语句如下：

```
. use house.dta,replace
. merge m:1 fips using sp002
. keep if _merge == 3
. drop _merge
. xtset fips year
. spbalance
. save house1.dta,replace
```

第二步就是把之前生成的省的空间邻近权重矩阵进行转化，从 .txt 文件格式转化为 .dta 文件格式。在此基础上，利用 spcs2xt 命令把已经存在的横截面矩阵，在相邻位置之间创建或生成平方的面板空间权重矩阵和文件（W9xt.dta），以用于面板空间回归分析建立，并用 spatwmat 进行调用为 mpanel，这适用于空间面板的权重矩阵。这个过程可谓是一波三折，看起来换来换去，其实理解之后也很简单。要实现上述运行，就需要安装 spcs2xt 命令（ssc install spcs2xt）。上述运行的具体语句如下：

```
. spmat import W12spmat using W.txt
. spmat export W12spmat using "W12.txt", noid replace
. import delimited "W12.txt", delimiter(space) rowrange(2) clear
. save "W12.dta", replace
. use W12.dta,clear
. spcs2xt v1-v31,time(9) matrix(W9)
. spatwmat using W9xt.dta,name(mpanel)
```

第三步就是进行空间自相关性检验以及生成空间滞后项。这个时候，需要用到 splagvar 命令（ssc install splagvar）。在本例子中，具体语句如下：

```
. use house1.dta,replace
. splagvar Dr,wname(mpanel) wfrom(Stata) moran(Dr) plot(Dr)
. splagvar Hp,wname(mpanel) wfrom(Stata) moran(Hp) plot(Hp)
```

运行结果汇总在表 12–1。根据表 12–1 所示，对于离婚率而言，从 2011 年到 2019 年的总的 Moran's I 值是 0.086，是显著的。对于房价而言，从 2011 年到 2019 年的总的 Moran's I 值是 0.065，也是显著的。因此，有必要采用空间分位数回归模型进行模拟和估计。

表 12–1　Moran's I 检验

	Dr	Hp
Moran's I	0.086**	0.065*
Mean	–0.004	–0.004
Std dev	0.040	0.040
Z-score	2.230	1.715
P-value	0.026	0.086

在第三步的 splagvar 中，还有很重要的一个功能，就是生成因变量离婚率的空间滞后项 wy_Dr 以及核心自变量房价的空间滞后项 wy_Hp。这两个空间滞后项变量之所以必不可少，是因为在接下去的 ivqreg 命令中进行估计时，需要用到这两个变量。

第四步就是用 ivqreg 命令对空间分位数回归模型进行估计，并对输出格式进行定义。具体语句如下：

```
. ivqreg Dr Hp El Er Ul Ea Mr Sb Gr (wy_Dr=wy_Hp),q(0.25)
. est sto sq1
. ivqreg Dr Hp El Er Ul Ea Mr Sb Gr (wy_Dr=wy_Hp),q(0.5)
. est sto sq2
. ivqreg Dr Hp El Er Ul Ea Mr Sb Gr (wy_Dr=wy_Hp),q(0.75)
. est sto sq3
. esttab sq1 sq2 sq3 using divorce.rtf, se mtitles star(* 0.1 ** 0.05 *** 0.01)
```

根据上述语句所示，在用 ivqreg 命令进行估计时，其实是用 wy_Hp 作为 wy_Dr 的工具变量进行估计的。得到的结果汇总在表 12–2。

表 12–2　空间分位数回归模型的估计结果

	(1) 0.25 分位点	(2) 0.5 分位点	(3) 0.75 分位点
wy_Dr	–0.013**	0.044***	0.019***
	(0.006)	(0.005)	(0.006)
Hp	–0.045	–0.132**	–0.161**
	(0.072)	(0.065)	(0.073)
El	–0.097	0.007	0.228**
	(0.108)	(0.098)	(0.109)
Er	–7.473**	–3.141	–11.22***
	(3.011)	(2.733)	(3.058)
Ul	2.122***	3.082***	2.322***
	(0.598)	(0.543)	(0.608)
Ea	0.598*	0.127	0.547
	(0.341)	(0.31)	(0.347)
Mr	17.03	26.82***	40.61***
	(10.97)	(9.961)	(11.15)
Sb	0.516***	0.501***	0.536***
	(0.127)	(0.116)	(0.129)
Gr	–1.899***	–1.568***	–1.354***
	(0.468)	(0.425)	(0.475)
_cons	41.13***	20.32	54.15***
	(13.75)	(12.49)	(13.97)
Obs	279	279	279
N	31	31	31

注：Standard errors in parentheses; * $p < 0.1$, ** $p < 0.05$, *** $p < 0.01$。

空间分位数回归模型的优势在于能够根据因变量不同的分位数点进行回归和估计，因此可以探究在不同因变量的情况下空间溢出效应以及社会时空运行的具体产出（卢新海 et al., 2021）。所以，空间分位数回归模型体现了权变思想。也就是说，社会时空系统运行的产出取决于研究对象所处的水平。这说明社会时空系统运行的规律具有一定的条件性和相对性。当然，这并不否定规律的客观性和绝对性。只是在不同的情境中，社会时空的运行可能会有不同的产出。

第二节 空间随机前沿模型

社会时空系统在运行过程中，不可避免会存在效率问题。在效率估计上，随机前沿方法（Stochastic Frontier Approach，SFA）被广泛应用。随机前沿方法是利用随机前沿生产函数进行效率估计的方法。这种方法在 1977 年被提出来（Aigner et al., 1977; Meeusen, van Den Broeck, 1977）。西方微观经济学是建立在生产函数基础上的，但是，教科书中的生产函数是一种理想的生产函数，就是假定生产函数是给定投入情况下的最大产出。但现实中的生产函数往往很难做到这一点。于是，就有了随机效率前沿问题。但是，经典的随机前沿模型假设研究对象的同质性，现实中研究对象往往是不同质的。为了解决这个问题，就产生了异质性随机前沿模型（Kumbhakar, 1991）。 随着随机前沿方法被应用到社会时空研究中，不可避免会遇到空间溢出效应，因此，就需要把空间关系引入到传统的随机前沿模型中，这就是空间随机前沿模型（Spatial Stochastic Frontier Model，SSFM）。

基本原理

空间随机前沿模型的出现，大致是在进入千禧年之后（Druska, Horrace, 2004）。这个趋势与各学科的时空转向是一致的。在各学科的研究中，都会普遍遇到空间溢出现象，因此有必要把空间关系纳入实证模型进行估计，这需要对传统的方法与模型进行拓展，建立包含空间关系的方法与模型（邢宏洋 et al., 2021）。空间随机前沿模型可以是空间横截面数据模型，也可以是空间面板数据模型。对于空间横截面数据，空间随机前沿模型的一般表达式是：

$$y = \lambda Wy + X\beta + \upsilon - \mu$$
$$\upsilon = \rho M\upsilon + \eta$$

在这个模型中，y 是因变量（被解释变量）的对数值向量，是随机前沿项变量所组成的矩阵，v 是非负单边随机扰动项，μ 是无效率项向量，μ 就是残差项中的随机扰动项。此外，与传统的随机前沿模型不同的是，这里引入了因变量的空间滞后项（Wy）和残差项的空间滞后项（Mv）。这里的 W 和 M 分别是两个空间权重矩阵，一般两者是不同的。由此可见，这个空间随机前沿模型和第六章的空间混合模型比较接近。

如果是空间面板数据，就需要空间面板随机前沿模型（马浚锋，胡阳光，2022）。那么，上述模型的公式可以改为如下：

$$y_{it} = \lambda W y_{it} + X_{it}\beta + v_{it} - \mu_{it}$$
$$v_{it} = \rho M v_{it} + \eta_{it}$$

相关变量的定义其实和空间横截面数据模型是一样的，就是增加了时间和特定样本的下标而已。这些下标就是面板数据的标配。这样，面向空间面板数据的空间随机前沿模型就建构好了。在此基础上，考虑到研究对象在社会时空中的异质性，因此有必要把异质性问题纳入空间前沿随机模型，那就是空间异质性随机前沿模型。该模型的具体一般化公式如下：

$$y_{it} = \lambda W y_{it} + X_{it}\beta + v_{it} - \mu_{it}$$
$$v_{it} \sim N(0, \sigma_v^2)$$
$$\mu_{it} \sim N^+(\psi_{it}, \sigma_\mu^2)$$
$$\psi_{it} = z'_{it}\delta + \eta_{it}$$

这里的 δ 就是无效率项影响因素的估计系数。如果 λ 为 0，则该模型不存在空间溢出效应，因此，就是普通的异质性随机前沿模型；如果 δ 为 0，说明异质性不明显，就是普通的空间随机前沿模型；如果上述两个参数都是 0，那么，空间溢出效应和异质性的影响都不明显，就是传统的随机效应模型。

模型设定

在本例子中，将探究地方规模以上工业企业在创新上的效率问题。以全国 31 个省级行政区 2000 年到 2020 年面板数据为例，实证分析规模以上工业企业在创新上的投入对创业产出的效率。因变量是规模以上工业企业专利申请数

（Pat），随机前沿项包括研发劳动投入（Lab）和研发资本投入（Cap），前者是规模以上工业企业 RD 人员全时当量，后者是规模以上工业企业 RD 经费。无效率项包括了人均地区生产总值（Gdp）、总抚养比（Dep）和每十万人口高等学校平均在校生数（Stu）。在模型中，因变量和随机前沿项都取其自然对数值。由于研发资本投入有 0 值，因此，该变量加上 1 之后再取其自然对数值进入模型。

首先是空间自回归随机效应模型，其设定如下：

$$lnPat_{it} = \beta_0 + \rho\sum_{j=1}^{N} w_{ij}^{t}\, lnPat_{it} + \beta_l lnLab_{it} + \beta_k lnCap_{it} + \beta_t t + \beta_{lk} lnLC_{it} +$$
$$\beta_{tl} tlnLab_{it} + \beta_{tk} tlnCap_{it} + \frac{1}{2}\beta_{ll}(lnLab_{it})^2 + \quad \beta_{kk}(lnCap_{it})^2 +$$
$$\frac{1}{2}\beta_{tt}t^2 + v_{it} - u_{it}$$

其中 $u_{it} \sim N^{+}(0, \sigma_{it}^2)$，这是一个在 0 处截尾的半正态分布。与此不同的是，$v_{it} \sim N(0, \sigma_v^2)$ 是一个正态分布。这里的 u_{it} 的分布函数的均值是 0，是个固定不变的值，即不存在异质性。

如果把异质性加入空间自回归随机前沿模型，那么就是空间自回归异质性随机前沿模型，前面的模型设定还是一样的，就是无效项的半正态分布发生了变化，截尾处已经不再是 0 了。这时，空间自回归异质性随机前沿模型如下：

$$lnPat_{it} = \beta_0 + \rho\sum_{j=1}^{N} w_{ij}^{t}\, lnPat_{it} + \beta_l lnLab_{it} + \beta_k lnCap_{it} + \beta_t t + \beta_{lk} lnLC_{it} +$$
$$\beta_{tl} tlnLab_{it} + \beta_{tk} tlnCap_{it} + \frac{1}{2}\beta_{ll}(lnLab_{it})^2 + \quad \beta_{kk}(lnCap_{it})^2 +$$
$$\frac{1}{2}\beta_{tt}t^2 + v_{it} - u_{it}$$

其中，$u_{it} \sim N^{+}(u_{it}, \sigma_{it}^2)$，而 $v_{it} \sim N(0, \sigma_v^2)$。这个 μ_{it} 并不简单，会随着无效项的改变而变化，是个变量。因为无效项的不同，这个 μ_{it} 也是不同的，这就是异质性。具体而言，其函数如下：

$$\mu_{it} = \eta_{it} + \delta_1 Gdp_{it} + \delta_2 Dep_{it} + \delta_3 Stu_{it}$$

这里的 η_{it} 是个随机扰动项。可见，μ_{it} 里面还包含着很多信息，这些信息都是导致异质性的重要来源。因此，有必要在随机前沿模型中把这些信息都包括在内进行估计，才能确保得到的估计参数的可靠性。

估计过程

在具体估计中，第一步就是调用空间权重矩阵。这里采用的还是之前 31 个省的空间邻近权重矩阵文件（M6001spmat_spmat.dta），这里的文件总共有 v1 到 v31 个变量，共 31 个样本。调用这个空间邻近权重矩阵之后，通过 spcs2xt 命令利用克罗内克乘积使其扩大为 651 × 651 的空间邻近权重矩阵，并保存在 dta 文件。具体语句如下：

```
. use M12dta,clear
. spcs2xt v*, matrix(m) time(21)
```

注意：此时生产的 651 × 651 的空间邻近权重矩阵自动保存在 wxt.dta 文件。然后调用该空间邻近权重矩阵，并进行标准化。

在此基础上，就可以进入第二步，调用面板数据进行因变量的空间自相关性检验。面板数据的全局莫兰指数检验其实有多种方法，一种方法就是用 spatgsa 命令，具体的语句如下：

```
. spatwmat using mxt.dta,name(Ms) standardize
. use pro004.dta,clear
. spatgsa lnPat,weights(Ms) m two
```

结果汇总在表 12–3。

表 12–3　省级创新产出的全局莫兰指数检验结果（spatgsa 命令）

Variables	I	E(I)	sd(I)	z	p-value
ln*Pat*	0.289	–0.002	0.012	23.761	0.000

注：2-tail test。

另一种方法就是采用 splagvar 命令。但这两个命令在全局莫兰指数的计算上，并不是完全相同的，而是会有小幅差异。如在本例子中，通过 splagvar 命令得到的全局莫兰指数检验的结果，汇总在表 12–4。

表 12–4　省级创新产出的全局莫兰指数检验结果（splagvar 命令）

Variables	I	E(I)	sd(I)	z	p-value
ln*Pat*	0.296	–0.002	0.014	21.131	0.000

注：2-tail test。

比较表 12–4 和表 12–3，两者的 Moran's I 大同小异，但结论是一样的。spatgsa 命令与其相比，还有额外的两个好处：一个好处是可以直接生成莫兰散点图，如图 12–1 所示。通过这个莫兰散点图，可以很清晰看到四个象限上的点分布情况。

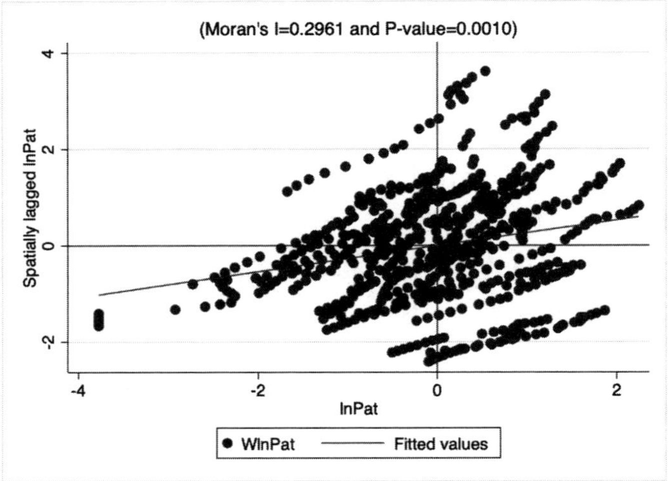

图 12–1　创新产出的莫兰散点图

另一个好处就是可以自动计算出目标变量的空间滞后项。例如，在本例子中，因变量 LnPat 的空间滞后项 wy_lnPat 就可以自动生成。为此，这里进行了变量转换，命令如下：

```
. gen wlnPat = wy_lnPat
. save, replace
```

第三步，就可以进入模型的估计了。但是，需要安装两个外部命令，分别是

sfpanel 和 sfcross。安装的语句如下：

```
. ssc install sfpanel
. net install sfcross
```

接下来就可以开始估计了。先来估计空间随机前沿模型，但是并不需要汇报回归结果，而是把结果先存储起来。具体的语句如下：

```
. use pro004.dta, replace
. gen c=0
. qui sfpanel lnPat wlnPat lnLab lnCap t tlnLab tlnCap lnLC xslnLab xslnCap
xst,m(bc95) e(c,nocons) nolog
. est sto MD01
```

然后，再来估计空间异质性随机前沿模型。它也不需要汇报回归结果，也是把结果先存储起来。具体的语句如下：

```
. qui sfpanel lnPat wlnPat lnLab lnCap t tlnLab tlnCap lnLC xslnLab xslnCap
xst,m(bc95) e(Gdp Dep Stu) d(t) nolog
. est sto MD02
```

在此基础上，就可以把两个模型的回归结果进行汇总，并用一颗星表示 10% 的显著性、两颗星表示 5% 的显著性、三颗星表示 1% 的显著性的格式输出。具体语句如下：

```
. esttab MD01 MD02  using sfpanel01.rtf,se mtitles star(* 0.1 ** 0.05 *** 0.01)
```

输出的结果汇总在表 12–5 中。在表 12–5 中，列（1）是空间自回归随机前沿模型的回归结果，列（2）是空间自回归异质性随机前沿模型的回归结果。从无效率项方差和 λ 的估计值来看，都是显著为正，也即 σ_μ 不为 0，$\sigma_\mu^2 > 0$。这说明存在着无效率项，使用随机前沿模型是合理的。在生产前沿项上，在空间自回归随机前沿模型和空间自回归异质性随机前沿模型中，资本投入及其时间趋势项和劳动的时间趋势项的回归系数都不显著。此外，时间以及时间的二次项的回归系数在空间自回归前沿模型中都不显著，但在空间自回归异质性模型中都显著。在空间自回归异质性前沿模型中，人均地区生产总值（Gdp）、总抚养比（Dep）和每十万人口高等学校平均在校生数（Stu）的回归系数都是显著的，这在一定程度上能够解释研发投入企业专利产出的技术效率的变化情况。

表 12–5　空间随机前沿模型和空间异质性随机前沿模型的回归结果

	(1)	(2)
	生产前沿项	
wln*Pat*	–0.044***	–0.014**
ln*Lab*	0.773***	0.791***
ln*Cap*	–0.102	0.097
t	0.015	–0.108***
tln*Lab*	–0.013	–0.01
tln*Cap*	0.009	0.011
ln*LC*	–0.133*	–0.2***
*xs*ln*Lab*	0.157**	0.265***
*xs*ln*Cap*	0.146**	0.157**
xst	0.003	0.005***
常数项	–1.088**	–0.7*
	无效率项	
Gdp		–0.769***
Dep		–0.044***
Stu		0.146**
常数项		3.565***
无效率项方差	0.43***	0.626***
随机干扰项方差	0.435***	0.238***
λ	0.989***	2.63***

注：* $p < 0.1$, ** $p < 0.05$, *** $p < 0.01$。

然后，就可以通过 Likelihood-ratio test 方法来比较这两个模型哪个更优，具体的命令如下：

```
. lrtest MD02 MD01
```

这样，就可以得到 LR 值并进行检验。在本例子中，LR 值是 213.18，而且是显著的。这就拒绝了原假设，进而可以得出结果：空间自回归异质性随机前沿模型优于空间自回归随机前沿模型。因此，估计后得到的模型如下：

$$lnPat_{it} = 0.7 - 0.014 + \rho\sum_{j=1}^{N} w_{ij}^{t}\, lnPat_{it} + 0.791lnLab_{it} + 0.097lnCap_{it} - 0.108t -$$

$$0.2\beta_{lk}lnLC_{it} - 0.01\beta_{tl}tlnLab_{it} + 0.11tlnCap_{it}\beta_{ll} + \frac{1}{2}\times 0.265(lnLab_{it})^2 +$$

$$\frac{1}{2}\times 0.157(lnCap_{it})^2 + \frac{1}{2}\times 0.005t^2 + v_{it} - u_{it}$$

其中，$u_{it} \sim N^{+}(u_{it}, \sigma_{it}^{2})$，而 $v_{it} \sim N(0, \sigma_{v}^{2})$。

$$\mu_{it} = \eta_{it} - 0.769Gdp_{it} - 0.044Dep_{it} + 0.146Stu_{it}$$

这个模型表达式体现了省份的规模以上工业企业的创新技术效率测度构成中变量对创新产出的影响。其一，因变量空间滞后项的系数是显著为负，这说明省份的规模以上工业企业的创新产出具有负的空间溢出效应，即所谓的“虹吸”效应。一个省份在其规模以上工业企业创新产出的增加，会导致从邻近省份吸引更多的创新要素和资源进来，导致邻近省份的这些资源减少，进而对邻近省份的规模以上工业企业的创新产出形成抑制作用。其二，劳动投入及其二次方对创新产出的影响都是显著为正，而资本投入对创新产出的影响不显著，但资本投入对二次方的影响却是显著为正，这说明劳动投入和资本投入对创新产出的影响具有非线性的特征。其三，时间的影响为 U 形，这说明随着时间的推移，创新产出呈现先减后增的情形。其四，劳动和资本投入的交叉项的系数是显著为负，这说明劳动投入和资本投入的作用可能会互相有所抵消。

最后，就可以来计算创新的技术效率。具体的命令如下：

```
. sfpanel lnPat wlnPat lnLab lnCap t tlnLab tlnCap lnLC xslnLab xslnCap xst,m(bc95)
e(Gdp Dep Stu) d(t) nolog
. predict Inef, jlms
. sort year
```

```
. by year: egen Inef_mean = mean(Inef)
. ta Inef_mean
```

这里的 Inef 就是计算得到的技术效率值。在本例子中，就是各省份的规模以上工业企业创新的技术效率值。jlms 就是空间自回归异质性随机前沿模型中预测技术效率值的选项。然后，计算不同年份的创新技术效率值的均值，代表不同年份创新技术效率的平均水平。得到的结果汇总在表 12–6。

表 12–6　不同年份创新的技术效率平均水平

year	Inef_mean	Freq.	Percent	Cum.
2000	0.286	31	4.76	4.76
2001	0.310	31	4.76	9.52
2002	0.338	31	4.76	14.29
2003	0.367	31	4.76	19.05
2004	0.391	31	4.76	23.81
2005	0.408	31	4.76	28.57
2006	0.432	31	4.76	33.33
2007	0.457	31	4.76	38.1
2008	0.479	31	4.76	42.86
2009	0.579	31	4.76	47.62
2010	0.615	31	4.76	52.38
2011	0.656	31	4.76	57.14
2012	0.699	31	4.76	61.9
2013	0.737	31	4.76	66.67
2014	0.746	31	4.76	71.43
2015	0.748	31	4.76	76.19
2016	0.785	31	4.76	80.95
2017	0.812	31	4.76	85.71
2018	0.844	31	4.76	90.48
2019	0.873	31	4.76	95.24
2020	0.890	31	4.76	100

如表 12–6 所示，总体而言，创新的技术效率呈现上升趋势，技术效率均值从 2000 年的 0.286 增长到 2020 年的 0.89，增长幅度比较大，增长速度也是比较快的。为了更加直观体现这种趋势，可以通过画出散点图的方式来进行分析。具体命令如下：

```
. sc lnef_mean year
```

这样就得到了图 12–2 的散点图。从这个散点图来看，创新的技术效率总体而言呈现稳步增长趋势。在这个过程中也有调整，存在着四个发展阶段。第一阶段是从 2000 年到 2008 年，呈现平稳增长趋势；第二阶段是从 2009 年到 2012 年，在一个更高水平呈现稳步增长趋势；第三阶段是从 2013 年到 2015 年，呈现稳定的不增长情形，在相关水平徘徊和调整；第四阶段就是 2015 年以后，再次打开了增长的通道，呈现稳定增长的趋势。

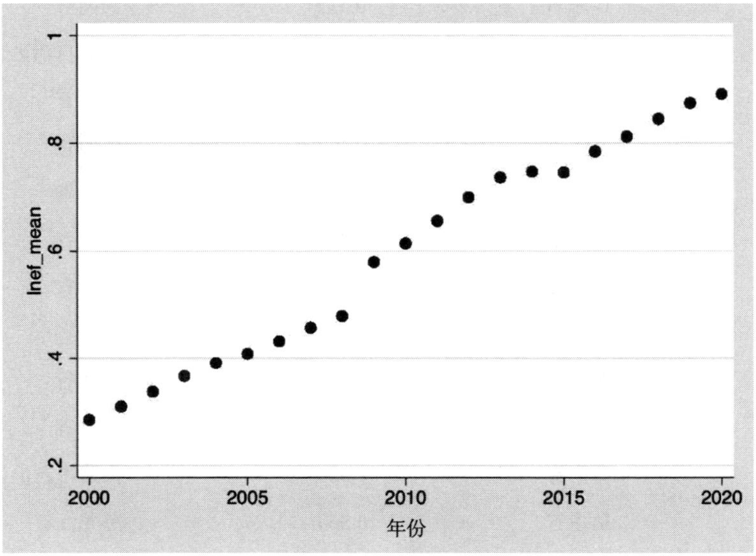

图 12- 2　历年创新的技术效率平均水平

此外，也可以测算各省创新的技术效率水平，就是以省为单位计算每个省创新的技术效率值的均值。计算出来之后，就可以画出散点图，就能够知道哪些省在创新技术效率上排名比较靠前、哪些省排名比较靠后。具体的语句如下：

```
. sort 行政区划代码
. by 行政区划代码 : egen Inefp_mean = mean(Inef)
. ta Inefp_mean
. sc Inefp_mean 行政区划代码 , mlabel( 地区 )
```

不同省（市、区）创新的技术效率平均水平，汇总在表 12–7。根据表 12–7 所示，上海、浙江和重庆在创新的技术效率上，排名前三。相比而言，在这方面，山西、内蒙古和黑龙江排名比较靠后。这里，省略了散点图。

表 12–7　2000—2020 年不同省（市、区）创新的技术效率平均水平

创新技术效率值均值	省（市、区）	创新技术效率值均值	省（市、区）
0.873	上海市	0.567	云南省
0.858	浙江省	0.551	宁夏回族自治区
0.848	重庆市	0.543	湖北省
0.845	广东省	0.512	河南省
0.813	天津市	0.492	西藏自治区
0.709	北京市	0.474	辽宁省
0.708	江苏省	0.467	陕西省
0.694	安徽省	0.461	江西省
0.677	新疆维吾尔自治区	0.460	河北省
0.642	广西壮族自治区	0.459	甘肃省
0.633	贵州省	0.451	青海省
0.632	湖南省	0.438	吉林省
0.631	四川省	0.383	山西省
0.614	海南省	0.380	内蒙古自治区
0.611	福建省	0.364	黑龙江省
0.592	山东省		

社会时空的运行效率除了受到经济、社会等因素的影响之外，一般还会受到空间相关性和时间滞后效应的影响，因此不太容易进行准确测算。虽然，空间随机前沿模型已经考虑了时空双重滞后特征，但是，空间随机前沿模型尚处于不断探索阶段。动态面板数据空间随机前沿模型等的出现，有助于更好地测算社会时

空系统的运行效率（任燕燕 et al., 2019）。以后，基于时变空间权重矩阵的动态面板数据空间随机前沿模型将是一个重要的研究方向。如果在这个方向获得突破，那么空间随机前沿模型将会有更大的应用。

第三节　地理加权回归模型

由于社会时空系统在运行过程中，不可避免地会出现空间非平稳性（spatial nonstationarity），即社会时空系统会随着空间位置的变化而变化。因此，用于刻画社会时空系统的相关参数也不是不变的，而是会随着空间位置的变化而变化。这个时候，就需要把空间结构融入传统的线性回归模型，这就是地理加权回归模型（Geographically Weighted Regression，GWR）。这种方法兴起于 20 世纪 90 年代（Brunsdon et al., 1996）。之后，地理加权回归模型不断进行发展，应用的领域也越来越广（De La Hoz-M et al., 2022）。

基本原理

地理加权回归模型其实就是把空间位置信息嵌入回归参数的估计，利用局部加权最小二乘法进行逐点参数估计（黄沣爵 et al., 2023）。因此，这种方法是一种基于局部信息的估计，得到的参数就是在特定点上的参数。所以，不同点上的参数一般是不同的。地理加权回归模型是对传统线性回归模型的一种拓展，具体模型表达式如下：

$$y_1 = \beta_0(u_i, v_i) + \sum_{k=1}^{p} \beta_k(u_i, v_i)x_{ik} + \varepsilon_i \qquad i = 1,2,\cdots, n$$

其中，(u_i, v_i) 是第 i 个观测点的坐标（一般就是经纬度），$\beta_k(u_i, v_i)$ 是第 i 个观测点上的第 k 个回归参数，这是一个与该观测点地理位置有关的函数。因此，观测点位置不同，该参数也会不同。ε_i 就是第 i 个观测点的随机扰动项，$\varepsilon_i \sim N(0, \sigma^2)$，而且对于任何两个不同观测点 i 和 j，$Cov(\varepsilon_i, \varepsilon_j) = 0$。这说明不同观测点之间的误差干扰是局部的，对不同空间的研究对象并没有长期的影响。n 是观测点的总数，p 是参数的总数。这个公式的简化式如下：

$$y_1 = \beta_0 + \sum_{k=1}^{p} \beta_k x_{ik} + \varepsilon_i \qquad i = 1,2,\cdots,n$$

空间横截面地理加权回归模型

地理加权回归模型一个应用就是对于省级数据的分析和模拟（Wu, 2020）。这里以 31 个省份在 2012 年的横截面数据来演示空间横截面地理加权回归模型及其估计。具体模型设定如下：

$$E\alpha_i = \beta_{0i} + \beta_{1i}Dr_i + \beta_{2i}El_i + \beta_{3i}Er_i + \beta_{4i}Hp_i + \beta_{5i}Ul_i + \beta_{6i}Gr_i + \beta_{7i}Sb_i + \beta_{8i}Mr_i + \varepsilon_i + \qquad i = 1,2,\cdots,n$$

本研究因变量是 $E\alpha_i$ 在 i 省的受教育程度，用平均受教育程度衡量。Dr_i 就是 i 省的离婚率。在操作性定义上，用粗离婚率来衡量，粗离婚率是指某一年离婚总对数除以该年年终总人口数。El_i 是 i 省的经济发展水平，用人均实际 GDP 来衡量。Er_i 是 i 省的就业率，用就业人数与经济活动总人数的比值来衡量。Hp_i 是 i 省的房价，用商品房屋住宅平均销售价格来衡量。Ul_i 是 i 省的城市化水平，用城镇人口数占总人口数的比重来衡量。Gr_i 是 i 省的性别比，用男性与女性人数之比来衡量。Sb_i 是 i 省的社会负担系数，用 0—14 岁人口数与 65 岁及以上人口数之和除以总人口数来衡量。Mr_i 是 i 省的结婚率，用结婚对数与总人口数之比来衡量。

在具体估计上，采用的是 gwr 命令。这是一个外部命令，因此，通过 search gwr 找到 sg95 进行安装即可。在进行回归估计之前，需要对于数据进行一些处理。

在本例子中，首先采用之前省级的 shp 数据，生成经纬度数据文件，具体语句如下：

```
. shp2dta using province.shp, data(p102_data) coor(p102_coor) replace
```

运行这个命令，就是 province.shp 文件，并将它们转换为 Stata 数据文件

p102_data 和其对应的经纬度数据文件 p102_coor。其实，在这里用到的是后者，而不是前者。然后，还需要通过 spshape2dta 命令来获得本研究所用的数据文件，具体命令如下：

```
. spshape2dta province.shp, saving(p202_data) replace
```

这里得到的 p202_data 就是本例子接下去要用的数据文件。使用这个数据文件，并生产 fips 的 ID 变量。在此基础上，与另一个数据文件 house1.dta 进行合并，并生成经度和纬度变量。这个过程所用的语句如下：

```
. use p202_data,replace
. gen fips = _ID
. sort fips
. merge 1:m fips using house.dta
. drop _merge
. save p2021_data
. use p2021_data,replace
. gen Latitud=_CY
. gen Longitud=_CX
. save,replace
```

这是一个省级面板数据。这里，选择 2012 年作为研究对象，得到 2012 年的省级横截面数据。具体语句如下：

```
. keep if 年份 == 2012
. save p2012_data, replace
. use p2012_data, replace
```

现在数据已经准备妥当，可以进行估计。具体语句如下：

```
. use p2012_data,replace
```

```
. gwr Ea Dr El Er Hp Ul Gr Sb Mr, north(Latitud) east(Longitud) reps(1000)
saving(georgia_gwr.dta) replace
```

通过运行这个语句，首先得到的是全局 OLS 模型的回归结果。该结果汇总在表 12–8。观测点是 31 个，F 值是 27.2，是显著的。R^2 是 0.908, 调整的 R^2 是 0.875。从回归的结果来看，城市化程度、性别比和结婚率都会对受教育程度产生显著正向影响，而其余自变量的影响都不显著。

表 12–8　全局 OLS 回归模型结果

	Coef.	Std. Err.	t	$P>t$	[95% Conf.	Interval]
Dr	0.019	0.040	0.46	0.648	–0.065	0.102
El	0.073	0.050	1.46	0.157	–0.030	0.177
Er	2.204	1.614	1.37	0.186	–1.144	5.553
Hp	–0.078	0.039	–2.01	0.056	–0.158	0.002
Ul	1.033	0.229	4.51	0.000	0.558	1.507
Gr	0.683	0.243	2.81	0.01	0.179	1.187
Sb	–0.085	0.072	–1.17	0.254	–0.234	0.065
Mr	21.332	5.378	3.97	0.001	10.178	32.486
_cons	–11.283	7.459	–1.51	0.145	–26.752	4.185

由于每个观测点上的参数估计结果都存储在 georgia_gwr.dta 之中，因此，需要调用该文件来了解这些观测点上的具体参数估计结果。例如，要了解每个省的城市化水平对受教育程度的影响，因此，可以运用如下语句：

```
. use georgia_gwr, clear
. gen _ID=_n
. sum Ul, detail
```

得到的结果汇总在表 12–9。根据表 12–9 所示，各省的城市化水平的估计参数均值是 0.892。

表 12-9　各省的城市化水平的估计参数

	Percentiles	Smallest		
1%	0.797	0.797		
5%	0.797	0.797		
10%	0.825	0.797	Obs	31
25%	0.842	0.825	Sum of Wgt.	31
50%	0.887		Mean	0.892
		Largest	Std. Dev.	0.064
75%	0.933	0.993		
90%	0.993	1.003	Variance	0.004
95%	1.013	1.013	Skewness	0.433
99%	1.024	1.024	Kurtosis	2.366

如果要具体了解每个省份城市化水平的估计参数，需要画出地图，所使用的语句如下：

```
. spmap Ul using p102_coor, id(_ID)
```

这样，就可以得到一张地图。在这张地图上，根据颜色由浅到深分成四档，表示所得到的估计参数值从小到大分成的四档。颜色越深，表明参数估计值越大。这种图示法，可以很清楚了解不同省份城市化水平对受教育程度影响的强弱。

空间面板地理加权回归模型

对于空间面板数据进行地理加权回归，在 Stata 中可以采用 spregxt 这个工具包，用于估计空间面板回归模型。这里，还是沿用上面这个数据，不过这次采用的是从 2011 年到 2019 年的空间面板数据。调用数据之后，先来做 OLS 估计，就是普通最小二乘法 GWR，具体语句如下：

```
. use p2021_data,replace
. spregxt Ea Dr El Er Hp Ul Gr Sb Mr, nc(31) wmfile(W12.dta) model(gwr) run(ols)
```

得到的结果汇总在表 12–10。这里采用的是 W12.dta 空间权重矩阵，就是省级空间邻近权重矩阵。

表 12–10 普通最小二乘法 GWR 的估计结果

w1y_Ea	Coef.	Std. Err.	*t*	*P* > *t*	[95% Conf.	Interval]
w1x_Dr	0.017	0.014	1.25	0.214	–0.010	0.044
w1x_El	0.013	0.018	0.71	0.48	–0.023	0.049
w1x_Er	0.275	0.117	2.35	0.02	0.044	0.506
w1x_Hp	–0.058	0.013	–4.47	0	–0.084	–0.033
w1x_Ul	1.446	0.088	16.44	0	1.272	1.619
w1x_Gr	0.157	0.099	1.59	0.113	–0.037	0.351
w1x_Sb	–0.003	0.026	–0.13	0.897	–0.054	0.047
w1x_Mr	6.741	2.063	3.27	0.001	2.680	10.801
_cons	0.003	0.003	1.2	0.232	–0.002	0.009

如果对运行面板固定效应模型进行估计，就是面板固定效应 GWR，所用语句如下：

```
. spregxt Ea Dr El Er Hp Ul Gr Sb Mr, nc(31) wmfile(W12.dta) model(gwr) run(xtfe)
```

得到的结果汇总在表 12–11。

表 12–11 面板固定效应 GWR 的估计结果

w1y_Ea	Coef.	Std. Err.	*t*	*P* > *t*	[95% Conf.	Interval]
w1x_Dr	0.022	0.013	1.71	0.088	–0.003	0.047
w1x_El	0.116	0.02	5.8	0.000	0.077	0.155
w1x_Er	2.593	0.611	4.24	0.000	1.389	3.798
w1x_Hp	–0.071	0.015	–4.86	0.000	–0.099	–0.042
w1x_Ul	1.042	0.091	11.45	0.000	0.863	1.222

续表

w1y_Ea	Coef.	Std. Err.	*t*	*P* > *t*	[95% Conf.	Interval]
w1x_Gr	0.378	0.087	4.34	0.000	0.206	0.55
w1x_Sb	0.035	0.024	1.47	0.144	–0.012	0.082
w1x_Mr	1.978	2.188	0.9	0.367	–2.331	6.287
_cons	–10.152	2.356	–4.31	0.000	–14.794	–5.51

如果对运行面板随机效应模型进行估计，就是面板随机效应 GWR，所用语句如下：

```
. spregxt Ea Dr El Er Hp Ul Gr Sb Mr, nc(31) wmfile(W12.dta) model(gwr) run(xtmle)
```

得到的结果汇总在表 12–12。

表 12–12　面板随机效应 GWR 的估计结果

w1y_Ea	Coef.	Std. Err.	*t*	*P* > *t*	[95% Conf.	Interval]
w1x_Dr	0.015	0.013	1.2	0.23	–0.010	0.040
w1x_El	0.083	0.02	4.25	0.000	0.045	0.122
w1x_Er	0.035	0.103	0.33	0.738	–0.169	0.239
w1x_Hp	–0.05	0.013	–3.82	0.000	–0.076	–0.024
w1x_Ul	1.106	0.091	12.18	0.000	0.927	1.285
w1x_Gr	0.282	0.085	3.32	0.001	0.115	0.449
w1x_Sb	0.012	0.023	0.54	0.592	–0.033	0.058
w1x_Mr	4.054	2.098	1.93	0.055	–0.080	8.187
_cons	0.001	0.006	0.17	0.862	–0.011	0.013

此外，spregxt 这个工具包里还有其他 GWR 的估计方法，这里就不一一列举了。要做这些估计，其实也很简单，就是在 run（ ）选项中选择不同的估计方法即可。

小 结

社会时空系统的发展与运行是复杂的，但也是有规律可循的。一些新的实证方法的出现，为精准地掌握社会时空运行规律提供了机会。空间分位数模型可以通过对于不同分位数点的回归与估计，来探究不同情境下社会时空运行的结果和产出，这有助于更为精准地把握其运行规律。空间随机前沿模型是分析社会时空系统运行效率的重要方法。地理加权回归模型则充分考虑了局部层面上的社会时空特征和空间溢出情况，是分析局部社会时空运行规律强有力的实证方法。这些方法，具有各自的特点和擅长之处，丰富了开展时空社会科学研究所需的工具箱。

思考题

1. 什么是空间分位数回归模型？
2. 为什么要做空间分位数回归模型？
3. 如何估计空间分位数回归模型？
4. 什么是空间随机前沿模型？
5. 为什么要做空间随机前沿模型？
6. 如何估计空间随机前沿模型？
7. 如何生成目标变量的空间滞后项？
8. 什么是地理加权回归模型？
9. 如何估计空间横截面地理加权回归模型？
10. 如何估计空间面板地理加权回归模型？

参考文献

[1] AIGNER D, LOVELL, CAK, SCHMIDT P. Formulation and estimation of stochastic frontier production function models [J] . Journal of Econometrics, 1997, 6(1): 21-37.
[2] BERNARDI M, GUIDOLIN M. The determinants of Airbnb prices in New York

City: a spatial quantile regression approach [J] . Journal of the Royal Statistical Society Series C: Applied Statistics, 2023, 72(1): 104-143.

[3] BRUNSDON, C, FOTHERINGHAM A S, CHARLTON M E. Geographically weighted regression: A method for exploring spatial nonstationarity [J] . Geographical Analysis, 1996, 28(4): 281-298.

[4] DE LA HOZ - M J, FERNANDEZ-GÓMEZ M J, MENDES S Trends and topics in geographically weighted regression research from 1996 to 2019 [J] . Area, 2002, 54(1): 105-117.

[5] DRUSKA V, HORRACE W C. Generalized moments estimation for spatial panel data: Indonesian rice farming [J] . American Journal of Agricultural Economics, 2004, 86(1): 185-198.

[6] KUMBHAKAR S C. Estimation of technical inefficiency in panel data models with firm-and time-specific effects [J] . Economics Letters, 1991, 36(1): 43-48.

[7] MEEUSEN W, VAN DEN BROECK J. Efficiency Estimation from Cobb-Douglas Production Functions With Composed Error [J] . International Economic Review, 1977, 18(2): 435-444.

[8] PAI J, Li Y, YANG A, et al. Earthquake parametric insurance with Bayesian spatial quantile regression [J] . Insurance, Mathematics & Economics, 2022, 106: 1-12.

[9] QIU L, GUO D, ZHAO X, et al. The value of school in urban China: a spatial quantile regression with housing transactions in Beijing [J] . Applied Economics, 2020, 52(20): 2135-2146.

[10] SEYA H, AXHAUSEN K W, CHIKARAISHI M. Spatial unconditional quantile regression: application to Japanese parking price data [J] . The Annals of Regional Science, 2020, 65(2): 351-402.

[11] WU D. Spatially and temporally varying relationships between ecological footprint and influencing factors in China's provinces Using Geographically Weighted Regression (GWR) [J] . Journal of Cleaner Production, 2020, 261: 121089.

[12] ZHANG L. Flood hazards impact on neighborhood house prices: A spatial quantile regression analysis [J] . Regional Science and Urban Economics, 2016, 60: 12-19.

[13] ZIETZ J, ZIETZ E N, Sirmans G S. Determinants of House Prices: A Quantile Regression Approach [J] . The Journal of Real Estate Finance and Economics, 2008, 37(4): 317-333.

[14] 任燕燕，吕洪渠，王娜 . 动态面板空间随机前沿模型的参数估计及应用 [J] . 统计研究，2019, 36(11): 113-124.

［15］卢新海，蔡大伟，曾晨．基于空间分位数模型的住宅价格分异的影响因素研究——以武汉市为例［J］．地理科学进展，2021, 40(2): 283-292.
［16］邢宏洋，高俊，谭辉．国际空间溢出与服务业全要素生产率——基于空间随机前沿分析方法的测度［J］．数量经济技术经济研究，2021, 38(5): 75-95.
［17］陈之常，马亚东．中国城市更新对居民幸福感的影响研究——基于遗传算法投影寻踪和面板空间分位数模型［J］．管理评论，2022, 34(8): 43-53.
［18］马浚锋，胡阳光．粤港澳大湾区高等教育集群效应研究——基于空间计量分析和面板随机前沿模型的经验证据［J］．中国高教研究，2022: 1, 83-89.
［19］黄沣爵，汤俊卿，林华丽，等．基于多尺度地理加权回归模型的城市建成环境对共享单车空间分布影响研究［J］．地理研究，2023, 42(9): 2405-2418.

第十三章

发展趋势与挑战

对于社会现象的时空分析，其基本思想古已有之，但是，很多实证分析方法，近些年才陆续出现。随着时空数据可获得性的不断增强以及相关实证方法的软件化，开展时空社会科学的研究，已经越来越普及，时空社会科学研究的基本范式也日趋成熟。随着经济社会的发展，出现了很多新的事物和社会问题，对时空社会科学的研究，提出了更高的要求。任何研究方法都具有一定的局限性，时空社会科学的研究方法也不例外。但是，随着时空社会科学的不断向前发展，新的研究方法也不断地涌现出来，在丰富了研究内容的同时，也使得时空社会科学具有更大的研究范畴和影响力。当然，在开展时空社会科学研究的过程中，也存在着挑战。作为跨学科的研究，要突破传统学科的门户之见和学科壁垒，实现知识的迁移，本身就是一项挑战。所幸在这方面，时空社会科学已经获得了一定的成绩。不过，未来的征程还很漫长。

第一节 交互作用

时空社会科学研究，主要探讨的是时间、空间和社会这三者之间的内在联系。由于这三者之间往往不是独立存在，而是存在着某种交互作用，那么，对于这种交互作用的研究，就成为时空社会科学研究的重要内容和核心议题之一。根据常用的学术术语的解释，交互作用（interaction）是指一个因素各个水平之间反应量的差异随其他因素的不同水平而发生变化的现象。它的存在说明同时研究的若干因素的效应非独立。交互作用效应可度量一个因素不同水平的效应变化依赖于另一个或几个因素水平的程度。这种情形在时空社会科学研究中会经常碰到，因为时间、空间和社会之间往往存在着各种交互作用。其实，社会时空系统本身就是因为时间、空间和社会的交互而出现的，也因为这三者之间的交互而动态变化着的。在开展时空社会科学的动态分析时，时间、空间和社会的交互是动态分析的核心内容。

空间与社会

社会与空间的交互作用思想，在社会空间这个概念中，已经有所体现。但是，在实证研究中，如何检验社会与空间的交互作用，长久以来一直没有很好的方法。在这方面，笔者和另一位学者共同提出了“空间–制度”互动类型识别方法（马玉娜，顾佳峰，2018）。这套方法和步骤的基本思想是通过多次使用 Moran's I 值检验的方法来进行识别和诊断，具有一定的说服力，发表在《北京大学学报》（哲学社会科学版）。关于这种方法的说明，基本内容引用了这篇论文。当然，要全面了解这种方法，还是建议读者去研读这篇论文。通过实证方法来识别和检验“空间–制度”互动类型，需要有一定的程序。具体而言，主要有如下几个步骤。

第一步，建构包含制度结构和空间结构自变量的 OLS 回归模型及实施 Moran's I 值检验。当 OLS 模型中的 Moran's I 值检验不显著时，说明 OLS 模型残差项中不存在显著的空间依赖性，制度结构自变量与空间结构的互动对因变量的影响不显著，因此，不需要再继续检验。当 Moran's I 值检验显著时，则说明构建的 OLS 模型残差项中仍然存在显著的空间依赖性，这很可能是来自制度结构自变量与空间结构的互动，说明 OLS 的估计结果存在偏差，需要进一步对“空间–制度”互动效应进行检验，则进入第二步。

第二步，建构包含制度结构和空间结构自变量的空间误差回归模型及实施比较分析。把 OLS 回归模型结果和空间误差回归模型结果相比较，能够得到四种可能的情况，分别对应四种可能的“空间–制度”互动关系类型，具体见表 13–1。

表 13–1 “空间–制度”互动类型识别表

	OLS 模型估计结果	空间误差回归模型估计结果			
		结果 1	结果 2	结果 3	结果 4
制度自变量	显著	显著	不显著	不显著	显著
空间自变量	显著	显著	不显著	显著	不显著
空间误差系数		显著	显著	显著	显著
“空间–制度”互动类型		部分交互	完全交互	制度依附	空间依附

在表 13-1 的结果 1 中，制度自变量和空间自变量均显著，说明制度自变量和空间自变量分别会对因变量产生显著影响。同时，空间误差系数显著，说明存在制度自变量与空间结构的互动，也就是除制度因素和空间因素的单独影响之外，制度因素与空间因素还会通过互动对因变量产生显著影响。制度因素和空间因素既单独对因变量产生显著影响，又通过互动对因变量产生显著影响。这种互动类型，我们将其定义为“空间 – 制度”部分交互，即空间结构因素和制度结构因素之所以对因变量产生显著影响，部分原因是由于二者的交互作用。

在结果 2 中，制度自变量和空间自变量均不显著，说明制度自变量和空间自变量不会单独对因变量产生显著影响。同时，空间误差系数显著，表明制度因素和空间因素会通过互动对因变量产生显著影响。制度因素和空间因素均不单独发挥作用，仅通过互动对因变量产生显著影响。这种互动类型，我们将其定义为“空间 – 制度”完全交互，即空间结构因素和制度结构因素之所以对因变量产生显著影响，完全是由于二者的交互作用。

在结果 3 中，空间自变量显著，但制度自变量不显著，说明空间自变量会单独对因变量产生显著影响，但制度自变量却不会。同时，空间误差系数显著，表明制度因素和空间因素会通过互动对因变量产生显著影响。制度因素不单独对因变量产生显著影响，且制度因素和空间因素通过互动对因变量产生显著影响。这种互动类型，我们将其定义为“制度依附”，即制度因素之所以对因变量产生显著影响，是由于制度依附在空间结构上，通过与空间结构的互动作用产生的。

在结果 4 中，制度自变量显著，但空间自变量不显著，说明制度自变量会单独对因变量产生显著影响，但空间自变量却不会。同时，空间误差系数显著，表明制度因素和空间因素会通过互动对因变量产生显著影响。空间因素不单独对因变量产生显著影响，且空间因素和制度因素通过互动对因变量产生显著影响。这种互动类型，我们将其定义为“空间依附”，即空间因素之所以对因变量产生影响，是由于空间依附在制度结构上，通过与制度结构的互动作用产生的。

上述内容摘自《“空间 – 制度”互动与公共福利资源配置：以机构养老为例》一文。该文以中国机构养老为例子，提出了检验空间与社会互动的实证方法。这种方法以及空间与社会交互作用的具体分类，为研究这种交互作用及其机制，提供了一个新的方向。当然，目前这种方法还是空间与社会交互作用的间接检验，以后，还应该在这个方面上继续进行深入研究，最好能提出一些可以进行直接检验的具体统计方法。

时间与社会

在社会科学研究中，时间的影响无所不在。在常用的实证研究中，时间往往直接作为自变量引入模型中，从而考察事物发展的时间趋势。随着时间的流逝，事物总是在发生着某种变化。从时间视角对于社会事物的研究，可以挖掘事物背后的规律，进而对于事物未来发展趋势进行有效的预测和干预。在对社会现象进行时间分析的过程中，根据不同的情形有不同的实证模型，比如时间滞后模型、时间序列模型等。在分析过程中，还会遇到随机游走情形以及单位根检验。这些方法从一个方面表明了时间与社会之间存在着复杂的关系，而要刻画和分析这些复杂的关系，就需要对应的实证方法和模型。当然。在对社会现象进行时间分析的过程中，面临的一个很重要的挑战就是预测。所有的时间分析，都是依据已经发生的现象和数据来对还未发生的社会现象进行预测。但是，影响事物在未来发生特征的因素中，可能还会有新的因素，而这类新因素并未在之前的时间序列模型中进行分析，结果导致预测的低效甚至是无效。比如在科技预测方面，会出现所谓的“黑天鹅”现象，导致之前所采用的结构性预测方法无效。

时间和社会的交互，往往通过时间变量与社会变量的交互作用来进行检验。引入交互作用变量，可以检验时间因素和社会因素对于特定社会现象的影响。但是，这种方法也存在一定的局限性，比如多个因素之间的交互作用进行综合检验。在社会系统中，时间因素往往会同时和多个社会变量存在着交互作用，而且，这种交互作用彼此交织在一起，因此很难分成两两一组的交互作用。若强行分成时间与某个社会变量的两两一组的交互作用，那相当于把社会现象进行人为的肢解，容易造成以偏概全的错误。当然，这类问题也是有应对办法的。克里斯托弗·西姆斯（Christopher Sims）曾对这个问题进行过深入研究，提出了向量自回归（vector autoregression）模型，即 VAR 模型，用来分析多个变量同时存在着时间滞后效应的情形（Christiano, 2012）。VAR 模型是用模型中所有当期变量对所有变量的若干时间滞后变量进行回归，即同时考虑时间因素对多个变量的影响效应。VAR 模型是在不带有任何事先约束条件的情况下，用来估计联合内生变量的动态关系，这种内生性动态关系，就是时间与社会变量的交互作用的一种体现。

在社会现象的发展演变过程中，往往存在着某种随机性，这为预测社会现象的发展带来了挑战。在实证演变中，有个术语就是共积过程（integrated processes），指的就是社会现象发展演变过程中的随机过程。比如常见的随机游走（random walk）过程，其实就是共积过程中的一种。分析社会现象的时间趋势，必然会遇到这些问题。从社会研究的角度，这就是社会随机性问题。因为有社会随机性问题的存在，所以，对于社会现象未来发展趋势的预测和分析，就需要考虑到随机作用影响的可能。现在对于社会现象的时间序列分析的实证方法，大多集中在解决这个问题上。这从侧面体现了社会系统预测的复杂性和挑战性，也表明了社会系统自身运行过程中的复杂性。在时间序列上，特定社会现象呈现出一定的趋势，但导致这种趋势产生的因素是复杂的，而且因素之间都会有交互关系，作用过程中都是交织在一起的，共同影响了社会现象在时间上的呈现结果。这就要求在开展社会科学研究过程中，时间、空间和社会因素都能够纳入实证研究的范畴，并从中找出规律，提高对社会现象的解释和预测能力，从而为改善社会提供重要的理论支持。

时间和社会的互动，形成一个新的名词，就是“社会时间”（social time）。社会时间是与物理时间相对应的一个概念，强调了时间的社会性，这种时间是社会建构的时间（Olma, 2006）。在开展时空社会科学研究的过程中，不同的学者对于社会时间的界定往往会有所不同，社会时间往往被赋予了不同的社会隐喻（social metaphors），代表着不同社会意涵（Torre, 2007）。无论采用何种社会隐喻的社会时间概念，都需要解释为什么只有时间和社会的交互，才能有效解读社会时间的各种隐喻，才能揭示其社会含义。时间和社会的交互，归根结底是统一于社会实践，时间本身就是社会实践（Moran, 2015）。尽管从时间和社会交互的角度提出了多种社会时间的概念及其界定，但现有的这些研究大多属于思辨性质的，这些概念如何才能通过实证检验，还需要做大量的研究工作。

时空与社会

任何社会事物和现象都是在特定的空间下产生和发展的，因此，时间序列分析不能单纯预测未来时间点上可能发生的事情，而是要能够精准地预测出未来时间点上的在何地发生何事。这就需要时间分析和空间分析相结合起来，这就是社会时空的概念，而不仅仅是社会空间。社会空间强调的是社会与空间的互相作用关系，而社会时空则是强调社会、时间和空间这三者之间的互相作用关系。因为有时间因素的加入，社会空间就不再是静态的概念，而是一个动态的概念。因此，社会空间其实是社会时空的一种降维后的概念。当不同时间点上的社会空间整合起来时，就形成立体动态的社会时空。在进行时空社会科学研究的过程中，不仅要从社会空间的概念入手，更要从社会时空的概念入手，通过社会时空的框架来分析特定社会现象的产生及其变化，从而发现社会现象背后的规律。这是时空社会科学研究的一般性范式，也是其核心内容。

在社会科学研究中，时空既是一种客观的存在，也是一种社会化的概念。在社会现象中，就存在所谓的“时空延伸”（time-space distanciation）现象（Gregory, 1984）。在全球化过程中，随着通信、交通技术的不断创新和突破，“地球村”的概念已经深入人心，全球分工与合作体系也已经在高效地运转，社会关系在全球范围内进行时空延伸，使得地球上的人们越来越紧密。这种社会关系的时空延伸是社会生产力提升的结果，也是社会关系在全球范围内进行发展的结果。这种时空延伸具有积极的效果，也有消极的后果。从积极方面来看，因为时空延伸导致了不同地区之间的物理距离感被缩短，使得即便是地理上很边缘的人们，也能参与到国际化分工与协作中，从而提高了全球范围内的整体生产效率。当然，任何事物都是一分为二的。社会关系在全球范围内的时空延伸，也有一些消极的影响。随着西方文化的侵入，一些地区性、民族性的文化会逐渐被稀释甚至是消失。此外，一些疾病在全球范围内的蔓延也成为一个国际性难题。这些都与社会关系在全球范围内的时空蔓延有关。

在社会关系的动态变化过程中，与时空蔓延同时存在的一种过程就是所谓的时空压缩（compression of time and space），即社会关系会在时空中呈现出不断被压缩的情形（David, 1999）。在全球化趋势中，世界上一些国际性的大城市，从世界范围内吸引了大量的人才、资本和技术。但是，即便在这些国际性的大城市，也存在着时空压缩的社会现象。现代交通工具的快速发展加速了时空压缩的进程（Gu, 2023）。在城市的某些地方，低收入阶层全家都居住在非常狭小的屋子里面，与城市中的精英人群虽然同处一城，但生活空间有天壤之别。社会劣势群体的生活空间面临着不断被压缩的困境，而城市精英人群的居住空间还在不断扩大。这是一个时空蔓延和时空压缩并存的世界，而伴随着这种时空上的变化的是社会关系的蔓延和压缩。这不仅是后现代研究的一个重要课题，也是时空社会科学研究的重要内容。

第二节 时空网络

包括互联网在内的各种网络的高速发展，使得人类进入了一个网络时代。在这个网络时代中，世界各地的很多事物都可以通过网络而互相连接，信息的传递和共享更为便捷，人际关系互动和社会结构也在快速地网络化。社会网络化，加剧了时空蔓延和时空压缩的过程（Gadd et al., 2022）。一方面，随着网络在全球的蔓延，社会时空也随之蔓延。这种时空蔓延不仅在现实世界中发生，而且蔓延到了虚拟世界。另一方面，社会时空压缩也在加剧，抗拒网络化的力量也在积聚。这两股力量交织在一起，在对时空社会科学的研究提出了新的挑战的同时，也推动了时空社会科学的发展。社会时空网络研究的兴起就是在这样的背景下产生的。

一、流量分析

时空网络模型的本质还是时空模型，不过更强调时空结构的动态性和系统性。时空网络模型一般分成纵横两个维度，纵轴代表时间，横轴代表空间的支点，而网络则由若干个弧和结点构成（Ma et al., 2023）。这就是时空网络模型的基本结构。当然，在具体实证研究中，空间支点、弧和结点的定义都是不同的。比如用时空网络模型来模拟和分析机场上的航班管理，那么，横轴上的空间支点就是特定的机场，网络中的弧表示的是航班，而网络中的结点包含了机场在该时间节点的所有活动，包括飞机的起飞、降落、过夜等相关的航班行为信息。比如用时空网络模型来分析社区层面上的人口迁徙，那么，横轴上的空间支点就是特定的社区，网络中的弧表示的是迁移中的人，而网络中的结点包含了社区在该时间节点的所有活动，包括居民的迁出、迁入、居住等相关的迁徙行为信息。这些都是经典时空网络模型的基本结构，可以根据具体的研究问题和场景进行定义和应用。

在时空网络模型中，会涉及一个共同的问题，那就是从起点到终点的流量。没有流量的网络是个空壳，不是真正意义上的网络。在时空网络中，事物发生是有始有终的，都会有起点和终点，而且，在起点和终点之间会有各式各样的信息流量，表明从起点到终点的过程中事物及社会关系的发展与演变。在传统上，常用重力模型（the gravity model）来分析起点和终点之间的流量和流向。但是，由于这种流量往往存在着时间和空间上的依赖性，因此需要引入时空来进行模拟和分析。在时空网络模型中，可以通过引入空间连接矩阵（spatial connectivity matrix）的方式来实现这个目的（LeSage, Pace, 2008）。这种空间连接矩阵可以把起点和终点以及过程中的相关信息都集中在一个矩阵中，进而动态地模拟研究对象在时空网络中的发展与变化，掌握其发展规律，预测其发展趋势。

在时空结构给定的前提下，社会时空网络分析的终点就是从起点到终点的流量分析。所谓的流量分析，其实是社会事与物从起点到终点的演化过程分析。对此，有个专门术语，就是起点—终点流量（origin-destination flows），英语简称是 OD。例如，在国际贸易研究中，商业贸易起点和终点的流量分析是研究全球贸易格局及其走势的重要基础。在一个全球化且贸易多极化的时空网络格局中，就会出现所谓的"'双'重力"（'Dual' gravity）情形（Behrens et al., 2012）。这种贸易格局的出现，其实是全球贸易时空网络发展和演进的必然结果，尤其是贸易多极化的必然产物。当然，这种贸易格局的产生也会存在着各种阻力，因为新的全球贸易格局的形成过程其实就是对过去旧的贸易格局的一种否定。传统势力不会甘愿退出全球舞台，会不惜一切代价来维持自己在全球贸易时空网络中的地位和优势。因此，新旧势力的对抗不可避免。这种对抗可能会因时空蔓延而波及全球各个角落，也可能通过时空蔓延而影响全球经济、社会的其他方面。

同时，也会产生时空压缩效应，体现在一些国家和地区的反全球化政策和举措中。一些国家或地区，为了捍卫自身在传统全球贸易时空网络中的地位，不惜通过发起贸易战等方式打击竞争对手的发展。随着关税的提高，国际贸易时空网络的流量必然会减少，全球化贸易体系会受到遏制，而地区性保守趋势会抬头。这是时空压缩的体现，是反贸易全球化的基本特征。可见，在时空网络分析的过程中，要结合利益相关者分析法，才能真正揭示时空结构演变的背后驱动力量和驱动机制，才能真正掌握时空网络发展的规律。也就是说，社会时空网络并非存在于"真空"的世界，而是存在于现实的世界，而现实世界中的利益纠葛往往会对社会时空网络的演变和发展产生重要的影响。

虚拟距离

建立空间权重矩阵是空间模型的基础，也是一个关键的环节。空间权重矩阵主要依据具体的距离以及具体的空间位置来建立，因此，有一个明显的局限性，就是要求研究对象是具有物理距离和地理位置。但是，有些社会行为发生在虚拟的环境中，因此，并不存在物理意义上的距离。比如，人与人之间的社会距离，并非物理距离。每天见面的人与人之间也可能是充满着陌生感，而彼此身处天涯海角的人，也可能是非常熟悉的人。也就是说，人与人之间的熟悉程度，是社会心理学意义上的距离，而非物理意义上的距离，因此不能简单地用物理距离来测量。对于这类问题，时空社会科学也有对应的方法，方法就在空间权重矩阵的建构上。空间权重矩阵不仅可以建立在物理距离的基础上，也可以建立在虚拟距离的基础上，这就为扩展时空社会科学研究提供了重要的方法上的支撑。只要能够合理定义好虚拟距离，就可以根据虚拟距离的相关数据建构其对应的空间权重矩阵，进行空间实证研究与分析。

社会现象往往存在着所谓的传染（contagion）特征，即某种社会现象通过某种传播渠道蔓延到其他地方。无论是创新的扩散、知识的传播还是社会潮流的盛行，都体现了这种社会传染（social contagion）的特征（Christakis, Fowler, 2013）。无论是有形的物理世界还是无形的虚拟世界，社会传染都是在特定时空背景下进行的，因此可以通过时空模型来进行模拟和研究。若要研究物理世界中的社会传染，可以采用物理距离来建构空间权重矩阵。但若要研究非物理层面上的社会传染，就需要通过非物理距离的界定和测量，来建构对应的空间权重矩阵。比如在研究社会影响上，由于人与人之间的关系不同，社会影响的作用也不同。在进行实证研究时，就需要考虑到这种邻近关系，才能有效揭示社会影响的作用机制，通过沟通程度和比较程度来建构空间权重矩阵则是一种有效的方式（Leenders, 2002）。当然，除了用沟通程度和比较程度来测量社会影响之外，还可以从其他维度来进行测量。这就需要把社会影响概念予以操作化，即进行操作性定义。一旦完成了操作性定义，就可以找到对应的指标来进行测量，就可以依据这些指标来建构空间权重矩阵。

可见，建构基于非物理距离的空间权重矩阵，关键在于所要测量的概念的操作性定义。只要把概念进行合理的操作性定义，就可以测量样本观察点之间的非物理距离，可以据此建立对应的空间权重矩阵。在实际操作上，最初这种类型的空间权重矩阵的建立都是人工完成，通过逐个输入观察点之间的测量距离，来建立空间权重矩阵。由于相关空间权重数据都是人工输入的，因此这类研究的观察点不能过多。如果观察点过多，那么人工输入的工作量就会很大，空间权重矩阵建构的难度就会迅速增加。这是这类空间权重矩阵建构的难点之一。当然，现在已有技术实现非物理距离空间权重矩阵的自动生成。此外，还有一个难点在于相关概念的操作性定义是否合理，是否能够获得认可。物理距离就是空间上两个点之间的距离。这样的测量是常识，没有任何异议。但是，对于社会概念的非物理距离的定义和测量，很难有个公认的标准，因此，其合理性和科学性就会受到质疑。

网络空间权重

在社会时空网络框架下，传统的空间权重矩阵不一定能够发挥作用，因此，就需要建构网络空间权重（network spatial weights）。尤其是当所采用的数据是网络数据集（network datasets）时，往往是通过直接根据网络数据集来建构网络空间权重矩阵。网络数据集包括了点、线以及弧等数据，还包括了这些数据要素之间的联结信息。在这类网络数据集的基础上，就可以建构网络空间权重矩阵，进行时空分析。这种建构方法其实有个基本假设，空间权重是外生给定的。如果空间权重是内生的，那么情况就不同了。比如在对交通网络数据集进行时空分析时，其空间权重是内生的，需要根据具体情况进行具体分析。在实证模型中，当把空间特征信息纳入模型之中，就会发现在空间权重、联结模式和空间距离之间存在着相关性（Barrat et al., 2005）。也就是说，在网络的世界中，空间权重并非是一成不变的，而是会随着环境以及网络的变化而发生变化。这是动态的社会时空网络，空间权重的变化体现了整个社会时空网络的演化。

在非物理距离的研究中，一般采用经济社会相似性作为一种距离，进行建构空间权重矩阵。在社会系统中，人与人之间都会存在着社会距离（social distance），这种社会距离会对社会运行和经济发展产生深层次影响（Akerlof, 1997）。在社会空间中，每个人都会有其特定的位置，而人与人之间的社会距离就会对社会决策产生影响。社会互动可能会让社会距离变得更短，但也可能会让社会距离变得更大。随着社会距离的变化，个体的社会时空与环境也会发生变化。因为存在着社会距离，就产生了另一个概念，即社会邻近性（social proximity）。一般社会距离越远，社会邻近性越差。根据社会心理学的研究，这种社会邻近性会对个体的情绪等产生重要影响（Beckes, Coan, 2011）。与之相关的另一个概念就是心理距离（psychological distance），即个体对另一个体或群体亲近、接纳或难以相处的主观感受程度，表现在感情、态度和行为上的疏密程度，这是心理空间（psychological space）中的重要概念（Shepard, 1957）。可见，空间的内涵是很丰富的，从社会空间到心理空间，对应的距离都会对决策和行为产生影响。

在现实中，往往是多重空间同时存在和互相作用。除了物理空间之外，还有社会空间和心理空间等，这些空间在时间的影响下，呈现出动态变化的特征，这就是时空社会科学研究的范畴。时空社会科学研究的不仅是一个时空内部的均衡，还是多个时空之间的均衡。经济学的一般均衡理论，主要研究的是现实世界中的经济均衡，但现实世界是多种空间的交织和交汇，所以真正称得上是一般均衡理论的，应该是研究多时空均衡的问题。在研究这类问题时，一般采用是社会、经济、心理等距离和物理距离并用的方法，采用多种类型的距离进行空间权重矩阵的建构，从而进行多时空一般均衡的探索。比如在研究出口贸易决策时，心理距离会对目标出口地的选择产生重要的影响。尽管地理距离会对出口贸易产生影响，但这种影响其实是建立在心理距离的基础上的，在很大程度上体现的是心理距离的作用（Dow, 2000）。此外，经济和社会距离对于失业具有显著的影响（Conley, Topa, 2002）。

采用非物理距离进行测量，可以建构网络空间权重，就可以对社会网络进行时空分析。这大大拓展了时空社会科学研究的范畴，使其摆脱物理距离的限制，进而可以分析社会网络、经济网络甚至个体心理因素的影响，实现现实时空和虚拟时空的统一。可见，只要合理定义出距离及其测量方法，也就界定了所研究的时空类型，就可以对目标现象进行时空分析。这种时空分析的目的不仅是为了实现某一时空的均衡，而且是要实现多时空的均衡，实现物理时空、社会时空、经济时空、心理时空等的跨时空均衡，实现在多时空下和谐发展的态势。这是多时空一般均衡的基本研究目标，也是时空社会科学的重要研究课题。唯有实现多时空一般均衡，才能真正实现社会的和谐可持续发展。

第三节　时空诊断

时空社会科学的研究目的之中，还有一个很重要的内容，就是进行时空诊断（time and space diagnosis）。在朝鲜半岛曾经爆发过一场影响世界格局的战争，就是朝鲜战争。战后，很多人都在反思这场战争。美国国内就有“在错误的时间、错误的地点，同错误的敌人打的错误的战争”这样的反思和认识。这就是典型的时空诊断的例子。社会现象和活动都是在特定的时空下发生和发展的，结果出现之后，人们都会及时总结和反思，思考事情的来龙去脉以及发生与演变的过程，从而获得经验与教训。这种社会性反思往往都是从事情发生的空间和时间入手，从时间、空间和社会三方面进行综合评估和思考，从中找出某种规律和启示，避免类似的不利情形在未来再次出现。这种时空诊断不仅是事后的，也可以是事前的。在进行社会活动和规划时，就可以通过时空诊断和模拟，进行沙盘推演，进而准确去预测事情发生的未来趋势，从而获得良好的社会成果（赵政权，罗虹，2022）。《孙子兵法》中就有“天时、地利、人和”的成功三要素分析，这就是时空社会科学分析的三要素，也是进行社会实践的重要基础。时空诊断体现了时空社会科学对于现实社会实践的价值，是这种理论和研究方法在现实世界中的重要应用。

区位的作用

在对特定社会现象和事物进行时空诊断时，一般需要有一定参照物，比较其异同，从而找出问题产生的根源（万红珍 et al., 2023）。在经济领域，为了掌握某项政策对经济发展的影响，往往会通过设立“经济特区”的方式来进行试点。所以，经济特区其实就是经济试验区，把一些政策放在这个试验区做社会实验，看具体效果如何。1980 年改革开放初期，设立的四个经济特区，分别是深圳、厦门、珠海和汕头。经过 40 多年的发展，这些特区发展情况差别比较大，深圳领先，汕头垫底，珠海与厦门平分秋色（叶世绮，莫剑芳，2002）。造成这种差异的原因是多方面的，但基本上也没有离开时间因素、空间因素和社会层面上的因素。也就是说，都是在时空社会科学的基本分析框架之内。当时的经济特区，在制度层面，基本上四个特区所获得的相关政策比较接近，即所谓的特区政策。在时间上，也大体差不多。其中一个很重要的区别，在于具体的地理空间上。四个经济特区在地理空间上的差别，即在所谓的区位优势上的差别，对于其发展产生了直接的影响。深圳的高速发展，与毗邻的香港是密不可分的。随着港珠澳大桥的开通，这种地理空间上的距离被进一步压缩，深圳在粤港澳大湾区建设上具有得天独厚的优势。这就是区位的作用，是否具有区位优势是时空诊断的重要内容。

区位并非是个静态的概念，也非仅仅是个地理位置的概念，而是承载着社会关系的一种空间，因此也包含了社会空间、文化空间以及心理空间（秦昆 et al., 2020）。所以，区位是个时刻动态变化的概念，区位的边界也是时刻变化的，并非仅仅限于地理上的边界。如在土地诊断中，就往往采用不同的时空尺度（spatio-temporal scales）来进行分析，诊断出土地规划过程中可能存在的问题，并且予以预防与处理（Bastian et al., 2006）。在经济社会的区位规划中，土地诊断是重要的一个环节。2010 年出台的《全国主体功能区规划》，就是建立在土地规划的基础上的，通过对土地进行综合性规划，根据当地的实际情况建立起与之相对应的功能区，从而实现可持续发展的社会发展目标。地方政府在《全国主体功能区规划》的指导下，因地制宜地进行本地经济与社会规划，推动本地经济与社会的发展。可见，区位不仅是指地理的位置，而且是社会治理中的重要概念，体现了中央与地方的分权和分工。

在进行经济地理的时空诊断时，会采用一些量化的方法进行量化诊断，比如区位熵（location quotient）就是常用的方法之一。通过测算区位熵，可以计算出社会现象在特定区域内部分布的疏密程度，从而确定具体的区位分布特征，为进行有效的干预提供重要的量化决策支撑（Bastian et al., 2006）。在时空诊断时，除了量化诊断工具之外，还需要辅以质性研究的相关诊断工具。为了能够提高时空诊断的效果，往往需要把不同领域的专家会集在一起，通过头脑风暴法进行碰撞，对特定的问题进行探讨和诊断，从而及时发现问题的症结所在，并在此基础上找出解决问题的方法。可见，对于社会现象以及问题的时空诊断，既是一门科学，也是一门艺术。从科学的层面来说，时空诊断是根据一定的步骤、采取一定的量化工具、系统性地开展诊断，具有专业性。从艺术的层面来说，时空诊断过程中也需要灵光闪现的瞬间，需要一些智慧。两者有机结合，就能够透过现象看本质，能够及时找到问题的根源所在。

全局诊断

对于社会系统的时空诊断，由于诊断目标的不同，可以在不同的时空尺度下进行。由于时空尺度的不同，诊断的重点也是不同的，能够获得的结果也是不同的。为了能够掌握全局层面上的发展规律，一般会采用全时空尺度进行诊断，即全局诊断。这是一种整体意义上的诊断，强调的是整体性的运行和发展规律及其特征，是为了能够把握整体上的发展方向。在战略层面上的规划和诊断，一般都是需要进行全局诊断，才能看出问题所在。事物在全局层面上的分布特征，有助于从整体上揭示事物发展的规律，便于预测其发展方向。例如，在房地产发展上，就需要全局视野，把握全局上的发展规律（Anselin, 1998）。在进行顶层设计时，尤其需要这种全局诊断，从大局入手进行规划和设计。顶层设计是战略规划设计中的一种系统理论，是一种从全局上对系统中的各个层次、构成进行协调统筹的整体性规划与设计。要做好顶层设计，很重要的一个基础就是对系统进行全局诊断，找出系统内部可能存在的短板，进行有针对性的设计。

在空间实证分析中，常用的全局诊断方法就是用 Moran's I（莫兰指数）进行统计检验，看是否具有显著性。若具有显著性，那么从全局上来看，这个空间上的目标社会现象存在着空间自相关性，即彼此之间存在着互相依赖的特征。当然，这种关系可能是正向的关系，也可能是负向的关系。此外，这种空间自相关性并非是一成不变的，会随着时间的变化而变化。因此，这种方法也被用来进行全局层面上的时空自相关性的检验。在不同的时间计算出空间上的莫兰指数并检验其显著性，通过比较莫兰指数的大小及其显著性来判断空间上的自相关程度随着时间的变化而所呈现的趋势。这种对莫兰指数动态分析，其实就是对时空自相关程度的分析。在具体应用过程中，如果随着时间的推移，莫兰指数的绝对值越来越大，那么说明全局空间上的社会现象自相关程度也就越来越强，事物之间的联系也就越来越紧密。这种过程，其实就是社会关系的时空压缩过程。若随着时间的推移，莫兰指数的绝对值越来越小，也就是越来越接近于零，那么，全局空间上的事物之间的关联性程度越来越低，彼此之间的独立性也就越强。

这是从全局的视角来检验社会现象空间自相关性的一种方法。这种莫兰指数计算的方法并不复杂，但却提供了一种很有效的时空自相关程度的动态检验。此外，由于莫兰指数是从 –1 到 1 的值，因此可以分成两部分，即从 –1 到 0 和从 0 到 1。若以此为纵轴和横轴，那么就可以分成四个象限。这四个象限可以结合空间博弈进行分析，就是特定时空下的空间博弈的具体策略（Gu, 2012）。而且，这种空间博弈还是动态的。随着时间的变化，处于四个象限中的观测样本也会发生变化，可能从原来所处的象限转移到新的象限中。这种变化就是时间变化后的空间博弈格局的变化，导致博弈参与者需要根据环境的变化进行及时调整而形成新的博弈策略。可见，在全局分析中，就有动态性。对于空间博弈的全局诊断，体现了博弈参与者的全局观，对于博弈成败具有重要的影响力。这是全局分析和诊断的核心所在，通过把握全局性趋势使得自己处于有利的位置，从而获得持久的优势。

局部诊断

诊断可以是全局的，也可以是局部的。全局诊断强调的是看大势，分析社会发展的大趋势和大方向。这是属于战略层面上的分析和诊断，也就是战略诊断。但是很多时候，在分析社会发展上，不仅要把握大的方向，而且要精准把握局部上的具体情况，从而制定正确的战术。这属于战术层面上的分析和诊断，也就是战术诊断。这种诊断要求的时空尺度比较小，聚焦于局部进行深度诊断和分析，从局部中找出具有价值的信息，从而为制定正确的战术提供支持。当然，这种局部分析具有很多现实的需求。麻雀虽小，五脏俱全。尽管是局部分析，但局部是总体的一部分。所以，局部分析其实也是要推测总体的情况。在社会发展过程中，很多关键性的局部往往会对总体产生重要的影响，甚至决定了总体的发展趋势和格局。因此，对于这些关键性的局部分析，需要格外投入精力，进行深入解剖式分析。

局部分析的实证方法比较多，常用的就是一种名为局部空间相关指标（Local Indicators of Spatial Association，LISA）的方法（Boots, 2002）。这种方法是一种局部的莫兰指数检验法，即在局部范围内应用莫兰指数进行检验和测量，从而揭示局部上的特征（Anselin, 1995）。局部的特征表现是多方面的，其中之一就是局部聚集特征。社会现象在局部的聚集有多种类型，比如 LISA 分析中就有四种类型，分别是高—高、低—低、高—低和低—高。这四种类型体现了社会现象在局部的四种聚集特征，其中高—高和低—低聚集类型是局部正相关的关系，而高—低和低—高聚集类型是局部负相关的关系。可见，根据 LISA 法就可以识别和界定局部聚集的具体类型，从而根据不同类型可以制定有针对性的政策。

在进行局部诊断时，要注意时间的影响。社会现象在局部的聚集不是一成不变的，而是会随着时间的变化而改变的。比如在 LISA 分析中，曾经处于高—高聚集的类型，会随着时间的变化而变成高—低的聚集类型，再变成低—低的聚集类型，还有可能继续变化，变成了低—高的聚集类型。也就是说，在进行局部诊断和分析的过程中，要采用动态的视角来分析，这样才可能把握住社会事物发展的规律。此外，在局部诊断时，对于局部所呈现的特征，往往不是一个因素影响的结果，而是多个因素共同作用的结果。因此需要分析多因素的作用机制。这些因素作用可以分成直接作用和间接作用，也可以是交互作用，所以，局部诊断和分析并不简单，而要真正从中找出规律也不是很容易的事情。这需要研究者具有深厚的分析能力和敏锐的洞察力，当然，也需要有灵光闪现的领悟能力。除了量化分析能力之外，还需要有辩证分析能力，能够透过现象看本质。

小 结

作为一种跨学科的研究，时空社会科学具有很强的发展空间。时间、空间和社会的交互是开展研究的一个重要视角。时空和社会是交织在一起的，彼此之间除了直接作用之外，还有交互作用，即共同作用来产生影响。这种交互作用相对而言，比一般的直接作用更为复杂，但其中往往蕴含着重要的信息。因此，时空与社会的交互作用影响，将是一个充满挑战但又可能产生重大成果的研究领域和方向。随着网络的飞速发展，时空网络的研究成为重要的议题。时空网络研究中的一个核心就是虚拟时空和虚拟距离的研究。一旦引入虚拟距离的概念，那么，时空社会科学的研究范畴就可以获得极大的拓展，除了物理世界的时空研究之外，还可以研究无形的包括社会距离、心理距离、文化距离等在内的时空特征及其发展规律。时空社会科学研究具有很强的应用价值，其中很重要的一个方面就是进行时空诊断。这也是未来一个重要的发展方向，尤其是时空社会科学研究对于现实社会的启示，这不仅体现了其应用价值，而且更是知行合一的科学探索精神之所在。

思考题

1. 社会时空中的时间、空间和社会是如何交互？
2. 如何测量社会时空的压缩程度？
3. 如何在社会时空中开展社会网络分析？
4. 如何用空间权重矩阵来建构社会网络？
5. 如何建构时变空间权重矩阵？
6. 如何建构网络空间权重矩阵？
7. 在互联网时代，如何分析虚拟社会时空的运行规律？
8. 如何估计社会时空系统的区位作用？
9. 如何进行社会时空的全局诊断？
10. 如何进行社会时空的局部诊断？

参考文献

[1] AKERLOF G A. Social distance and social decisions [J] . Econometrica: Journal of the Econometric Society, 1997, 65(5): 1005-1027.
[2] ANSELIN L. Local Indicators of Spatial Association—LISA [J] . Geographical Analysis, 1995, 27(2): 93-115.
[3] ANSELIN L. GIS research infrastructure for spatial analysis of real estate market [J] . Journal of Housing Research, 1998, 9(1): 113-133.
[4] BARRAT A, BARTHELEMY M, VESPIGNANI A. The effects of spatial constraints on the evolution of weighted complex networks [J] . Journal of Statistical Mechanics: Theory and Experiment, 2005(5): 5003.
[5] Bastian O, Krönert R, Lipský Z. Landscape diagnosis on different space and time scales–a challenge for landscape planning [J] . Landscape Ecology, 2006, 21(3): 359-374.
[6] Beckes L, Coan J. A. Social baseline theory: The role of social proximity in emotion and economy of action [J] . Social and Personality Psychology Compass, 2011, 5(12): 976-988.
[7] Behrens K, Ertur C, Koch, W. ‘Dual’ gravity: Using spatial econometrics to control for multilateral resistance [J] . Journal of Applied Econometrics, 2012,

27(5): 773-794.
[8] Boots B. Local measures of spatial association [J] . écoscience, 2002, 9(2): 168-176.
[9] Christakis N. A, Fowler J. H. Social contagion theory: examining dynamic social networks and human behavior [J] . Statistics in medicine, 2013, 32(4): 556-577.
[10] Christiano L. J. Christopher A. Sims and vector autoregressions [J] . The Scandinavian Journal of Economics, 2012, 114(4): 1082-1104.
[11] Conley T. G. , Topa G. Socio - economic distance and spatial patterns in unemployment [J] . Journal of Applied Econometrics, 2002, 17(4): 303-327.
[12] David, H. Time-space Compression and the Postmodern Condition [J] . In M. Waters (Ed.), Modernity: Critical Concepts (Vol. IV, pp. 98-118). Routledg, 1999.
[13] Dow, D. A note on psychological distance and export market selection [J] . Journal of International Marketing, 2000, 8(1): 51-64.
[14] Gadd S. C, Comber A, Gilthorpe M. S. et al. Simplifying the interpretation of continuous time models for spatio-temporal networks [J] . Journal of Geographical Systems, 2022, 24(2): 171-198.
[15] Gregory D. Space, time, and politics in social theory: an interview with Anthony Giddens [J] . Environment and Planning D: Society and Space, 1984 2(2): 123-132.
[16] Gu J. Spatial recruiting competition in Chinese higher education system [J] . Higher Education, 2012, 63(2): 165-185.
[17] Gu J. Does the commercialization of academic patents spatially converge?Empirical evidence from China [J] . Journal of the Asia Pacific Economy, 2023, 000(000): 1-25.
[18] Leenders R. T. A. Modeling social influence through network autocorrelation: constructing the weight matrix [J] . Social networks, 2002, 24(1): 21-47.
[19] LESAGE J. P, PACE, R. K, et al. Spatial econometric modeling of origindestination flows [J] . Journal of Regional Science, 2008, 48(5): 941-967.
[20] MA, Y, GUO, S, Wang H. et al. Sparse spatio-temporal autoregressions by profiling and bagging [J] . Journal of Econometrics, 2023, 232(1): 132-147.
[21] MORAN C. et al. Time as a social practice [J] . Time & Society, 2015, 24(3): 283-303.
[22] OLMA, S. et al. Social Time. Theory [J] . Culture & Society, 2006, 23(2-3): 127-129.

[23] SHEPARD R. N. et al. Stimulus and response generalization: A stochastic model relating generalization to distance in psychological space [J] . Psychometrika, 1957, 22(4): 325-345.

[24] TORRE R R. et al. Time's Social Metaphors: An empirical research [J] . Time &Society, 2007, 16(2-3): 157-187.

[25] 万红珍，邓文博，苏皑 . 旅游发展、居民消费与广东省区域经济增长——基于中介效应与空间杜宾模型的实证 [J] . 商业经济研究，2023, 18：189-192.

[26] 叶世绮，莫剑芳 . 四个经济特区宏观经济投入产出有效性分析 [J] . 暨南大学学报（自然科学与医学版），2002, 23(3): 15-19.

[27] 秦昆，林珲，胡迪，许刚，张晓祥，卢宾宾，叶信岳 . 空间综合人文学与社会科学研究综述 [J] . 地球信息科学学报，2020, 22(5): 912-928.

[28] 赵政权，罗虹 . 基于 POI 和夜光数据的滇中地区人口空间化模拟研究 [J] . 贵州大学学报（自然科学版），2022，39(5): 61-67.

[29] 马玉娜，顾佳峰 . “空间 – 制度” 互动与公共福利资源配置 : 以机构养老为例 [J] . 北京大学学报（哲学社会科学版），2018，55(1): 124-132.

后　记

每一部著作的完成，都有很多人需要感谢。感谢北京大学光华管理学院秦宛顺和靳云汇两位教授。我的计量经济学和实证研究方法都是跟着这两位老师学的。因为有了这个基础，所以，后来当遇到空间计量经济学的方法时，就很自然地采用了这种方法来开展社会科学的研究。感谢北京大学教育学院的闵维方、丁小浩等教授。当时，我在北京大学教育学院做博士后研究期间，遇到了空间计量经济学，并开始了相关的研究。当时，完成了《中国教育资源非均衡配置研究：空间计量分析》一书。感谢美国科学院院士卢克・安瑟伦（Luc Anselin）教授，最初我就是用他的 Geoda 软件来开展时空社会科学研究，并且独立在国际 SSCI 期刊上发表了五篇英文论文，获得了国际上的认可。后来，卢克・安瑟伦教授来到北京大学中国社会科学调查中心了解空间与社会科学研究的进展，我有幸与他进行深入探讨和交流。

感谢中国科学院科技政策与管理科学研究所赵作权研究员、北京大学政府管理学院沈体雁教授、中国人民大学社会与人口学院张耀军教授。我们四个人曾经一个月聚一次，通过每月一次的空间经济学研讨会的形式，定期进行内部研讨。经过 10 多次内部研讨会，我对于空间经济学的发展情况有了更深刻的认识，对相关方法的应用也有了直观的掌握。这类研讨会所积累起来的知识与方法，为本书的写作提供了重要的素材。在研讨会上，我也报告了自己的一些研究成果，大家从各个角度提出了建议和意见，对于完善这些研究很有帮助。

此外，还要特别感谢五位诺贝尔经济学奖得主，他们是埃里克・马斯金（Eric Maskin）、本特・霍姆斯特罗姆（Bengt Holmstrom）、罗伯特・C. 莫顿（Robert C.Merton）、奥利弗・哈特（Oliver Hart）和彼得・戴蒙德（Peter Diamond）。我有幸受到这些国际著名经济学家的邀请，前去交流，对空间博弈和空间经济学等相关议题进行面对面的探讨，大大提升了我对这个领域的认知，也给予了我很大的启发。这种交流和对话，使我进一步认识到跨学科研究的重要性，对时空社会科学的研究也更有信心。

还要感谢北京大学中国社会科学调查中心主任张志学教授以及美国科学院院士、普林斯顿大学社会学系谢宇教授。感谢中国青年政治学院社会工作学院的马玉娜老师，我们曾经在社会福利与养老领域一起展开过空间分析，并发表了相关的论文。她的想法启发了我对时空社会科学的思考和研究。本书的形成得益于我在北京大学的长期教学。在教学过程中，学生们对于时空社会科学研究的强烈兴趣，始终是激励我写这本书的重要内在动力。所以，也要向这些学生表示感谢。此外，感谢田万宁同学对全书参考文献的逐一核对和完善。

感谢经济日报出版社的大力支持！感谢所有关心和支持我的人！